Bildwörterbuch
Kroatisch
Deutsch

PONS GmbH
Stuttgart

INHALT
SADRŽAJ

LEICHTER LERNEN MIT BILDERN – WARUM IST DAS SO?

Liebe Leserin, lieber Leser,

wie wichtig die Bedeutung von Bildern ist, wenn es um das Merken von Begriffen geht, wissen wir seit Jahren aus der Lernpsychologie. Kennen Sie das? Wenn Sie ein Bild zu einem Wort sehen, bleibt das Wort viel schneller im Gedächtnis haften, als wenn es nur geschrieben dasteht. Und wenn es darum geht, in einer fremden Sprache Wortschatz nicht nur nachzuschlagen, sondern auch zu verstehen und ihn sich zu merken, unterstützen die Bilder Sie dabei, sich die Wörter schneller und besser einzuprägen. Das hat ganz einfache Gründe:

→ ***Bilder wirken schneller und direkter als reiner Text***. *Schon als kleine Kinder denken wir in Bildern und können sie ganz intuitiv entschlüsseln, interpretieren und aufnehmen. Sind Bilder mit Wörtern verknüpft, bilden sie eine Einheit, die unser Gehirn mit hoher Effizienz verarbeitet und abspeichert.*

→ ***Bilder erleichtern und unterstützen das Verständnis.*** *Sie vermitteln Zusammenhänge und liefern uns deutlich mehr Informationen als nur Text alleine.*

→ ***Bilder sind emotional.*** *Sie wecken unser Interesse, steigern unsere Motivation und bleiben besser im Gedächtnis haften als einzelne Wörter.*

→ ***Bilder machen Freude.*** *Wo viel Text abschreckt, sorgen Bilder dafür, dass uns das Lernen Spaß macht, und wir bleiben länger bei der Sache.*

Gesehen, verstanden und schon gemerkt – so leicht kann das visuelle Lernen sein. Überzeugen Sie sich selbst!

Ihre

PONS-Redaktion

JEDNOSTAVNIJE UČITI SA SLIKAMA – ZAŠTO?

Draga čitateljica, dragi čitatelj,

iz psihologije učenja već godinama znamo koliko je važno značenje slika za pamćenje pojmova. Je li Vam je poznato sljedeće? Kada vidite sliku jedne riječi ju puno brže zapamtite, nego kada ju vidite samo napisanu. I kada se radi o tome da na stranom jeziku ne želite samo potražiti riječi u rječniku, nego i razumjeti i zapamtiti, će Vam slike pomoći brže i bolje zapamtiti te riječi.

To ima jednostavne razloge:

→ **Slike djeluju brže i izravnije od čistog teksta.** Već kao mala djeca razmišljamo u slikama i možemo ih intuitivno dešifrirati, protumačiti i primiti. Kada su slike povezane s riječima, čine jednu cjelinu koju naš mozak vrlo učinkovito proradi i pohrani.

→ **Slike olakšaju i potpomažu razumljivost.** One prenose kontekst i pružaju nam znatno više informacija od samog teksta.

→ **Slike su emocionalne.** Bude naš interes, podižu našu motivaciju i bolje ostaju u pamćenju od samog teksta.

→ **Slike nas vesele.** Gdje nas puno teksta zastrašuje, učenje sa slikama postaje zabavnije i duže ostajemo koncentrirani.

Vidimo, razumjemo i već smo zapamtili – toliko jednostavno vizualno učenje može biti. Uvjerite se i sami!

Vaša

PONS redakcija

SO ARBEITEN SIE EFFIZIENT MIT DEM BILDWÖRTERBUCH

Ganz gleich, ob Sie erst anfangen, eine Fremdsprache zu erlernen, oder ob Sie bereits über gute Sprachkenntnisse verfügen: Dieses Wörterbuch ist Ihr idealer Begleiter. Für jede Sprache decken rund 8.000 Begriffe alle Bereiche des Alltags ab und die Kombination von Wort und Bild ermöglicht Ihnen, Wörter schnell nachzuschlagen, zu übersetzen und sich mühelos einzuprägen. Hier die wichtigsten Tipps, wie Sie den größten Nutzen aus diesem Wörterbuch ziehen:

Svejedno je, jeste li tek počeli učiti strani jezik ili već imate dobro znanje jezika: ovaj rječnik Vam je odlična pratnja. Za svaki jezik oko 8.000 pojmova pokriva područje svakodnevnice, a kombinacija riječi i slike Vam omogućuje riječi brzo pronaći, prevesti i jednostavno zapamtiti. Pročitajte najvažnije savjete kako izvući najveću korist iz ovoga rječnika:

1. Wörter im Zusammenhang lernen

Wörter werden schneller gemerkt, wenn man sie im Kontext lernt. Aus diesem Grund ist dieses Wörterbuch nach Themenfeldern aus dem Alltagsleben gegliedert. Ganz gleich, in welches Thema Sie eintauchen - ob Einkaufen, Kleidung, Lebensmittel oder Familie - betrachten Sie beim Lernen das Thema als Ganzes und versuchen Sie, möglichst viele Wörter aus dem Themenbereich aufzunehmen. Sie werden erstaunt sein, wie viel Wortschatz Sie sich in kürzester Zeit merken können.

1. Učenje riječi u kontekstu

Riječi se lakše zapamte kada ih se uči u kontekstu. Zato se ovaj rječnik dijeli na teme iz svakodnevnice. Bez obzira kojoj temi se posvetite - kupovina, odjeća, namirnice ili obitelj - gledajte pri učenju jednu temu kao cjelinu i pokušajte shvatiti što više riječi s tog tematskog područja. Začudit ćete se koliko riječi si u kratkom vremenu možete zapamtiti.

ZA UČINKOVITU UPORABU SLIKOVNOG RJEČNIKA

Herzlichen Glückwunsch!	**Iskrene čestitke!** [iskrɛnɛ tʃɛstitkɛ]
Alles Gute zum Geburtstag!	**Sve najbolje za rođendan!** [svɛ najbɔʎɛ za rɔdʑɛndan]
Wie viel Uhr ist es?	**Koliko je sati?** [kɔlikɔ jɛ sa:ti]
Es ist zwei Uhr.	**Dva su sata.** [dʋa su sa:ta]
Guten Appetit!	**Dobar tek!** [dɔbar tɛ:k]
Zum Wohl!	**Živjeli!** [ʒiʋjɛli]
①	②

2. Die wichtigsten Schlüsselsätze auf einen Blick

Ob in der Fremdsprache nach der Uhrzeit fragen, oder zum Geburtstag gratulieren: In den 13 thematisch sortierten Kapiteln finden Sie neben der reinen Wort-Bild-Zuordnung die wichtigsten Sätze für die häufigsten Situationen ①. Prägen Sie sich diese Schlüsselsätze gut ein und schon haben Sie den Grundstein für eine erfolgreiche Kommunikation gelegt.

2. Najvažnije ključne rečenice na jednom mjestu

Pitati za vrijeme na stranom jeziku ili čestitati rođendan: u 13 tematski razvrstana poglavlja imate pored čistog svrstavanja riječ-slika i najvažnije rečenice za najčešće situacije ①. Dobro zapamtite te ključne rečenice i već ste postavili temelj za uspješnu komunikaciju.

3. Richtig aussprechen

Damit Sie jedes Wort richtig aussprechen, haben wir allen Wörtern und Sätzen eine Lautschrift beigefügt ②. Eine Übersicht über die verwendeten phonetischen Zeichen finden Sie bequem auf der letzten Seite des Buches.

3. Pravilan izgovor

Za pravilan izgovor svake riječi smo svim riječima i rečenicama dodali fonetsku transkripciju ②. Pregled svih fonetskih znakova jednostavno pogledajte na zadnjoj strani knjige.

INDEX DEUTSCH -
KAZALO NJEMAČKI **394**

INDEX KROATISCH -
KAZALO HRVATSKI **417**

③

glutenfrei
bez glutena
[bɛz glut:ɛna]

laktosefrei
bez laktoze
[bɛz laktɔ:zɛ]

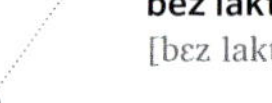

④

4. Schnell übersetzen

Wenn es einfach schnell gehen muss, schlagen Sie im Anhang im Stichwortverzeichnis die richtige Übersetzung nach ③. Dort ist jedes Stichwort in Deutsch und Kroatisch in alphabetischer Reihenfolge aufgeführt und im Nu gefunden.

4. Brzi prijevod

Kada Vam se žuri otvorite kazalo u privitku i potražite pravilan prijevod ③. Tamo je svaka natuknica složena po abecedi na njemačkom i hrvatskom i vrlo brzo se pronađe.

5. Für den Notfall

Bilder sind eine universelle Sprache, die von allen Kulturen verstanden wird. Sollten Ihnen doch mal die Worte fehlen, zeigen Sie einfach auf das entsprechende Bild ④. Ob im Hotel, Restaurant oder auf der Straße - so können Sie sich überall auf der Welt ganz ohne Sprache verständigen.

5. Za hitan slučaj

Slike su univerzalan jezik koje su razumljive za sve kulture. Nedostaju li Vam riječi, jednostavno pokažite odgovarajuću sliku ④. Bilo to u hotelu, restoranu ili na ulici - ovim putem se možete sporazumjeti na cijelom svijetu, potpuno bez jezika.

6. Noch mehr Sprache

Für die ersten Schritte in der fremden Sprache liefern Ihnen die Extras im Anhang des Bildwörterbuchs praktische Unterstützung: Mit den wichtigsten Sätzen auf Deutsch und auf Kroatisch sind Sie für den gelungenen Einstieg in die Fremdsprache gewappnet. Und wenn es darum geht, eigene Sätze zu bilden, hilft Ihnen unsere ausführliche Verbliste, wo Sie auch abstrakte Verben, die sich nicht abbilden lassen, nachschlagen und übersetzen können.

6. Još više o jeziku

Za prve korake Vam sa dodatnim informacijama u privitku slikovnog rječnika nudimo praktičnu potporu: s najvažnijim rečenicama na njemačkom i hrvatskom ste opskrbljeni za uspješan uvod. I kada je u pitanju slaganje rečenica, pomaže Vam naš opširan popis glagola, gdje možete naći i abstraktne glagole koji se ne mogu prikazati.

die Bankkauffrau
bankovna službenica f
[bankɔʋna sluʒbɛnitsa]

der Lehrer
učitelj m
[utʃitɛʎ]

die Ingenieurin
inženjerka f
[inʒɛɲɛːrka]

der Kellner
konobar m
[kɔnɔbar]

7. Land und Leute

*Einen visuellen und sprachlichen Eindruck der kulturellen Besonderheiten Kroatiens liefern Ihnen 12 Sonderseiten im letzten Kapitel **In Kroatien**. Hier werden die wichtigsten Begriffe aus dem Alltagsleben des Landes, typische Speisen sowie einige der beliebtesten Sehenswürdigkeiten gesondert abgebildet und beschrieben. So wird Ihnen das Fremde schnell vertraut erscheinen.*

7. Zemlja i ljudi

12 posebnih stranica u zadnjem poglavlju **U Hrvatskoj** Vam pružaju vidljiv i jezični utjecaj kulturnih posebnosti Hrvatske. Ovdje su prikazani i opisani najvažniji pojmovi iz svakodnevnice te zemlje, karakteristična jela i neke od najpopularnijih znamenitosti. Tako će Vam se tuđina brzo činiti

Das sollten Sie noch wissen

Die Stichwörter in diesem Wörterbuch stehen immer in der Einzahl, es sei denn sie werden in der Regel nur in der Pluralform verwendet.

Što još morate znati

Natuknice u ovom rječniku su sve u jednini, osim ako se u pravilu koriste samo u množini.

Es war uns wichtig, bei Funktions- und Berufsbezeichnungen Männer und Frauen gleichermaßen und gleichberechtigt zu berücksichtigen. Da wir aber aus Platzgründen nicht immer beide Geschlechter gleichzeitig abbilden können, haben wir uns immer für eines entscheiden müssen. Dabei orientiert sich das Geschlecht des Wortes immer am Geschlecht der abgebildeten Figur.

Pri funkcijama i zanimanjima nam je bilo važno muškarce i žene pojednako i ravnopravno uzeti u obzir. Ali pošto iz prostorskih razloga ne možemo istovremeno prikazati oba spola, morali smo se uvijek odlučiti za jedan. Pri tome se rod riječi uvijek orijentira na spolu prikazane figure.

MENSCHEN

LJUDI

DIE FAMILIE – OBITELJ

Der Stammbaum – Obiteljsko stablo

DIE FAMILIE - OBITELJ

Der Stammbaum - Obiteljsko stablo

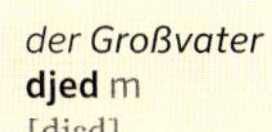

der Großvater
djed m
[djɛd]

die Großmutter
baka f
[ba:ka]

die Mutter
majka f
[majka]

der Vater
otac m
[ɔtats]

die Tante
teta f
[tɛ:ta]

der Onkel
tetak m
[tɛ:tak]

die Schwester
sestra f
[sɛstra]

der Bruder
brat m
[brat]

die Cousine
sestrična f
[sɛstritʃna]

die Nichte
nećakinja f
[nɛtɕakiɲa]

der Neffe
nećak m
[nɛtɕak]

der/die Verwandte	**rođak(inja)** m(f) [rɔdʑak(iɲa)]
die Großeltern	**baka i djed** f, m [ba:ka i djɛd]
die Eltern	**roditelji** mpl [rɔditɛʎi]
das Ehepaar	**supružnici** mpl [supruʒnitsi]
der Vorfahre	**predak** m [prɛdak]
ledig	**neoženjen/neudata** m/f [nɛɔʒɛɲɛn/nɛudata]
verheiratet	**oženjen/udata** m/f [ɔʒɛɲɛn/udata]
geschieden	**razveden(a)** m(f) [razʋɛdɛn(a)]
verlobt	**zaručen(a)** m(f) [zaru:tʃɛn(a)]
verwitwet	**udovac/udovica** m/f [udɔ:ʋats/udɔ:ʋitsa]
verwandt	**u rodu** [u rɔ:du]

BEZIEHUNGEN – ODNOSI

Familie und Lebensphasen – Obitelj i životne faze

das Baby
beba f
[bɛ:ba]

das Kind
dijete n
[diɛ:tɛ]

Herr ...
gospodin ... m
[gɔspɔdin]

der Mann
muškarac m
[muʃka:rats]

die Jugendliche
maloljetnica f
[malɔʎɛtnitsa]

die Zwillinge
blizanci mpl
[blizantsi]

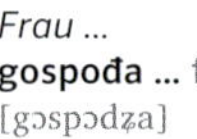

die Frau
žena f
[ʒɛna]

Frau ...
gospođa ... f
[gɔspɔdʑa]

der/die Bekannte
poznanik/poznanica m/f
[pɔznanik/pɔznanitsa]

der Junge
dječak m
[djɛtʃak]

das Mädchen
djevojčica f
[djɛvɔ:jtʃitsa]

die Freunde
prijatelji mpl
[prijatɛʎi]

das Paar
par m
[pa:r]

die Freundin
prijateljica f
[prijatɛ:ʎitsa]

der Freund
prijatelj m
[prijatɛʎ]

der Erwachsene	**odrasla osoba** f [ɔdrasla ɔsɔba]
die Geschwister	**braća i sestre** pl [bratɕa i sɛstrɛ]
der Patenonkel	**krsni kum** m [krsni ku:m]
die Patentante	**krsna kuma** f [krsna ku:ma]
der Stiefvater	**očuh** m [ɔtʃux]
die Stiefmutter	**maćeha** f [matɕɛxa]
der Stiefbruder	**polubrat** m [pɔlubrat]
die Stiefschwester	**polusestra** f [pɔlusɛstra]
der Nachbar	**susjed** m [su:sjɛd]
die Nachbarin	**susjeda** f [su:sjɛda]

BEZIEHUNGEN – ODNOSI

Begrüßen und verabschieden – Pozdravi

jemanden vorstellen
predstaviti nekoga
[prɛdstaʋiti nɛkɔga]

jemanden begrüßen
pozdraviti nekoga
[pɔzdraʋiti nɛkɔga]

sich die Hand geben
rukovati se
[rukɔʋati sɛ]

sich verbeugen
pokloniti se
[pɔklɔniti sɛ]

sich umarmen
zagrliti se
[zagrliti sɛ]

lachen
smijati se
[smi:jati sɛ]

weinen
plakati
[plakati]

sich verabschieden
oprostiti se
[ɔprɔstiti sɛ]

einen Knicks machen
nakloniti se
[naklɔniti sɛ]

winken
mahati
[ma:xati]

jemandem einen Kuss geben
poljubiti nekoga
[pɔʎu:biti nɛkɔga]

jemanden anrufen
nazvati nekoga
[nazʋati nɛkɔga]

Hallo!	**Bok!** [bɔk]
Guten Tag!	**Dobar dan!** [dɔbar da:n]
Guten Morgen!	**Dobro jutro!** [dɔbrɔ jutrɔ]
Guten Abend!	**Dobra večer!** [dɔbra ʋɛtʃɛr]
Wie heißt du?	**Kako se zoveš?** [kakɔ sɛ zɔʋɛʃ]
Wie heißen Sie?	**Kako se zovete?** [kakɔ sɛ zɔʋɛtɛ]
Ich heiße ...	**Zovem se ...** [zɔʋɛm sɛ ...]
Herzlich willkommen!	**Dobro došli!** [dɔbrɔ dɔʃli]
Tschüss!	**Bok!** [bɔk]
Auf Wiedersehen!	**Doviđenja!** [dɔʋidʑɛ:ɲa]

das kleine Geschenk
mali poklon m
[ma:li pɔklɔn]

BEZIEHUNGEN – ODNOSI

Feste – Slavlja

die Hochzeit
svadba f
[svadba]

der Geburtstag
rođendan m
[rɔdʑɛndan]

das Weihnachten
Božić m
[bɔʒitɕ]

der Valentinstag
Valentinovo n
[ʋalɛntiːnɔʋɔ]

das Thanksgiving
Dan zahvalnosti m
[dan zaxʋaːlnɔsti]

das Halloween
Noć vještica f
[nɔːtɕ ʋjɛʃtitsa]

der/das Silvester
Nova godina f
[nɔʋa gɔdina]

das Ostern
Uskrs m
[uskrs]

die Hanukkah
Hanuka f
[xanuka]

das Wesakfest
Wesak m
[ʋɛsak]

das Ramadanfest
Ramazan m
[ramazan]

das chinesische Neujahr
kineska Nova godina f
[kinɛska nɔʋa gɔdina]

der Karneval
karneval m
[karnɛʋal]

das Diwalifest	**Diwali** m [diʋali]
das Passah	**Pasha** f [paʃa]
die Feier	**slavlje** n [slaːʋʎɛ]
der Hochzeitstag	**godišnjica braka** f [gɔdiʃɲitsa braːka]
der Feiertag	**praznik** m [praːznik]
der Muttertag	**majčin dan** f [majtʃin dan]
der Vatertag	**dan očeva** m [dan ɔtʃɛʋa]
die Taufe	**krštenje** n [krʃtɛːɲɛ]
Herzlichen Glückwunsch!	**Iskrene čestitke!** [iskrɛnɛ tʃɛstitkɛ]
Alles Gute zum Geburtstag!	**Sve najbolje za rođendan!** [sʋɛ najbɔʎɛ za rɔdʑɛndan]

EREIGNISSE IM LEBEN – DOGAĐAJI U ŽIVOTU

Wendepunkte – Prekretnice

die Geburt
rođenje n
[rɔdʑɛːɲɛ]

der Kindergarten
dječji vrtić m
[djɛtʃji ʋrtitɕ]

die Einschulung
kretanje u školu m
[krɛːtaɲɛ u ʃkɔːlu]

der Schulabschlussball
maturalna večer f
[maturalna ʋɛtʃɛr]

der Studienabschluss
završna diploma f
[zaʋrʃna diplɔːma]

der Berufseinstieg
početak radnog vijeka m
[pɔtʃɛːtak radnɔg ʋiɛːka]

sich verlieben
zaljubiti se
[zaʎuːbiti sɛ]

sich verloben
zaručiti se
[zaruːtʃiti sɛ]

heiraten
vjenčati se
[ʋjɛːntʃati sɛ]

die Schwangerschaft
trudnoća f
[trudnɔtɕa]

umziehen
preseliti se
[prɛsɛliti sɛ]

in Rente gehen
ići u mirovinu
[iːtɕi u mirɔʋinu]

die Beerdigung
pogreb m
[pɔgrɛb]

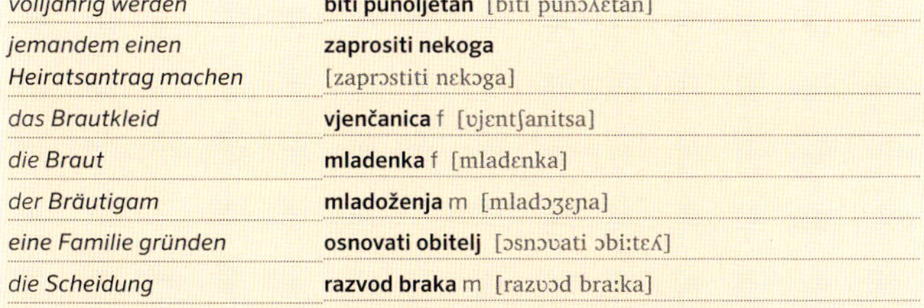

volljährig werden	**biti punoljetan** [biti punɔʎɛtan]
jemandem einen Heiratsantrag machen	**zaprositi nekoga** [zaprɔstiti nɛkɔga]
das Brautkleid	**vjenčanica** f [ʋjɛntʃanitsa]
die Braut	**mladenka** f [mladɛnka]
der Bräutigam	**mladoženja** m [mladɔʒɛɲa]
eine Familie gründen	**osnovati obitelj** [ɔsnɔʋati ɔbiːtɛʎ]
die Scheidung	**razvod braka** m [razʋɔd braːka]
sich scheiden lassen	**rastati se** [rastati sɛ]
sterben	**umrijeti** [umriɛti]

MENSCHEN BESCHREIBEN – OPIS LJUDI

Das Gesicht – Lice

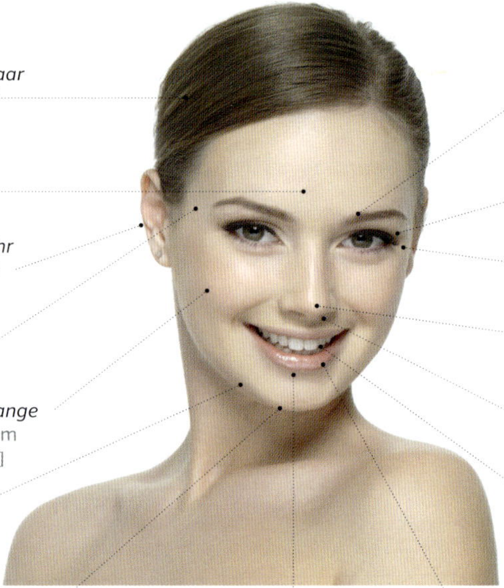

das Haar
kosa f
[kɔsa]

die Augenbraue
obrva f
[ɔbrʋa]

die Stirn
čelo n
[tʃɛlɔ]

die Wimper
trepavica f
[trɛpaʋitsa]

das Ohr
uho m
[uhɔ]

das Auge
oko n
[ɔkɔ]

die Nase
nos m
[nɔ:s]

die Schläfe
sljepoočnica f
[sʎɛpɔɔtʃnitsa]

die Wange
obraz m
[ɔbraz]

das Nasenloch
nosnica f
[nɔsnitsa]

der Unterkiefer
vilica f
[ʋilitsa]

der Zahn
zub m
[zu:b]

das Kinn
brada f
[brada]

der Mund
usta f
[u:sta]

die Lippe
usna f
[usna]

eine Grimasse schneiden
kreveljiti se
[krɛʋɛ:ʎiti sɛ]

die Haut	**koža** f [kɔʒa]
die Falte	**bora** f [bɔ:ra]
das Muttermal	**madež** m [ma:dɛʒ]
das Grübchen	**jamica** f [jamitsa]
die Sommersprossen	**sunčane pjege** fpl [suntʃanɛ pjɛgɛ]
die Pore	**pora** f [pɔ:ra]
der Pickel	**prišt** m [priʃt]

MENSCHEN BESCHREIBEN – OPIS LJUDI

Das Haar – Kosa

rothaarig
crvenokos, -a, -o
[tsrʋɛnɔkɔs,a,ɔ]

gewellt
valovita f
[ʋalɔʋita]

der Dutt
punđa f
[puːndʑa]

brünett
crnomanjasta
[tsrnɔmaɲasta]

grau meliert
sivkasta
[siːʋkasta]

der Kurzhaarschnitt
kratka frizura f
[kratka frizuːra]

die Perücke
perika f
[pɛriːka]

der Stufenschnitt
stepenasta frizura f
[stɛpɛnasta frizuːra]

der Pony
šiške fpl
[ʃiʃkɛ]

die Strähnchen
prameni mpl
[pramɛni]

die Bobfrisur
bob frizura f
[bɔb frizuːra]

glatt
ravna
[raːʋna]

blond
plava
[plaːʋa]

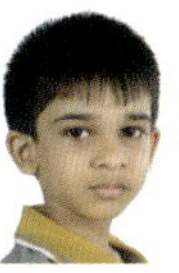

dunkel
tamna
[taːmna]

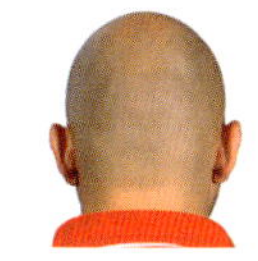

die Glatze
ćela f
[tɕɛla]

der Pferdeschwanz
konjski rep m
[kɔɲski rɛːp]

lockig
kovrčava
[kɔʋrtʃaʋa]

der Zopf
rep m
[rɛːp]

MENSCHEN BESCHREIBEN – OPIS LJUDI

Die äußere Erscheinung – Vanjski izgled

der Bart
brada f
[brada]

der Schnurrbart
brkovi mpl
[brkɔʋi]

jung
mlad, -a, -o
[mla:d,a,ɔ]

alt
star, -a, -o
[sta:r,a,ɔ]

muskulös
mišičav, -a, -o
[miʃitʃaʋ,a,ɔ]

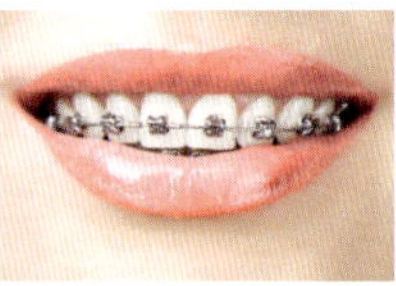

die Zahnspange
aparat za zube m
[aparat za zu:bɛ]

blass
blijed, -a, -o
[bliɛ:d,a,ɔ]

sonnengebräunt
preplanuo, preplanula, -lo [prɛplanuɔ,la,lɔ]

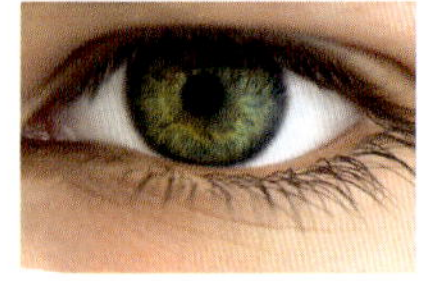

die grünen Augen
zelene oči npl
[zɛlɛnɛ ɔtʃi]

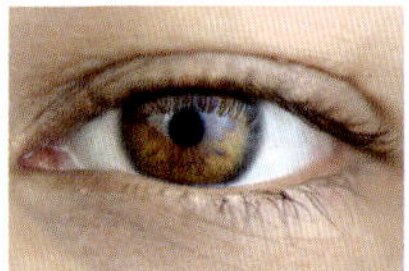

die braunen Augen
smeđe oči npl
[smɛdʑɛ ɔtʃi]

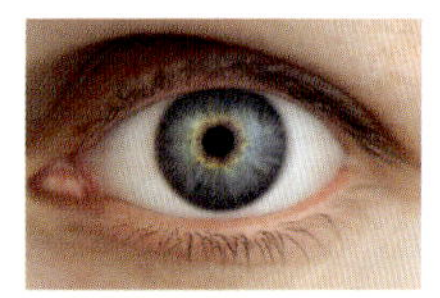

die grauen Augen
sive oči npl
[si:ʋɛ ɔtʃi]

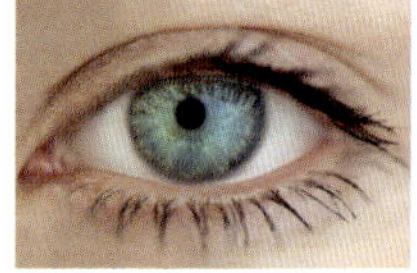

die blauen Augen
plave oči npl
[pla:ʋɛ ɔtʃi]

attraktiv	**privlačan, -na, -no** [priʋlatʃan,na,nɔ]
hübsch	**zgodan, -na, -no** [zgɔdan,na,nɔ]
hässlich	**ružan, -na, -no** [ru:ʒan,na,nɔ]
schön	**lijep, -a, -o** [liɛ:p,a,ɔ]
jemanden nach dem Äußeren beurteilen	**ocijeniti nekoga po izgledu** [ɔtsiɛ:niti nɛkɔga pɔ izglɛdu]
schlank	**vitak, vitka, -o** [ʋitak,ʋitka,ɔ]
dick	**debeo, -la, -lo** [dɛbɛɔ,la,lɔ]
groß	**velik, -a, -o** [ʋɛlik,a,ɔ]
klein	**nizak, niska, -o** [ni:zak,niska,ɔ]
die Narbe	**ožiljak** m [ɔʒiʎak]

MENSCHEN BESCHREIBEN – OPIS LJUDI

Gefühle und Persönlichkeit – Osjećaji i osobnost

glücklich
sretan, -na, -no
[srεtan,na,nɔ]

stolz
ponosan, -na, -no
[pɔ:nɔsan,na,nɔ]

überrascht
iznenađen, -a, -o
[iznεnadʑεn,a,o]

aufgeregt
uzbuđen, -a, -o
[uzbudʑεn,a,ɔ]

verlegen
zbunjen, -a, -o
[zbu:ɲεn,a,ɔ]

verwirrt
smeten, -a, -o
[smεtεn,a,ɔ]

schüchtern
sramežljiv, -a, -o
[sramε:ʒʎiʋ,a,ɔ]

nachdenklich
zamišljen, -a, -o
[zami:ʃʎεn,a,ɔ]

neugierig
znatiželjan, -na, -no
[znatiʒε:ʎan,na,nɔ]

niedlich
sladak, slatka, -o
[sladak,slatka,ɔ]

verliebt
zaljubljen, -a, -o
[zaʎubʎεn,a,ɔ]

selbstbewusst
samosvjestan, samosvjesna, -no
[samɔsʋjεstan, samɔsʋjεsna,nɔ]

offen	**otvoren, -a, -o** [ɔtʋɔrεn,a,ɔ]
tolerant	**tolerantan, tolerantna, -no** [tɔlεra:ntan,na,nɔ]
geduldig	**strpljiv, -a, -o** [strpʎiʋ,a,o]
freundlich	**ljubazan, -na, -no** [ʎubazan,na,nɔ]
sympathisch	**simpatičan, -na, -no** [simpatitʃan,na,nɔ]
nett	**prijazan, -na, -no** [prijazan,na,nɔ]
lächeln	**smiješiti se** [smiε:ʃiti sε]
Ich bin verärgert/froh/traurig.	**Ljut(a) sam./Sretan(-na) sam. Žalostan(žalosna) sam.** [ʎu:t(a) sam/srεtan(na) sam/ʒalɔstan(ʒalɔsna) sam]

MENSCHEN BESCHREIBEN – OPIS LJUDI

Gefühle und Persönlichkeit – Osjećaji i osobnost

traurig
žalostan, žalosna, -no
[ʒalɔstan, ʒalɔsna,nɔ]

gestresst
biti pod stresom
[biti pɔd strɛ:sɔm]

verärgert
ljut, -a, -o
[ʎu:t,a,ɔ]

wütend
bijesan, -na, -no
[biɛ:san,na,nɔ]

eifersüchtig
ljubomoran, -na, -no
[ʎubɔmɔran,na,nɔ]

verängstigt
uplašen, -a, -o
[uplaʃɛn,a,ɔ]

nervös
nervozan, -na, -no
[nɛrʋɔzan,na,nɔ]

müde
umoran, -na, -no
[umɔran,na,nɔ]

angeekelt
gaditi se komu
[gaditi sɛ kɔmu]

dickköpfig
tvrdoglav, -a, -o
[tʋrdɔglaʋ,a,ɔ]

gelangweilt
dosadno mu/joj je
[dɔsadnɔ mu/jɔj jɛ]

sauer
ogorčen, -a, -o
[ɔgɔrtʃɛn,a,ɔ]

die Stirn runzeln	**namrštiti se** [namr:ʃtiti sɛ]
bestürzt	**zaprepašten, -a, -o** [zaprɛpaʃtɛn,a,ɔ]
unsympathisch	**nesimpatičan, -na, -no** [nɛsimpatitʃan,na,nɔ]
verzweifelt	**očajan, -na, -no** [ɔtʃajan,na,nɔ]
neidisch	**zavidan, -na, -no** [za:ʋidan,na,nɔ]
ungeduldig	**nestrpljiv, -a, -o** [nɛstrpʎiʋ,a,ɔ]
arrogant	**drzak, drska, -o** [dr:zak,drska,ɔ]
intolerant	**intolerantan, -na, -no** [intɔlɛrantan,na,nɔ]
sensibel	**osjetljiv, -a, -o** [ɔsjɛtʎiʋ,a,ɔ]

DIE KLEIDUNG – ODJEĆA

Babysachen – Oprema za bebe

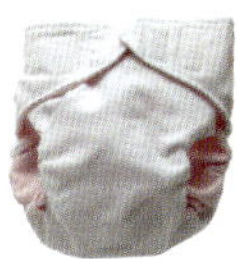

die Stoffwindel
platnena pelena f
[pla:tnɛna pɛlɛna]

die Wegwerfwindel
jednokratne pelene fpl
[jɛdnɔkratnɛ pɛlɛnɛ]

der Body
bodi m
[bɔdi]

der Schneeanzug
dječje odijelo za snijeg n
[djɛtʃjɛ ɔdiɛ:lɔ za sni:ɛg]

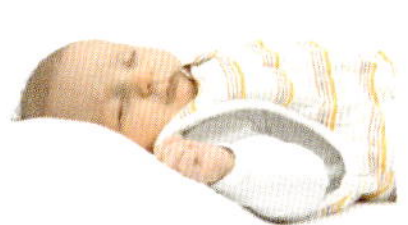

der Babyschlafsack
vreća za spavanje za bebe f
[ʋrɛtɕa za spa:ʋaɲɛ za bɛ:bɛ]

die Rassel
zvečka f
[zʋɛtʃka]

der Strampler
kombinezon za dojenčad m
[kɔmbinɛzɔ:n za dɔjɛntʃad]

der Babyfäustling
rukavice s palcem fpl
[rukaʋitsɛ s pa:ltsɛm]

die Mütze
kapa f
[kapa]

das Babyschühchen
cipelica za bebu f
[tsipɛlitsa za bɛ:bu]

der Schnuller
duda f
[duda]

das Lätzchen
podbradnik m
[pɔdbradnik]

der Sonnenhut
šeširić m
[ʃɛʃi:ritɕ]

das Söckchen
čarapica f
[tʃarapitsa]

das Latzhöschen
hlačice s prsnim dijelom m
[xlatʃitse s prsnim diɛlɔm]

die Babydecke
dekica za bebu f
[dɛkitsa za bɛ:bu]

das Babyfläschchen	**flašica za bebe** f [flaʃitsa za bɛ:bɛ]
die Biobaumwolle	**eko pamuk** m [ɛ:kɔ pamuk]
aus Kunstfaser	**od umjetnog vlakna** [ɔd umjɛtnog ʋla:kna]

DIE KLEIDUNG – ODJEĆA

Unisex-Kleidung – Unisex odjeća

der Trainingsanzug
trenirka f
[trɛni:rka]

der Kapuzenpullover
pulover s kapuljačom m
[pulɔ:ʋɛr skapuʎatʃɔm]

der Turnschuh
tenisica f
[tɛnisitsa]

der Schlafanzug
pidžama f
[pidʒa:ma]

der Hausschuh
papuča f
[paputʃa]

der Bademantel
kupaći ogrtač m
[kupatɕi ɔgrta:tʃ]

der Wintermantel
zimski kaput m
[zi:mski kapu:t]

die Regenjacke
kabanica f
[kabanitsa]

die Schneehose
hlače za snijeg fpl
[xlatʃɛ za sniɛ:g]

Könnte ich das mal anprobieren?	**Molim Vas, mogu li to probati?** [mɔlim ʋas mɔguli tɔ prɔ:bati]
Haben Sie das auch eine Nummer größer/kleiner?	**Imate li ovo u većoj/manjoj veličini?** [imatɛ li ɔʋɔ u ʋɛtɕɔj/maɲɔj ʋɛlitʃi:ni]
eng/weit	**usko/široko** [uskɔ/ʃirɔkɔ]
kurz/lang	**kratko/dugo** [kratkɔ/du:gɔ]
klein/groß	**malo/veliko** [ma:lɔ/ʋɛlikɔ]
Das passt gut, ich nehme es.	**Odgovara mi. Uzet ću to.** [ɔdgɔʋara mi uzɛt tɕu tɔ]
mit kurzen/langen Ärmeln	**s kratkim/dugim rukavima** [skratkim/du:gim ruka:ʋima]
der Knopf	**gumb** m [gumb]
der Druckknopf	**pritisni gumb** m [pritisni gumb]
das Knopfloch	**rupica za gumb** f [rupitsa za gumb]

DIE KLEIDUNG – ODJEĆA

Herrenkleidung – Muška odjeća

das T-Shirt
majica kratkih rukava f
[majtsa kra:tkih ruka:ʋa]

das Polohemd
polo majica f
[pɔ:lɔ majtsa]

der Anzug
odjelo n
[ɔdjɛ:lɔ]

der Kragen
ovratnik m
[ɔ:ʋratnik]

die Krawatte
kravata f
[kraʋa:ta]

das Hemd
košulja f
[kɔʃuʎa]

der/das Sakko
sako m
[sakɔ:]

die Hose
hlače fpl
[xlatʃɛ]

der Rollkragenpullover
dolčevita f
[dɔltʃɛʋi:ta]

die Weste
prsluk m
[prsluk]

der Pullunder
pulover bez rukava m
[pulɔ:ʋɛr bɛz ruka:ʋa]

die Fliege
leptir m
[lɛptir]

die kurze Hose
kratke hlače fpl
[kratkɛ xlatʃɛ]

die Boxershorts
bokserice fpl
[bɔksɛritse]

die Unterhose
gaće fpl
[gatɕɛ]

die Badehose
kupaće gaće fpl
[kupatɕɛ gatɕɛ]

DIE KLEIDUNG – ODJEĆA

Damenkleidung – Ženska odjeća

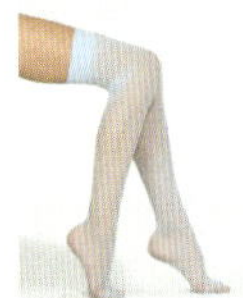

der Strumpf
čarapa f
[tʃarapa]

die Strumpfhose
hulahopke fpl
[hulahɔ:pkɛ]

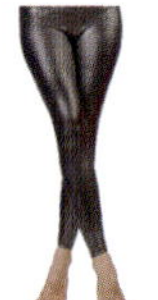

die Leggings
tajice fpl
[tajtsɛ]

der Slip
gaćice fpl
[gatɕitsɛ]

der Bikini
bikini m
[biki:ni]

der Badeanzug
kupaći kostim m
[kupatɕi kɔsti:m]

der Sport-BH
sportski grudnjak m
[spɔrtski gru:dɲak]

der Büstenhalter/der BH
grudnjak m
[gru:dɲak]

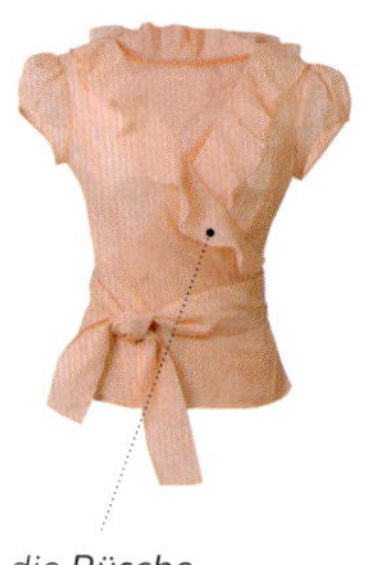

die Rüsche
nabrana čipka f
[nabrana tʃipka]

die Umstandsmode	**trudnička odjeća** f [trudnitʃka ɔ:djɛtɕa]
die Naht	**šav** m [ʃaʋ]
der Ärmel	**rukav** m [ruka:ʋ]
der Saum	**obrub** m [ɔbrub]
die Seide	**svila** f [sʋi:la]
die Spitze	**čipka** f [tʃipka]
die Größe	**veličina** f [ʋɛlitʃi:na]
der Ausschnitt	**izrez** m [i:zrɛz]
trägerlos	**bez naramenica** [bɛz naramɛ:nitsa]
tailliert	**strukiran, -a, -o** [struki:ran,a,ɔ]
leger	**ležeran, -na, -no** [lɛʒɛran,na,nɔ]
schick	**elegantan, -na, -no** [ɛlɛga:ntan,na,nɔ]
bequem	**udoban, -na, -no** [udɔban,na,nɔ]
mit Stretchanteil	**s rastezljivim udiom** [sraztɛ:zʎiʋim u:diɔm]
modisch	**moderan, -na, -no** [mɔdɛran,na,nɔ]

DIE KLEIDUNG – ODJEĆA

Damenkleidung – Ženska odjeća

die Schleife
mašna f
[ma:ʃna]

das Kleid
haljina f
[haʎina]

das Trägertop
majica s naramenicama f
[majtsa snaramɛ:nitsama]

die Bluse
bluza f
[blu:za]

die Strickjacke
vesta f
[ʋɛ:sta]

der Rock
suknja f
[sukɲa]

das Schulterpolster
jastučić m
[jastutʃitɕ]

der Blazer
sako m
[sakɔ:]

das Oberteil
gornji dio m
[gɔrɲi diɔ]

die Jeans
traperice fpl
[trapɛritsɛ]

die Stiefelette
gležnjača f
[glɛʒɲatʃa]

die Shorts
kratke hlače fpl
[kratkɛ xlatʃɛ]

die Röhrenhose
uske hlače fpl
[uskɛ xlatʃɛ]

die Schlaghose
zvonaste hlače fpl
[zʋɔnastɛ xlatʃɛ]

die leicht ausgestellte Hose
hlače širih noga fpl
[xlatʃɛ ʃirix nɔga]

DIE KLEIDUNG – ODJEĆA

Accessoires – Dodaci

der Sonnenhut
sunčani šešir m
[suntʃani ʃɛʃir]

der Hut
šešir m
[ʃɛʃir]

die Brille
naočale fpl
[naɔtʃalɛ]

die Sonnenbrille
sunčane naočale fpl
[su:ntʃanɛ naɔtʃalɛ]

der Rucksack
ruksak m
[ruksak]

die Krawattennadel
igla za kravatu f
[igla za kraʋa:tu]

der Regenschirm
kišobran m
[kiʃɔbran]

die Uhr
sat m
[sat]

die Hosenträger
naramenice fpl
[naramɛ:nitsɛ]

der Ring
prsten m
[prstɛn]

der Handschuh
rukavica f
[rukaʋitsa]

die Mütze
kapa f
[kapa]

der Schal
šal m
[ʃa:l]

der Ohrring
naušnica f
[nauʃnitsa]

die Halskette
ogrlica f
[ɔgrlitsa]

der Manschettenknopf
gumb za manšetu m
[gumb za manʃɛ:tu]

der Reißverschluss	**patentni zatvarač** m [patɛntni zatʋa:ratʃ]
der Klettverschluss	**čičak traka** f [tʃi:tʃak traka]
die Handytasche	**torbica za mobitel** f [tɔrbitsa za mɔbitɛl]
die Reisetasche	**putna torba** f [pu:tna tɔ:rba]
der Koffer	**kovčeg** m [kɔ:ʋtʃɛg]

DIE KLEIDUNG – ODJEĆA

Schuhe und Lederwaren – Cipele i kožna galanterija

der Pumps
salonka f
[salɔnka]

die Sandale
sandala f
[sanda:la]

der Ballerina
balerinka f
[balɛri:nka]

der Gummistiefel
gumena čizma f
[gumɛna tʃizma]

der Flip-Flop®
japanka f
[japa:nka]

der hohe Stiefel
duboka čizma f
[dubɔka tʃizma]

die Handtasche
ručna torbica f
[rutʃna tɔrbitsa]

das Portemonnaie
novčanik m
[nɔʋtʃanik]

die Brieftasche
lisnica f
[li:snitsa]

die Aktentasche
aktovka f
[a:ktɔʋka]

der Gürtel
remen m
[rɛ:mɛn]

die Lederjacke
kožna jakna f
[kɔʒna ja:kna]

der Schnürschuh
cipela na vezanje f
[tsipɛla na ʋɛ:zaɲɛ]

der Wanderstiefel
planinarska cipela f
[planinarska tsipɛla]

die Socke
čarapa f
[tʃarapa]

der Schnürsenkel	**vezica za obuću** f [ʋɛ:zitsa za ɔbutɕu]
die Gürtelschlaufe	**petlja za remen na hlačama** f [pɛtʎa za rɛ:mɛn na hlatʃama]
die Schnalle	**kopča** f [kɔptʃa]
der Absatz	**potpetica** f [pɔtpɛtitsa]
die Sohle	**potplat** m [pɔtplat]
der Riemen	**remenčić** m [rɛmɛ:ntʃitɕ]

die Trekkingsandale
sandala za pješačenje f
[sanda:la za pjɛʃa:tʃɛɲɛ]

der Turnschuh
tenisica f
[tɛnisitsa]

DIE KÖRPERPFLEGE – NJEGA TIJELA

die Zahnpasta
pasta za zube f
[pasta za zu:bɛ]

das Parfüm
parfem m
[parfɛ:m]

das Deo
dezodorans m
[dɛzɔdɔra:ns]

die Gesichtscreme
krema za lice f
[krɛ:ma za li:tsɛ]

der Kamm
češalj m
[tʃɛʃaʎ]

das Duschgel
gel za tuširanje m
[gɛl za tuʃi:raɲɛ]

das Shampoo
šampon m
[ʃampɔ:n]

die Spülung
regenerator m
[rɛgɛnɛra:tɔr]

die Seife
sapun m
[sapun]

die Haarbürste
četka za kosu f
[tʃɛtka za kɔsu]

die Sonnencreme
krema za sunčanje f
[krɛ:ma za su:ntʃaɲɛ]

der Kulturbeutel
neseser m
[nɛsɛsɛr]

die Pinzette
pinceta f
[pintsɛ:ta]

die Nagelschere
škarice za nokte fpl
[ʃkaritsɛ za nɔktɛ]

die Nagelfeile
rašpica za nokte f
[raʃpitsa za nɔktɛ]

die Haarspange
kopča za kosu f
[kɔptʃa za kɔsu]

die Feuchtigkeitscreme	**hidratantna krema** f [xidratantna krɛ:ma]
sich die Augenbrauen zupfen	**čupati obrve** [tʃupati ɔbrʋɛ]
die Enthaarung	**uklanjanje dlaka** n [ukla:ɲaɲɛ dlaka]
der Nagellackentferner	**aceton** m [a:tsɛtɔn]
das Haarprodukt	**proizvod za kosu** m [prɔizʋɔd za kɔsu]
sich die Haare föhnen	**sušiti kosu** [su:ʃiti kɔsu]
sich die Haare glätten	**ravnati kosu** [ra:ʋnati kɔsu]
der/das Haargummi	**gumica za kosu** f [gumitsa za kɔsu]

SCHMINKSACHEN – ŠMINKA

der Pinsel	**kist** m [ki:st]
der Kajalstift	**kajal olovka za oči** f [kaja:l ɔlɔʋka za ɔtʃi]
der/das Lipgloss	**sjajilo za usne** n [sjajilɔ za usnɛ]
die Wimpernzange	**uvijač trepavica** m [uʋi:jatʃ trɛpaʋitsa]

ZU HAUSE
KOD KUĆE

DIE WOHNUNG – STAN

der Hausschlüssel
ključ od ulaznih vrata m
[kʎu:tʃ ɔd ulaznix ʋra:ta]

die Sprechanlage
interfon m
[intɛrfɔn]

die Hausnummer
kućni broj m
[kutɕni brɔj]

die Türklingel
zvono na ulaznim vratima n [zʋɔnɔ na ulaznim ʋra:tima]

das Türschloss
brava f
[bra:ʋa]

der Fußabtreter
otirač m
[ɔtiratʃ]

der Briefkasten
poštanski sandučić m
[pɔʃtanski sandutʃitɕ]

das Einfamilienhaus
obiteljska kuća f
[ɔbi:tɛʎska kutɕa]

das Doppelhaus
dvojna stambena kuća f
[dʋɔjna stambɛna kutɕa]

das Reihenhaus
kuća u nizu f
[kutɕa u ni:zu]

das Mehrfamilienhaus
stambena zgrada f
[stambɛna zgrada]

der Bungalow
bungalov m
[bungalɔʋ]

der Schirmständer
stalak za kišobrane m
[sta:lak za kiʃɔbranɛ]

die Eigentumswohnung	**stan u osobnom vlasništvu** m [sta:n u ɔsɔbnɔm ʋla:sniʃtʋu]
die Mietwohnung	**iznajmljen stan** m [iznajmʎɛn sta:n]
der Hof	**dvorište** n [dʋɔriʃtɛ]
das Eigentum	**imovina** f [imɔʋina]
das Grundstück	**zemljište** n [zɛmʎiʃtɛ]
der Umbau	**adaptacija** f [adapta:tsija]
der Anbau	**dogradnja** f [dɔgra:dɲa]
zu verkaufen	**na prodaju** [na prɔdaju]

DIE WOHNUNG – STAN

der Dachboden
tavan m
[taʋan]

der Keller
podrum m
[pɔdrum]

der Flur
hodnik m
[xɔdnik]

der Aufzug
dizalo n
[dizalɔ]

der Grundriss
tlocrt m
[tlɔtsrt]

die Garage
garaža f
[gara:ʒa]

der Carport
nadstrešnica za auto f
[na:dstrɛʃnitsa za a:utɔ]

der Altbau
stara zgrada f
[sta:ra zgrada]

der Hausmeister
kućepazitelj m
[kutɕɛpa:zitɛʎ]

die Wendeltreppe
zavojite stepenice fpl
[za:ʋɔjitɛ stɛpɛnitsɛ]

der Rauchmelder
detektor dima m
[dɛtɛktɔr dima]

das Treppenhaus
stubište n
[stubiʃtɛ]

mieten	**unajmiti** [una:jmiti]
die Miete	**stanarina** f [stana:rina]
vermieten	**iznajmiti** [izna:jmiti]
der Vermieter	**najmodavac** m [najmɔda:ʋats]
die Vermieterin	**najmodavka** f [najmɔda:ʋka]
der Mieter	**najamnik** m [na:jamnik]
die Mieterin	**najamnica** f [na:jamnitsa]
die Kaution	**kaucija** f [ka:utsija]

der Mietvertrag
ugovor o najmu m
[ugɔʋɔr ɔ na:jmu]

DAS HAUS – KUĆA

das Dachfenster
tavanski prozor m
[tavanski prɔːzɔr]

der Schornstein
dimnjak m
[diːmɲak]

die Dachrinne
krovni žlijeb m
[krɔvni ʒliɛb]

der Dachziegel
crijep m
[tsriɛːp]

die Dachgaube
mansardni prozor m
[mansardni prɔːzɔr]

der erste Stock
prvi kat m
[prvi kat]

das Dach
krov m
[krɔv]

der Balkon
balkon m
[balkɔn]

die Türschwelle
prag m
[prag]

die Haustür
ulazna vrata npl
[ulazna vraːta]

das Fenster
prozor m
[prɔːzɔr]

das Erdgeschoss
prizemlje n
[priːzɛmʎɛ]

die Terrasse
terasa f
[tɛraːsa]

das Einzelhaus	**samostojeća kuća** f [samɔstɔjɛtɕa kutɕa]
der Neubau	**novogradnja** f [nɔvɔgraːdɲa]
die Dreizimmerwohnung	**trosoban stan** m [trɔsɔban staːn]
möbliert	**namješten, -a, -o** [namjɛʃtɛn,a,ɔ]
das Stockwerk	**kat** m [kat]
der Eigentümer	**vlasnik** m [vlaːsnik]
die Eigentümerin	**vlasnica** f [vlaːsnitsa]
eine Hypothek aufnehmen	**uzeti hipoteku** [uzɛti xipɔtɛːku]

DAS HAUS – KUĆA

Der Eingang – Ulaz

die Diele
predvorje n
[prɛːdʋɔrjɛ]

der Spiegel
ogledalo n
[ɔglɛdalɔ]

der Sessel
naslonjač m
[naslɔɲaːtʃ]

der Ablagetisch
stol za odlaganje m
[stɔːl za ɔdlaːgaɲɛ]

die Wohnungstür
ulazna vrata npl
[ulazna ʋraːta]

der Garderobenständer
garderoba f
[gardɛrɔːba]

der Schirmständer
stalak za kišobrane m
[staːlak za kiʃɔbranɛ]

das Treppengeländer
rukohvat m
[rukɔxʋat]

die Treppe
stepenice fpl
[stɛpɛnitsɛ]

der Treppenabsatz
odmorište n
[ɔdmɔriʃtɛ]

die Treppenstufe
stuba f
[stuːba]

das Schlüsselbrett
kuka za ključeve f
[kuka za kʎuːtʃɛʋɛ]

der Kleiderhaken
zidna kuka za odjeću f
[zidna kuka za ɔːdjɛtɕu]

der Kleiderbügel
vješalica f
[ʋjɛʃalitsa]

der Schuhlöffel
žlica za cipele f
[ʒliːtsa za tsipɛlɛ]

DAS HAUS – KUĆA

Das Wohnzimmer – Dnevna soba

der Spiegel
zrcalo n [zrtsalɔ]

der Ventilator
ventilator m [ʋentila:tɔr]

der Bilderrahmen
okvir za slike m [ɔkʋi:r za slikɛ]

der Vorhang
zavjesa f [za:ʋjɛsa]

die Decke
strop m [strɔp]

das Gemälde
slika f [slika]

das Sofa
trosjed m [trɔsjɛd]

die Lampe
svjetiljka f [sʋjɛtiʎka]

das Sofakissen
jastuk za trosjed m [jastuk za trɔsjɛd]

der Beistellschrank
ormarić m [ɔrma:ritɕ]

der Kaminsims
okvir kamina m [ɔkʋi:r kami:na]

der gepolsterte Hocker
podstavljena stolica bez naslona f [pɔdstaʋʎɛna stɔlitsa bɛz na:slɔna]

der Teppichboden
tepison m [tɛpisɔ:n]

der Kamin
kamin m [kami:n]

der Sessel
fotelja f [fɔtɛ:ʎa]

der Couchtisch
stolčić m [stɔltʃitɕ]

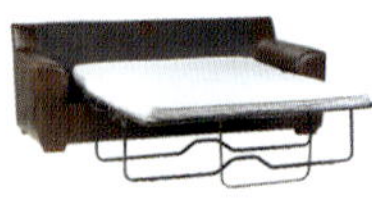

die Schlafcouch
kauč za spavanje m [kautʃ za spa:ʋanjɛ]

die Vitrine
vitrina f [ʋitri:na]

die Fernsehbank
polica za televizor f [pɔlitsa za tɛlɛʋi:zɔr]

das Bücherregal
polica za knjige f [pɔlitsa za kɲi:gɛ]

DAS HAUS - KUĆA

Das Esszimmer - Blagovaonica

das Rollo
roleta f
[rɔlɛːta]

der Kronleuchter
luster m
[luːstɛr]

die Vitrine
vitrina f
[ʋitriːna]

die Zimmerpflanze
sobna biljka f
[sɔbna biːʎka]

das Fensterbrett
prozorska daska f
[prɔːzɔrska daska]

der Tischläufer
stolnjak m
[stɔːlɲak]

die Kerze
svijeća f
[sʋiɛːtɕa]

der Stuhl
stolica f
[stɔlitsa]

der Esstisch
kuhinjski stol m
[kuxiɲski stɔːl]

die Tischdekoration
dekoracija za stol f
[dɛkɔraːtsija za stɔːl]

der Holzboden
drveni pod m
[drʋeni pɔd]

die Blumenvase
vaza f
[ʋaːza]

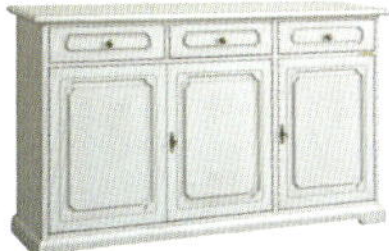

die Anrichte
kredenac m
[krɛdɛnats]

die Wanduhr
zidni sat m
[zidni saːt]

der Hochstuhl
dječja stolica f
[djɛtʃja stɔlitsa]

DAS HAUS - KUĆA

Die Küche - Kuhinja

die Einbauküche
ugradna kuhinja f
[ugradna kuxiɲa]

die Einbauleuchte
ugradna svjetiljka f
[ugradna sʋjɛtiʎka]

die Dunstabzugshaube
kuhinjska napa f
[kuxiɲska na:pa]

die Arbeitsplatte
radna površina f
[ra:dna pɔʋrʃina]

der Hängeschrank
viseći element m
[ʋisɛtɕi ɛlɛmɛ:nt]

der Backofenschalter
sklopka pećnice f
[sklɔpka pɛ:tɕnitsɛ]

der Herd
štednjak m
[ʃtɛ:dɲak]

der Backofen
pećnica f
[pɛ:tɕnitsa]

das Spülbecken
sudoper m
[sudɔpɛr]

der Küchenhocker
kuhinjska stolica f
[kuxiɲska stɔlitsa]

die Schublade
ladica f
[laditsa]

der Kühlschrank
hladnjak m
[xla:dɲak]

die Frühstückstheke
šank za doručak m
[ʃank za dɔrutʃak]

die Spülmaschine
perilica za posuđe f
[pɛrilitsa za pɔsudʑɛ]

der Gefrierschrank
zamrzivač m
[zamrzi:ʋatʃ]

das Geschirrtuch
krpa za posuđe f
[krpa za pɔsudʑɛ]

der Mülleimer	**kanta za smeće** f [ka:nta za smɛtɕɛ]
die Mülltrennung	**odvajanje otpada** n [ɔdʋa:jaɲɛ ɔtpada]
die Verpackung	**ambalaža** f [ambala:ʒa]
das Altglas	**staro staklo** n [sta:rɔ staklɔ]
den Ofen vorheizen	**zagrijati pećnicu** [zagri:jati pɛ:tɕnitsu]
die Spülmaschine laufen lassen	**upaliti perilicu za posuđe** [upa:liti pɛrilitsu za pɔsudʑɛ]
das Geschirr abtropfen lassen	**pustiti posuđe da se ocijedi** [pustiti pɔsudʑɛ da sɛ otsiɛ:di]

DAS HAUS - KUĆA

Küchengeräte - Kuhinjske naprave

der Pürierstab
štapni mikser m
[ʃtapni miksɛr]

der Mixer
mješalica f
[miɛːʃalitsa]

die Küchenmaschine
kuhinjski aparat m
[kuxiɲski apaːrat]

die Mikrowelle
mikrovalna pećnica f
[mikrɔʋalna pɛːtɕnitsa]

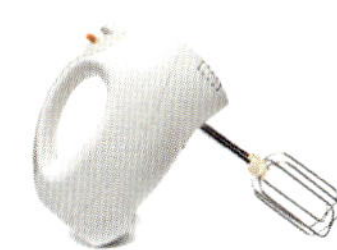

das Handrührgerät
ručna mješalica m
[rutʃna miɛːʃalitsa]

der Wasserkocher
kuhalo n
[kuxalɔ]

das Waffeleisen
aparat za vafle m
[apaːrat za ʋaflɛ]

der Elektrogrill
električni roštilj m
[ɛlɛktritʃni rɔʃtiːʎ]

der Toaster
toster m
[tɔstɛr]

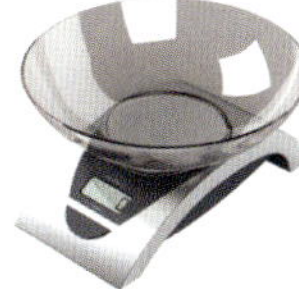

die Küchenwaage
kuhinjska vaga f
[kuxiɲska ʋaːga]

der Schnellkochtopf
ekspresni lonac m
[ɛksprɛːsni lɔːnats]

der Sandwichgrill
sendvič aparat m
[sɛːndʋitʃ apaːrat]

die Kaffeemaschine
aparat za kavu m
[apaːrat za kaːʋu]

der Dampfgarer
kuhalo na paru n
[kuxalɔ na paːru]

der Raclettegrill
Raclette roštilj m
[raklɛt rɔʃtiːʎ]

der Reiskocher
kuhalo za rižu n
[kuxalɔ za riːʒu]

DAS HAUS – KUĆA

Koch- und Backutensilien – Pribor za kuhanje i pećenje

der Küchenwecker
kuhinjski sat m
[kuxiɲski saːt]

das Ausstechförmchen
iskrojivač za kekse m
[iskrɔjiʋaːtʃ za kɛksɛ]

das Küchenpapier
kuhinjski papir m
[kuxiɲski paːpir]

die Schürze
pregača f
[prɛgatʃa]

das Muffinförmchen
muffin kalup f
[mafin kalup]

die Törtchenform
kalup za tortice m
[kalup za tɔrtitsɛ]

die Springform
kalup za kolače m
[kalup za kɔlaːtʃɛ]

das Backblech
lim za pećenje m
[lim za pɛtɕɛɲɛ]

der Messerschärfer
oštrač za noževe m
[ɔʃtratʃ za nɔʒɛʋɛ]

das Teigrad
kotačić za rezanje tijesta m [kɔtatʃitɕ za rɛzaɲɛ tiɛːsta]

der Topfhandschuh
rukavica za pećnicu f
[rukaʋitsa za pɛːtɕnitsu]

das Tablett
poslužavnik m
[pɔsluʒaːʋnik]

die Sanduhr
pješčani sat m
[pjɛʃtʃani saːt]

das Kuchengitter	**podloška za hlađenje torte** f [pɔdlɔʃka za xlaːdʑɛɲɛ tɔːrtɛ]
der Spritzbeutel	**vrećica za ukrašavanje torte** f [ʋrɛtɕitsa za ukraʃaːʋaɲɛ tɔːrtɛ]
das Backpapier	**papir za pećenje** m [paːpir za pɛtɕɛɲɛ]
die Frischhaltefolie	**kuhinjska folija** f [kuxiɲska fɔːlija]
der Putzlappen	**krpa za čišćenje** f [krpa za tʃiʃtɕɛɲɛ]
die Alufolie	**aluminijska folija** f [alumiːnijska fɔːlija]
der Gefrierbeutel	**vrećica za zamrzavanje** f [ʋrɛtɕitsa za zamrzaːʋaɲɛ]
die Rührschüssel	**posuda za miksanje** f [pɔsuda za miksaɲɛ]

DAS HAUS – KUĆA

Koch- und Backutensilien – Pribor za kuhanje i pećenje

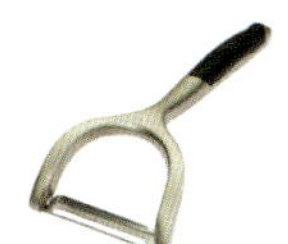

der Schäler
ljuštilica f
[ʎuʃtilitsa]

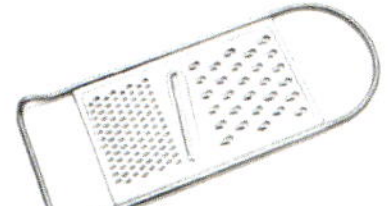

die Reibe
ribež m
[ri:bɛʒ]

das Hackmesser
sječkalica f
[sjɛtʃkalitsa]

das Küchenmesser
kuhinjski nož m
[kuxiɲski nɔ:ʒ]

das Küchensieb
cjedilo n
[tsjɛdilɔ]

das Abtropfsieb
cjedilo n
[tsjɛdilɔ]

der Kartoffelstampfer
gnječilica za krumpir f
[gɲɛ:tʃilitsa za krumpi:r]

die Knoblauchpresse
gnječilica za češnjak f
[gɲɛ:tʃilitsa za tʃɛʃɲak]

die Schöpfkelle
zaimača f
[zaimatʃa]

der Schneebesen
metlica za tučenje snijega f [mɛtlitsa za tu:tʃɛɲɛ sniɛ:ga]

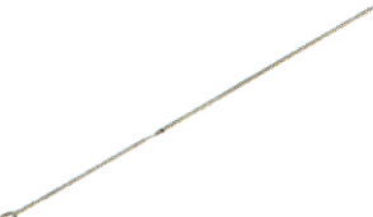

der Spieß
ražanj m
[ra:ʒaɲ]

der Dosenöffner
otvarač za limenke m
[ɔtʋaratʃ za limɛnkɛ]

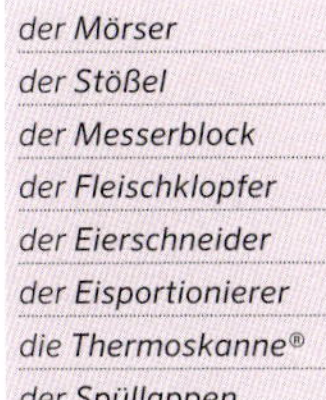

der Mörser	**mužar** m [mu:ʒar]
der Stößel	**tucalo** n [tutsalɔ]
der Messerblock	**stalak za noževe** m [sta:lak za nɔ:ʒɛʋɛ]
der Fleischklopfer	**čekić za meso** m [tʃɛkitɕ za mɛ:sɔ]
der Eierschneider	**rezač za jaja** m [rɛzatʃ za ja:ja]
der Eisportionierer	**žlica za sladoled** f [ʒlitsa za sladɔlɛd]
die Thermoskanne®	**termosica** f [tɛrmɔsitsa]
der Spüllappen	**krpa za pranje posuđa** f [krpa za pra:ɲɛ pɔsudʑa]

das Schneidebrett
daska za rezanje f
[daska za rɛzanjɛ]

DAS HAUS – KUĆA

Koch- und Backutensilien – Pribor za kuhanje i pećenje

der Korkenzieher
vadičep m
[vaditʃɛp]

der Backpinsel
kist za kolače m
[kist za kɔlaːtʃɛ]

das Nudelholz
valjak m
[vaːʎak]

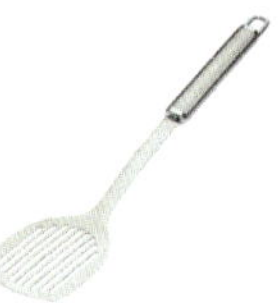

der Pfannenwender
lopatica za okretanje f
[lɔpatitsa za ɔkrɛːtaɲɛ]

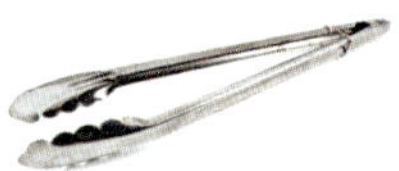

die Küchenzange
kuhinjska pinceta f
[kuxiɲska pintsɛːta]

der Teigschaber
lopatica za kolače f
[lɔpatitsa za kɔlaːtʃɛ]

der Servierlöffel
žlica za serviranje f
[ʒlitsa za sɛrviːraɲɛ]

der Kochlöffel
kuhača f
[kuxːatʃa]

die Bratpfanne
tava f
[taːva]

der Wok
vok m
[vɔk]

der Kochtopf
lonac m
[lɔːnats]

der Schmortopf
lonac za pirjanje m
[lɔːnats za piːrjaɲɛ]

das Auflaufförmchen
kalup za nabujak m
[kalup za naːbujak]

die Bratengabel	**vilica za meso** f [vilitsa za mɛːsɔ]
der Untersetzer	**podložak** m [pɔdlɔʒak]
die Grillpfanne	**roštilj tava** f [rɔʃtiːʎ taːva]
der Messbecher	**posuda za mjerenje** f [pɔsuda za mjɛrɛɲɛ]
der Trichter	**lijevak** m [liɛːvak]
der Messlöffel	**žlica za mjerenje** f [ʒlitsa za mjɛrɛɲɛ]
der Abtropfständer	**cjedilo za suđe** n [tsjɛdilɔ za sudʒɛ]
der Flaschenöffner	**otvarač za boce** m [ɔtvaratʃ za bɔtsɛ]

DAS HAUS – KUĆA

Das Schlafzimmer – Spavaća soba

der Bettbezug
posteljina f
[pɔstɛʎiːna]

die Bettdecke
pokrivač m
[pɔkriːʋatʃ]

das Kopfteil
dio za glavu m
[diɔ za glaːʋu]

das Doppelbett
bračni krevet m
[bratʃni krɛʋɛt]

das Kopfkissen
jastuk m
[jastuk]

der Kissenbezug
jastučnica f
[jastutʃnitsa]

die Nachttischlampe
noćna svjetiljka f
[nɔtɕna sʋjɛtiʎka]

die Kommode
komoda f
[kɔmɔːda]

das Bettgestell
okvir kreveta m
[ɔkʋiːr krɛʋɛta]

das Laken
plahta f
[plaxta]

der Teppich
tepih m
[tɛpix]

der Hocker
stolac m
[stɔːlats]

die Matratze
madrac m
[madraːts]

der Nachttisch
noćni ormarić m
[nɔtɕni ɔrmaːritɕ]

der Kleiderschrank	**ormar** m [ɔrmaːr]
der Wecker	**budilica** f [buːdilitsa]
den Wecker stellen	**naviti budilicu** [naʋiti buːdilitsu]
die Wärmflasche	**termofor** m [tɛrmɔfɔr]
die Heizdecke	**grijaći pokrivač** m [grijatɕi pɔkriːʋatʃ]
die Tagesdecke	**prekrivač za krevet** m [prɛkriːʋatʃ za krɛʋɛt]
die Schlafbrille	**maska za spavanje** f [maska za spaːʋaɲɛ]
das Zimmer mit Bad	**soba s kupaonicom** f [sɔba skupaɔːnitsɔm]

DAS HAUS – KUĆA

Das Kinderzimmer – Dječja soba

der Ball
lopta f
[lɔpta]

die Puppe
lutka f
[lutka]

die Wickeltasche
torba za prematanje bebe f [tɔ:rba za prɛma:taɲɛ bɛ:bɛ]

der Kinderwagen
kolica f
[kɔli:tsa]

das Babyfon®
dojavljivač za bebe m
[dɔjavʎi:vatʃ za bɛ:bɛ]

der Laufstall
dječja ogradica f
[djɛtʃja ɔgraditsa]

das Gitterbettchen
krevetić sa šipkama m
[krɛvɛtitç sa ʃipkama]

die Flauschdecke
mekana dekica f
[mɛkana dɛkitsa]

das Mobile
mobile m
[mɔbilɛ]

der Gitterstab
rešetka f
[rɛʃɛtka]

der Teddy
plišani medo m
[pliʃani mɛ:dɔ]

der Wickeltisch
stol za previjanje dojenčadi m
[stɔ:l za prɛvi:jaɲɛ dɔjɛntʃadi]

das Kuscheltier
plišana igračka f
[pliʃana igratʃka]

das Spielzeug
igračka f
[igratʃka]

die Wickelauflage
podmetač za previjanje m
[pɔdmɛtatʃ za prɛvi:jaɲɛ]

das Töpfchen
tuta za djecu f
[tuta za djɛtsu]

die Babytragetasche
nosiljka f
[nɔsiʎka]

der Schulranzen
školska torba f
[ʃkɔlska tɔ:rba]

das Bauklötzchen
kockica f
[kɔtskitsa]

DAS HAUS – KUĆA

Das Jugendzimmer – Omladinska soba

das Einzelbett
pojedinačni krevet m
[pɔjɛdinatʃni krɛʋɛt]

die Hängelampe
viseća svjetiljka f
[ʋisɛtɕa sʋjɛtiʎka]

der Schreibtisch
pisaći stol m
[pisatɕi stɔ:l]

das Bücherregal
polica za knjige f
[pɔlitsa za kɲigɛ]

die Schreibtischlampe
svjetiljka za pisaći stol f
[sʋjɛtiʎka za pisatɕi stɔ:l]

der Stuhl
stolica f
[stɔlitsa]

der Teppichboden
tepison m
[tɛpisɔ:n]

die Fensterbank
prozorska daska f
[prɔ:zɔrska daska]

die Schublade
ladica f
[laditsa]

das Etagenbett	**krevet na kat** m [krɛʋɛt na kat]
schlafen	**spavati** [spa:ʋati]
schnarchen	**hrkati** [xrkati]
aufwachen	**probuditi se** [prɔbu:diti sɛ]
aufstehen	**ustati** [ustati]
der Albtraum	**noćna mora** f [nɔtɕna mɔ:ra]
träumen	**sanjati** [sa:ɲati]

einschlafen	**zaspati** [zaspati]
tief schlafen	**duboko spavati** [dubɔkɔ spa:ʋati]
ausschlafen	**naspavati se** [naspa:ʋati sɛ]
wach sein	**biti budan/budna** [biti bu:dan,na]
das Bett machen	**složiti krevet** [slɔʒiti krɛʋɛt]
ins Bett gehen	**ići u krevet** [i:tɕi u krɛʋɛt]
das Zimmer aufräumen	**pospremiti sobu** [pɔsprɛ:miti sɔbu]

DAS HAUS – KUĆA

Das Arbeitszimmer – Radna soba

der Bilderrahmen
okvir za slike m
[ɔkʋiːr za slikɛ]

die Verandatür
vrata verande npl
[ʋraːta ʋɛrandɛ]

der Bücherschrank
ormar za knjige m
[ɔrmaːr za kɲigɛ]

die Zimmerpflanze
sobna biljka f
[sɔbna biːʎka]

das Foto
slika f
[slika]

das Tageslicht
svjetlo dana n
[sʋjɛtlɔ daːna]

der/das Laptop
laptop m
[laptɔp]

die Rückenlehne
naslon za leđa m
[naslɔn za lɛːdʑa]

der Sessel
naslonjač m
[naslɔɲaːtʃ]

der Schreibtisch
pisaći stol m
[pisatɕi stɔːl]

der Rollcontainer
ladičar na kotače m
[laditʃar na kɔtaːtʃɛ]

der Drehstuhl
okretna stolica f
[ɔkrɛtna stɔlitsa]

die Armlehne
naslon za ruke m
[naslɔn za ruːkɛ]

die Unterlage	**podloga** f [pɔdlɔga]
die Steuererklärung	**porezna prijava** f [pɔrɛzna prijaʋa]
arbeiten	**raditi** [raːditi]
sich konzentrieren	**koncentrirati se** [kɔntsɛntriːrati sɛ]
die Überstunde	**prekovremeni sat** m [prɛkɔʋrɛmɛni saːt]
von zu Hause arbeiten	**raditi od doma** [raːditi ɔd dɔma]
eine Pause machen	**ići na pauzu** [iːtɕi na pauzu]
selbstständig sein	**biti samozaposlen/-a** m/f [biti samɔzapɔslɛn,a]

DAS HAUS – KUĆA

Das Badezimmer – Kupaonica

der Spiegel
zrcalo n
[zrtsalɔ]

das Waschbecken
umivaonik m
[umiʋaɔːnik]

der Seifenspender
dozator sapuna m
[dɔzaːtɔr sapuːna]

der Waschbecken-unterschrank
element za umivaonik m
[ɛlɛmɛnt za umiʋaɔːnik]

die Duschkabine
tuš kabina f
[tuʃkabiːna]

die Dusche
tuš m [tuʃ]

der Handtuchhalter
držač za ručnike m
[drʒatʃ za rutʃniːkɛ]

das Handtuch
ručnik m [rutʃnik]

der Wasserhahn
slavina f [slaʋina]

die Badewanne
kada f [kaːda]

die Toilette
toalet m
[tɔalɛːt]

die Toilettenspülung
ispiranje wc školjke n
[ispiːraɲɛ ʋɛtɕɛː ʃkɔʎkɛ]

der Spülkasten
vodokotlić m
[ʋɔdɔkɔtlitɕ]

auf die Toilette gehen
ići na wc
[iːtɕi na ʋɛtɕɛː]

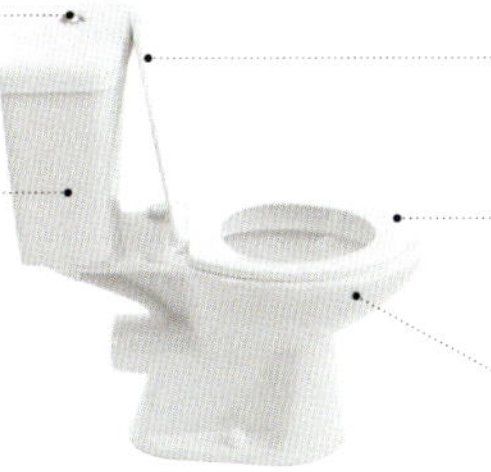

der Toilettendeckel
poklopac wc školjke m
[pɔklɔpats ʋɛtɕɛː ʃkɔʎkɛ]

die Toilettenbrille
wc daska f
[ʋɛtɕɛː daska]

die Kloschüssel
wc školjka f
[ʋɛtɕɛː ʃkɔʎka]

die Klobürste
četka za čišćenje wc-a f
[tʃɛtka za ʃiʃtʃɛnjɛ ʋɛtɕɛːa]

das Toilettenpapier
toaletni papir m
[tɔalɛːtni paːpir]

der Raumduft
osvježivač prostora m
[ɔsʋjɛʒiʋatʃ prɔːstɔra]

der Klostein
uložak za wc školjku n
[ulɔʒak za ʋɛtɕɛː ʃkɔʎku]

DAS HAUS – KUĆA

Sanitäre Anlagen – Sanitarni čvorovi

der Elektroboiler
električni bojler m
[ɛlɛktritʃni bɔjlɛr]

der Behälter
spremnik m
[sprɛmnik]

das Thermostat
termostat m
[tɛrmɔsta:t]

der Warmwasserablauf
pritok tople vode m
[pritɔk tɔplɛ ʋɔdɛ]

der Kaltwasserzulauf
pritok hladne vode m
[pritɔk xla:dnɛ ʋɔdɛ]

das Gas-Wandheizgerät
zidna grijalica na plin f
[zidna gri:jalitsa na plin]

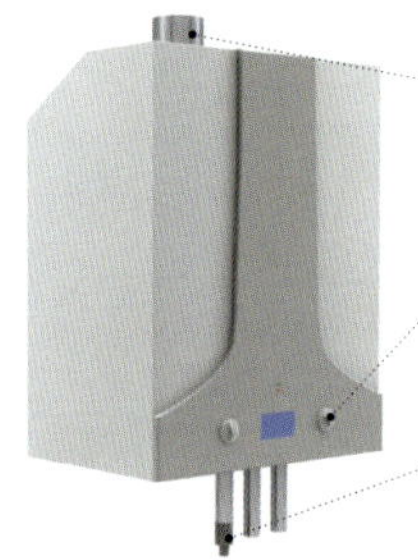

das Sicherheitsventil
sigurnosni ventil m
[sigu:rnɔsni ʋɛnti:l]

der Regler
regulator m
[rɛgula:tɔr]

der Überlauf
preljev m
[prɛʎɛʋ]

das Waschbecken
umivaonik m
[umiʋaɔnik]

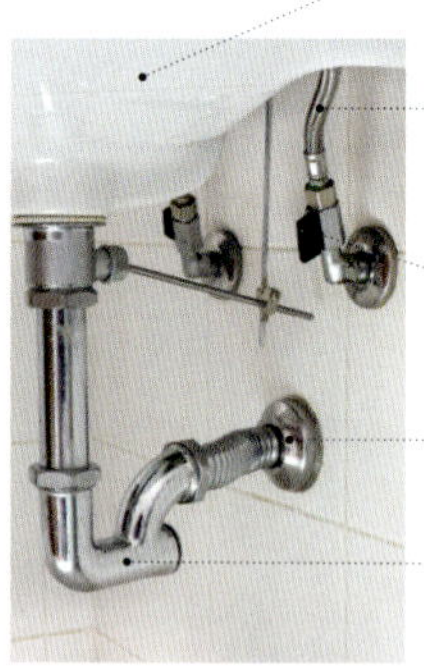

die Zuleitung
dovod m
[dɔʋɔd]

der Absperrhahn
zaporni pipac m
[zapɔrni pipats]

der Abfluss
odvod m
[ɔdʋɔd]

der Siphon
sifon m
[sifɔ:n]

der Spülkasten
vodokotlić m
[ʋɔdɔkɔtlitɕ]

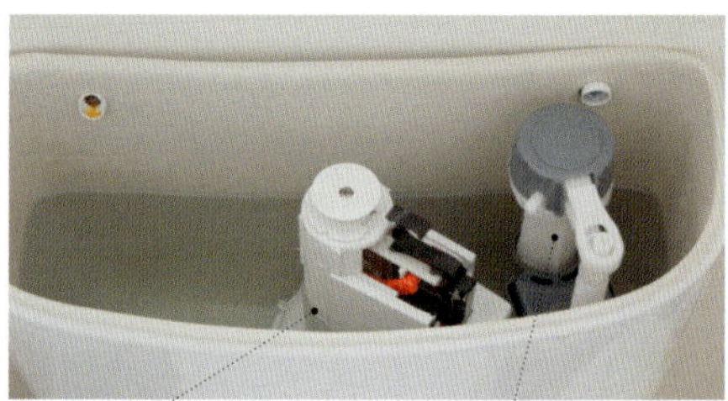

die Heberglocke
izljevni ventil za vodokotlić m
[izʎɛʋni ʋɛnti:l za ʋɔdɔkɔtlitɕ]

der Überlauf
preljev m
[prɛʎɛʋ]

DAS HAUS – KUĆA

Im Badezimmer – U kupaonici

das Wattepad
blazinica f
[blazinitsa]

der Duschschwamm
spužva za tuširanje f
[spuʒʋa ta tuʃiːraɲɛ]

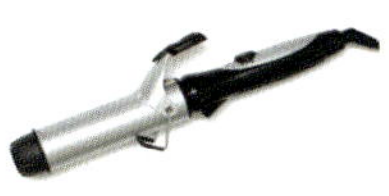

der Lockenstab
uvijač za kosu m
[uʋiːjatʃ za kɔsu]

das Glätteisen
pegla za kosu f
[pɛːgla za kɔsu]

der Rasierapparat
brijaći aparat m
[brijatɕi apaːrat]

das Schwammtuch
spužvasta krpa f
[spuʒʋasta krpa]

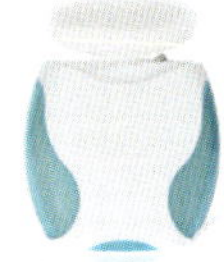

die Zahnseide
zubni konac m
[zuːbni kɔnats]

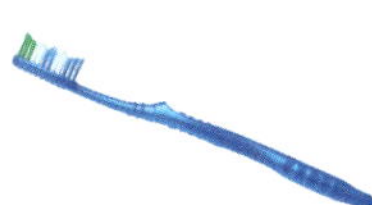

die Zahnbürste
četkica za zube f
[tʃɛtkitsa za zuːbɛ]

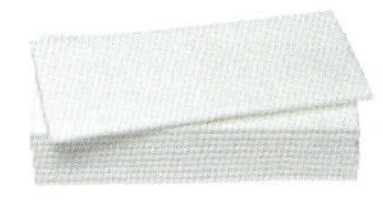

das Taschentuch
maramica f
[maramitsa]

das Wattestäbchen
higijenski štapić m
[xigiɛːnski ʃtapitɕ]

der Föhn
fen m
[fɛn]

der Rasierschaum
pjena za brijanje f
[pjɛna za briːjaɲɛ]

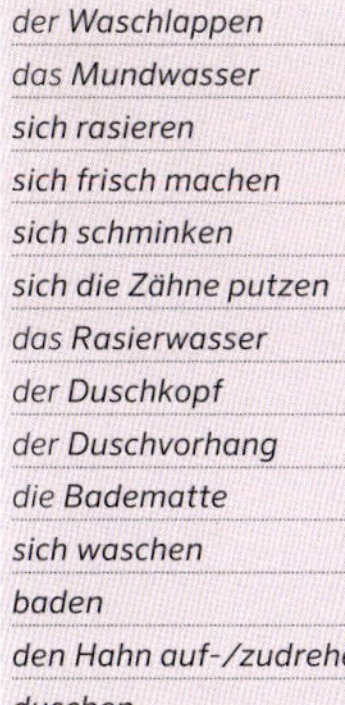

der Waschlappen	**krpa za pranje** f [krpa za praːɲɛ]
das Mundwasser	**tekućina za ispiranje usta** f [tɛkutɕina za ispiːraɲɛ uːsta]
sich rasieren	**brijati se** [briːjati sɛ]
sich frisch machen	**osvježiti se** [ɔsʋjɛːʒiti sɛ]
sich schminken	**šminkati se** [ʃminkati sɛ]
sich die Zähne putzen	**prati zube** [prati zuːbɛ]
das Rasierwasser	**losion za brijanje** m [lɔsiɔn za briːjaɲɛ]
der Duschkopf	**tuš slušalica** f [tuʃ sluʃalitsa]
der Duschvorhang	**zavjesa za tuš** f [zaːʋjɛsa za tuʃ]
die Bademattе	**prostirač u kupaonici** m [prɔstiratʃ u kupaɔːnitsi]
sich waschen	**prati se** [prati sɛ]
baden	**kupati se** [kuːpati sɛ]
den Hahn auf-/zudrehen	**otvoriti/zatvoriti slavinu** [ɔtʋɔriti/zatʋɔriti slaʋinu]
duschen	**tuširati se** [tuʃirati sɛ]

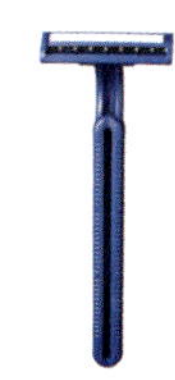

der Rasierer
britvica f
[britʋitsa]

DAS HAUS – KUĆA

Die Waschküche – Praonica

die Waschmaschine
perilica za rublje f
[perilitsa za ru:bʎɛ]

die Waschmittelkammer
odjeljak za omekšivač m
[ɔdjeʎak za ɔmɛkʃivatʃ]

der Frontlader
perilica rublja s prednjim otvorom f
[perilitsa ru:bʎa sprɛdɲim ɔtʋɔrɔm]

der Wäschekorb
košara za rublje f
[kɔʃara za ru:bʎɛ]

die zusammengelegte Wäsche
složeno rublje n
[slɔʒɛnɔ ru:bʎɛ]

der Fleckenentferner
odstranjivač mrlja m
[ɔdstraɲi:ʋatʃ mrʎa]

der Weichspüler
omekšivač rublja m
[ɔmɛkʃiʋatʃ ru:bʎa]

die Wäscheleine
štrik za sušenje rublja m
[ʃtrik za su:ʃenjɛ ru:bʎa]

die Wäscheklammer
kvačica za rublje f
[kʋatʃitsa za ru:bʎɛ]

das Bleichmittel
sredstvo za izbijeljivanje n
[srɛdstʋɔ za izbijɛʎi:ʋaɲɛ]

das Waschpulver
deterđent za pranje rublja m [dɛtɛrdʑɛnt za pra:ɲɛ ru:bʎa]

das Bügeleisen
glačalo n
[glatʃalɔ]

das Bügelbrett
daska za glačanje f
[daska za gla:tʃaɲɛ]

die Waschmaschine füllen	**napuniti perilicu za rublje** [napuniti perilitsu za ru:bʎɛ]
die Wäsche waschen	**prati rublje** [prati ru:bʎɛ]
die Wäsche schleudern	**centrifugiranje rublja** [tɕɛntrifugi:raɲɛ ru:bʎa]
der Wäscheständer	**stalak za sušenje rublja** m [sta:lak za su:ʃɛɲɛ ru:bʎa]
der Wäschetrockner	**stroj za sušenje rublja** m [strɔj za su:ʃɛɲɛ ru:bʎa]
der Schmutzwäschekorb	**košara za prljavo rublje** [kɔʃara za prʎaʋɔ ru:bʎɛ]
die Wäsche zum Trocknen aufhängen	**objesiti rublje da se suši** [ɔbjɛsiti ru:bʎɛ da sɛ su:ʃi]
bügeln	**glačati** [gla:tʃati]

DAS HAUS – KUĆA

Reinigungsartikel – Proizvodi za čišćenje

das Reinigungsmittel
sredstvo za čišćenje n
[srɛdstʋɔ za tʃiʃtʃɛɲɛ]

das Spülmittel
deterđent za pranje posuđa m
[dɛtɛrdʑɛnt za praːɲɛ pɔsudʑa]

die Bürste
četka f
[tʃɛtka]

die Sprühflasche
raspršivač m
[rasprʃiʋatʃ]

der Gummiwischer
čistač stakla m
[tʃistaːtʃ stakla]

die Kehrschaufel
lopatica f
[lɔpatitsa]

der Handfeger
metlica f
[mɛtlitsa]

der Wischmopp
mop za čišćenje m
[mɔp za tʃiʃtʃɛɲɛ]

der Schwamm
spužva f
[spuʒʋa]

der Gummihandschuh
gumena rukavica f
[gumɛna rukaʋitsa]

der Eimer
kanta f
[kaːnta]

der WC-Reiniger
sredstvo za čišćenje wc-a n
[srɛdstʋɔ za tʃiʃtʃɛɲɛ ʋɛtsɛːa]

schrubben	**ribati** [ribati]
fegen	**mesti** [mɛsti]
polieren	**polirati** [pɔliːrati]
putzen	**čistiti** [tʃistiti]
abwischen	**obrisati** [ɔbriːsati]
der Staubsauger	**usisavač** m [usisaʋatʃ]
Staub saugen	**usisavati** [usisaːʋati]
der Staubwedel	**peruška** f [pɛruʃka]

die Wurzelbürste
četka s jakim čekinjama f
[tʃɛtka s jaːkim tʃɛkiɲama]

DAS HAUS – KUĆA

Die Heimwerkstatt – Kućna radionica

die Handsäge
ručna pila f
[rutʃna pila]

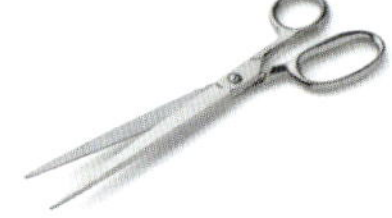

die Schere
škare fpl
[ʃkarɛ]

die Schraube
vijak m
[ʋiːjak]

die Mutter
matica f
[matitɕa]

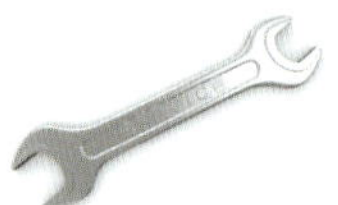

der Schrauben-schlüssel
ključ za vijake m
[kʎuːtʃ za ʋiːjakɛ]

der Holzhammer
drveni čekić m
[drʋɛni tʃɛkitɕ]

die Rohrzange
kliješta za cijevi pl
[kliɛːʃta za tsiɛːʋi]

das Maßband
metar m
[mɛːtar]

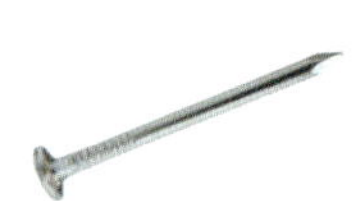

der Nagel
čavao m
[tʃaʋaɔ]

der Hammer
čekić m
[tʃɛkitɕ]

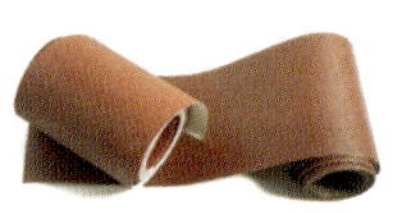

das Schleifpapier
brusni papir m
[brusni paːpir]

die Wasserwaage
vodena-vaga f
[ʋɔdɛna-ʋaːga]

die Kombizange
kombinirana kliješta npl
[kɔmbinirana kliɛːʃta]

der Schraubenzieher
odvijač m
[odʋijatʃ]

die Bügelsäge
pila sa lukom f
[pila sa luːkɔm]

das Teppichmesser
skalpel za tepih m
[skalpɛːl za tɛpix]

DAS HAUS – KUĆA

Die Heimwerkstatt – Kućna radionica

der Akkubohrer
aku bušilica f
[aku buːʃilitsa]

der Akku
punjiva baterija f
[punjiʋa batɛːrija]

der Bohrer
svrdlo n
[sʋrdlɔ]

der Elektrobohrer
električna bušilica f
[ɛlɛktritʃna buːʃilitsa]

das Stemmeisen	**dlijeto** n [dliɛːtɔ]
die Nietenzange	**kliješta za bušenje rupa** npl [kliɛːʃta za buːʃɛɲɛ rupa]
der Seitenschneider	**rubni rezač** m [rubni rɛzatʃ]
das Sägeblatt	**list pile** m [liːst pilɛ]
schrauben	**zavrtati** [zaʋrtati]
löten	**lemiti** [lɛːmiti]
messen	**mjeriti** [mjɛriti]
abschmirgeln	**odšmirglati** [ɔdʃmirglati]
sägen	**piliti** [piliti]
schneiden	**rezati** [rɛzati]
bohren	**bušiti** [buːʃiti]
hämmern	**čekićati** [tʃɛkitɕati]
feilen	**oturpijati** [ɔturpijati]
ausstemmen	**dizati** [dizati]
nieten	**zakovati** [zakɔʋati]
streichen	**ličiti** [litʃiti]
hobeln	**blanjati** [blaɲati]

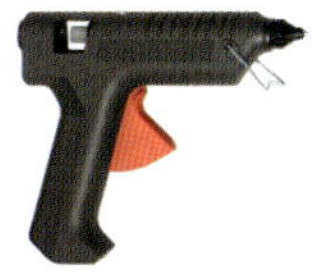

die Klebepistole
pištolj za ljepljenje m
[piʃtɔʎ za ʎɛːpʎɛɲɛ]

die Stichsäge
ubodna pila f
[ubɔdna pila]

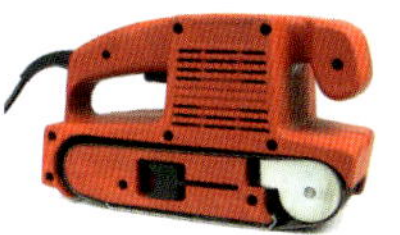

der Bandschleifer
tračni brusač m
[tratʃni brusatʃ]

die Kreissäge
kružna pila f
[kruːʒna pila]

DAS HAUS – KUĆA

Die Heimwerkstatt – Kućna radionica

der Müllbeutel
vrećica za smeće f
[ʋrɛtɕitsa za smɛtɕɛ]

das Mikrofasertuch
krpa od mikrovlakna f
[krpa ɔd mikrɔʋla:kna]

der Dichtstoff
silikon m
[silikɔ:n]

die Kartuschenpistole
pištolj za kartuše m
[piʃtɔʎ za kartu:ʃɛ]

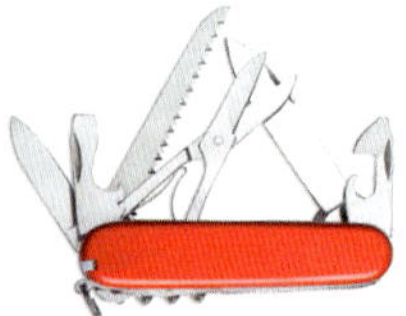

das Taschenmesser
džepni nož m
[dʒɛpni nɔ:ʒ]

der Werkzeugkasten
sandučić za alat m
[sandutʃitɕ za ala:t]

die Werkbank
radionički stol m
[radiɔnitʃki stɔ:l]

der Inbusschlüssel
inbus ključ m
[inbus kʎu:tʃ]

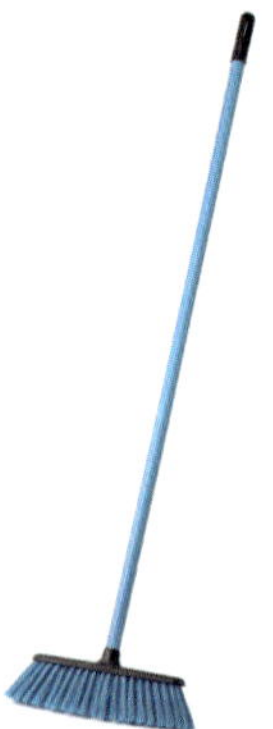

der Besen
metla f
[mɛtla]

die Schutzbrille
zaštitne naočale fpl
[zaʃtitnɛ naɔtʃalɛ]

der Lötkolben
lemilo n
[lɛ:milɔ]

das Lötzinn
lemni kositar m
[lɛ:mni kɔsitar]

das Sperrholz	**šperploča** f [ʃpɛrplɔtʃa]
die Spanplatte	**iverica** f [iʋɛritsa]
der Lack	**lak** m [lak]
das Metall	**kovina** f [kɔʋina]
der rostfreie Stahl	**nehrđajući čelik** m [nɛxrdʑajutɕi tʃɛlik]
der Kunststoff	**plastika** f [plastika]
der Draht	**žica** f [ʒitsa]
das Holzbrett	**drvena daska** f [drʋɛna daska]

DAS HAUS – KUĆA

Renovieren – Obnavljanje

der Acryllack
akrilni lak m
[akri:lni lak]

der Flachpinsel
plosnati kist m
[plɔsnati ki:st]

die Farbwanne
posuda za boje f
[pɔsuda za bɔ:jɛ]

das Verdünnungsmittel
razređivač m
[razrɛdʑiʋatʃ]

der/die Spachtel
špahtla f
[ʃpaxtla]

der Farbroller
obojeni valjak m
[ɔbɔjɛni ʋa:ʎak]

der Handwerker
obrtnik m
[ɔbrtnik]

die Leiter
ljestve fpl
[ʎɛstʋɛ]

die Latzhose
hlače s prsnim dijelom fpl
[xlatʃɛ s prsnim diɛlɔm]

die Farbdose
boja u limenci f
[bɔja u limɛntsi]

tapezieren
tapecirati
[tapɛtsi:rati]

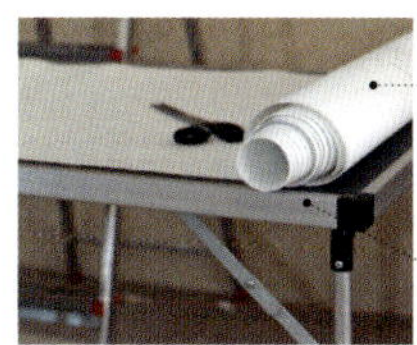

die Tapetenrolle
rola tapeta f
[rɔ:la tapɛ:ta]

der Tapeziertisch
stol za rezanje tapeta m
[stɔ:l za rɛzaɲɛ tapɛ:ta]

die Farbe
boja f
[bɔ:ja]

das Abdeckband
krep traka f
[krɛp traka]

kacheln	**postavljati pločice** [pɔstaʋʎati plɔtʃitsɛ]
verputzen	**žbukati** [ʒbukati]
spachteln	**izgladiti premaz** [izgla:diti prɛ:maz]
die Tapete entfernen	**skidati tapete** [ski:dati tapɛ:tɛ]
die Abdeckfolie	**folija za pokrivanje** f [fɔ:lija za pɔkri:ʋaɲɛ]
die Spachtelmasse	**žbuka** f [ʒbuka]
das Lösungsmittel	**otapalo** n [ɔta:palɔ]
das Versiegelungsmittel	**zaptivna smjesa** f [zaptiʋna smjɛsa]

das Farbmuster
uzorak boja m
[uzɔrak bɔ:ja]

DAS HAUS – KUĆA

Strom und Heizung – Struja i grijanje

der Stromzähler
brojilo za struju n
[brɔjilɔ za stru:ju]

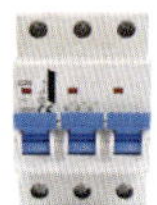

die Sicherung
osigurač m
[ɔsiguratʃ]

der Heizkörper
radijator m
[radija:tɔr]

der Kaminofen
kamin m
[kami:n]

der Stecker
utikač m
[utikatʃ]

die Steckdose
utičnica f
[utitʃnitsa]

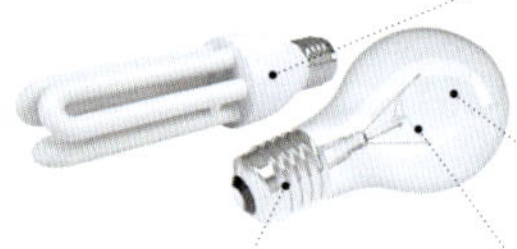

die Energiesparlampe
štedljiva žarulja f
[ʃtɛdʎiʋa ʒaruʎa]

die Glühbirne
žarulja f
[ʒaruʎa]

der Lampensockel
podnožak svjetiljke m
[pɔdnɔʒak sʋjɛtiʎkɛ]

der Glühfaden
žarna nit f
[ʒarna ni:t]

das Verlängerungskabel
produžni kabl m
[prɔduʒni ka:bl]

der Schalter
prekidač m
[prɛkidatʃ]

die Mehrfachsteckdose
višestruki utikač m
[ʋiʃɛstruki utikatʃ]

der Luftkanal	**zračni kanal** m [zratʃni kanal]
die Heizung anschalten/ ausschalten	**uključiti/isključiti grijanje** [ukʎu:tʃiti/iskʎutʃiti gri:japɛ]
die erneuerbare Energie	**obnovljiva energija** f [ɔbnɔʋʎiʋa ɛnɛrgija]
das Stromnetz	**električna mreža** f [ɛlɛktritʃna mrɛʒa]
die Stromstärke	**jakost struje** f [jakɔst stru:jɛ]
die Spannung	**napon** m [na:pɔn]
die Solarheizung	**solarno grijanje** n [sɔlarnɔ gri:japɛ]
die Zentralheizung	**centralno grijanje** n [tsɛntralnɔ gri:japɛ]
die Fußbodenheizung	**podno grijanje** n [pɔdnɔ gri:japɛ]
der Sicherungskasten	**kutija sa osiguračima** f [kutija sa ɔsigura:tʃima]
die Leitung	**vod** m [ʋɔd]
das Ampere	**amper** m [ampɛ:r]
das Watt	**vat** m [ʋat]
das Volt	**volt** m [ʋɔlt]
der Adapter	**adapter** m [ada:ptɛr]
die Erdung	**uzemljenje** n [uzɛmʎɛ:pɛ]

DER GARTEN – VRT

die Terrasse
terasa f
[tɛraːsa]

der Gartenteich
vrtni ribnjak m
[ʋrtni riːbɲak]

der Gartenweg
vrtna staza f
[ʋrtna staza]

der Gemüsegarten
povrtnjak m
[pɔʋrtɲak]

die Küchenkräuter
kuhinjske trave fpl
[kuxiɲskɛ traːʋɛ]

das Gewächshaus
staklenik m
[staklɛniːk]

das Gartenhaus
vrtna kućica f
[ʋrtna kutɕitsa]

das Blumenbeet
cvjetna gredica f
[tsʋjɛtna grɛditsa]

die Gartenbank
vrtna klupica f
[ʋrtna klupitsa]

die Gartenmöbel
vrtni namještaj m
[ʋrtni namjɛʃtaj]

die Gartenmauer
vrtni zid m
[ʋrtni ziːd]

der Dachgarten
ravan krov m
[raːʋan krɔʋ]

der Komposter
komposter m
[kɔmpɔstɛr]

der Steingarten
kamenjar m
[kamɛɲar]

der Gartenzaun
vrtna ograda f
[ʋrtna ɔgrada]

die Hecke
živica f
[ʒiʋiːtsa]

DER GARTEN – VRT

Gartengeräte – Vrtno oruđe

die Rosenschere
vrtlarske škare fpl
[ʋrtlarskɛ ʃkarɛ]

der Gartenschlauch
crijevo za zalijevanje vrta n
[tsrijɛːʋɔ za zaliɛːʋaɲɛ ʋrta]

die Topfpflanze
lončanica f
[lɔntʃanitsa]

der Handrechen
ručne grablje fpl
[rutʃnɛ graːbʎɛ]

die Blumenkelle
lopatica za cvijeće f
[lɔpatitsa za tsʋiɛːtɕɛ]

der Laubrechen
grablje za lišće fpl
[graːbʎɛ za liːʃtɕɛ]

der Spaten
lopata f
[lɔpata]

die Gießkanne
kanta za polijevanje f
[kaːnta za pɔliɛːʋaɲɛ]

der Gartenhandschuh
vrtna rukavica f
[ʋrtna rukaʋitsa]

der Rasenmäher
kosilica za travu f
[kɔsilitsa za traːʋu]

der Rasentrimmer
trimer za travu m
[trimɛr za traːʋu]

der Rechen
grablje fpl
[graːbʎɛ]

die Mistgabel
vile za gnoj n
[ʋilɛ za gnɔːj]

die Schubkarre
tačke fpl
[tatʃkɛ]

die Heckenschere
škare za živicu fpl
[ʃkarɛ za ʒiʋiːtsu]

die Hacke
motika f
[mɔtika]

der Rasensprenger
prskalica f
[prskalitsa]

DER GARTEN – VRT

Die Gartenarbeit – Vrtlarski posao

Rollrasen verlegen
postaviti umjetnu travu u roli [pɔstaʋiti umjɛtnu traːʋu u rɔːli]

den Rasen sprengen
prskati travu [prskati traːʋu]

das Laub rechen
kupiti lišće grabljama [kupiti liːʃtɕɛ graːbʎama]

pflanzen
saditi [saːditi]

stutzen
podrezati [pɔdrɛzati]

den Rasen mähen
kositi travu [kɔsiti traːʋu]

Unkraut jäten
pljeviti korov [pʎɛːʋiti kɔrɔʋ]

umgraben
okopati [ɔkɔpati]

zurückschneiden
orezati [ɔrɛzati]

pflücken
brati [brati]

säen
sijati [siːjati]

spritzen
prskati [prskati]

düngen	**gnojiti zemlju** [gnɔjiti zɛmʎu]
ernten	**brati plodove** [brati plɔdɔʋɛ]
züchten	**uzgajati** [uzgaːjati]
vermehren	**razsaditi** [razsaːditi]
gießen	**zalijevati** [zaliɛːʋati]
der Sämling	**sadnica** f [sadnitsa]
der Dünger	**gnojivo** n [gnɔjiʋɔ]
der Unkrautvernichter	**sredstvo za uništavanje korova** n [srɛdstʋɔ za uniʃtaːʋaɲɛ kɔrɔʋa]

eintopfen
posaditi u lonac [pɔsaːditi u lɔːnats]

ESSEN UND TRINKEN

JELO I PIĆE

TIERISCHE PRODUKTE - ŽIVOTINJSKI PROIZVODI

Fleisch - Meso

das Lammfleisch
janjetina f
[jaɲɛtina]

das Rindfleisch
govedina f
[gɔʋɛdina]

das Steak
odrezak m
[ɔdrɛzak]

das Schweinefleisch
svinjetina f
[sʋiɲɛtina]

das Filet
file m
[filɛː]

das Kalbfleisch
teletina f
[tɛlɛtina]

die Keule
batak m
[baːtak]

das Kotelett
kotlet m
[kɔtlɛːt]

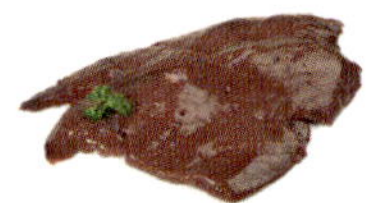
die Leber
jetra npl
[jɛtra]

die Niere
bubreg m
[bubrɛg]

das Kaninchen
kunić m
[kunitɕ]

der Schinken
šunka f
[ʃuːnka]

das Hackfleisch
mljeveno meso n
[mʎɛʋɛnɔ mɛːsɔ]

die Wurst
kobasica f
[kɔbasitsa]

der Aufschnitt
narezak m
[narɛzak]

die Salami
salama f
[salaːma]

TIERISCHE PRODUKTE – ŽIVOTINJSKI PROIZVODI

Geflügel – Perad

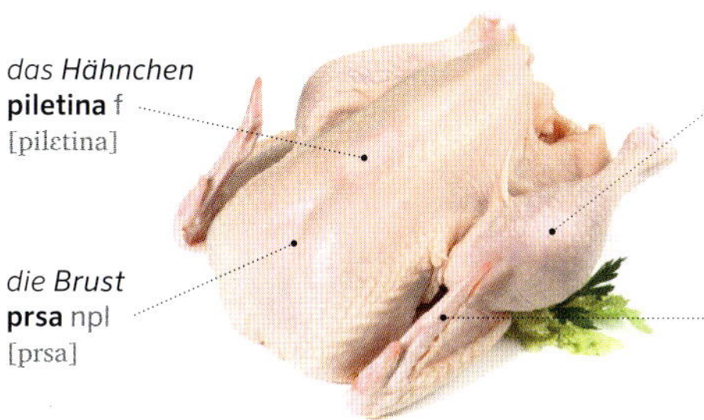

das Hähnchen
piletina f
[pilɛtina]

die Brust
prsa npl
[prsa]

der Schenkel
but m
[but]

der Flügel
krilo n
[kri:lɔ]

die Hähnchenkeule
pileći batak m
[pilɛtɕi ba:tak]

die Ente
patka f
[patka]

das Entenfleisch
pačetina f
[patʃɛtina]

die Gans
guska f
[guska]

das Gänsefleisch
gusje meso n
[gusjɛ mɛ:sɔ]

die Wachtel
prepelica f
[prɛpɛlitsa]

das Wachtelfleisch
meso prepelice n
[mɛ:sɔ prɛpɛlitsɛ]

die Pute
pura f
[pu:ra]

das Putenfleisch
puretina f
[purɛtina]

das Bioprodukt	**ekološki proizvod** m [ɛkɔlɔʃki prɔizʋɔd]
die Innereien	**iznutrice** fpl [iznutritsɛ]
mariniert	**mariniran, -a, -o** [marini:ran,a,ɔ]
geräuchert	**dimljen, -a, -o** [dimʎɛn,a,ɔ]
gepökelt	**usoljen, -a, -o** [usɔʎɛn,a,ɔ]
braten	**peći** [pɛtɕi]
schmoren	**pirjati** [pi:rjati]
grillen	**roštiljati** [rɔʃtiʎati]

aus Freilandhaltung
iz slobodnog uzgoja
[iz slɔbɔdnɔg u:zgɔja]

TIERISCHE PRODUKTE – ŽIVOTINJSKI PROIZVODI

Fisch – Riba

die Forelle
pastrva f
[pastrʋa]

der Karpfen
šaran m
[ʃaran]

der Zander
smuđ m
[smuːdʑ]

der Seeteufel
grdobina f
[grdɔbina]

die Makrele
skuša f
[skuʃa]

die Seezunge
list m
[liːst]

die Sardine
sardina f
[sardiːna]

die Scholle
Iverak zlatopjeg m
[iʋɛrak zlatɔpjɛg]

der Aal
jegulja f
[jɛguʎa]

der Thunfisch
tuna f
[tuna]

der Kabeljau
bakalar m
[bakalaːr]

der Seebarsch
grgeč m
[grgɛtʃ]

der Lachs
losos m
[lɔsɔs]

der Heilbutt
iverak m
[iʋɛrak]

der Fischrogen
mrijest m
[mriɛːst]

das Fischsteak
riblji filet m
[ribʎi filɛː]

TIERISCHE PRODUKTE – ŽIVOTINJSKI PROIZVODI

Meeresfrüchte – Morski plodovi

die Garnele
škampi mpl
[ʃkampi]

der Hummer
jastog m
[jastɔg]

der Krebs
rak m
[rak]

der Flusskrebs
riječni rak m
[rijɛːtʃni rak]

die Miesmuschel
dagnje fpl
[dagnjɛ]

die Kammmuschel
češljača f
[tʃɛʃʎatʃa]

die Venusmuschel
školjka f
[ʃkɔːʎka]

die Herzmuschel
srčanka f
[srtʃanka]

die Auster
ostriga f
[ɔstriga]

der Tintenfisch
sipa f
[sipa]

der Krake
hobotnica f
[xɔbɔtnitsa]

der Räucherfisch
dimljena riba f
[dimʎɛna riba]

das Filet	**file** m [filɛː]
geräuchert	**dimljen, -a, -o** [dimʎɛn,a,ɔ]
einen Fisch entgräten	**očistiti ribu od kosti** [ɔtʃistiti ribu ɔd kɔsti]
die Gräte	**riblja kost** f [ribʎa kɔst]
die Schuppe	**krljušt** f [krʎuʃt]
abschuppen	**oljuštiti** [ɔʎuːʃtiti]
tiefgefroren	**smrznut, -a, -o** [smrznut,a,ɔ]
frisch	**svjež, -a, -e** [svjɛʒ,a,ɛ]

der Dosenfisch
riba u limenci f
[riba u limentsi]

TIERISCHE PRODUKTE – ŽIVOTINJSKI PROIZVODI

Milchprodukte und Eier – Mliječni proizvodi i jaja

die Sahne
vrhnje n
[ʋrxɲɛ]

die Milch
mlijeko n
[mliɛːkɔ]

der Hüttenkäse
svjež zrnat kravlji sir m
[sʋjɛʒ zrnat kraʋʎi sir]

der Ziegenkäse
kozji sir m
[kɔzji sir]

der Quark
mladi sir m
[mladi sir]

der Joghurt
jogurt m
[jɔgurt]

der Brie
Brie m
[briː]

der Gorgonzola
gorgonzola f
[gɔrgɔnzɔːla]

der Feta
feta sir m
[fɛta sir]

das Hühnerei
jaje n
[jaːjɛ]

die Eierschale
ljuska jajeta f
[ʎuska jaːjɛta]

das Eiweiß
bjelanjak m
[bjɛlaːɲak]

das Eigelb
žumanjak m
[ʒumaːɲak]

das Wachtelei
jaje prepelice n
[jaːjɛ prɛpɛlitsɛ]

das Gänseei
gusje jaje n
[gusjɛ jaːjɛ]

TIERISCHE PRODUKTE – ŽIVOTINJSKI PROIZVODI

Milchprodukte und Eier – Mliječni proizvodi i jaja

der Eierkarton
kutija za jaja f
[kutija za ja:ja]

die Butter
maslac m
[maslats]

der Parmesan
parmezan m
[parmɛza:n]

der Emmentaler
ementaler m
[ɛmɛntalɛr]

der Cheddar
Cheddar sir m
[tʃɛdar sir]

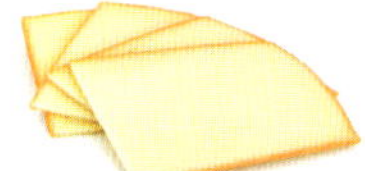

der Raclettekäse
Raclette sir m
[raklɛt sir]

der Camembert
kamamber m
[kamambɛr]

der Gouda
Gouda sir m
[gauda sir]

der Mozzarella
mozzarela m
[mɔtsarɛla]

der geriebene Käse
ribani sir m
[ribani sir]

die Buttermilch
mlaćenica f
[mlatɕɛnitsa]

der Frischkäse
sirni namaz m
[sirni na:maz]

die Kuhmilch	**kravlje mlijeko** n [kravʎɛ mliɛ:kɔ]
die Ziegenmilch	**kozje mlijeko** n [kɔzjɛ mliɛ:kɔ]
die laktosefreie Milch	**mlijeko bez laktoze** n [mliɛ:kɔ bɛz laktɔ:zɛ]
die Sojamilch	**sojino mlijeko** n [sɔ:jinɔ mliɛ:kɔ]
homogenisiert	**homogeniziran, -a, -o** [xɔmɔgɛnizi:ran,a,ɔ]
pasteurisiert	**pasteriziran, -a, -o** [pastɛrizi:ran,a,ɔ]
fettarm	**s malo masnoće** [s malɔ masnɔtɕɛ]
die Vollmilch	**punomasno mlijeko** n [punɔmasnɔ mliɛ:kɔ]

die Kondensmilch
kondenzirano mlijeko n
[kɔndɛnzi:ranɔ mliɛ:kɔ]

GEMÜSE – POVRĆE

die/der Trüffel
tartuf(i) m
[tartu:f(i)]

der Champignon
šampinjon m
[ʃampiɲɔ:n]

der Steinpilz
vrganj m
[ʋrga:ɲ]

der Pfifferling
lisičarka f
[lisitʃarka]

der Spargel
šparoga f
[ʃparɔga]

der Kohlrabi
korabica f
[kɔrabitsa]

der Rhabarber
rabarbara f
[rabarbara]

der Mangold
blitva f
[blitʋa]

der Fenchel
komorač m
[kɔmɔratʃ]

der/die Stangensellerie
celer m
[tsɛlɛr]

die Artischocke
artičoka f
[artitʃɔ:ka]

die Kresse
kreša f
[krɛʃa]

die Brunnenkresse
potočarka f
[pɔtɔtʃarka]

das Blatt	**list** m [li:st]
der Strunk	**kočanj** m [kɔtʃaɲ]
das Röschen	**ružica** f [ruʒitsa]
das Herz	**srce** n [srtsɛ]
die Spitze	**vrh** m [ʋrx]
das gedämpfte Gemüse	**dinstano povrće** n [dinstanɔ pɔʋrtɕɛ]
aus biologischem Anbau	**ekološkog uzgoja** [ɛkɔlɔʃkɔg uzgɔja]
aus heimischer Produktion	**domaće proizvodnje** [dɔmatɕɛ prɔizʋɔdɲɛ]

GEMÜSE – POVRĆE

Wurzelgemüse – Povrće s korijenom

die Süßkartoffel
indijski krumpir m
[indijski krumpir]

die Karotte
mrkva f
[mrkʋa]

die Kartoffel
krumpir m
[krumpir]

die Schalotte
ljutika f
[ʎutika]

die rote Zwiebel
crveni luk m
[tsrʋɛni luk]

die Pastinake
pastrnjak m
[pastrɲak]

der Knoblauch
češnjak m
[tʃɛʃɲak]

die Rübe
repa f
[rɛpa]

die Zwiebel
luk m
[luk]

das Radieschen
rotkvica f
[rɔtkʋitsa]

die Frühlingszwiebel
mladi luk m
[mladi luk]

die Rote Bete
cikla f
[tsikla]

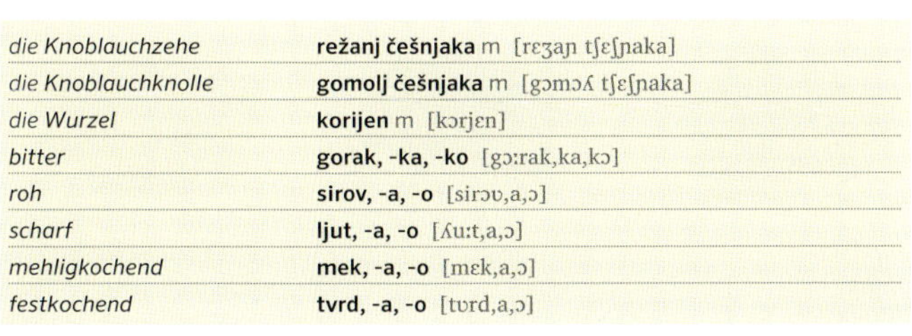

die Knoblauchzehe	**režanj češnjaka** m [rɛʒaɲ tʃɛʃɲaka]
die Knoblauchknolle	**gomolj češnjaka** m [gɔmɔʎ tʃɛʃɲaka]
die Wurzel	**korijen** m [kɔrjɛn]
bitter	**gorak, -ka, -ko** [gɔ:rak,ka,kɔ]
roh	**sirov, -a, -o** [sirɔʋ,a,ɔ]
scharf	**ljut, -a, -o** [ʎu:t,a,ɔ]
mehligkochend	**mek, -a, -o** [mɛk,a,ɔ]
festkochend	**tvrd, -a, -o** [tʋrd,a,ɔ]

der Lauch
poriluk m
[pɔriluk]

GEMÜSE – POVRĆE

Blattgemüse – Lisnato povrće

der Brokkoli
brokula f
[brɔkula]

der Rotkohl
crveni kupus m
[tsrʋɛni kupus]

der Wirsing
kelj m
[kɛʎ]

der Rosenkohl
prokulica f
[prɔkulitsa]

der Blumenkohl
cvjetača f
[tsʋjɛtatʃa]

der Weißkohl
kupus m
[kupus]

der Kopfsalat
salata glavatica f
[sala:ta glaʋatitsa]

der Eisbergsalat
kristal salata f
[krista:l sala:ta]

der Römersalat
salata romana f
[sala:ta rɔma:na]

der/die Chicorée
cikorija f
[tsikɔrija]

der Feldsalat
matovilac m
[matɔʋi:lats]

der Spinat
špinat m
[ʃpin:at]

der Rucola
rikola f
[rikɔla]

der Endiviensalat
endivija f
[ɛndi:ʋija]

GEMÜSE – POVRĆE

Fruchtgemüse – Plodonosno povrće

der/die Paprika
slatka paprika f
[slatka paprika]

die Zucchini
tikvica f
[tikʋitsa]

die Aubergine
patlidžan m
[patlidʒan]

die Tomate
rajčica f
[rajtʃitsa]

die Kirschtomate
Cherry rajčica f
[tʃeri rajtʃitsa]

die Olive
maslina f
[maslina]

die Okraschote
bamija f
[bamija]

die Chilischote
čili feferon m
[tʃili fɛfɛrɔ:n]

die Avocado
avokado m
[aʋɔka:dɔ]

die Gurke
krastavac m
[krastaʋats]

der Kürbis
bundeva f
[bundɛʋa]

der Butternusskürbis
Butternut bundeva f
[baternat bundɛʋa]

schälen	**guliti** [gu:liti]
schneiden	**isjeckati** [isjetskati]
roh	**sirov, -a, -o** [sirɔʋ,a,ɔ]
gekocht	**kuhan, -a, -o** [kuhan,a,ɔ]
gegart	**pirjan, -a, -o** [pi:rjan,a,ɔ]
das Püree	**pire** m [pirɛ:]
püriert	**piriran, -a, -o** [piri:ran,a,ɔ]
braten	**pržiti** [prʒiti]

der Mais
kukuruz m
[kukuruz]

GEMÜSE – POVRĆE

Hülsenfrüchte – Mahunarke

die grüne Linse
zelena leća f
[zɛlɛna lɛːtɕa]

die Ackerbohne
bob m
[bɔːb]

die schwarze Bohne
crni grah m
[tsrni grax]

die Gartenerbse
vrtni grašak m
[ʋrtni graːʃak]

die Kichererbse
slanutak m
[slanuːtak]

die rote Linse
crvena leća f
[tsrʋɛna lɛːtɕa]

die grüne Bohne
mahuna f
[maxuna]

die Zuckererbse
grašak šećerac m
[graːʃak ʃɛtɕɛːrats]

die Kidneybohne
crveni grah m
[tsrʋɛni grax]

die Limabohne
Lima grah m
[lima grax]

die Tellerlinse
leća f
[lɛːtɕa]

die Hülse	**ljuska** f [ʎuska]
der Kern	**zrno** n [zrnɔ]
die Schote	**komuška** f [kɔmuʃka]
der Samen	**sjemenka** f [sjɛmɛnka]
die Sojasprossen	**zelena soja** f [zɛlɛna sɔːja]
die Sojabohne	**soja** f [sɔːja]
die Mungobohne	**Mungo grah** m [mungɔ grax]
die Schwarzaugenbohne	**grah sa okom** m [grax sa ɔkɔm]

OBST – VOĆE

Beeren und Steinobst – Bobičasto i koštuničavo voće

die Erdbeere
jagoda f
[jagɔda]

die Brombeere
kupina f
[kupina]

die Himbeere
malina f
[malina]

die Heidelbeere
borovnica f
[bɔrɔːʋnitsa]

die roten Johannisbeeren
crveni ribiz m
[tsrʋɛni ribiːz]

die schwarzen Johannisbeeren
crni ribiz m
[tsrni ribiːz]

die Weintraube
grožđe n
[grɔʒdʑɛ]

die Stachelbeere
ogrozd m
[ɔgrɔzd]

die Preiselbeere
brusnica f
[brusnitsa]

die Kirsche
trešnja f
[trɛʃɲa]

die Holunderbeere
bazga f
[bazga]

der Pfirsich
breskva f
[brɛskʋa]

die Nektarine
nektarina f
[nɛktariːna]

die Zwetschge
šljiva f
[ʃʎiʋa]

die Aprikose
marelica f
[marɛlitsa]

der Apfel
jabuka f
[jabuka]

die Birne
kruška f
[kruʃka]

die Quitte
dunja f
[duɲa]

OBST – VOĆE

Exotische Früchte – Egzotično voće

die Feige
smokva f
[smɔkʋa]

die Birnenmelone
pepino f
[pɛpinɔ]

die Physalis
peruanska jagoda f
[pɛruanska jagɔda]

die Litschi
liči m
[liːtʃi]

die Sternfrucht
karambola f
[karambɔla]

die Ananasguave
ananasguava f
[ananasguaːʋa]

die Papaya
papaja f
[papaːja]

die Cherimoya
cherimoya f
[tʃɛrimɔja]

die Passionsfrucht
marakuja f
[marakuja]

die Mangostanfrucht
mangostan m
[mangɔstan]

der Granatapfel
šipak m
[ʃipak]

die Kiwano
kiwano m
[kiʋaːnɔ]

die Rambutan
rambutan m
[rambutan]

die Drachenfrucht
pitahaya f
[pitaxaja]

die Ananas
ananas m
[ananas]

die Guave
guava f
[guaːʋa]

die Banane
banana f
[banaːna]

die Kiwi
kivi m
[kiːʋi]

die Mango
mango m
[mangɔ]

die Kokosnuss
kokosov orah m
[kɔkɔsɔʋ ɔrax]

OBST – VOĆE

Zitrusfrüchte und Melonen – Agrumi, dinje i lubenice

die Orange
naranča f
[narantʃa]

die Limette
limeta f
[limɛ:ta]

geschält
oguljen, -a, -o
[ɔguʎɛn,a,ɔ]

die Clementine
klementina f
[klɛmɛnti:na]

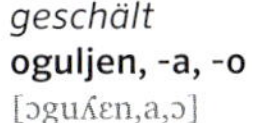

die Grapefruit
grejp m
[grɛjp]

die Zitrone
limun m
[limun]

der Schnitz
kriška f
[kriʃka]

die Schale
kora f
[kɔra]

die Zuckermelone
dinja f
[diɲa]

die Honigmelone
dinja f
[diɲa]

die Wassermelone
lubenica f
[lubɛnitsa]

die Blutorange
crvena naranča f
[tsrʋɛna narantʃa]

kernlos	**bez koštice** [bɛz kɔʃtitsɛ]
saftig	**sočan, -na, -no** [sɔtʃan,na,nɔ]
knackig	**hrskav, -a, -o** [xrskaʋ,a,ɔ]
das Kerngehäuse	**koštica** f [kɔʃtitsa]
sauer	**kiseo, -la, -lo** [kisɛɔ,la,lɔ]
reif	**zreo, -la, -lo** [zrɛɔ,la,lɔ]
frisch	**svjež, -a, -e** [sʋjɛʒ,a,ɛ]
faulig	**truo, -la, -lo** [truɔ,trula,lɔ]

die Kumquat
kumkvat m
[kumkʋat]

OBST – VOĆE

Nüsse und Trockenobst – Orasi i sušeno voće

der Cashewkern
indijski oraščić m
[indijski ɔraʃtʃitɕ]

die Mandel
badem m
[badɛm]

die Kastanie
kesten m
[kɛstɛn]

die Walnuss
orah m
[ɔrax]

die Haselnuss
lješnjak m
[ʎɛʃɲak]

die Erdnuss
kikiriki m
[kikiriki]

die Pekannuss
pekan orah m
[pɛkan ɔrax]

die Macadamianuss
makadamija orah m
[makada:mija ɔrax]

der Pinienkern
pinjol m
[piɲɔl]

die Rosine
grožđica f
[grɔʒdʑitsa]

die Sultanine
velika bijela grožđica f
[ʋɛlika biɛ:la grɔʒdʑitsa]

die Backpflaume
suha šljiva f
[suxa ʃʎiʋa]

die Dattel
datulja f
[datuʎa]

die Paranuss	**brazilski orah** m [brazilski ɔrax]
die Pistazie	**pistacija** f [pistatsija]
geröstet	**pržen, -a, -o** [prʒɛn,a,ɔ]
gesalzen	**slan, -a, -o** [sla:n,a,ɔ]
das Studentenfutter	**studentska hrana** f [studɛntska xra:na]
der Nussknacker	**kliješta za lješnjake** npl [kliɛ:ʃta za ʎɛʃɲakɛ]
die Nussschale	**orahova ljuska** f [ɔraxɔʋa ʎuska]
eine Nuss knacken	**oljuštiti orah** [ɔʎu:ʃtiti ɔrax]

KRÄUTER UND GEWÜRZE – TRAVE I ZAČINI

Kräuter – Trave

der Lavendel
lavanda f
[laʋaːnda]

der Estragon
estragon m
[ɛstragɔn]

der Oregano
oregano m
[ɔrɛːganɔ]

das/der Liebstöckel
ljupčac m
[ʎuptʃats]

der Salbei
kadulja f
[kaduʎa]

die Minze
metvica f
[mɛtʋitsa]

der Majoran
mažuran m
[maʒuran]

der Rosmarin
ružmarin m
[ruʒmarin]

das Basilikum
bosiljak m
[bɔsiʎak]

die Petersilie
peršin m
[pɛrʃin]

der Thymian
majčina dušica f
[majtʃina duːʃitsa]

der Koriander
korijander m
[kɔrijandɛr]

der Schnittlauch
vlasac m
[ʋlaːsats]

der Fenchel
komorač m
[kɔmɔratʃ]

der Dill
kopar m
[kɔpar]

die Zitronenmelisse
matičnjak m
[matitʃɲak]

KRÄUTER UND GEWÜRZE - TRAVE I ZAČINI

Gewürze - Začini

der Sternanis
zvjezdani anis m
[zʋjɛzdani aːnis]

das Lorbeerblatt
lovorov list m
[lɔʋɔrɔʋ liːst]

der Koriander
korijander m
[kɔrijandɛr]

die Zimtrinde
cimet m
[tsimet]

die Kurkuma
kurkuma f
[kurkuːma]

das Currypulver
curry u prahu m
[kaːri u praːxu]

der Paprika
paprika f
[paprika]

der Pfeffer
papar m
[papar]

die Muskatnuss
muškatni oraščić m
[muʃkatni ɔraʃtʃitɕ]

der/das Kardamom
kardamon m
[kardamɔn]

die Nelken
klinčići mpl
[klintʃitɕi]

der Ingwer
đumbir m
[dʑumbir]

die Chiliflocken
ljuta paprika m
[ʎuːta paprika]

die Chilischote
čili paprika f
[tʃili paprika]

der Fenchel
komorač m
[kɔmɔratʃ]

das Garam masala
Garam masala f
[garam masala]

KRÄUTER UND GEWÜRZE – TRAVE I ZAČINI

Würzmittel und Soßen – Začinski dodaci i umaci

der Essig
ocat m
[ɔtsat]

das Olivenöl
maslinovo ulje n
[maslinɔʋɔ u:ʎɛ]

der Pfeffer
papar m
[papar]

die Pfeffermühle
mlin za papar m
[mlin za papar]

das Salz
sol f
[sɔ:l]

die Salsa
salsa f
[salsa]

der/das Ketchup
kečap m
[kɛtʃap]

der Senf
senf m
[sɛnf]

die Mayonnaise
majoneza f
[majonɛ:za]

zerstoßen	**usitnjen, -a, -o** [usitɲɛn,a,ɔ]
gemahlen	**mljeven, -a, -o** [mʎɛʋɛn,a,ɔ]
geraspelt	**riban, -a, -o** [riban,a,ɔ]
der Salzstreuer	**soljenka** f [sɔʎɛnka]
die Salatsoße	**umak za salatu** m [umak za sala:tu]
würzen	**začiniti** [zatʃiniti]
anmachen	**napraviti** [napraʋiti]
marinieren	**marinirati** [marini:rati]

die Sojasoße
umak od soje m
[umak ɔd sɔ:jɛ]

GETREIDE UND MEHL – ŽITARICE I BRAŠNO

der Dinkel
krupnik m
[krupnik]

die Kürbiskerne
bučine sjemenke fpl
[butʃinɛ sjɛmɛnkɛ]

die Sonnenblumenkerne
suncokretove sjemenke fpl
[suntsokrɛtɔvɛ sjɛmɛnkɛ]

die Quinoa
quinoa f
[kinɔa]

der Wildreis
smeđa riža f
[smɛdʑa riːʒa]

der Hafer
zob f
[zɔːb]

die Gerste
ječam m
[jɛtʃam]

der Naturreis
prirodna riža f
[prirɔdna riːʒa]

der Mais
kukuruz m
[kukuruz]

die Hirse
proso m
[prɔsɔ]

der Weizen
pšenica f
[pʃɛnitsa]

der/das Couscous
kus kus m
[kuskus]

der Buchweizen
heljda f
[xɛʎda]

der Basmatireis
basmati riža f
[basmati riːʒa]

der Bulgur
bulgur m
[bulgur]

der Reis
riža f
[riːʒa]

GETREIDE UND MEHL – ŽITARICE I BRAŠNO

die Penne
penne tjestenina f
[pɛnɛ tjɛstɛnina]

die Tagliatelle
tagliatelle tjestenina f
[tagljatɛlɛ tjɛstɛnina]

die Spaghetti
špagete fpl
[ʃpagɛ:tɛ]

die Ravioli
ravioli mpl
[raʋiɔ:li]

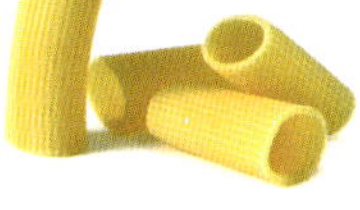

die Fusilli
fusilli tjestenina f
[fusili tjɛstɛnina]

die Rigatoni
rigatoni tjestenina f
[rigatɔ:ni tjɛstɛnina]

die Tortellini
tortellini mpl
[tɔrtɛli:ni]

das Weizenmehl
pšenično brašno n
[pʃɛnitʃnɔ braʃnɔ]

das Maismehl
kukurzno brašno n
[kukurznɔ braʃnɔ]

die Hefe
kvasac m
[kʋa:sats]

der Teig
tijesto n
[tiɛ:stɔ]

das Backpulver	**prašak za pecivo** m [pra:ʃak za pɛtsiʋɔ]
das glutenfreie Mehl	**brašno bez glutena** n [braʃnɔ bɛz glutɛ:na]
das Roggenmehl	**raženo brašno** n [ra:ʒɛnɔ braʃnɔ]
das Vollkornmehl	**integralno brašno** n [intɛgralnɔ braʃnɔ]
sieben	**prosijati** [prɔsi:jati]
kneten	**mijesiti** [miɛ:siti]
verrühren	**promiješati** [prɔmiɛ:ʃati]
backen	**peći** [pɛtɕi]

die Reisnudeln
riževa tjestenina f
[ri:ʒɛʋa tjɛstɛnina]

GETREIDE UND MEHL – ŽITARICE I BRAŠNO

Brot – Kruh

die Brezel
perec m
[pɛrɛ:ts]

das Croissant
kroasan m
[krɔas:an]

das/die Baguette
francuski kruh m
[frantsuski krux]

das Schwarzbrot
crni kruh m
[tsrni krux]

das Weißbrot
bijeli kruh m
[biɛ:li krux]

das Vollkornbrot
crni integralni kruh m
[tsrni intɛgralni krux]

das Mehrkornbrot
kruh od cjelovitih žitarica m [krux ɔd tsjɛlɔʋitix ʒitaritsa]

das Graubrot
raženi kruh m
[ra:ʒɛni krux]

das Fladenbrot
lepinja f
[lɛpiɲa]

die Tortilla
tortilla f
[tɔrtiʎa]

das Toastbrot
tost m
[tɔst]

das Sauerteigbrot
kruh od kiselog tijesta m
[krux ɔd kisɛlɔg tiɛ:sta]

das Brötchen
žemlja f
[ʒɛmʎa]

der Bagel
bagel m
[bɛ:jgɛl]

das belegte Brötchen
sendvič m
[sɛndʋitʃ]

das Knäckebrot
hrskavi kruščić m
[xrskaʋi kruʃtʃitɕ]

GETREIDE UND MEHL – ŽITARICE I BRAŠNO

Brotaufstriche – Namazi

das Glas
čaša f
[tʃaʃa]

der Honig
med m
[mε:d]

der Waldhonig
šumski med m
[ʃumski mε:d]

der flüssige Honig
tekući med m
[tεkutɕi mε:d]

der Zitronenaufstrich
limunksi namaz m
[limunski na:maz]

die Konfitüre
džem m
[dʒεm]

die Marmelade
marmelada f
[marmεla:da]

der Ahornsirup
sirup od javora m
[sirup ɔd javʊra]

die Erdnussbutter
maslac od kikirikija m
[maslats ɔd kikirikija]

der Schokoladenaufstrich
čokoladni namaz m
[tʃɔkɔladni na:maz]

die Margarine
margarin m
[margari:n]

der Laib
štruca f
[ʃtrutsa]

die Scheibe
šnita f
[ʃnita]

das Paniermehl
prezla f
[prε:zla]

das Sandwich
sendvič m
[sεndʊitʃ]

GETRÄNKE – PIĆA

Erfrischungsgetränke – Osvježavajući napitci

das Wasser
voda f
[ʋɔda]

das Tonicwater
tonik m
[tɔnik]

der Orangensaft
sok od naranče m
[sɔk ɔd narantʃɛ]

der Tomatensaft
sok od rajčice m
[sɔk ɔd rajtʃitsɛ]

das alkoholfreie Bier
bezalkoholno pivo n
[bɛzalkɔxɔlnɔ pi:ʋɔ]

der Karottensaft
sok od mrkve m
[sɔk ɔd mrkʋɛ]

die/das Cola
kola f
[kɔ:la]

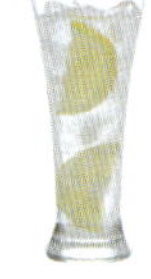

die Limonade
limunada f
[limuna:da]

der Eiskaffee
ledena kava f
[lɛdɛna ka:ʋa]

die Eisschokolade
ledena čokolada f
[lɛdɛna tʃɔkɔla:da]

der Eistee
ledeni čaj m
[lɛdɛni tʃaj]

die Apfelschorle
sok od jabuke s mineralnom m
[sɔk ɔd jabukɛ smineralnɔm]

der Milchshake
mliječni shake m
[mliɛ:tʃni ʃɛjk]

die Saftpresse	**sokovnik** m [sɔkɔʋni:k]
der frisch gepresste Grapefruitsaft	**svježe ocijeđeni sok od grejpa** m [sʋjɛʒɛ ɔtsiɛ:dʑɛni sɔk ɔd grɛ:jpa]
das Tafelwasser	**mineralna voda** f [minɛralna ʋɔda]
das Leitungswasser	**voda iz vodovoda** f [ʋɔda iz ʋɔdɔʋɔda]
das Mineralwasser mit Kohlensäure	**mineralna voda** f [minɛralna ʋɔda]
das stille Mineralwasser	**negazirana voda** f [nɛgazirana ʋɔda]
der Apfelsaft	**sok od jabuke** m [sɔk ɔd jabukɛ]
der Johannisbeersaft	**sok od ribiza** m [sɔk ɔd ribi:za]

GETRÄNKE – PIĆA

Heißgetränke – Topli napitci

der Espresso
espreso m
[ɛsprɛsɔ]

die Kaffeebohnen
zrna kave npl
[zrna kaːʋɛ]

der Amaretto
amareto m
[amarɛːtɔ]

der Kaffee zum Mitnehmen
kava za van f
[kaːʋa za ʋaːn]

der Deckel
poklopac m
[pɔklɔpats]

der Becher
čaša f
[tʃaʃa]

der Milchschaum
pjena od mlijeka f
[pjɛna ɔd mliɛːka]

der Teebeutel
vrećica čaja f
[ʋrɛtɕitsa tʃaja]

die Teeblätter
listovi čaja mpl
[liːstɔʋi tʃaja]

die Teekanne
čajnik m
[tʃajnik]

der Schwarztee
crni čaj m
[tsrni tʃaj]

der/die Latte macchiato
bijela kava f
[biɛːla kaːʋa]

der Kaffee
kava f
[kaːʋa]

der Cappuccino
kapučino m
[kaputʃiːnɔ]

der Milchkaffee
kava s mlijekom f
[kaːʋa smliɛːkɔm]

der Minztee
čaj od metvice m
[tʃaj ɔd mɛtʋitsɛ]

der Kamillentee
čaj od kamilice m
[tʃaj ɔd kamilitsɛ]

der Kräutertee
biljni čaj m
[biːʎni tʃaj]

der Glühwein
kuhano vino n
[kuxanɔ ʋiːnɔ]

GETRÄNKE – PIĆA

Alkoholische Getränke – Alkoholna pića

der Cocktail
koktel m
[kɔktɛ:l]

die Sangria
sangria f
[sangri:ja]

mit Eis
s ledom
[slɛdɔm]

der Whisky
viski m
[ʋiski]

der Gin Tonic
džin tonik m
[dʒintɔnik]

der Rum
rum m
[rum]

das Bier
pivo n
[pi:ʋɔ]

das Pils
pils m
[pils]

das dunkle Bier
tamno pivo n
[ta:mnɔ pi:ʋɔ]

der Wodka
votka f
[ʋɔtka]

der Roséwein
ružica f
[ruʒitsa]

der Weißwein
bijelo vino n
[biɛ:lɔ ʋi:nɔ]

der Rotwein
crno vino n
[tsrnɔ ʋi:nɔ]

der Sekt
pjenušac m
[pjɛnu:ʃats]

der Tequila
tekila f
[tɛki:la]

der Weinbrand	**vinjak** m [ʋiɲak]
der Schnaps	**rakija** f [rakija]
der Sherry	**šeri** m [ʃɛri]
der Likör	**liker** m [likɛr]
der Cidre	**cider** m [sidɛr]
die Weinschorle	**gemišt** m [gɛmiʃt]
das Hefeweizen	**pšenično pivo** n [pʃɛnitʃnɔ pi:ʋɔ]
der Champagner	**šampanjac** m [ʃampa:ɲats]

KOCHEN – KUHANJE

Zubereitung – Priprema

schälen
guliti
[gu:liti]

schneiden
rezati
[rɛzati]

schlagen
tući
[tu:tʃi]

reiben
ribati
[ribati]

zerstoßen
usitniti
[usitniti]

glasieren
glazirati
[glazi:rati]

sieben
prosijati
[prɔsi:jati]

stampfen
gnječiti
[gɲɛ:tʃiti]

klopfen
lupati
[lupati]

ausrollen
valjati
[ʋa:ʎati]

salzen
soliti
[sɔliti]

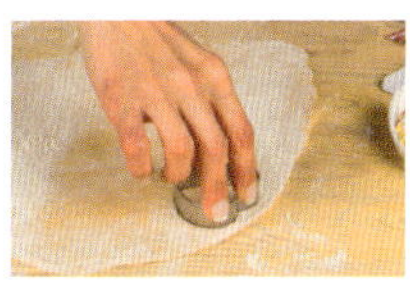

ausstechen
istisnuti
[istisnuti]

rösten	**pržiti** [prʒiti]
kochen	**kuhati** [kuxati]
köcheln lassen	**lagano kuhati** [laganɔ kuxati]
grillen	**roštiljati** [rɔʃtiʎati]
anbraten	**zapeći** [zapɛtɕi]
braten	**peći** [pɛtɕi]
frittieren	**fritirati** [friti:rati]
pochieren	**poširati** [pɔʃi:rati]

streuen
posipati
[pɔsipati]

GERICHTE UND MAHLZEITEN – JELA I OBROCI

Das Frühstück – Doručak

das Brot
kruh m
[krux]

der Orangensaft
sok od naranče m
[sɔk ɔd narantʃɛ]

das Brötchen
žemlja f
[ʒɛmʎa]

die Milch
mlijeko n
[mliɛːkɔ]

der Käse
sir m
[sir]

die Marmelade
marmelada f
[marmɛlaːda]

der Cappuccino
kapučino m
[kaputʃiːnɔ]

das gekochte Ei
kuhano jaje n
[kuxanɔ jaːjɛ]

das Müsli
müsli m
[miːsli]

die Melone
dinja f
[diɲa]

der Schinken
šunka f
[ʃuːnka]

die Butter
maslac m
[maslats]

die Frühstücksflocken
pahuljice fpl
[paxuʎitsɛ]

das Croissant
kroasan m
[krɔasaːn]

die Cornflakes
cornflakes mpl
[kɔrnflɛjks]

der Früchtejoghurt
voćni jogurt m
[ʋɔtɕni jɔgurt]

das frische Obst
svježe voće n
[sʋjɛʒɛ ʋɔtɕɛ]

der Müsliriegel
müsli prutić m
[miːsli prutitɕ]

die Weizenkeime
pšenična klica f
[pʃɛnitʃna klitsa]

GERICHTE UND MAHLZEITEN – JELA I OBROCI

Das Frühstück – Doručak

das Toastbrot
tost m
[tɔst]

die gegrillte Tomate
rajčica s roštilja f
[rajtʃitsa srɔʃtiːʎa]

die gebackenen Bohnen
zapećeni grah m
[zapɛtɕɛni grax]

die Rösti
popečak od krumpira m
[pɔpɛtʃak ɔd krumpiːra]

die Blutwurst
krvavica f
[krʋaʋitsa]

der Speck
slanina f
[slanina]

die Pilze
gljive fpl
[gʎiʋɛ]

die Wurst
kobasica f
[kɔbasitsa]

das Spiegelei
jaje na oko n
[jaːjɛ na ɔkɔ]

das Rührei
pržena jaja npl
[prʒɛna jaːja]

das Omelett
omlet m
[ɔmlɛt]

armer Ritter
pohani kruh m
[pɔxani krux]

die Waffel
vafla f
[ʋafla]

der Pfannkuchen
palačinka f
[palatʃiːnka]

der Haferbrei
zobena kaša f
[zɔbɛna kaʃa]

der Fruchtshake
voćni shake m
[ʋɔtɕni ʃɛjk]

die heiße Schokolade
vruća čokolada f
[ʋruːtɕa tʃɔkɔlaːda]

GERICHTE UND MAHLZEITEN – JELA I OBROCI

Snacks und Knabbereien – Mali obroci i grickalice

die Chips
čips m
[tʃips]

die Salzbrezel
slani perec m
[sla:ni pɛrɛ:ts]

das Popcorn
kokice fpl
[kɔkitsɛ]

der/das Bonbon
bombon m
[bɔmbɔ:n]

das Gummibärchen
gumeni bombon m
[gumɛni bɔmbɔ:n]

die Lakritze
sladić m
[sladitɕ]

der/das Kaugummi
žvaka f
[ʒʋa:ka]

der Lutscher
lizaljka f
[lizaʎka]

die weiße Schokolade
bijela čokolada f
[biɛ:la tʃɔkɔla:da]

der Schokoriegel
čokoladni prutić m
[tʃɔkɔladni prutiɕ]

die Zartbitter-schokolade
tamna čokolada f
[ta:mna tʃɔkɔla:da]

die Milchschokolade
mliječna čokolada f
[mliɛ:tʃna tʃɔkɔla:da]

der Eislutscher
ledena lizalica f
[lɛdɛna li:zalitsa]

der Frozen Yogurt
ledeni jogurt m
[lɛdɛni jɔgurt]

der Keks
keks m
[kɛks]

die Praline
čokoladni bombon m
[tʃɔkɔladni bɔmbɔ:n]

GERICHTE UND MAHLZEITEN – JELA I OBROCI

Das Fastfood – Brza hrana

das Stück Pizza
komad pizze m
[kɔmad pitsɛ]

die Pizza
pizza f
[pitsa]

der Hamburger
hamburger m
[xamburgɛr]

die Pommes frites
pomfrit m
[pɔmfrit]

die Tortilla-Chips
tortilla čips m
[tɔrtiljatʃips]

der Taco
taco m
[takɔ]

die gebratenen Nudeln
prženi rezanci mpl
[prʒɛni rɛzantsi]

das Sushi
sushi m
[suʃi]

der/das Hot Dog
hot dog m
[xɔtdɔg]

der Döner
kebap m
[kɛbap]

der Wrap
wrap m
[ʋrɛp]

der Fisch mit Pommes
riba s pomfritom f
[riba spɔmfritɔm]

Ich würde gerne etwas zum Mitnehmen bestellen.	**Ja bih naručio/la nešto za van.** [ja bih narutʃiɔ/la nɛʃto za ʋa:n]
Eine Portion Pommes rot-weiß, bitte.	**Jednu porciju pomfrita s kečapom i majonezom, molim.** [jɛdnu pɔrtsiju pɔmfrita skɛtʃapɔm i majɔnɛ:zɔm, mɔlim]
klein/mittelgroß/groß	**mala/srednja/velika** [mala/srɛ:dɲa/ʋɛ:lika]
süß	**sladak, slatka, -o** [sladak,slatka,ɔ]
salzig	**slan, -a, -o** [slan,a,ɔ]
der Lieferservice	**usluga dostave** f [usluga dɔstaʋɛ]
bestellen	**naručiti** [naru:tʃiti]
liefern	**dostaviti** [dɔstaʋiti]

das Nugget
nugget m
[na:gɛt]

GERICHTE UND MAHLZEITEN – JELA I OBROCI

Hauptmahlzeit – Glavno jelo

die Suppe
juha f
[juxa]

die Frikadelle
pljeskavica f
[pʎɛskaʋitsa]

das Steak
odrezak m
[ɔdrɛzak]

der Beilagensalat
salata kao prilog f
[sala:ta kaɔ pri:lɔg]

die Kartoffelspalten
krumpirići mpl
[krumpi:ritɕi]

die Lasagne
lazanje fpl
[lazaɲɛ]

die Spaghetti Bolognese
špagete bolonjez fpl
[ʃpagɛ:tɛ bɔlɔɲɛ:z]

das Brathähnchen
pečeni pilić m
[pɛtʃɛni pilitɕ]

das panierte Schnitzel
pohani odrezak m
[pɔxani ɔdrɛzak]

die Bratkartoffeln
pečeni krumpir m
[pɛtʃɛni krumpir]

der Eintopf
varivo m
[ʋariʋɔ]

der Auflauf
nabujak m
[nabujak]

die Pastete
pašteta f
[paʃtɛ:ta]

die Quiche
quiche f
[ki:ʃ]

das Curry
curry m
[kari]

GERICHTE UND MAHLZEITEN – JELA I OBROCI

Im Restaurant – U restoranu

① *der Gast*
gost m
[gɔ:st]

② *der Kellner*
konobar m
[kɔnɔbar]

③ *der Tisch für zwei Personen*
stol za dvije osobe m
[stɔ:l za dʋijɛ ɔsɔbɛ]

④ *das Rotweinglas*
čaša za crno vino f
[tʃaʃa za tsrnɔ ʋi:nɔ]

⑤ *die Speisekarte*
jelovnik m
[jɛlɔʋnik]

⑥ *die Bestellung*
narudžba f
[na:rudʒba]

die Vorspeise
predjelo n
[prɛdjɛlɔ]

der Nachtisch
desert m
[dɛsɛ:rt]

die Beilage
prilog m
[prilɔg]

das Hauptgericht
glavno jelo n
[gla:ʋnɔ jɛlɔ]

die Suppe
juha f
[juxa]

der Aperitif
aperitif m
[apɛritif]

der/das Sorbet
sorbet m
[sɔrbɛ:]

der Salat
salata f
[sala:ta]

der Käseteller
plata sa sirom f
[plata sa sirɔm]

der Kaffee
kava f
[ka:ʋa]

der Likör
liker m
[likɛr]

das Käsemesser
nož za sir m
[nɔʒ za sir]

das Stäbchen
štapići za jelo mpl
[ʃtapitɕi za jɛlɔ]

GERICHTE UND MAHLZEITEN – JELA I OBROCI

Geschirr und Besteck – Posuđe i pribor za jelo

die Serviette
salveta f
[salʋɛːta]

der Brotteller
tanjur za kruh m
[taɲur za krux]

die Gabel
vilica f
[ʋilitsa]

die Tischdecke
stolnjak m
[stɔlɲak]

der Essteller
tanjur m
[taɲur]

das Wasserglas
čaša za vodu f
[tʃaʃa za ʋɔdu]

das Weinglas
čaša za vino f
[tʃaʃa za ʋiːnɔ]

der Dessertlöffel
žličica f
[ʒlitʃitsa]

der Suppenlöffel
žlica za juhu f
[ʒlitsa za juːxu]

das Messer
nož m
[nɔʒ]

die Schüssel
zdjela f
[zdjɛla]

die Karaffe
bokal m
[bɔkal]

das Steakmesser
nož za odrezak m
[nɔʒ za ɔdrɛzak]

der Zahnstocher
čačkalica f
[tʃatʃkalitsa]

Könnten Sie uns bitte die Weinkarte bringen?	**Možete li nam donjeti vinsku kartu, molim?** [mɔʒɛtɛ li nam dɔɲeti ʋinsku kaːrtu mɔlim]
Guten Appetit!	**Dobar tek!** [dɔbar tɛːk]
Zum Wohl!	**Živjeli!** [ʒiʋjɛli]
Als Vorspeise/Hauptgericht/Nachtisch nehme ich ...	**Kao predjelo/glavno jelo/desert uzet ću ...** [kaɔ prɛdjɛlɔ/glaːʋnɔ jɛlɔ/dɛsɛːrt uzɛtɕu]
die Spezialitäten	**specijaliteti** mpl [spɛtsjalitɛːti]
Ich hätte gerne die Rechnung, bitte.	**Molim Vas račun.** [mɔlim ʋas ratʃun]
die Bezahlung	**plaćanje** n [plaːtɕaɲɛ]
das Trinkgeld	**napojnica** f [naːpɔjnitsa]

DIE ERNÄHRUNG – PREHRANA

das Fett
masnoća f
[masnɔtɕa]

der Zucker
šećer m
[ʃɛtɕɛr]

das Kohlenhydrat
ugljikohidrat m
[ugʎikɔxidra:t]

das Eiweiß
bjelančevina f
[bjɛlantʃɛ:ʋina]

ohne Eier
bez jaja
[bɛz ja:ja]

zuckerfrei
bez šećera
[bɛz ʃɛtɕɛra]

glutenfrei
bez glutena
[bɛz glut:ɛna]

laktosefrei
bez laktoze
[bɛz laktɔ:zɛ]

die Ballaststoffe
vlakna npl
[ʋla:kna]

das Cholesterin
kolesterol m
[kɔlɛstɛrɔ:l]

vegetarisch
vegetarijanski, -a, -o
[ʋɛgɛtarija:nski,a,ɔ]

vegan
vegan
[ʋɛgan]

die Lebensmittelintoleranz	**intolerancija hrane** f [intɔlɛrantsija hra:nɛ]
die Fruktose	**fruktoza** f [fruktɔ:za]
die Glukose	**glukoza** f [glukɔ:za]
das Natrium	**natrij** m [na:trij]
die Kalorien	**kalorije** fpl [kalɔ:rijɛ]
der Geschmacksverstärker	**pojačivač okusa** m [pɔjatʃiʋatʃ ɔkusa]
die gesunde Ernährung	**zdrava prehrana** f [zdraʋa prɛhrana]
fasten	**postiti** [pɔstiti]

die Diät
dijeta f
[diɛ:ta]

UNTERWEGS

NA PUTU

STRAßEN UND VERKEHR – CESTE I PROMET

① *die Straßenlaterne*
ulična svjetiljka f
[ulitʃna sʋjɛtiʎka]

② *die Einbahnstraße*
jednosmjerna ulica f
[jɛdnɔsmjɛrna ulitsa]

③ *die Fußgängerampel*
semafor za pješake m
[sɛmafɔr za pjɛʃa:kɛ]

④ *der Bürgersteig*
pločnik m
[plɔtʃnik]

⑤ *der Bordstein*
pločnik m
[plɔtʃnik]

⑥ *die Ampel*
semafor m
[sɛmafɔr]

⑦ *das geparkte Auto*
parkirani auto m
[parkirani autɔ]

⑧ *die Fahrspur*
vozni trak m
[ʋɔzni trak]

⑨ *die Straßen-markierung*
oznake na kolniku fpl
[ɔznakɛ na kɔlniku]

⑩ *der Rinnstein*
kameni žlijeb m
[kamɛni ʒliɛb]

der Tunnel
tunel m
[tunɛ:l]

der Parkschein-automat
parking automat m
[parking autɔmat]

der Fahrradweg
biciklistička staza f
[bitsiklistitʃka staza]

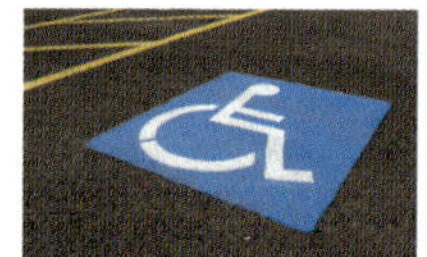

der Behinderten-parkplatz
invalidsko mjesto za parkiranje n
[inʋalidskɔ mjɛstɔ za praki:raɲɛ]

die Brücke
most m
[mɔ:st]

der Kreisverkehr
kružni tok prometa m
[kruʒni tɔk prɔ:mɛta]

der Zebrastreifen
pješački prijelaz m
[pjɛʃatʃki priɛ:laz]

die Notrufsäule
stup s hitnim telefonom m
[stu:p sxitnim tɛlɛfɔ:nɔm]

das Autobahnkreuz
čvor na autocesti m
[tʃʋ:ɔr na autɔtsɛsti]

STRAßEN UND VERKEHR – CESTE I PROMET

die Autobahn
autocesta f
[autɔtsɛsta]

der Berufsverkehr
vrijeme najgušćeg prometa n
[ʋriɛ:mɛ najguʃtɕɛg prɔmɛta]

① *der Mittelstreifen*
srednja traka f
[srɛdɲa traka]

② *die Überholspur*
brza traka f
[brza traka]

③ *die Überführung*
nadvožnjak m
[nadʋɔʒɲak]

④ *die Kurve*
zavoj m
[za:ʋɔj]

⑤ *die Unterführung*
podvožnjak m
[pɔdʋɔʒɲak]

⑥ *die Einfahrt*
ulaz m
[ulaz]

⑦ *die Ausfahrt*
izlaz m
[izlaz]

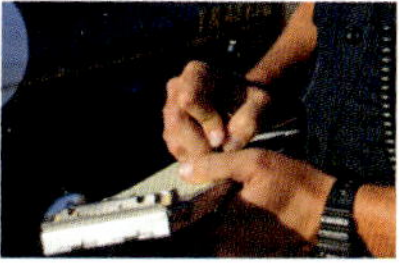

der Verkehrspolizist
prometni policajac m
[prɔmɛtni pɔlitsa:jats]

der Strafzettel
novčana kazna f
[nɔʋtʃana kazna]

die Mautstelle
naplatna kućica f
[naplatna kutɕitsa]

abschleppen
odvući
[ɔdʋu:tɕi]

die Kreuzung	**križanje** n [kri:ʒaɲɛ]
die Vorfahrt	**pravo prednosti u prometu** n [pra:ʋɔ prɛdnɔsti u prɔmɛtu]
die Geschwindigkeits-überschreitung	**prekoračenje dozvoljene brzine** n [prɛkɔratʃɛɲɛ dozʋɔʎɛnɛ brzinɛ]
anhalten	**zaustaviti** [zaustaʋiti]
der Standstreifen	**traka za zaustavljanje** f [traka za zaustaʋʎaɲɛ]
die Raststätte	**odmorište** n [ɔdmɔriʃtɛ]
die Entfernungstafel	**obavještenje o udaljenosti** n [ɔbaʋjɛʃtɛɲɛ ɔ udaʎɛnɔsti]
rückwärtsfahren	**voziti unatrag** [ʋɔziti unatrag]

der Stau
zastoj u prometu m
[za:stɔj u prɔmɛtu]

STRAßEN UND VERKEHR – CESTE I PROMET

Verkehrsschilder – Prometni znakovi

Einfahrt verboten
zabranjen ulaz m
[zabraɲɛn ulaz]

das Halteverbot
zabranjeno zaustavljanje n
[zabraɲɛnɔ zaustaʋʎaɲɛ]

die Baustelle
radovi na cesti mpl
[radɔʋi na tsɛsti]

der Tunnel
tunel m
[tunɛːl]

das Parkverbot
zabrana parkiranja f
[zabrana parkiːraɲa]

der Stau
zastoj u prometu m
[zaːstɔj u prɔmɛtu]

das Gefälle
nizbrdica f
[nizbrditsa]

der Kreisverkehr
kružni tok prometa m
[kruːʒni tɔk prɔmɛta]

die Geschwindigkeits-begrenzung
ograničenje brzine n
[ɔgranitʃɛːɲɛ brzinɛ]

Vorfahrt gewähren!
prednost prolaza f
[prɛdnɔst prɔːlaza]

die Einbahnstraße
jednosmjerna ulica f
[jɛdnɔsmjɛrna ulitsa]

der Gegenverkehr
promet u oba smjera m
[prɔmɛt u ɔba smjɛːra]

Einbiegen nach rechts verboten
zabranjeno skretanje udesno n
[zabraɲɛnɔ skrɛːtaɲɛ u dɛsnɔ]

Einbiegen nach links verboten
zabranjeno skretanje ulijevo n
[zabraɲɛnɔ skrɛːtaɲɛ u liɛːʋɔ]

Wenden verboten
zabranjeno okretanje n
[zabraɲɛnɔ ɔkrɛːtaɲɛ]

die Schnee- oder Eisglätte
snijeg ili led na cesti m
[sniɛːg ili lɛːd na tsɛsti]

DAS AUTO – AUTOMOBIL

Autotypen – Vrste automobila

die Stretchlimousine
limuzina f
[limuzi:na]

das Cabrio
kabriolet m
[kabriɔlɛ:t]

die Fließhecklimousine
limuzina s kosim stražnjim djelom m
[limuzi:na s kɔsim straʒɲɛm djɛlɔm]

der Sportwagen
sportski automobil m
[spɔrtski autɔmɔbil]

der Kleinstwagen
automobil niske klase m
[autɔmɔbil niskɛ klasɛ]

der Kleinwagen
automobil niže srednje klase m
[autɔmɔbil niʒɛ srɛdɲɛ klasɛ]

der Oldtimer
oldtajmer m
[ɔldtajmɛr]

die Limousine
automobil srednje klase m
[autɔmɔbil srɛdɲɛ klasɛ]

der Kombiwagen
karavan m
[karaʋan]

der Pick-up
pick-up vozilo n
[pikap ʋɔzilɔ]

der Kleintransporter
kombi m
[kɔmbi]

die Klimaanlage	**klima uređaj** m [klima urɛdʑaj]
die Sitzheizung	**grijanje sjedala** n [gri:jaɲɛ sjɛdala]
die Automatikschaltung	**automatsko mijenjanje brzina** n [autɔmatskɔ miɛ:ɲaɲɛ brzi:na]
die Handschaltung	**ručno mijenjanje brzina** n [rutʃnɔ miɛ:ɲaɲɛ brzi:na]
die Zündung	**paljenje** n [pa:ʎɛɲɛ]
zweitürig	**s dvoja vrata** [sdʋɔja ʋra:ta]
dreitürig	**s tri vrata** [stri ʋra:ta]
viertürig	**s četiri vrata** [stʃɛtiri ʋra:ta]

der Geländewagen
terenski automobil m
[tɛrɛnski autɔmɔbil]

DAS AUTO - AUTOMOBIL

Das Auto - Außenansicht - Automobil - vanjski izgled

die Beifahrerseite
strana suvozača f
[strana suʋɔzaːtʃa]

das Dach
krov m
[krɔʋ]

die Windschutzscheibe
vjetrobransko staklo n
[ʋjɛtrɔbranskɔ staklɔ]

die Fahrerseite
strana vozača f
[straːna ʋɔzaːtʃa]

die Begrenzungsleuchte
pozicijsko svjetlo n
[pɔziːtsijskɔ sʋjɛtlɔ]

der Rückspiegel
retrovizor m
[rɛtrɔʋiːzɔr]

die Blinkleuchte
žmigavac m
[ʒmigaʋats]

das Rad
točak m
[tɔtʃak]

der Scheibenwischer
brisač m
[brisaːtʃ]

der Kühlergrill
maska hladnjaka f
[maska xlaːdɲaka]

die Stoßstange
branik m
[braniːk]

das Nummernschild
registarska tablica f
[rɛgistarska tablitsa]

das Markenemblem
amblem marke m
[amblɛːm markɛ]

der Nebelscheinwerfer
maglenka f
[maglɛːnka]

das Reifenprofil
profil guma m
[prɔfiːl guma]

der Ölmessstab	**šipka za mjerenje ulja** f [ʃipka za mjɛrɛɲɛ uːʎa]
der Luftfilter	**zračni filter** m [zratʃni filtɛr]
der Bremsflüssigkeitsbehälter	**spremnik tekućine za kočnice** m [sprɛmnik tɛkutɕinɛ za kɔːtʃnitsɛ]
die Antenne	**antena** f [antɛːna]
die Radaufhängung	**ovjes kotača** m [ɔʋjɛs kɔtaːtʃa]
das Abblendlicht	**kratko svjetlo** n [kratkɔ sʋjɛtlɔ]
das Fernlicht	**dugo svjetlo** n [dugɔ sʋjɛtlɔ]

DAS AUTO – AUTOMOBIL

Das Auto – Außenansicht – Automobil - vanjski izgled

① *der Seitenspiegel*
bočni retrovizor m
[bɔtʃni rɛtrɔʋiːzɔr]

② *die B-Säule*
B-stup m
[bɛːstup]

③ *der Kofferraum*
prtljažnik m
[prtʎaːʒnik]

④ *die Heckscheibe*
stražnje staklo n
[straʒɲɛ staklɔ]

⑤ *die Motorhaube*
hauba f
[xauba]

⑥ *das Seitenfenster*
bočni prozor m
[bɔtʃni prɔːzɔr]

⑦ *die Autotür*
vrata automobila npl
[ʋraːta autɔmɔbila]

⑧ *die Radkappe*
radkapa f
[radkapa]

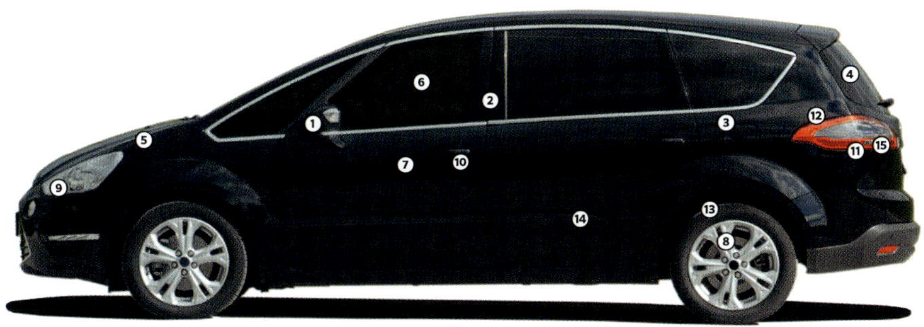

⑨ *der Scheinwerfer*
far m
[far]

⑩ *der Türgriff*
ručka na vratima f
[rutʃka na ʋraːtima]

⑪ *die Bremsleuchte*
kočno svjetlo n
[kɔːtʃnɔ sʋjɛtlɔ]

⑫ *die Rückleuchte*
stražnje svjetlo n
[straʒɲɛ sʋjɛtlɔ]

⑬ *der Reifen*
guma f
[guma]

⑭ *die Seitenschutzleiste*
bočna zaštitna letvica f
[bɔtʃna zaʃtitna lɛtʋitsa]

⑮ *der Rückfahrscheinwerfer*
rikverc svjetlo n
[rikʋɛrts sʋjɛtlɔ]

der Motor	**motor** m [mɔtɔr]
der Benzintank	**spremnik za gorivo** m [sprɛmnik za gɔriʋɔ]
das Getriebe	**zupčanik mjenjača** m [zuptʃanik mjɛɲaːtʃa]
der Kühler	**hladnjak** m [xladɲak]
der Ventilator	**ventilator** m [ʋɛntilaːtɔr]
die Batterie	**akumulator** m [akumulaːtɔr]
der Auspufftopf	**ispušni lonac** m [ispuʃni lɔnats]
das Auspuffrohr	**ispušna cijev** f [ispuʃna tsiɛːʋ]

die Felge
naplatak m
[naplatak]

DAS AUTO - AUTOMOBIL

Das Auto - Innenausstattung - Automobil - unutrašnje uređenje

① *der Seitenspiegel*
bočni retrovizor m
[bɔtʃni rɛtrɔʋi:zɔr]

② *das Lenkrad*
upravljač m
[upraʋljatʃ]

③ *das Armaturenbrett*
instrument ploča f
[instrumɛnt plɔtʃa]

④ *der Türöffner*
automatski otvarač vrata m [autɔmatski ɔtʋaratʃ ʋra:ta]

⑤ *der Fahrersitz*
sjedalo vozača n
[sjɛdalɔ ʋɔza:tʃa]

⑥ *die Mittelkonsole*
središnja konzola f
[srɛdiʃɲa kɔnzɔ:la]

⑦ *die Handbremse*
ručna kočnica f
[rutʃna kɔ:tʃnitsa]

⑧ *der Heizungsregler*
regulator grijanja m
[rɛgula:tɔr gri:jaɲa]

⑨ *das Handschuhfach*
pretinac m
[prɛtinats]

⑩ *der Schalthebel*
mjenjač m
[mjɛɲa:tʃ]

⑪ *der Beifahrersitz*
sjedalo suvozača n
[sjɛdalɔ suʋɔʒatʃa]

der Warnblinkschalter
prekidač za svjetlo upozorenja m
[prɛkidatʃ za sʋjɛtlɔ upɔzɔrɛ:ɲa]

die Stereoanlage
stereo-uređaj m
[stɛrɛɔurɛdʑaj]

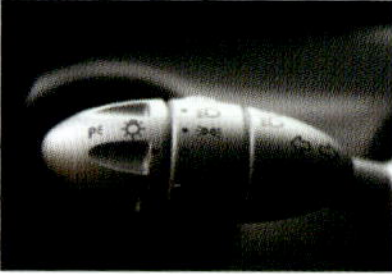

der Blinkerhebel
ručica za žmigavac f
[rutʃitsa za ʒmigaʋats]

der Zigaretten-anzünder
grijač za paljenje cigarete m [grijatʃ za pa:ʎɛɲɛ tsigarɛ:tɛ]

das Navigationsgerät
navigacijski uređaj m
[naʋiga:tsijski urɛdʑaj]

die Fußstütze	**oslonac za stopalo** m [ɔslɔnats za stɔpalɔ]
das Kupplungspedal	**pedala za kvačilo** f [pɛda:la za kʋatʃilɔ]
das Bremspedal	**pedala za kočnicu** f [pɛda:la za kɔ:tʃnitsu]
das Gaspedal	**pedala za gas** f [pɛda:la za ga:s]
der Sicherheitsgurt	**sigurnosni pojas** m [sigurnɔsni pɔjas]
die Kopfstütze	**naslon za glavu** m [na:slɔn za gla:ʋu]
der Airbag	**zračni jastuk** m [zratʃni jastuk]
die Hupe	**truba** f [tru:ba]

DAS AUTO - AUTOMOBIL

Die Tankstelle - Benzinska postaja

die Preisanzeige
prikaz cijene m
[prikaz tsiɛ:nɛ]

die Literanzeige
prikaz broja litara m
[prikaz brɔja litara]

der Feuerlöscher
aparat za gašenje požara m [aparat za ga:ʃɛnjɛ pɔʒara]

die Zapfsäule
benzinska crpka f
[bɛnzinska tsrpka]

das Reifenfüllgerät
uređaj za punjenje guma m
[urɛdzaj za puɲɛɲɛ guma]

das Rauchverbot
zabrana pušenja f
[zabrana puʃɛɲa]

das Benzin
benzin m
[bɛnzin]

der Diesel
dizel m
[di:zɛl]

bleifrei
bezolovni benzin m
[bɛzɔlɔʋni bɛnzin]

verbleit
benzin s dodatkom olova m
[bɛnzin sdɔda:tkɔm ɔlɔʋa]

der Zapfschlauch
crijevo za benzin n
[tsriɛ:ʋɔ za bɛnzin]

die Zapfpistole
pipac crpke m
[pipats tsrpkɛ]

der Tankdeckel
poklopac spremnika m
[pɔklɔpats sprɛ:mnika]

der Wagenheber
automobilska dizalica f
[autɔmɔbilska dizalitsa]

(das) Öl wechseln	**mijenjati ulje** [miɛ:ɲati u:ʎɛ]
der Reifendruck	**zračni tlak u gumi** m [zratʃni tlak u gumi]
der Keilriemen	**klinasti remen** m [klinasti rɛmɛn]
die Lichtmaschine	**generator** m [gɛnɛra:tɔr]
der Sommerreifen	**ljetna guma** f [ʎɛtna guma]
der Winterreifen	**zimska guma** f [zi:mska guma]
der Allwetterreifen	**cjelogodišnja guma** f [tsjɛlɔgɔdiʃɲa guma]
die Schneekette	**lanac za snijeg** m [la:nats za sniɛ:g]

tanken
napuniti gorivom
[napuniti gɔriʋɔm]

DAS AUTO - AUTOMOBIL

Die Tankstelle - Benzinska postaja

① *die Tankanzeige*
mjerač goriva m
[mjɛratʃ gɔriʋa]

② *die Tankleuchte*
lampica za rezervu f
[lampitsa za rɛzɛ:rʋu]

③ *der/das Tachometer*
brzinomjer m [brzinɔmjɛr]

④ *die Geschwindigkeit*
brzina f [brzi:na]

⑤ *der Kilometerstand*
kilometraža f [kilɔmɛtra:ʒa]

⑥ *der Drehzahlmesser*
mjerač broja okretaja m
[mjɛratʃ brɔja ɔkrɛtaja]

⑦ *die Kühlmitteltemperaturanzeige*
mjerač temperature rashladne tekućine m
[mjɛratʃ tɛmpɛratu:rɛ rasxladnɛ tɛkutɕinɛ]

den Reifen wechseln
mijenjati gumu
[miɛ:ɲati gumu]

der Radmutternschlüssel
ključ za odvijanje točka m
[kljutʃ za ɔdʋi:jaɲɛ tɔtʃka]

das Reserverad
rezervni točak m
[rɛzɛrʋni tɔtʃak]

die Reifenpanne
probušena guma f
[prɔbuʃɛna guma]

der Verkehrsunfall	**prometna nezgoda** f [prɔmɛtna nɛzgɔda]
Ich habe eine Panne.	**Auto mi je pokvaren.** [autɔ mi jɛ pɔkʋarɛn]
Könnten Sie bitte den Pannendienst anrufen?	**Možete li pozvati pomoć na cesti?** [mɔʒɛtɛ li pɔzʋati pɔmɔtɕ na tsɛsti]
Der Motor springt nicht an.	**Motor ne pali.** [mɔtɔr nɛ pa:li]
das Starthilfekabel	**kablovi za paljenje** mpl [kablɔʋi za pa:ʎɛɲɛ]
Könnten Sie mir Starthilfe geben?	**Možete li mi pomoći da upalim auto?** [mɔʒɛtɛ li mi pɔmɔtɕi da upalim autɔ]
der Ersatzreifen	**rezervna guma** f [rɛzɛrʋna guma]
Könnten Sie mir beim Reifenwechseln helfen?	**Možete li mi pomoći da promijenim gumu?** [mɔʒɛtɛ li mi pɔmɔtɕi da prɔmiɛ:nim gumu]

DER BUS – AUTOBUS

der Doppeldecker
autobus na dva kata m
[autɔ:bus na dʋa kata]

die Liniennummer
linijski broj m
[li:nijski brɔ:j]

das Fahrziel
cilj vožnje m
[tsi:ʎ ʋɔʒɲɛ]

der Reisebus
putnički autobus m
[putnitʃki autɔ:bus]

die Automatiktür
automatska vrata npl
[autɔmatska ʋra:ta]

der Gepäckraum
prtljažnik m
[prtʎa:ʒnik]

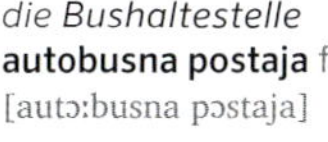

die Bushaltestelle
autobusna postaja f
[autɔ:busna pɔstaja]

der Fahrplan
red vožnje m
[rɛd ʋɔʒɲɛ]

das Wartehäuschen
natkrivena postaja f
[natkri:ʋɛna pɔstaja]

der Schulbus
školski autobus m
[ʃkɔlski autɔ:bus]

der Halteknopf
gumb za zaustavljanje m
[gumb za zaustaʋʎaɲɛ]

der Niederflurbus	**niskopodni autobus** m [niskɔpɔdni autɔ:bus]
der Busbahnhof	**autobusni kolodvor** m [autɔbusni kɔlɔdʋɔr]
der Linienbus	**redovna autobusna linija** f [rɛdɔʋna autɔbusna li:nija]
der Kleinbus	**minibus** m [minibus]
die Monatskarte	**mjesečna karta** f [mjɛsɛtʃna ka:rta]
der Fahrpreis	**cijena vožnje** f [tsiɛ:na ʋɔʒɲɛ]
die Fahrkarte	**vozna karta** f [ʋɔzna ka:rta]
der Fahrkartenautomat	**automat za karte** m [autɔmat za ka:rtɛ]

die Halteschlaufe
ručka za držanje f
[rutʃka za drʒaɲɛ]

DAS MOTORRAD – MOTOCIKL

die Rennmaschine
trkaći motocikl m
[trkatɕi mɔtɔtsiːkl]

das Cockpit
sjedalo vozača n
[sjɛdalɔ ʋɔzaːtʃa]

der Kupplungshebel
poluga kvačila f
[pɔluga kʋatʃila]

der Lenkergriff
ručka upravljača f
[rutʃka upraʋʎaːtʃa]

der Fahrersitz
vozačko sjedalo n
[ʋɔzatʃkɔ sjɛdalɔ]

der Rückspiegel
retrovizor m
[rɛtrɔʋiːzɔr]

der Soziussitz
stražnje sjedalo n
[straːʒɲɛ sjɛdalɔ]

das Schutzblech
blatobran m
[blatɔbran]

der Seitenständer
bočni oslonac m
[bɔtʃni ɔslɔnats]

die Fußraste
oslonac za noge m
[ɔslɔnats za nɔgɛ]

die Rückleuchte
stražnja svjetiljka f
[straːʒɲa sʋjɛtiʎka]

das Getriebe
pogon m
[pɔːgɔn]

der Fußschalthebel
pedala f
[pɛdaːla]

die Radaufhängung
ovjes kotača m
[ɔʋjɛs kɔtaːtʃa]

der Motorroller
skuter m
[skutɛr]

das Quad
četverokotač m
[tʃɛtʋɛrɔkɔtatʃ]

das Geländemotorrad
terenski motocikl m
[tɛrɛːnski mɔtɔtsiːkl]

der Chopper
chopper motocikl m
[ʃɔpɛr mɔtɔtsiːkl]

DAS MOTORRAD – MOTOCIKL

der Motorradhelm
motociklistička kaciga f
[mɔtɔtsiklistitʃka katsiga]

die Lederjacke
kožna jakna f
[kɔʒna jakna]

die Motorradkombi
motociklistička kombinacija f
[mɔtɔtsiklistitʃka kɔmbina:tsija]

der Lederhandschuh
kožna rukavica f
[kɔʒna rukaʋitsa]

das Visier
vizir m
[ʋizi:r]

der Lufteinlass
otvor za ulaz zraka m
[ɔtʋɔr za ulaz zra:ka]

der Reflektorstreifen
reflektirajuća traka f
[rɛflɛkti:rajutɕa traka]

der/das Tachometer
brzinomjer m
[brzinɔmjɛr]

der Lenker
upravljač m
[upraʋʎatʃ]

der Tankdeckel
poklopac spremnika m
[pɔklɔpats sprɛmnika]

der Benzintank
spremnik goriva m
[sprɛmnik gɔriʋa]

der Blinker
žmigavac m
[ʒmigaʋats]

der Bremshebel für die Vorderradbremse
kočna poluga za prednju kočnicu f
[kɔtʃna pɔluga za prɛdɲu kɔtʃnitsu]

der Gasdrehgriff
plinska okretna ručka f
[plinska ɔkrɛtna rutʃka]

das Motorradgespann
motocikl s bočnom prikolicom m
[mɔtɔtsi:kl sbɔtʃnɔm prikɔlitsɔm]

der Tourer
tourer motocikl m
[turɛr mɔtɔtsi:kl]

der Beiwagen
bočna prikolica f
[bɔtʃna prikɔlitsa]

DAS FAHRRAD – BICIKL

der Schalthebel	**ručica mjenjača** f [rutʃitsa mjɛɲaːtʃa]
der Bremshebel	**ručica kočnice** f [rutʃitsa kɔːtʃnitsɛ]
die Luftpumpe	**pumpa** f [puːmpa]
der Fahrradhelm	**kaciga** f [katsiga]
der Dynamo	**dinamo** m [dinaːmɔ]
in die Pedale treten	**pedalirati** [pɛdaliːrati]
bremsen	**kočiti** [kɔːtʃiti]
in einen höheren/niedrigeren Gang schalten	**prebaciti u veću/manju brzinu** [prɛbaːtsiti u ʋɛtɕu/maɲu brzinu]
Radfahren lernen	**naučiti voziti bicikl** [nautʃiti ʋɔziti bitsiːkl]
einen Fahrradschlauch flicken	**zakrpati unutarnju gumu** [zakrpati unutarɲu gumu]

DAS FAHRRAD – BICIKL

der Kindersitz
dječja sjedalica f
[djɛtʃja sjɛdalitsa]

das Einrad
monocikl m
[mɔnɔtsi:kl]

das Tandem
tandem m
[tandɛm]

das BMX-Rad
BMX bicikl m
[bɛɛmiks bitsi:kl]

das Rennrad
trkaći bicikl m
[trkatɕi bitsi:kl]

das Tourenfahrrad
bicikl za turneje m
[bitsi:kl za turnɛ:jɛ]

das Mountainbike
terenski bicikl m
[tɛrɛ:nski bitsi:kl]

das Elektrofahrrad
električni bicikl m
[ɛlɛktritʃni bitsi:kl]

das Liegerad
ležeći bicikl m
[lɛʒɛtɕi bitsi:kl]

das Dreirad
tricikl m
[tritsi:kl]

das Fahrradschloss
lokot za bicikl m
[lɔkɔt za bitsi:kl]

das Flickzeug
pribor za krpanje m
[pribɔr za krpaɲɛ]

das Leihfahrrad
bicikl za najam m
[bitsi:kl za na:jam]

der Kinderanhänger
dječja prikolica f
[djɛtʃja prikɔlitsa]

die Satteltasche
torba za bicikl f
[tɔ:rba za bitsi:kl]

der Fahrradständer
stalak za bicikle m
[sta:lak za bitsi:klɛ]

DAS LASTKRAFTFAHRZEUG – TERETNO VOZILO

der Sattelschlepper
tegljač m
[tɛgʎa:tʃ]

die Kühlerhaube
poklopac motornog prostora m [pɔklɔpats mɔtɔrnɔg prɔ:stɔra]

der Kühlergrill
rešetke hladnjaka fpl
[rɛʃɛtkɛ xla:dɲaka]

der Scheinwerfer
glavno svjetlo n
[gla:ʋnɔ sʋjɛtlɔ]

der Stoßfänger
branik m
[brani:k]

die Windschutzscheibe
vjetrobransko staklo n
[ʋjɛtrɔbranskɔ staklɔ]

die Trittstufe
stepenice fpl
[stɛpɛnitsɛ]

der Kraftstofftank
spremnik za gorivo m
[sprɛmnik za gɔriʋɔ]

das Auspuffrohr
ispušna cijev f
[ispuʃna tsiɛ:ʋ]

die Schlafkabine
kabina za spavanje f
[kabi:na za spa:ʋaɲɛ]

das Lufthorn
zračni rog m
[zratʃni rɔg]

der Stauraum
prtljažnik m
[prtʎa:ʒnik]

der Autotransporter
transporter automobila m
[transpɔrtɛ:r autɔmɔbi:la]

die Schneefräse
bacač snijega m
[batsatʃ sniɛ:ga]

die Straßenkehrmaschine
vozilo za čišćenje cesta n
[ʋɔzilɔ za tʃiʃtɕɛɲɛ tsɛsta]

der Müllwagen
smetlarski kamion m
[smɛtlarski kamiɔn]

der Tankwagen
cisterna f
[tsistɛ:rna]

der Sattelzug
tegljač m
[tɛgʎa:tʃ]

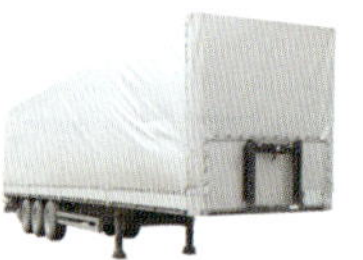

der Auflieger
poluprikolica f
[pɔluprikɔlitsa]

der Flachbettauflieger
plosnata prikolica f
[plɔsnata prikɔlitsa]

WEITERE FAHRZEUGE - DRUGA VOZILA

der Bagger
bager m
[ba:gɛr]

der Radlader
utovarivač m
[utɔʋariʋatʃ]

der Betonmischer
miješalica za beton f
[miɛ:ʃalitsa za bɛtɔn]

der Kipper
istovarivač m
[istɔʋariʋatʃ]

der Wohnwagen
kamp prikolica f
[kamp prikɔlitsa]

das Wohnmobil
kamp kućica f
[kamp kutɕitsa]

der Gabelstapler
viličar m
[ʋilitʃar]

das Feuerwehrfahrzeug
vatrogasno vozilo n
[ʋatrɔgasnɔ ʋɔzilɔ]

der Anhänger
prikolica f
[prikɔlitsa]

der Traktor
traktor m
[traktɔr]

der Polizeiwagen
policijsko vozilo n
[pɔlitsijskɔ ʋɔzilɔ]

das Taxi
taksi m
[taksi]

der Abschleppwagen
vučna služba f
[ʋu:tʃna sluʒba]

der Fahrzeugkran
mobilna dizalica f
[mɔbilna dizalitsa]

der Taxistand
stajalište taksija n
[stajaliʃtɛ taksija]

ein Taxi herbeiwinken
pozvati taksi rukom
[pɔzʋati taksi ru:kɔm]

DER ZUG – VLAK

der Zug
vlak m
[ʋlaːk]

der Führerstand
upravljačnica f
[upraʋʎatʃnitsa]

das Kleinabteil
mali odjeljak m
[mali ɔdjɛʎak]

die Gepäckablage
polica za prtljagu f
[pɔlitsa za prtʎaːgu]

die Schiene
pruga f
[pruːga]

der Waggon
vagon m
[ʋagɔːn]

die Armlehne
oslonac za ruke m
[ɔslɔnats za ruːkɛ]

der Sitz
sjedalo n
[sjɛdalɔ]

die Kopflehne
oslonac za glavu m
[ɔslɔnats za glaːʋu]

der Güterzug
teretni vlak m
[tɛrɛtni ʋlaːk]

die Straßenbahn
tramvaj m
[traːmʋaj]

die U-Bahn
podzemna željeznica f
[pɔdzɛmna ʒɛʎɛznitsa]

die Einschienenbahn
jednotračna željeznica f
[jɛdnɔtratʃna ʒɛʎɛznitsa]

die Dampflok
parna lokomotiva f
[paːrna lɔkɔmɔtiːʋa]

der Hochgeschwindigkeitszug	**vlak velikih brzina** m [ʋlaːk ʋɛlikix brziːna]
das Großraumabteil	**veliki odjeljak** m [ʋɛliki ɔdjɛʎak]
die Oberleitung	**kontaktna mreža** f [kɔntaktna mrɛʒa]
die erste Klasse	**prvi razred** m [prʋi raːzrɛd]
die zweite Klasse	**drugi razred** m [drugi raːzrɛd]
der Klapptisch	**sklopivi stol** m [sklɔpiʋi stɔːl]
der Triebwagen	**pogonski vagon** m [pɔgɔnski ʋagɔːn]
die Sitzplatzreservierung	**rezervacija mjesta** f [rɛzɛrʋaːtsija mjɛsta]

DER ZUG – VLAK

Am Bahnhof – Na kolodvoru

der Bahnsteig
peron m
[pɛrɔ:n]

einsteigen
ući
[u:tɕi]

aussteigen
izaći
[iza:tɕi]

das Geländer
ograda f
[ɔgrada]

die Gleisnummer
broj perona m
[brɔj pɛrɔ:na]

der Wegweiser
putokaz m
[putɔkaz]

der Reisende
putnik m
[pu:tnik]

die Rolltreppe
pokretne stepenice fpl
[pɔkrɛtnɛ stɛpɛnitsɛ]

die Bahnhofshalle
kolodvorsko predvorje n
[kɔlɔdʋɔrskɔ prɛ:dʋɔrjɛ]

der Fahrkartenschalter
ured za prodaju voznih karata m
[urɛd za prɔdaju ʋɔ:znix karata]

der Fahrkarten-automat
automat za prodaju voznih karata m
[autɔmat za prɔdaju ʋɔ:znix karata]

die Schaffnerin
kondukterka f
[kɔnduktɛ:rka]

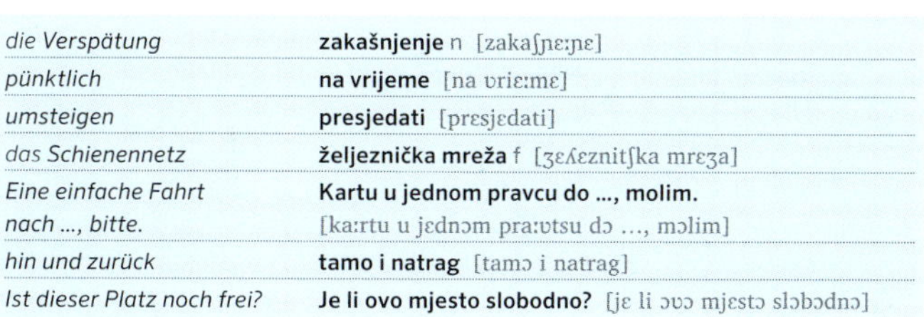

die Verspätung	**zakašnjenje** n [zakaʃɲɛ:ɲɛ]
pünktlich	**na vrijeme** [na ʋriɛ:mɛ]
umsteigen	**presjedati** [prɛsjɛdati]
das Schienennetz	**željeznička mreža** f [ʒɛʎɛznitʃka mrɛʒa]
Eine einfache Fahrt nach …, bitte.	**Kartu u jednom pravcu do …, molim.** [ka:rtu u jɛdnɔm pra:ʋtsu dɔ …, mɔlim]
hin und zurück	**tamo i natrag** [tamɔ i natrag]
Ist dieser Platz noch frei?	**Je li ovo mjesto slobodno?** [jɛ li ɔʋɔ mjɛstɔ slɔbɔdnɔ]

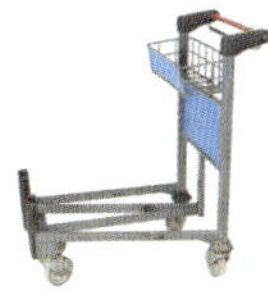

der Kofferkuli
kolica za prtljagu npl
[kɔli:tsa za prtʎa:gu]

DAS FLUGZEUG – ZRAKOPLOV

das Verkehrsflugzeug
linijski putnički zrakoplov m
[li:nijski putnitʃki zrakɔplɔʋ]

das Fenster
prozor m
[prɔ:zɔr]

der Rumpf
trup m
[trup]

der Bug
pramac m
[pra:mats]

das Heck
krma f
[krma]

die Tragfläche
krilo n
[kri:lɔ]

die Flugzeugtür
vrata zrakoplova npl
[ʋra:ta zrakɔplɔʋa]

das Seitenleitwerk
bočno kormilo n
[bɔtʃnɔ kɔrmilɔ]

der Frachtraum
prtljažnik m
[prtʎa:ʒnik]

das Fahrwerk
podvozje n
[pɔdʋɔzjɛ]

das Cockpit
pilotska kabina f
[pilɔtska kabi:na]

das Höhenleitwerk
repni dio m
[rɛpni diɔ]

das Querruder
krilce n
[kri:ltsɛ]

das Triebwerk
pogonski sustav m
[pɔgɔnski su:staʋ]

das Bugfahrwerk
podvozje zrakoplova n
[pɔdʋɔzjɛ zrakɔplɔʋa]

der Windsack
vjetrokaz m
[ʋjɛtrɔkaz]

Ihr Flug ist jetzt zum Einsteigen bereit.	**Vaš let je sada spreman za ukrcavanje.** [ʋaʃ lɛ:t jɛ sada sprɛman za ukrtsa:ʋaɲɛ]
die Fluggesellschaft	**zračni prijevoznik** m [zratʃni priɛ:ʋɔznik]
der Flugsicherungsdienst	**kontrola zračne plovidbe** f [kɔntrɔ:la zratʃnɛ plɔʋidbɛ]
der Pilot	**pilot** m [pilɔ:t]
die Pilotin	**pilotkinja** f [pilɔtkiɲa]
die erste Klasse	**prvi razred** m [prʋi ra:zrɛd]
die Businessklasse	**poslovni razred** m [pɔslɔʋni ra:zrɛd]
die Economyklasse	**ekonomski razred** m [ɛkɔnɔmski ra:zrɛd]

DAS FLUGZEUG – ZRAKOPLOV

Im Flugzeug – U zrakoplovu

die Sicherheitsanweisung
sigurnosna uputa f
[sigurnɔsna uputa]

die Flugbegleiterin
stjuardesa f
[stjuardɛsa]

der Sitzplatz
sjedalo n
[sjɛdalɔ]

das Gepäckfach
pretinac za prtljagu m
[prɛtinats za prtʎa:gu]

die Luftdüse
zračna mlaznica f
[zratʃna mlaznitsa]

die Sitznummer
broj sjedala m
[brɔj sjɛdala]

der Nichtraucherflug
nepušački let m
[nɛpuʃatʃki lɛ:t]

die Leselampe
svjetiljka za čitanje f
[sʋjɛtiʎka za tʃitaɲɛ]

das Handgepäck
ručna prtljaga f
[rutʃna prtʎa:ga]

der Gang
hodnik m
[xɔdnik]

der Notausgang
izlaz u slučaju nužde m
[izlaz u slutʃaju nu:ʒdɛ]

der Sitzabstand
udaljenost sjedala f
[uda:ʎɛnɔst sjɛdala]

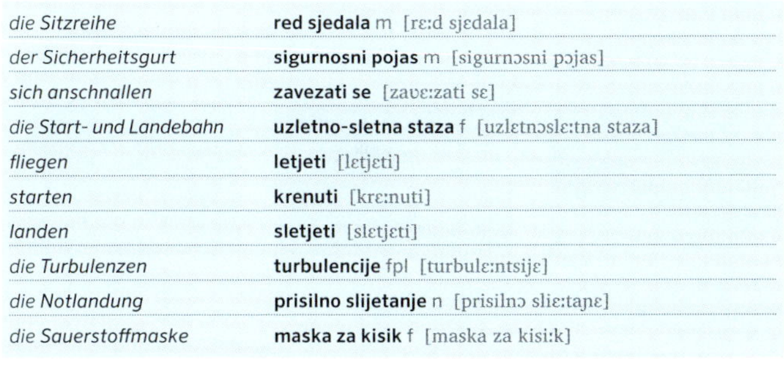

die Sitzreihe	**red sjedala** m [rɛ:d sjɛdala]
der Sicherheitsgurt	**sigurnosni pojas** m [sigurnɔsni pɔjas]
sich anschnallen	**zavezati se** [zaʋɛ:zati sɛ]
die Start- und Landebahn	**uzletno-sletna staza** f [uzlɛtnɔslɛ:tna staza]
fliegen	**letjeti** [lɛtjɛti]
starten	**krenuti** [krɛ:nuti]
landen	**sletjeti** [slɛtjɛti]
die Turbulenzen	**turbulencije** fpl [turbulɛ:ntsijɛ]
die Notlandung	**prisilno slijetanje** n [prisilnɔ sliɛ:taɲɛ]
die Sauerstoffmaske	**maska za kisik** f [maska za kisi:k]

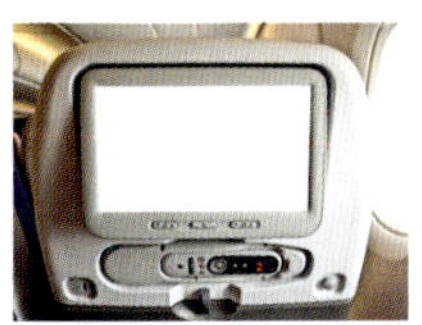

der Bildschirm für das Bordprogramm
ekran za program na letu m
[ɛkran za prɔgram na lɛ:tu]

DAS FLUGZEUG – ZRAKOPLOV

Am Flughafen – Na zračnoj luci

der Check-in-Automat
automat za registraciju putnika m [autɔmat za rɛgistraːtsiju puːtnika]

der Check-in-Schalter
šalter za registraciju putnika m [ʃaltɛr za rɛgistraːtsiju puːtnika]

die Bordkarte
ukrcajna propusnica f [ukrtsajna prɔpusnitsa]

der Reisepass
putovnica f [putɔːʋnitsa]

die Ankunft
dolazak m [dɔlazak]

der Abflug
polazak m [pɔlazak]

das Terminal
terminal m [tɛrminal]

der Zoll
carina f [tsarina]

die Sicherheitskontrolle
sigurnosna kontrola f [siguːrnɔsna kɔntrɔːla]

die Ticketkontrolle
kontrola voznih karata f [kɔntrɔːla ʋɔznix karata]

der Duty-free-Laden
bescarinska trgovina f [bɛstsarinska trgɔʋina]

die Fluggasttreppe
stepenice za putnike fpl [stɛpɛnitsɛ za puːtnikɛ]

der Flugsteig
izlaz m [izlaz]

die Fluggastbrücke
most za ulazak putnika m [mɔːst za ulazak puːtnika]

der Kontrollturm
kontrolni toranj m [kɔntrɔlni tɔːraɲ]

der Fluglotse
kontrolor zračnog prometa m [kɔntɔlɔːr zratʃnɔg prɔmɛta]

DAS FLUGZEUG – ZRAKOPLOV

Am Flughafen – Na zračnoj luci

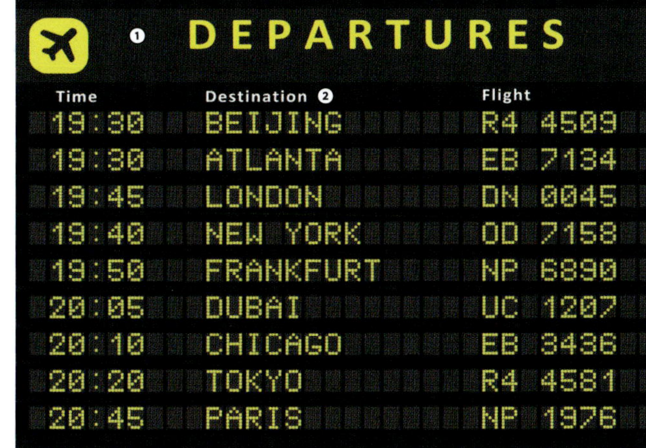

① *die Anzeigetafel*
informativna ploča f
[informatiʋna plɔtʃa]

② *das Reiseziel*
odredište n
[ɔdrɛdiʃtɛ]

der Langstreckenflug
dugi let m
[dugi lɛ:t]

der Auslandsflug
međunarodni let m
[mɛdʑuna:rɔdni lɛ:t]

der Inlandsflug
domaći let m
[dɔmatɕi lɛ:t]

der Rollkoffer
kovčeg na kotačićima m
[kɔʋtʃɛg na kɔtatʃitɕima]

das Übergepäck
dodatna prtljaga f
[dɔdatna prtʎa:ga]

das Gepäckband
traka za prtljagu f
[traka za prtʎa:gu]

der Fahrsteig
pokretna rampa f
[pɔkrɛtna ra:mpa]

die Zwischenlandung	**međuslijetanje** n [mɛdʑuslie:taɲɛ]
einen Flug buchen	**rezervirati let** [rɛzɛrʋi:rati lɛ:t]
der/das Online-Check-in	**registracija putnika putem interneta** f [rɛgistra:tsija pu:tnika pu:tɛm intɛrnɛta]
die Buchungsnummer	**broj rezervacije** m [brɔ:j rɛzɛrʋa:tsijɛ]
das Visum	**viza** f [ʋi:za]
die Gepäckkontrolle	**pregled prtljage** m [prɛglɛd prtʎa:gɛ]
der Währungsumtausch	**razmjena valuta** f [ra:zmjɛna ʋalu:ta]

der Rucksack
naprtnjača f
[naprtɲatʃa]

DAS SCHIFF – BROD

das Kreuzfahrtschiff
brod za krstarenja m
[brɔd za krstarɛɲa]

die Funkantenne
radijska antena f
[raːdijska antɛːna]

das Deck
paluba f
[paluba]

die Kabine
kabina f
[kabiːna]

der Schornstein
dimnjak m
[dimɲak]

die Radarantenne
radarska antena f
[radarska antɛːna]

die Backbordseite
lijeva strana f
[liɛːʋa straːna]

der Rumpf
trup m
[trup]

das Bullauge
brodski prozorčić m
[brɔdski prɔzɔrtʃitɕ]

die Steuerbordseite
desna strana f
[dɛsna straːna]

der Bug
pramac m
[praːmats]

das Rettungsboot
čamac za spašavanje m
[tʃaːmats za spaʃaːʋaɲɛ]

der Bugwulst
bulb pramac m
[bulb praːmats]

das Segelboot
jedrilica f
[jɛdrilitsa]

die Motorjacht
motorna jahta f
[mɔtɔrna jaxta]

das Motorboot
motorni čamac m
[mɔtɔrni tʃaːmats]

der Katamaran
katamaran m
[katamaraːn]

DAS SCHIFF - BROD

Der Hafen - Luka

der Containerhafen
kontejnerska luka f
[kɔntɛ:jnɛrska lu:ka]

das Containerlager
kontejnersko skladište n
[kɔntɛ:jnɛrskɔ skladiʃtɛ]

die Fracht
teret m
[tɛrɛt]

der Kai
pristanište n
[pristaniʃtɛ]

der Kran
dizalica f
[dizalitsa]

das Containerschiff
kontejnerski brod m
[kɔntɛ:jnɛrski brɔd]

der Leuchtturm
svjetionik m
[sʋjɛtiɔnik]

die Vertäuung
vezivanje n
[ʋɛzi:ʋaɲɛ]

der Poller
bitva f
[bitʋa]

die Boje
plutača f
[plu:tatʃa]

den Anker werfen/lichten	**baciti/dići sidro** [ba:tsiti/ditɕi sidrɔ]
die Küstenwache	**obalna straža** f [ɔbalna stra:ʒa]
anlegen	**pristati** [pristati]
auslaufen	**isploviti** [isplɔʋiti]
an Bord gehen	**ukrcati se** [ukrtsati sɛ]
von Bord gehen	**iskrcati se** [iskrtsati sɛ]
der Landungssteg	**pristanište** n [pristaniʃtɛ]
das U-Boot	**podmornica** f [pɔdmɔrnitsa]

die Fähre
trajekt m
[trajɛkt]

IN DER STADT

U GRADU

DIE INNENSTADT – CENTAR GRADA

die Vorstadt
predgrađe n
[prɛdgradʑɛ]

die Brücke
most m
[mɔ:st]

der Fluss
jezero n
[jɛzɛrɔ]

die Straße
ulica f
[ulitsa]

das Geschäftsviertel
poslovna četvrt f
[pɔslɔʊna tʃɛtʊrt]

der Fernsehturm
televizijski toranj m
[tɛlɛʊi:zijski tɔ:raɲ]

der Wohnblock
stambena zgrada f
[stambɛna zgrada]

der Dom
katedrala f
[katɛdra:la]

der Gehweg
nogostup m
[nɔgɔstu:p]

die Altstadt
stari grad m
[stari gra:d]

der Turm
toranj m
[tɔ:raɲ]

die Straßenbeleuchtung
ulična rasvjeta f
[ulitʃna ra:sʊjɛta]

die Seitenstraße
sporedna ulica f
[spɔrɛdna ulitsa]

der Boulevard
avenija f
[avɛ:nija]

die Treppe
stepenice fpl
[stɛpɛnitsɛ]

die Gasse
uličica f
[ulitʃitsa]

DIE INNENSTADT – CENTAR GRADA

der Park
park m
[park]

der Kanal
kanal m
[kanal]

das Ausgehviertel
četvrt za izlaske f
[tʃɛtʋrt za izlaskɛ]

der Platz
trg m
[trg]

das Einkaufsviertel
trgovačka četvrt f
[trgɔʋatʃka tʃɛtʋrt]

das Industriegebiet
industrijska zona f
[industrijska zɔːna]

das Wohngebiet
stambena četvrt f
[stambɛna tʃɛtʋrt]

das Rathaus
gradska vijećnica f
[gradska ʋiɛːtɕnitsa]

die Universität
sveučilište n
[sʋɛutʃiliʃtɛ]

die Schule
škola f
[ʃkɔːla]

die Post
pošta f
[pɔʃta]

die Feuerwache
vatrogasna postaja f
[ʋatrɔgasna pɔstaja]

die Polizeiwache
policijska postaja f
[pɔlitsijska pɔstaja]

das Krankenhaus
bolnica f
[bɔːlnitsa]

die Bibliothek
knjižnica f
[kɲiːʒnitsa]

das Gerichtsgebäude
sudnica f
[suːdnitsa]

DIE INNENSTADT – CENTAR GRADA

Gebäude in der Innenstadt – Zgrade u centru grada

der Wolkenkratzer
neboder m
[nɛbɔdɛr]

die Burg
kula f
[ku:la]

das Schloss
dvorac m
[dʋɔ:rats]

die Kirche
crkva f
[tsrkʋa]

die Moschee
džamija f
[dʒamija]

die Synagoge
sinagoga f
[sinagɔ:ga]

der Tempel
hram m
[xram]

die Ruine
ruševina f
[ruʃɛʋina]

das Bürogebäude
poslovna zgrada f
[pɔslɔʋna zgrada]

das Theater
kazalište n
[kazaliʃtɛ]

das Kino
kino m
[ki:nɔ]

die Fabrik
tvornica f
[tʋɔrnitsa]

die Botschaft
veleposlanstvo n
[ʋɛlɛpɔsla:nstʋɔ]

das Opernhaus
operna kuća f
[ɔpɛrna kutɕa]

das Museum
muzej m
[muzɛ:j]

die Kunsthalle
galerija f
[galɛ:rija]

DIE INNENSTADT – CENTAR GRADA

Auf der Straße – Na ulici

die Straßenlaterne
ulična svjetiljka f
[ulitʃna svjetiʎka]

die Fußgängerampel
pješački semafor m
[pjɛʃatʃki sɛmafɔr]

die Ampel
semafor m
[sɛmafɔr]

das Denkmal
spomenik m
[spɔmɛnik]

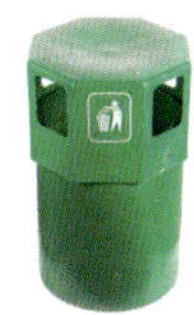

der Abfalleimer
kanta za smeće f
[ka:nta za smɛtɕɛ]

der Kanaldeckel
šaht m
[ʃaxt]

der Hydrant
hidrant m
[xidrant]

der Friedhof
groblje n
[grɔbʎɛ]

die Bushaltestelle
autobusna stanica f
[autɔbusna stanitsa]

der Kiosk
kiosk m
[kiɔsk]

die Tiefgarage
podzemna garaža f
[pɔdzɛmna gara:ʒa]

die Fußgängerzone
pješačka zona f
[pjɛʃatʃka zɔ:na]

Entschuldigen Sie, wie komme ich nach ...?	**Oprostite, kako mogu doći u ...?** [ɔprɔstitɛ kakɔ mɔgu dɔ:tɕi u]
Könnten Sie mir bitte sagen, wo ... ist?	**Možete li mi molim Vas reći gdje je ...?** [mɔʒɛtɛ li mi mɔlim vas rɛtɕi gdjɛ jɛ]
Könnten Sie mir das bitte auf der Karte zeigen?	**Možete li mi to molim Vas pokazati na karti?** [mɔʒɛtɛ li mi mɔlim vas pɔka:zati na ka:rti]
an der Ecke	**na uglu** [na uglu]
rechts/links abbiegen	**skrenuti desno/lijevo** [skrɛnuti dɛsnɔ/liɛ:vɔ]
auf der rechten/linken Seite	**na desnoj/lijevoj strani** [na dɛsnɔj/liɛ:vɔj strani]
(schräg) gegenüber	**(dijagonalno) preko puta** [(dijagɔnalnɔ) prɛkɔ pu:ta]
in der Nähe (von)	**blizu** [bli:zu]

DIE INNENSTADT – CENTAR GRADA

Das Hotel – Hotel

die Rezeption
recepcija f
[rɛtsɛptsija]

die Empfangsdame
recepcionistica f
[rɛtsɛptsiɔnistitsa]

die Schlüsselkarte
ključ kartica f
[kʎuːtʃkartitsa]

die Klingel
zvono n
[zʋɔnɔ]

die Lobby
predvorje n
[prɛdʋɔrjɛ]

die Bar
bar m
[bar]

das Restaurant
restoran m
[rɛstɔran]

die Hotelanlage
hotelski kompleks m
[xɔtɛlski kɔmplɛks]

das Doppelzimmer
dvokrevetna soba f
[dʋɔkrɛʋɛtna sɔba]

das Zweibettzimmer
soba s dva kreveta f
[sɔba s dʋaː krɛʋɛta]

das Einzelzimmer
jednokrevetna soba f
[jɛdnɔkrɛʋɛtna sɔba]

der Fitnessraum
prostorija za tjelovježbu f
[prɔstɔrija za tjɛlɔʋjɛʒbu]

der Pool
bazen m
[bazɛːn]

Ich habe ein Zimmer unter dem Namen ... gebucht.	**Rezervirao/la sam sobu na ime ...** [rɛzɛrʋiːraɔ/la sam sɔbu na imɛ]
Was kostet das Zimmer, bitte?	**Molim Vas, koliko košta soba?** [mɔlim ʋas kɔlikɔ kɔʃta sɔba]
Ich hätte gerne ein Doppelzimmer für eine Nacht.	**Želim dvokrevetnu sobu za jednu noć.** [ʒɛlim jɛdnɔkrɛʋɛtnu sɔbu za jɛdnu nɔːtɕ]
Haben Sie ein Zimmer frei?	**Imate li slobodnu sobu?** [imatɛli slɔbɔdnu sɔbu]

DIE INNENSTADT – CENTAR GRADA

Das Hotel – Hotel

der/die Concierge
portir m
[pɔrtiːr]

der Kofferwagen
kolica za prtljagu npl
[kɔliːtsa za prtʎaːgu]

der Türanhänger „Bitte nicht stören“
privjesak za vrata “Ne smetaj” m
[priʋjɛsak za ʋraːta nɛ smɛːtaj]

die Gepäckablage
stolica za prtljagu f
[stɔlitsa za prtʎaːgu]

der Zimmerservice
sobna posluga f
[sɔbna pɔsluga]

das Zimmermädchen
sobarica f
[sɔbaritsa]

die Suite
hotelski apartman m
[xɔtɛlski apartman]

die Toilettenartikel
toaletni proizvodi mpl
[tɔalɛːtni prɔizʋɔdi]

die Minibar
minibar m
[minibar]

die Zimmernummer
broj sobe m
[brɔːj sɔbɛ]

das Frühstücksbuffet
bife za doručak m
[bifɛː za dɔrutʃak]

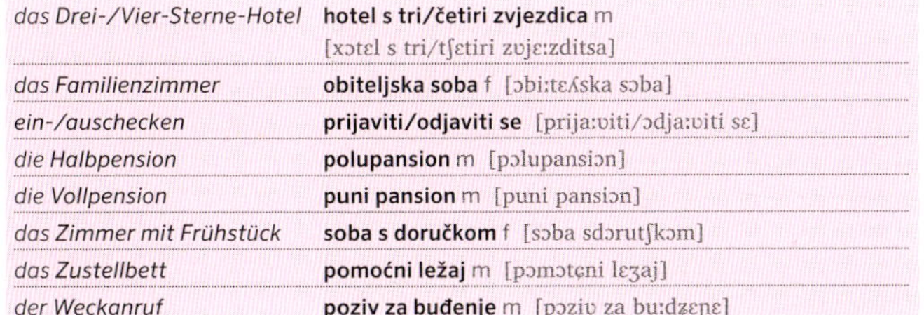

das Drei-/Vier-Sterne-Hotel	**hotel s tri/četiri zvjezdica** m [xɔtɛl s tri/tʃɛtiri zʋjɛːzditsa]
das Familienzimmer	**obiteljska soba** f [ɔbiːtɛʎska sɔba]
ein-/auschecken	**prijaviti/odjaviti se** [prijaːʋiti/ɔdjaːʋiti sɛ]
die Halbpension	**polupansion** m [pɔlupansiɔn]
die Vollpension	**puni pansion** m [puni pansiɔn]
das Zimmer mit Frühstück	**soba s doručkom** f [sɔba sdɔrutʃkɔm]
das Zustellbett	**pomoćni ležaj** m [pɔmɔtɕni lɛʒaj]
der Weckanruf	**poziv za buđenje** m [pɔziʋ za buːdʑɛɲɛ]

der Tresor
sef m
[sɛːf]

DIE INNENSTADT – CENTAR GRADA

Die Bank – Banka

das Chipkartenterminal
terminal za plaćanje chip-karticom m
[tɛrminal za pla:tɕanjɛ ʃipkartitsɔm]

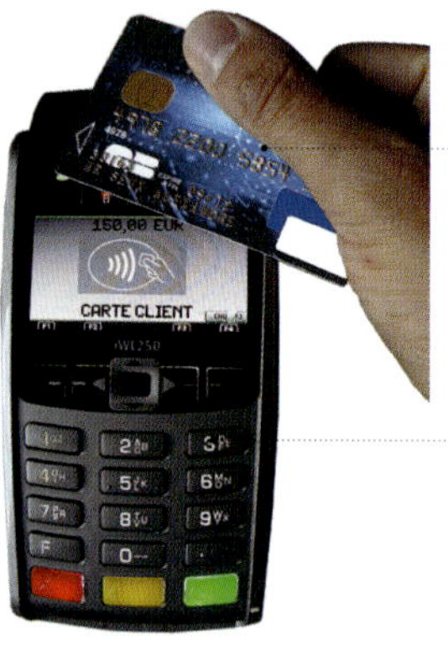

die EC-Karte
Maestro kartica f
[maɛstrɔ kartitsa]

das Tastenfeld
tastatura f
[tastatu:ra]

der Schalter
šalter m
[ʃaltɛr]

die Kassiererin
blagajnica f
[blagajnitsa]

das Onlinebanking
internetsko bankarstvo n
[intɛrnɛtskɔ banka:rstʋɔ]

der Geldautomat
bankomat m
[bankɔmat]

Geld abheben
podići novac
[pɔditɕi nɔʋats]

Geld einzahlen
uplatiti novac
[upla:titi nɔʋats]

einen Scheck ausstellen
izdati ček
[izdati tʃɛk]

die Kontoüberziehung	**prekoračen limit na žiro računu** m [prɛkɔratʃɛn limit na ʒirɔ ratʃu:nu]
das Girokonto	**žiro račun** m [ʒirɔ ratʃun]
das Sparkonto	**račun štednje** m [ratʃun ʃtɛ:dɲɛ]
die PIN-Nummer	**PIN** m [pin]
der Zinssatz	**kamatna stopa** f [kamatna stɔpa]
das Darlehen	**kredit** m [krɛdit]
die Hypothek	**hipoteka** f [hipɔtɛ:ka]
die Kontonummer	**broj računa** m [brɔ:j ratʃu:na]

DIE INNENSTADT – CENTAR GRADA

Die Bank – Banka

der Geldschein
novčanica f
[nɔʋtʃanitsa]

die Münze
kovanica f
[kɔʋanitsa]

die Währung
valuta f
[ʋalu:ta]

das Wertpapier
vrijednosnica f
[ʋriɛ:dnɔsnitsa]

der Wechselkurs
devizni tečaj m
[dɛʋizni tɛtʃaj]

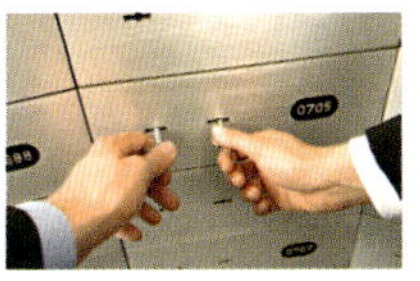

das Bankschließfach
sef u banci m
[sɛf u ba:ntsi]

der Tresor
trezor m
[trɛzɔ:r]

die Kreditkarte
kreditna kartica f
[krɛditna kartitsa]

die Börse
burza f
[burza]

der Börsenkurs
tečaj na burzi m
[tɛtʃaj na burzi]

der Finanzberater
financijski savjetnik m
[finantsijski sa:ʋjɛtnik]

die Rechnung
faktura f
[faktu:ra]

Könnten Sie mir das bitte wechseln?	**Možete li mi to promijeniti, molim Vas?** [mɔʒɛtɛ li mi tɔ prɔmiɛ:niti mɔlim ʋas]
Wie ist der aktuelle Wechselkurs?	**Koji je devizni tečaj?** [kɔji jɛ dɛʋizni tɛtʃaj]
Ich möchte gerne ein Konto eröffnen.	**Želio bih otvoriti žiro račun.** [ʒɛliɔ bih ɔtʋɔriti ʒirɔ ratʃun]
der Betrag	**iznos** m [iznɔs]
der Reisescheck	**putnički ček** m [putnitʃki tʃɛk]
das Eigenkapital	**vlastiti kapital** m [ʋlastiti kapital]
die Provision	**provizija** f [prɔʋi:zija]
die Wechselstube	**mjenjačnica** f [mjɛɲatʃnitsa]

der Überweisungs-schein
uplatnica f
[uplatnitsa]

EINKAUFEN – KUPOVINA

Läden und Geschäfte – Trgovine i prodavaonice

der Markt
tržnica f
[trʒnitsa]

der Marktstand
prodajno mjesto n
[prɔdajnɔ mjɛstɔ]

das Schaufenster
izlog m
[izlɔg]

die Tierhandlung
trgovina za životinje f
[trgɔʋina za ʒiʋɔtiɲɛ]

der Gemüseladen
trgovina povrća f
[trgɔʋina pɔʋrtɕa]

die Metzgerei
mesnica f
[mɛːsnitsa]

die Bäckerei
pekarnica f
[pɛkarnitsa]

die Konditorei
slastičarnica f
[slastitʃaːrnitsa]

der Supermarkt
samoposluga f
[samɔpɔsluga]

das Fischgeschäft
ribarnica f
[ribaːrnitsa]

die Weinhandlung
vinoteka f
[ʋinɔtɛːka]

der Blumenladen
cvjećarnica f
[tsʋjɛtɕaːrnitsa]

das Lebensmittel-geschäft
prodavaonica namirnica f
[prɔdaʋaɔnitsa namirnitsa]

der Bioladen
trgovina zdrave hrane f
[trgɔʋina zdraʋɛ xraːnɛ]

das Schreibwaren-geschäft
papirnica f
[papiːrnitsa]

der Tante-Emma-Laden
mala trgovina f
[maːla trgɔʋina]

EINKAUFEN – KUPOVINA

Läden und Geschäfte – Trgovine i prodavaonice

der Buchladen
knjižara f
[kɲiʒara]

die Drogerie
drogerija f
[drɔgɛːrija]

die Boutique
butik m
[butiːk]

der Antiquitätenladen
antikvarnica m
[antikʋarnitsa]

der Spielzeugladen
trgovina s igraćkama f
[trgɔʋina sigratʃkama]

das Juweliergeschäft
zlatarnica f
[zlataːrnitsa]

das Möbelgeschäft
trgovina namještaja f
[trgɔʋina namjɛʃtaja]

der Elektrofachmarkt
trgovina za elektronsku opremu f
[trgɔʋina za ɛlɛktɔnsku ɔprɛmu]

das Schuhgeschäft
trgovina s obućom f
[trgɔʋina sɔbutɕɔm]

der Friseursalon
frizerski salon m
[frizɛrski salɔːn]

die Schneiderei
krojačnica f
[krɔjatnitsa]

die Parfümerie
parfumerija f
[parfumɛːrija]

der Baumarkt
"uradi sam" tgrovina f
[uraːdisaːm trgɔʋina]

der Geschenkeladen
gift shop m
[giftʃɔp]

die Apotheke
ljekarna f
[ʎɛkarna]

der Optiker
optičar m
[ɔptitʃar]

EINKAUFEN – KUPOVINA

Der Supermarkt – Samoposluga

der Kassierer
blagajnik m
[blagajnik]

die Kundin
kupac m
[ku:pats]

die Ware
roba f
[rɔba]

das Warentransportband
pokretna traka f
[pɔkrɛtna traka]

das Warenregal
polica f
[pɔlitsa]

der Einkaufswagen
kolica za kupovinu npl
[kɔli:tsa za kupɔʋinu]

die Kasse
blagajna f
[blagajna]

der Scanner
skener m
[skɛnɛr]

die Käsetheke
pult sa sirom m
[pult sa sirɔm]

die Fleischtheke
pult s mesom m
[pult smɛ:sɔm]

die Einkaufsliste
spisak za kupovinu m
[spisak za kupɔʋinu]

der Gang
hodnik m
[xɔdnik]

der Einkaufskorb
košarica za kupovinu f
[kɔʃaritsa za kupɔʋinu]

der Strichcode
bar kod m
[barkɔd]

das Sonderangebot
posebna ponuda f
[pɔsɛbna pɔnuda]

die Selbstbedienungskasse
blagajna za samoposluživanje f [blagajna za samɔpɔsluʒi:ʋaɲɛ]

EINKAUFEN – KUPOVINA

Der Supermarkt – Samoposluga

das Kühlregal
hladnjak m
[xla:dɲak]

die Milchprodukte
mliječni proizvodi mpl
[mliɛ:tʃni prɔizvɔdi]

die Tiefkühlkost
zamrznuta hrana f
[zamrznuta xra:na]

das Obst und Gemüse
voće i povrće n
[vɔtɕɛ i pɔvrtɕɛ]

das Fleisch und Geflügel
meso i perad n
[mɛ:sɔ i pɛrad]

die Konserven
konzervirana hrana f
[kɔnzɛrvi:rana xra:na]

die Feinkost
delikatese fpl
[dɛlikatɛ:sɛ]

der Kassenzettel
račun m
[ratʃun]

die Babyartikel
proizvodi za bebe mpl
[prɔizvɔdi za bɛ:bɛ]

die Frühstücksflocken
pahuljice za doručak fpl
[paxuʎitsɛ za dɔrutʃak]

die Backwaren
pecivo n
[pɛtsivɔ]

die Fischtheke
ribarnica f
[riba:rnitsa]

die Getränke	**pića** npl [pi:tɕa]
die Süßigkeiten	**slatkiši** mpl [slatki:ʃi]
das Tierfutter	**hrana za životinje** f [xra:na za ʒivɔtiɲɛ]
die Bioprodukte	**eko proizvodi** mpl [ɛkɔ prɔizvɔdi]
bezahlen	**platiti** [pla:titi]
das Kleingeld	**sitniš** m [sitniʃ]
der Preis	**cijena** f [tsiɛ:na]
das Preisschild	**etiketa** f [ɛtikɛ:ta]

die Reinigungsmittel
sredstva za čišćenje npl
[srɛdstva za tʃiʃtɕɛɲɛ]

EINKAUFEN – KUPOVINA

Der Kiosk – Kiosk

die Zeitung
novine fpl
[nɔvinɛ]

die Zeitschrift
časopis m
[tʃasɔpis]

das Notizbuch
bilježnica f
[biʎɛʒnitsa]

der/das Comic
strip m
[strip]

das Zeitschriftenregal
polica s časopisima f
[pɔlitsa stʃasɔpisima]

die Grußkarte
čestitka f
[tʃɛstitka]

der Lottoschein
listić za loto m
[listitɕ za lɔtɔ]

das Buch
knjiga f
[kɲiga]

der/das Kaugummi
žvakaća guma f
[ʒʋakatɕa guma]

der/das Pfefferminzbonbon
bombon od mente m
[bɔmbɔn ɔd mɛntɛ]

der Schokoriegel
čokoladni prutić m
[tʃɔkɔladni prutitɕ]

der Tabak
duhan m
[duxan]

die Zigarette
cigareta f
[tsigarɛːta]

die Pfeife
lula f
[luːla]

das Feuerzeug
upaljač m
[upaʎatʃ]

die Zigarre
cigara f
[tsigaːra]

CAFÉS UND BARS – KAFIĆI I BAROVI

das Straßencafé
ulični kafić m
[ulitʃni kafi:tɕ]

die Sonnenterrasse
sunčana terasa f
[suntʃana tɛra:sa]

die Theke
šank m
[ʃank]

die Kaffeemaschine
aparat za kavu m
[aparat za ka:ʋu]

das Tablett
poslužavnik m
[pɔsluʒa:ʋnik]

der Zapfhahn
slavina za točenje f
[slaʋina za tɔtʃɛɲɛ]

der Barkeeper
barmen m
[barmɛn]

der Barista
barista m
[barista]

der Barhocker
stolica za šank f
[stɔlitsa za ʃank]

der Korkenzieher
vadičep m
[ʋaditʃɛp]

der Cocktailshaker
mješalica za koktele f
[mjɛʃalitsa za kɔktɛ:lɛ]

der Weinkühler
posuda za hlađenje vina f [pɔsuda za xla:dʑɛɲɛ ʋi:na]

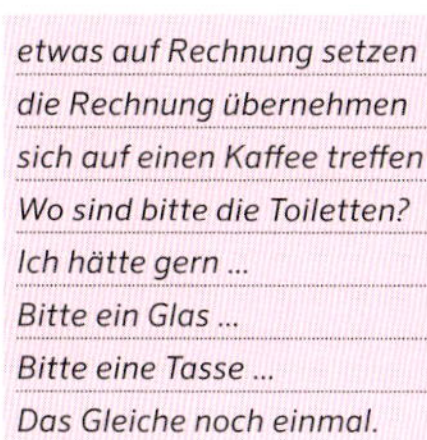

etwas auf Rechnung setzen	**staviti nešto na račun** [staʋiti nɛʃtɔ na ratʃun]
die Rechnung übernehmen	**preuzeti račun** [prɛuzɛti ratʃun]
sich auf einen Kaffee treffen	**naći se na kavi** [na:tɕi sɛ na ka:ʋi]
Wo sind bitte die Toiletten?	**Molim, gdje su WC-i?** [mɔlim gdjɛ su ʋetsɛ:i]
Ich hätte gern ...	**Ja želim ...** [ja ʒɛlim]
Bitte ein Glas ...	**Molim čašu ...** [mɔlim tʃaʃu]
Bitte eine Tasse ...	**Molim šalicu ...** [mɔlim ʃalitsu]
Das Gleiche noch einmal.	**Još jednom isto.** [jɔʃ jɛdnɔm istɔ]

der Aschenbecher
pepeljara f
[pɛpɛʎara]

SEHENSWÜRDIGKEITEN - ZNAMENITOSTI

der Stadtplan
plan grada m
[plan gra:da]

die Touristen-information
turistička informacija f
[turistitʃka infɔrma:tsija]

der Reiseführer
turistički vodič m
[turistitʃki ʋɔdi:tʃ]

das Souvenir
suvenir m
[suʋɛni:r]

die Stadtbesichtigung
razgledavanje grada n
[razglɛda:ʋaɲɛ gra:da]

die Stadtrundfahrt
kružno razgledavanje grada n [kru:ʒnɔ razglɛda:ʋaɲɛ gra:da]

die Flussfahrt
vožnja rijekom f
[ʋɔʒɲa riɛ:kɔm]

das Aquarium
akvarij m
[akʋa:rij]

die Aussichtsplattform
platforma za promatranje f [platfɔrma za prɔma:traɲɛ]

die Ausstellung
izložba f
[izlɔʒba]

der Straßenmusiker
ulični svirač m
[ulitʃni sʋira:tʃ]

der Straßenkünstler
ulični umjetnik m
[ulitʃni umjɛtnik]

die Warteschlange
red čekanja m
[rɛ:d tʃɛkaɲa]

der Fremdenführer	**turistički vodič** m [turistitʃki ʋɔdi:tʃ]
die Fremdenführerin	**turistički vodič** m [turistitʃki ʋɔdi:tʃ]
der Ausflug	**izlet** m [izlɛt]
die Öffnungszeiten	**radno vrijeme** n [ra:dnɔ ʋriɛ:mɛ]
geöffnet	**otvoren, -a, -o** [ɔtʋɔrɛn,a,ɔ]
geschlossen	**zatvoren, -a, -o** [zatʋɔrɛn,a,ɔ]
das Eintrittsgeld	**ulaznica** f [ulaznitsa]
die Ermäßigung	**popust** m [pɔpust]

DIE ARCHITEKTUR – ARHITEKTURA

klassizistisch
klasičan, -na, -no
[klasitʃan,na,nɔ]

gotisch
gotički, -a, -o
[gɔtitʃki,a,ɔ]

barock
barokni, -a, -o
[barɔkni,a,ɔ]

romanisch
romanički, -a, -o
[rɔmanitʃki,a,ɔ]

die Renaissance
renesansa f
[rɛnɛsa:nsa]

der/das Art déco
Art Deco m
[artdɛkɔ]

der Jugendstil
secesija f
[sɛtsɛsija]

das Rokoko
rokoko m
[rɔkɔkɔ]

das Bauhaus
Bauhaus m
[bauxaus]

die Säule
stup m
[stu:p]

der Bogen
luk m
[lu:k]

die Kuppel
kupola f
[kupɔla]

die Fassade	**fasada** f [fasa:da]
der Flügel	**krilo** n [kri:lɔ]
das Gewölbe	**svod** m [svɔd]
das Grabmal	**grobnica** f [grɔbnitsa]
der Innenhof	**dvorište** n [dvɔriʃtɛ]
die Stadtmauer	**gradske zidine** fpl [gradskɛ zidinɛ]
die Katakomben	**katakombe** fpl [katakɔmbɛ]
die Gedenkstätte	**mjesto sjećanja** n [mjɛstɔ sjɛtɕaɲa]

das Wahrzeichen
znamenitost f
[znamɛnitɔst]

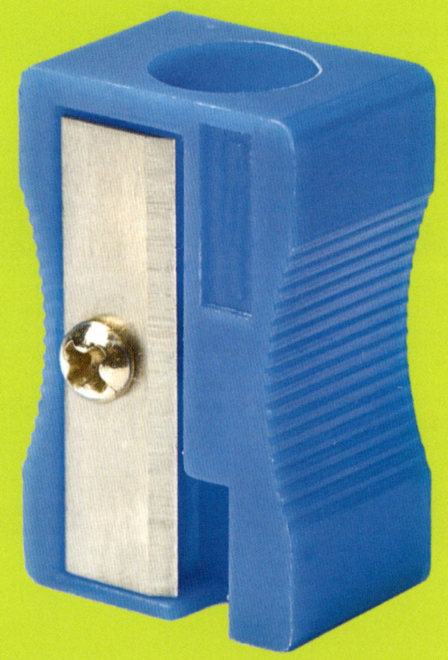

BILDUNG UND BERUF

OBRAZOVANJE I ZANIMANJE

DIE SCHULE – ŠKOLA

der Kindergarten
dječji vrtić m
[djɛtʃji ʋrtitɕ]

die Vorschule
predškola f
[prɛdʃkɔla]

die Grundschule
osnovna škola f
[ɔsnɔʋna ʃkɔ:la]

die weiterführende Schule
srednja škola f
[srɛdɲa ʃkɔ:la]

das Gymnasium
gimnazija f
[gimna:zija]

die Klasse
razred m
[ra:zrɛd]

die Prüfung
ispit m
[ispit]

die Aula
dvorana f
[dʋɔra:na]

der Computerraum
informatička učionica f
[infɔrmatitʃka utʃiɔnitsa]

die Schulleiterin
ravnateljica f
[raʋnatɛʎitsa]

die Lehrerin
učiteljica f
[utʃitɛʎitsa]

der Sportplatz
sportsko igralište n
[spɔrtskɔ igraliʃtɛ]

die Schuluniform
školska uniforma f
[ʃkɔlsa unifɔrma]

der Aufsatz	**sastavak** m [sastaʋak]
die Klassenarbeit	**ispit** m [ispit]
die Note	**ocjena** f [ɔtsjɛna]
seinen/ihren Abschluss machen	**maturirati** [maturi:rati]
der mittlere Schulabschluss	**završeni srednji stupanj školovanja** [zaʋrʃɛni srɛdɲi stu:paɲ ʃkɔlɔʋaɲa]
die Privatschule	**privatna škola** f [priʋatna ʃkɔ:la]
das Abitur	**matura** f [matu:ra]
das Internat	**internat** m [intɛrna:t]

DIE SCHULE – ŠKOLA

Das Klassenzimmer – Učionica

das Lehrerpult
učiteljski stol m
[utʃitɛʎski stɔ:l]

die Tafel
ploča f
[plɔtʃa]

der Schüler
školarac m
[ʃkɔla:rats]

die Schülerin
školarka f
[ʃkɔla:rka]

der Winkelmesser
kutomjer m
[kutɔmjɛr]

der Bleistift
olovka f
[ɔlɔʋka]

das Schulheft
školska bilježnica f
[ʃkɔlska biʎɛʒnitsa]

das Federmäppchen
pernica f
[pɛrnitsa]

das Zeichendreieck
trokut za crtanje m
[trɔkut za tsrtaɲɛ]

das Lineal
ravnalo n
[raʋnalɔ]

die Schultasche	**školska torba** f [ʃkɔlska tɔ:rba]
das Wörterbuch	**rječnik** m [rjɛtʃnik]
die Nachhilfe	**podučavanje** n [pɔdutʃa:ʋaɲɛ]
die Kreide	**kreda** f [krɛ:da]
das Schulbuch	**školska knjiga** f [ʃkɔlska kɲiga]
der Füller	**nalivpero** n [naliʋpɛrɔ]
die Tintenpatrone	**uložak s tintom** m [ulɔʒak sti:ntɔm]
der Marker	**marker** m [markɛr]

der Taschenrechner
digitron m
[digitrɔn]

DIE SCHULE – ŠKOLA

Die Schulfächer – Školski predmeti

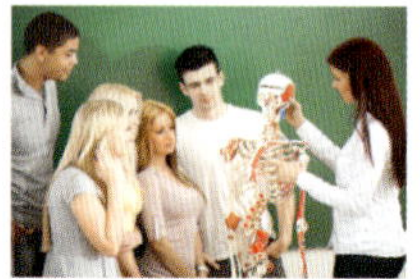

die Biologie
biologija f
[biɔlɔ:gija]

die Mathematik
matematika f
[matɛmatika]

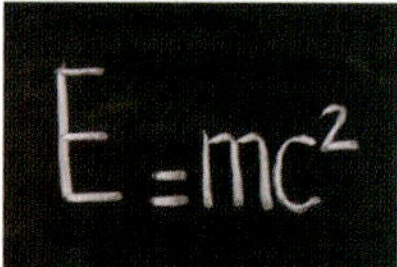

die Physik
fizika f
[fizika]

die Chemie
kemija f
[kɛ:mija]

der Religionsunterricht
vjeronauk m
[ʋjɛrɔnauk]

der Ethikunterricht
etika f
[ɛtika]

die Kunst
likovna kultura m
[likɔʋna kultu:ra]

die Erdkunde
zemljopis m
[zɛmʎɔpis]

die Fremdsprachen
strani jezici mpl
[stra:ni jɛzitsi]

die Geschichte
povijest f
[pɔʋiɛst]

der Sport
tjelesna kultura f
[tjɛlɛsna kultu:ra]

die Musik
glazbena kultura f
[glazbɛna kultu:ra]

das Drama
drama f
[drama]

die Informatik
informatika f
[infɔrmatika]

der Werkunterricht
tehnička kultura f
[tɛxnitʃka kultu:ra]

die Gemeinschaftskunde
društvene znanosti fpl
[druʃtʋɛnɛ znanɔsti]

DIE SCHULE - ŠKOLA

Die Schulfächer - Školski predmeti

das Technische Zeichnen
tehničko crtanje n
[tɛxnitʃkɔ tsrtaɲɛ]

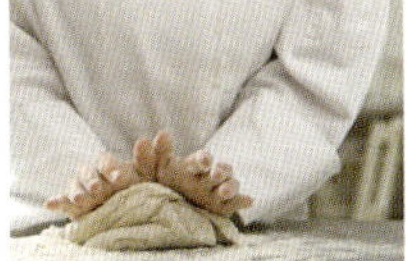

die Hauswirtschaft
domaćinstvo n
[dɔmatɕi:nstʋɔ]

schreiben
pisati
[pi:sati]

rechnen
računati
[ratʃunati]

buchstabieren
slovkati
[slɔʋkati]

lesen
čitati
[tʃitati]

sich melden
javiti se
[ja:ʋiti sɛ]

die Klassenfahrt
školski izlet m
[ʃkɔlski izlɛt]

der Stundenplan
raspored sati m
[raspɔrɛd sa:ti]

der Abschlussball
maturalna večer f
[maturalna ʋɛtʃɛr]

die Hausaufgabe
domaća zadaća f
[dɔmatɕa zadatɕa]

das Sportfest
sportska proslava f
[spɔrtska prɔslaʋa]

zeichnen	**crtati** [tsrtati]
zählen	**brojati** [brɔjati]
die Übung	**vježba** f [ʋjɛʒba]
der Elternabend	**roditeljski sastanak** m [rɔditɛʎski sastanak]
das Zeugnis	**svjedodžba** f [sʋjɛdɔdʒba]
der Schüleraustausch	**razmjena učenika** f [ra:zmjɛna utʃɛnika]
der Lehrplan	**nastavni plan** m [nastaʋni pla:n]
das Schulfach	**školski predmet** m [ʃkɔlski prɛdmɛt]

die Ferien
školski praznici mpl
[ʃkɔlski pra:znitsi]

DIE SCHULE – ŠKOLA

Im Labor – U laboratoriju

der Versuch
pokus m
[pɔkus]

die Schutzbrille
zaštitne naočale fpl
[zaʃtitnɛ naɔtʃalɛ]

der Kittel
kuta f
[kuta]

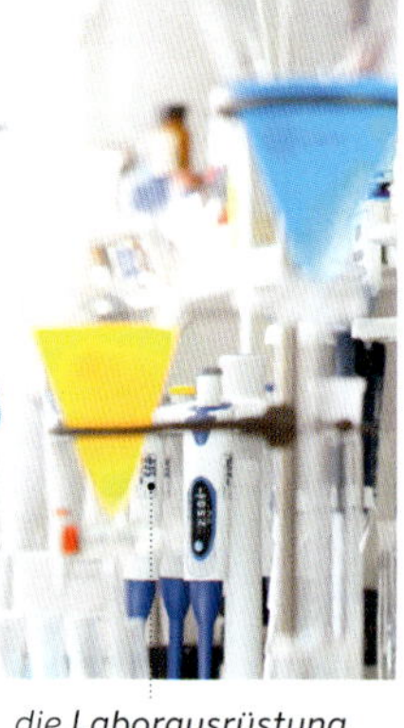

das Reagenzglas
epruveta f
[ɛpruʋɛ:ta]

der Chemikalienhandschuh
rukavica za rad s kemikalijama f
[rukaʋitsa za ra:d skɛmika:lijama]

die Laborausrüstung
laboratorijska oprema f
[labɔratɔ:rijska ɔprɛma]

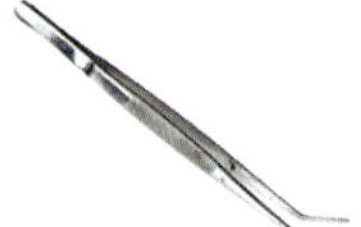

die Pinzette
pinceta f
[pintsɛ:ta]

das Skalpell
skalpel m
[skalpɛl]

die Lupe
povećalo n
[pɔʋɛtʃalɔ]

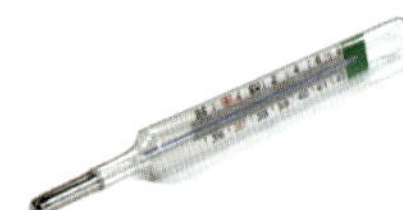

das Thermometer
toplomjer m
[tɔplɔmjɛr]

die Laborwaage
laboratorijska vaga f
[labɔratɔ:rijska ʋa:ga]

die Stoppuhr
štoperica f
[ʃtɔpɛritsa]

der Magnet
magnet m
[magnɛ:t]

die Batterie
baterija f
[batɛrija]

DIE SCHULE – ŠKOLA

Im Labor – U laboratoriju

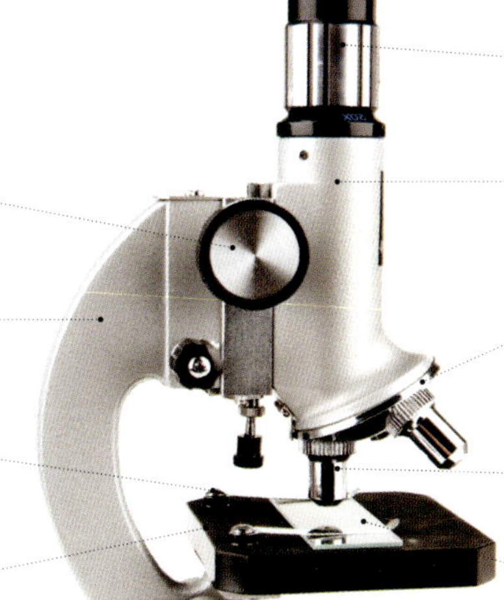

das Mikroskop
mikroskop m
[mikrɔskɔp]

das Einstellrad
vijak za pomicanje m
[ʋiːjak za pɔmitsaɲɛ]

das Stativ
stativ m
[statiːʋ]

die Objektklemme
držač objekta m
[drʒatʃ ɔbjɛkta]

der Objekttisch
stolić mikroskopa m
[stɔlitɕ mikrɔskɔpa]

der Fuß
nogica f
[nɔgitsa]

das Okular
okular m
[ɔkulaːr]

der Tubus
tubus m
[tubus]

der Objektivrevolver
revolver za objektive m
[rɛʋɔlʋɛr za ɔbjɛktiːʋɛ]

das Objektiv
objektiv m
[ɔbjektiːʋ]

der Objektträger
mikroskopsko stakalce n
[mikrɔskɔpskɔ stakaltsɛ]

die Lampe
svjetiljka f
[sʋjɛtiʎka]

die Pipette
pipeta f
[pipɛːta]

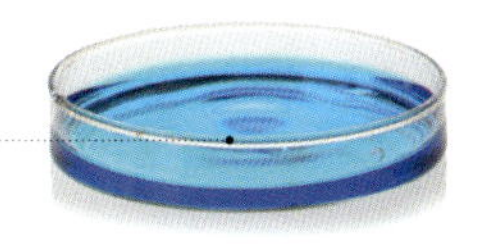

die Petrischale
petrijeva zdjelica f
[pɛːtriɛʋa zdjɛlitsa]

das Drahtnetz
žičana mrežica f
[ʒitʃana mrɛʒitsa]

der Dreifuß
tronožac m
[trɔnɔʒats]

der Bunsenbrenner
plamenik m
[plamɛnik]

DIE SCHULE – ŠKOLA

In der Pause – Na pauzi

die Mittagspause
pauza za ručak f
[paːuza za ruːtʃak]

das Tablett
poslužavnik m
[pɔsluʒaːʋnik]

die Butterbrotdose
kutija za hranu f
[kutija za xraːnu]

das Pausenbrot
sendvič m
[sɛndʋitʃ]

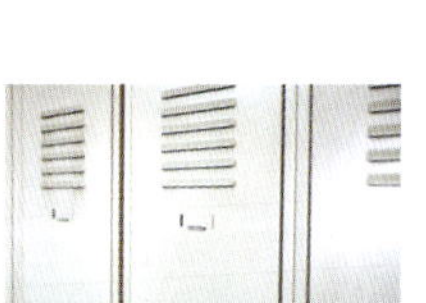

die Schulglocke
školsko zvono n
[ʃkɔlskɔ zʋɔnɔ]

der Spind
ormarić m
[ɔrmaritɕ]

die Pause
pauza f
[paːuza]

der Schulhof
školsko dvorište n
[ʃkɔlskɔ dʋɔriʃtɛ]

Himmel und Hölle spielen
igrati školice
[igrati ʃkɔlitsɛ]

der Speisesaal
menza f
[mɛnza]

das Lunchpaket
užina f
[uʒina]

die Essensausgabe
izdavanje hrane n
[izdaːʋaɲɛ xraːnɛ]

DIE SCHULE – ŠKOLA

Die Sporthalle – Sportska dvorana

der Volleyball
lopta za odbojku f
[lɔpta za ɔdbɔjku]

der Basketball
košarkaška lopta f
[kɔʃarkaʃka lɔpta]

der Handball
rukometna lopta f
[rukɔmɛtna lɔpta]

der Fußball
nogometna lopta f
[nɔgɔmɛtna lɔpta]

der Baseball
bejzbolka f
[bɛjzbɔlka]

der Federball
loptica za badminton f
[lɔptitsa za badmintɔn]

der Tennisball
teniska loptica f
[tɛniska lɔptitsa]

der Football
lopta za ragbi f
[lɔpta za ragbi]

der Puck
pak m
[pak]

der Basketballkorb
košarkaški koš m
[kɔʃarkaʃki kɔʃ]

die Sprossenwand
ljestve za penjanje fpl
[ʎɛstʋɛ za pɛɲaɲɛ]

das Korbbrett
ploča za koš f
[plɔtʃa za kɔʃ]

die Strickleiter
viseće ljestve fpl
[ʋisɛtɕɛ ʎɛstʋɛ]

das Trampolin
trampolin m
[trampɔli:n]

die Ringe
karike za sport fpl
[karikɛ za spɔrt]

das Springseil
konopac za skakanje m
[kɔnɔpats za ska:kaɲɛ]

DIE UNIVERSITÄT – SVEUČILIŠTE

der Campus
kampus m
[kampus]

der Hörsaal
predavaonica f
[prɛdaʋaɔnitsa]

die Politikwissenschaft
politologija f
[pɔlitɔlɔ:gija]

die Kunstgeschichte
povijest umjetnosti f
[pɔʋiɛst umjɛtnɔsti]

die Rechtswissenschaft
pravna znanost f
[pra:ʋna znanɔst]

die Betriebs-wirtschaftslehre
poslovna ekonomija f
[pɔslɔʋna ɛkɔnɔ:mija]

die Geistes-wissenschaften
duhovne znanosti fpl
[duxɔʋnɛ znanɔsti]

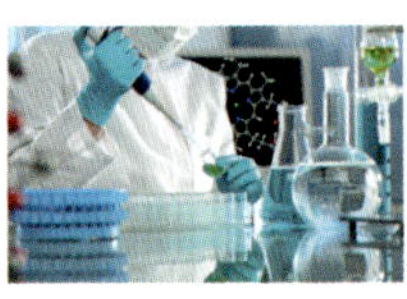

die Natur-wissenschaften
prirodne znanosti fpl
[prirɔdnɛ znanɔsti]

das Ingenieurwesen
inženjerstvo n
[inʒɛɲɛ:rstʋɔ]

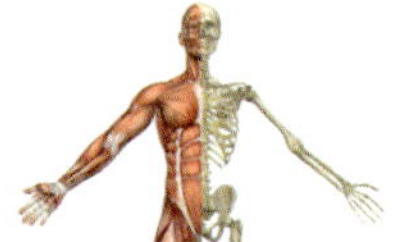

die Medizin
medicina f
[mɛditsi:na]

die Pädagogik
pedagogija f
[pɛdagɔ:gija]

der Professor
profesor m
[prɔfɛsɔr]

die Dozentin
docentica f
[dɔtsɛntitsa]

das Diplom	**diploma** f [diplɔ:ma]
der Bachelor	**sveučilišni prvostupnik** m [sʋɛutʃiliʃni prʋɔstu:pnik]
der Master	**master** m [ma:stɛr]
die Dissertation	**disertacija** f [disɛrta:tsija]
die Promotion	**doktorat** m [dɔktɔra:t]
die Habilitation	**poslijedoktorski stupanj** m [pɔsliɛdɔktɔrski stu:paɲ]
die Forschung	**istraživanje** n [istraʒi:ʋaɲɛ]
das Forschungsinstitut	**zavod za istraživanje** m [zaʋɔd za istraʒi:ʋaɲɛ]

DIE UNIVERSITÄT – SVEUČILIŠTE

ein Referat halten
održati referat
[ɔdrʒati rɛfɛra:t]

das Seminar
seminar m
[sɛminar]

die Vorlesung
predavanje n
[prɛda:ʋaɲɛ]

die Klausur
klauzura f
[klauzu:ra]

der Lesesaal
čitaonica f
[tʃitaɔnitsa]

die Ausleihe
posudba f
[pɔsudba]

das Bücherregal
polica za knjige f
[pɔlitsa za kɲigɛ]

die mündliche Prüfung
usmeni ispit m
[usmɛni ispit]

sein Studium abschließen
završiti studij
[zaʋrʃiti stu:dij]

das Studentenwohnheim
studentski dom m
[studɛntski dɔ:m]

die Mensa
menza f
[mɛnza]

die Bibliothek
knjižnica f
[kɲi:ʒnitsa]

der Student
student m
[studɛnt]

der Bibliothekar	**knjižničar** m [kɲi:ʒnitʃar]
die Bibliothekarin	**knjižničarka** f [kɲi:ʒnitʃarka]
der Bibliotheksausweis	**iskaznica knjižnice** f [iskaznitsa kɲi:ʒnitsɛ]
ausleihen	**posuditi** [pɔsu:diti]
verlängern	**produžiti** [prɔdu:ʒiti]
vorbestellen	**predbilježiti** [prɛdbiʎɛʒiti]
das Rückgabedatum	**datum povrata** m [datum pɔʋrata]
das Periodikum	**periodična publikacija** f [pɛriɔditʃna publika:tsija]

DIE UNIVERSITÄT – SVEUČILIŠTE

die Lerngruppe
studijska grupa f
[stu:dijska grupa]

lernen
učiti
[utʃiti]

das Praxissemester
praktičan semestar m
[praktitʃan sɛmɛ:star]

das Praktikum
praksa f
[praksa]

das Volontariat
pripravnički staž m
[pripraʋnitʃki sta:ʒ]

das freie Jahr
slobodna godina f
[slɔbɔdna gɔdina]

jobben
raditi
[ra:diti]

das schwarze Brett
oglasna ploča f
[ɔglasna plɔtʃa]

die Ausbildung
izobrazba f
[izɔbrazba]

die Berufsfachschule
srednja strukovna škola f
[srɛdɲa strukɔʋna ʃkɔ:la]

die Kunsthochschule
likovna akademija f
[likɔʋna akadɛ:mija]

die Musikhochschule
glazbena akademija f
[glazbɛna akadɛ:mija]

die Akademie für darstellende Künste
akademija dramske umjetnosti f
[akadɛ:mija dramskɛ umjɛtnɔsti]

der Studentenausweis	**studentska iskaznica** f [studɛntska iskaznitsa]
der Kurs	**tečaj** m [tɛtʃaj]
das Semester	**semestar** m [sɛmɛstar]
die Semesterferien	**sveučilišni praznici** mpl [sʋɛutʃiliʃni pra:znitsi]
der Fachbereich	**odjel** m [ɔdjɛl]
die Hausarbeit	**znanstveni rad** m [zna:nstʋeni ra:d]
der Hochschulabschluss	**diploma** f [diplɔ:ma]
das Stipendium	**stipendija** f [stipɛ:ndija]

DIE ARBEITSWELT – POSLOVNI ŽIVOT

Die Bewerbung – Natjecanje za posao

das Bewerbungsgespräch
razgovor za posao m
[razgɔʋɔr za pɔsaɔ]

die Personalreferentin
kadrovska službenica f
[kadrɔʋska sluʒbɛnitsa]

der Lebenslauf
životopis m
[ʒiʋɔtɔpis]

die Bewerbungsunterlagen
dokumenti za natječaj mpl
[dɔkumɛnti za natjɛtʃaj]

die Bewerberin
podnositeljica molbe/kandidatkinja f
[pɔdnɔsitɛːʎitsa mɔlbɛ/kandidatkiɲa]

die Stellenanzeige
natječaj za radno mjesto m [natjɛtʃaj za raːdnɔ mjɛstɔ]

die Zeitarbeit
privremeno zapošljavanje n
[priʋrɛmɛnɔ zapɔʃʎaːʋaɲɛ]

die Festanstellung
stalno radno mjesto n
[staːlnɔ raːdnɔ mjɛstɔ]

die Karriere
karijera f
[kariɛːra]

sich um eine Stelle bewerben	**natjecati se za radno mjesto** [natjɛtsati sɛ za raːdnɔ mjɛstɔ]
die Arbeitsbedingungen	**uvjeti rada** mpl [uːʋjɛti raːda]
die Schichtarbeit	**rad u smjenama** m [raːd u smjɛnama]
die Teilzeit	**skraćeno radno vrijeme** n [skraːtɕɛnɔ raːdnɔ ʋriɛːmɛ]
die Vollzeit	**puno radno vrijeme** n [punɔ raːdnɔ ʋriɛːmɛ]
die Qualifikation	**kvalifikacija** f [kʋalifikaːtsija]
die Berufserfahrung	**radno iskustvo** n [raːdnɔ iskuːstʋɔ]

jemanden einstellen
zaposliti nekoga
[zapɔsliti nɛkɔga]

DIE ARBEITSWELT – POSLOVNI ŽIVOT

Berufe – Zanimanja

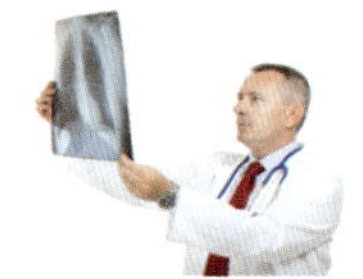

der Arzt
liječnik m
[liɛ:tʃnik]

der Chirurg
kirurg m
[kiru:rg]

der Krankenpfleger
medicinski tehničar m
[mɛditsinski tɛxnitʃar]

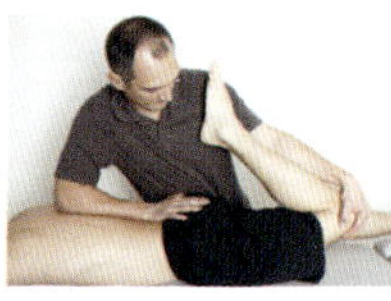

der Physiotherapeut
fizioterapeut m
[fiziɔtɛrapɛ:ut]

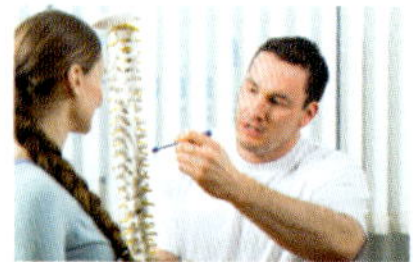

der Orthopäde
ortoped m
[ɔrtɔpɛ:d]

der Zahnarzt
stomatolog m
[stɔmatɔlɔ:g]

die Psychologin
psihologinja f
[psixɔlɔ:giɲa]

die Apothekerin
ljekarnica f
[ʎɛkarnitsa]

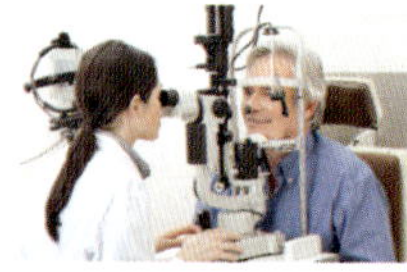

die Optikerin
optičarka f
[ɔptitʃarka]

der Tierarzt
veterinar m
[ʋɛtɛrina:r]

die Empfangsdame
recepcionarka f
[rɛtsɛptsiɔnarka]

der Rechtsanwalt
odvjetnik m
[ɔdʋjɛtnik]

die Richterin
sutkinja f
[sutkiɲa]

der Wirtschaftsprüfer
ovlašteni revizor m
[ɔʋlaʃtɛni rɛʋi:zɔr]

die Unternehmens-beraterin
poslovni konzultant m
[pɔslɔʋni kɔnzultant]

der Informatiker
informatičar m
[infɔrmatitʃar]

DIE ARBEITSWELT – POSLOVNI ŽIVOT

Berufe – Zanimanja

der Architekt
arhitekt m
[arxitɛkt]

die Ingenieurin
inženjerka f
[inʒɛɲɛːrka]

der Schreiner
stolar m
[stɔlar]

der Elektriker
električar m
[ɛlɛktritʃar]

der Klempner
vodoinstalater m
[ʋɔdɔinstalatɛːr]

der Dachdecker
krovopokrivač m
[krɔʋɔpɔkriːʋatʃ]

der Maler
soboslikar m
[sɔbɔslikar]

der Müllmann
smetlar m
[smɛtlar]

die Kfz-Mechanikerin
automehaničarka f
[autɔmɛxanitaʃrka]

der Landwirt
poljoprivrednik m
[pɔʎɔpriːʋrɛdnik]

die Soldatin
vojnikinja f
[ʋɔjniːkiɲa]

die Briefträgerin
poštarica f
[pɔʃtaritsa]

der Bauarbeiter
građevinski radnik m
[gradʑɛʋinski raːdnik]

der Gebäudereiniger
čistač m
[tʃistaːtʃ]

der Landschafts-gärtner
vrtlar hortikulture m
[ʋrtlar xɔrtikultuːrɛ]

der Fischer
ribar m
[ribar]

DIE ARBEITSWELT – POSLOVNI ŽIVOT

Berufe – Zanimanja

der Pilot
pilot m
[pilɔt]

die Flugbegleiterin
stjuardesa f
[stjuardɛːsa]

der Koch
kuhar m
[kuxar]

der Kellner
konobar m
[kɔnɔbar]

der Bäcker
pekar m
[pɛkar]

die Metzgerin
mesarica f
[mɛsaritsa]

der Verkäufer
prodavač m
[prɔdaʋaːtʃ]

die Friseurin
frizerka f
[frizɛːrka]

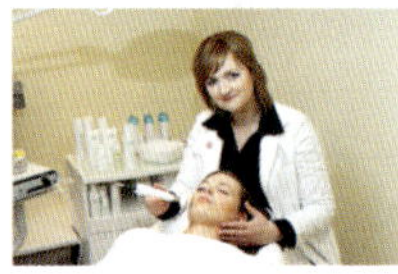

die Kosmetikerin
kozmetičarka f
[kɔzmɛtitʃarka]

der Gärtner
vrtlar m
[ʋrtlar]

die Immobilien-maklerin
agent za nekretnine m
[agɛnt za nɛkrɛtninɛ]

die Bürokauffrau
uredska službenica f
[urɛdska sluʒbɛnitsa]

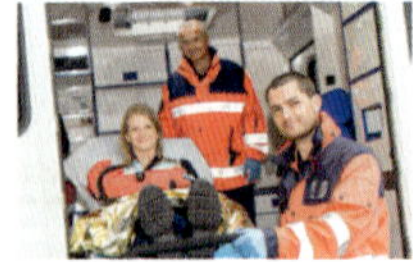

der Sanitäter
bolničar m
[bɔlnitʃar]

der Busfahrer
vozač autobusa m
[ʋɔzatʃ autɔbusa]

der Taxifahrer
vozač taksija m
[ʋɔzatʃ taksija]

der Paketzusteller
dostavljač paketa m
[dsɔtaʋʎatʃ pakɛːta]

DIE ARBEITSWELT – POSLOVNI ŽIVOT

Berufe – Zanimanja

die Journalistin
novinarka f
[nɔʋinarka]

der Wissenschaftler
znanstvenik m
[zna:nstʋɛnik]

die Grafikerin
grafičarka f
[grafitʃarka]

der Profisportler
profesionalni sportaš m
[prɔfɛsiɔnalni spɔrta:ʃ]

die Moderatorin
voditeljica f
[ʋɔditɛʎitsa]

die Schauspielerin
glumica f
[glumitsa]

die Sängerin
pjevačica f
[pjɛʋatʃitsa]

der Tänzer
plesač m
[plɛsa:tʃ]

die Kunstmalerin
umjetnica f
[umjɛtnitsa]

der Fotograf
fotograf m
[fɔtɔgra:f]

die Musikerin
muzičarka f
[muzitʃarka]

die Schneiderin
krojačica f
[krɔjatʃitsa]

der Bildhauer
kipar m
[kipar]

die Bankkauffrau
bankovna službenica f
[bankɔʋna sluʒbɛnitsa]

der Bibliothekar
knjižničar m
[kɲi:ʒnitʃar]

der Lehrer
učitelj m
[utʃitɛʎ]

DIE ARBEITSWELT – POSLOVNI ŽIVOT

Das Organigramm – Organizacijski ustroj

das Sekretariat
tajništvo n
[ta:jniʃtʋɔ]

der kaufmännische Bereich
trgovačko područje m
[trgɔʋatʃkɔ pɔdrutʃjɛ]

die kaufmännische Leitung
trgovačko vodstvo n
[trgɔʋatʃkɔ ʋɔdstʋɔ]

die IT-Leitung
informatičko vodstvo n
[infɔramtitʃkɔ ʋɔdstʋɔ]

die Buchhaltung
računovodstvo n [ratʃunɔʋɔdstʋɔ]

das Controlling
kontroling m [kɔntrɔling]

das sekundäre Geschäftsfeld
sekundarna djelatnost f
[sɛkundarna djɛlatnɔst]

die Geschäftsführung
uprava društva f
[upraʋa dru:ʃtʋa]

das primäre Geschäftsfeld
primarna djelatnost f
[primarna djɛlatnɔst]

die Geschäftsführung
uprava društva f
[upraʋa dru:ʃtʋa]

das Team
tim m [ti:m]

die Teamleitung
vodstvo tima n
[ʋɔdstʋɔ ti:ma]

der Angestellte
djelatnik m [djɛlatnik]

die Zweigstelle
poslovnica f
[pɔslɔ:ʋnitsa]

der Manager
upravitelj m
[upraʋitɛʎ]

die Aktiengesellschaft (AG)	**dioničko društvo (d.d.)** n [diɔnitʃkɔ dru:ʃtʋɔ (dɛ:dɛ:)]
der Aktionär	**dioničar** m [diɔnitʃar]
die Aktionärin	**dioničarka** f [diɔnitʃarka]
die Gesellschaft mit beschränkter Haftung (GmbH)	**društvo s ograničenom odgovornošću (d.o.o.)** n [dru:ʃtʋɔ sɔgranitʃɛnɔm ɔdgɔʋɔ:rnɔʃtɕu (dɛ:ɔ:ɔ:)]
die Kommanditgesellschaft (KG)	**komanditno društvo (k.d.)** n [kɔmanditnɔ dru:ʃtʋɔ (kadɛ:)]
die offene Handelsgesellschaft (OHG)	**javno trgovačko društvo (j.t.d.)** [ja:ʋnɔ trgɔʋatʃkɔ dru:ʃtʋɔ (jtd)]
der Konzern	**koncern** m [kɔntsɛrn]

der Vorstand
upravni odbor m
[upraʋni ɔdbɔr]

der Gesellschafter
dioničar m
[diɔnitʃar]

die Geschäftsführung
uprava društva f
[upraʋa dru:ʃtʋa]

die stellvertretende Geschäftsführung
zamjenik direktora m
[za:mjɛnik dirɛktɔra]

der Prokurist
prokurist m
[prɔkurist]

die Personalabteilung
kadrovski odjel m
[kadrɔʋski ɔdjɛl]

die Personalleitung
kadrovsko vodstvo n
[kadrɔʋskɔ ʋɔdstʋɔ]

die Rechtsabteilung
pravni odjel m
[pra:ʋni ɔdjɛl]

die Marketingabteilung
marketinški odjel m
[markɛtinʃki ɔdjɛl]

die Marketingleitung
marketinško vodstvo n
[markɛtinʃkɔ ʋɔdstʋɔ]

die PR-Abteilung
odjel za odnose s javnošću m
[ɔdjɛl za ɔdnɔsɛ sja:ʋnɔʃtɕu]

die Produktion
produkcija f
[prɔduktsija]

die Produktionsleitung
vodstvo produkcije n
[ʋɔdstʋɔ prɔduktsiɛ]

der Betriebsrat
radničko vijeće n
[radnitʃkɔ ʋiɛ:tɕɛ]

der Vertrieb
prodaja m
[prɔdaja]

die Vertriebsleitung
vodstvo prodaje n
[ʋɔdstʋɔ prɔdajɛ]

das Key-Account-Management
vodstvo ključnih kupaca m
[ʋɔdstʋɔ kʎu:tʃnix kupatsa]

der Außendienst
terenski rad m
[tɛrɛ:nski ra:d]

der Innendienst
uredska djelatnost f
[urɛdska djɛlatnɔst]

der Kundendienst
služba za korisnike f
[sluʒba za kɔrisnikɛ]

die Kundenakquise
stjecanje novih kupaca n
[stjɛ:tsaɲɛ nɔʋix ku:patsa]

DAS BÜRO – URED

Büromöbel – Uredski namještaj

der Arbeitsplatz
radno mjesto n
[ra:dnɔ mjɛstɔ]

die Ablage
arhiv m
[arxi:ʋ]

die Schublade
ladica f
[laditsa]

die Büromöbel
uredski namještaj m
[urɛdski namjɛʃtaj]

der Schreibtisch
pisaći stol m
[pisatɕi stɔ:l]

die Schreibunterlage
podloga za pisanje f
[pɔdlɔga za pi:saɲɛ]

der Bürostuhl
uredska stolica f
[urɛdska stɔlitsa]

der Safe
sef m
[sɛ:f]

der Aktenschrank
ormar za registratore m
[ɔrma:r za rɛgistra:tɔrɛ]

der Wasserspender
aparat za vodu m
[aparat za ʋɔdu]

die Schreibtischlampe
svjetiljka za pisaći stol f
[sʋjɛtiʎka za pisatɕi stɔ:l]

die Pinnwand
ploča za posjetnice f
[plɔtʃa za pɔsjɛtnitsɛ]

der Papierkorb
koš za papir m
[kɔʃ za papir]

der Terminkalender	**rokovnik** m [rɔkɔʋni:k]
die Akte	**spis** m [spis]
der Aktenvernichter	**rezač papira** m [rɛzatʃ papi:ra]
das Postfach	**poštanski pretinac** m [pɔʃtanski prɛtinats]
der Termin	**termin** m [tɛrmin]
die Hauspost	**kućna pošta** f [kutɕna pɔʃta]
die Ablage für Eingänge	**pretinac za ulaznu poštu** m [prɛnitats za ulaznu pɔʃtu]
die Teeküche	**čajna kuhinja** f [tʃajna kuxiɲa]

DAS BÜRO – URED

Der Bürobedarf – Uredski pribor

die Schere
škare fpl
[ʃkarɛ]

der Textmarker
marker m
[markɛr]

der Stiftehalter
stalak za olovke m
[staːlak za ɔlɔʋkɛ]

das Notizbuch
bilježnica f
[biʎɛʒnitsa]

die Haftnotiz
post-it m
[pɔstit]

der Haftstreifen
ljepiva traka f
[ʎɛpiʋa traka]

der Bleistift
olovka f
[ɔlɔʋka]

der Bleistiftspitzer
šiljilo n
[ʃiːʎilɔ]

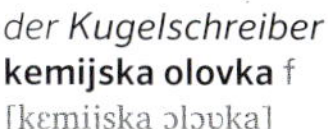

der Radiergummi
gumica f
[gumitsa]

der Kugelschreiber
kemijska olovka f
[kɛmijska ɔlɔʋka]

die Büroklammer
spajalica f
[spaːjalitsa]

die Reißzwecke
pribadač m
[pribadatʃ]

der Tesafilm®
selotejp m
[sɛlɔtɛjp]

der Tacker
spajalica f
[spaːjalitsa]

der Locher
bušilo za papir f
[buːʃilɔ za paːpir]

das Hängeregister
viseći registar m
[ʋisɛtɕi rɛgistar]

der Briefumschlag
omotnica f
[ɔmɔtnitsa]

das Tipp-Ex®
korektor m
[kɔrɛktɔr]

der Ordner
registrator m
[rɛgistraːtɔr]

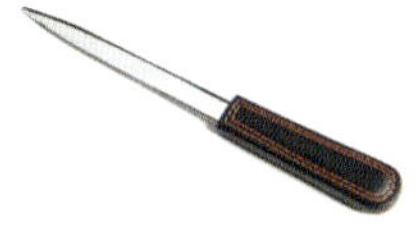

der Brieföffner
otvarač pisma m
[ɔtʋaratʃ piːsma]

DAS BÜRO – URED

Der Besprechungsraum – Soba za sastanke

die Sitzung
sastanak m
[sastanak]

der Teamleiter
voditelj tima m
[ʋɔditɛʎ ti:ma]

der Teilnehmer
učesnik m
[utʃɛsnik]

die Tagesordnung
dnevni red m
[dnɛ:ʋni rɛd]

protokollieren
sastaviti zapisnik
[sastaʋiti za:pisnik]

der Besprechungstisch
konferencijski stol m
[kɔnfɛrɛ:ntsijski stɔ:l]

die Präsentation
prezentacija f
[prɛzɛnta:tsija]

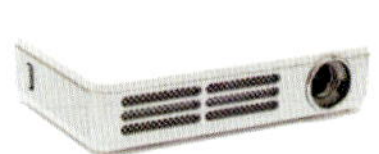

der Beamer
projektor m
[prɔjɛktɔr]

das Balkendiagramm
stupčasti grafikon m
[stuptʃasti grafikɔn]

das Tortendiagramm
kružni grafikon m
[kru:ʒni grafikɔn]

die Folie
folija f
[fɔ:lija]

organisieren	**organizirati** [ɔrganizi:rati]
die Besprechung	**sastanak** m [sastanak]
der Bericht	**izvještaj** m [izʋjɛʃtaj]
das Protokoll	**zapisnik** m [zapisnik]
der Vertrag	**ugovor** m [ugɔʋɔr]
der Geschäftsmann	**poduzetnik** m [pɔduzɛtnik]
die Geschäftsfrau	**poduzetnica** f [pɔduzɛtnitsa]
die Geschäftsreise	**službeni put** m [sluʒbɛni pu:t]

DAS BÜRO – URED

Der Büroalltag – Uredski život

der Arbeitgeber
poslodavac m
[pɔslɔda:ʋats]

① *die Assistentin*
asistentica f
[asistɛntitsa]

② *der Kollege*
kolega m
[kɔlɛ:ga]

③ *der Arbeitnehmer*
zaposlenik m
[zapɔslɛnik]

④ *die Kollegin*
kolegica f
[kɔlɛgitsa]

⑤ *die Managerin*
menađerica f
[mɛnadʑɛritsa]

⑥ *der Chef*
šef m
[ʃɛf]

die Visitenkarte
vizitka f
[ʋizitka]

entlassen werden
biti otpušten
[biti ɔtpuʃtɛn]

das Personal
osoblje n
[ɔsɔbʎɛ]

die Elternzeit
roditeljski dopust m
[rɔditɛʎski dɔpust]

die Vertretung	**zamjenik** m [za:mjɛnik]
der Jahresurlaub	**godišnji odmor** m [gɔdiʃɲi ɔdmɔr]
das Gehalt	**plaća** f [pla:tɕa]
die Beförderung	**unaprijeđenje** n [unapriɛ:dʑɛɲɛ]
jemandem kündigen	**otpustiti nekoga** [ɔtpustiti nɛkɔga]
seine Stelle kündigen	**dati otkaz** [dati ɔtkaz]
verdienen	**zaraditi** [zara:diti]
in Rente gehen	**otići u mirovinu** [ɔtitɕi u mirɔʋinu]

der Mutterschutz
rodiljni dopust m
[rɔdiʎni dɔpust]

KOMMUNI-KATION

KOMUNIKACIJA

DER COMPUTER – RAČUNALO

Der Desktop-Computer – Stolno računalo

der Desktop-Computer
stolno računalo n
[stɔ:lnɔ ratʃunalɔ]

der Ein/Aus-Schalter
prekidač za uključivanje/isključivanje m
[prɛ:kidatʃ za ukʎutʃi:ʋaɲɛ/iskʎutʃi:ʋaɲɛ]

die USB-Schnittstelle
USB interface m
[uɛsbɛ: intɛrfɛjs]

das CD/DVD-Laufwerk
CD/DVD ulaz m
[si:di/diʋidi: ulaz]

das Computergehäuse
kućište računala m
[kutɕiʃtɛ ratʃunala]

die Tastatur
tipkovnica f
[tipkɔ:ʋnitsa]

der Bildschirm
monitor m
[mɔnitɔr]

die Maus
miš m
[miʃ]

das Scrollrad
skroll m
[skrɔl]

die Tastatur
tipkovnica f
[tipkɔ:ʋnitsa]

die Escapetaste
tipka za prekid f
[tipka za prɛ:kid]

die Tabulatortaste
tipka Tab f
[tipka tab]

die Feststelltaste
tipka Caps Lock f
[tipka kɛpslɔk]

die Rücklöschtaste
tipka backspace f
[tipka bɛkspɛjs]

die Eingabetaste
unosnica f
[unɔsnitsa]

die Umschalttaste
preklopna tipka f
[prɛklɔpna tipka]

die Steuerungstaste
kontrolna tipka f
[kɔntrɔlna tipka]

die Leertaste
razmaknica f
[razmaknitsa]

DER COMPUTER – RAČUNALO

Hardware und Zubehör – Sklopovska oprema i pribor

der Lautsprecher
zvučnik m
[zʋuːtʃnik]

der/das Laptop
laptop m
[laptɔp]

das Stromkabel
kabl m
[kaːbl]

die Laptoptasche
torba za prijenosna računala f [tɔːrba za priɛːnɔsna ratʃunala]

der Prozessor
procesor m
[prɔtsɛsɔr]

die (externe) Festplatte
(vanjski) tvrdi disk m
[(ʋaɲski) tʋrdi disk]

der Arbeitsspeicher
memorija f
[mɛmɔrija]

die Webcam
web kamera f
[ʋɛb kamɛra]

die CD-ROM
CD-ROM m
[siːdi rɔm]

der USB-Stick
USB stick m
[uɛsbɛː stik]

der Scanner
skener m
[skɛːnɛr]

der Tintenstrahldrucker
ink-jet pisač m
[ink-jɛt pisatʃ]

der Laserdrucker
laserski pisač m
[laːsɛrski pisatʃ]

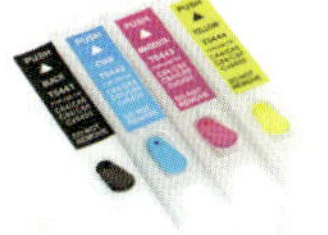

die Tintenpatrone
spremnik s tintom m
[sprɛmnik stiːntɔm]

die Tonerkartusche
toner m
[tɔːnɛr]

das Mauspad
podloga za miš f
[pɔdlɔga za miʃ]

DER COMPUTER – RAČUNALO

Am Computer arbeiten – Raditi na računalu

tippen
tipkati
[tipkati]

klicken
kliknuti
[kliknuti]

scrollen
skrolati
[skrɔlati]

ausschneiden
isjeći
[isjɛtɕi]

kopieren
preslikati
[prɛslikati]

einfügen
unijeti
[uniɛti]

eine Datei ausdrucken
isprintati dokument
[isprintati dɔkumɛnt]

speichern
pohraniti
[pɔxra:niti]

eine Datei öffnen
otvoriti dokument
[ɔtʋɔriti dɔkumɛnt]

löschen
izbrisati
[izbrisati]

der Ordner
registrator m
[rɛgistra:tɔr]

der Papierkorb
koš za smeće m
[kɔʃ za smɛtɕɛ]

suchen
tražiti
[tra:ʒiti]

eingeben	**unijeti** [uniɛti]
eine Datei verschieben	**premjestiti dokument** [prɛmjɛstiti dɔkumɛnt]
eine Sicherungskopie erstellen	**napraviti sigurnosnu kopiju** [napraʋiti sigurnɔsnu kɔ:piju]
markieren	**označiti** [ɔzna:tʃiti]
sich einloggen	**prijaviti se** [prija:ʋiti sɛ]
sich ausloggen	**odjaviti se** [ɔdja:ʋiti sɛ]
der Neustart	**ponovo pokrenuti** [pɔnɔʋɔ pɔkrɛnuti]
(die) Bytes	**byte** m [bajt]

DER COMPUTER – RAČUNALO

Am Computer arbeiten – Raditi na računalu

rückgängig machen
prethodni potez
[prɛtxɔdni pɔtɛz]

wiederherstellen
vratiti potez
[ʋra:titi pɔtɛz]

die Einstellungen
podešavanja n
[pɔdɛʃa:ʋaɲa]

die Schriftart
izbor fonta m
[izbɔr fɔnta]

die Fehlermeldung
obavještenje o grešci n
[ɔbaʋjɛʃtɛ:ɲɛ ɔ grɛʃtsi]

der Mauszeiger
kursor m
[kursɔr]

die Sanduhr
pješčani sat m
[pjɛʃtʃani sa:t]

der Lautstärkeregler
regulator glasnoće m
[rɛgula:tɔr glasnɔtɕɛ]

ein Fenster minimieren
smanjiti prozor
[sma:ɲiti prɔ:zɔr]

eine CD/DVD auswerfen
izbaciti CD/DVD
[izba:tsiti si:di/diʋidi:]

den Rechner hochfahren
pokrenuti računalo
[pɔkrɛnuti ratʃunalɔ]

den Rechner herunterfahren
isključiti računalo
[iskʎutʃiti ratʃunalɔ]

die Datei	**dokument** m [dɔkumɛnt]
das Programm	**program** m [prɔgram]
der Scrollbalken	**klizači** mpl [kliza:tʃi]
ein Programm installieren	**instalirati program** [instali:rati prɔgram]
ein Programm deinstallieren	**deinstalirati program** [dɛinstali:rati prɔgram]
das Betriebssystem	**operativni sistem** m [ɔpɛratiʋni sistɛm]
die Taskleiste	**prikaz zadataka** m [prikaz zadataka]
der Fortschrittsbalken	**prikaz napretka** m [prikaz naprɛtka]

das Fenster
prozor m
[prɔ:zɔr]

DER COMPUTER – RAČUNALO

Das Internet – Internet

das WLAN
bežični internet m
[bɛʒitʃni intɛrnɛt]

der Router
ruter m
[rutɛr]

das LAN-Kabel
LAN kabl m
[la:n ka:bl]

der Browser
pretraživač m
[prɛtraʒiʋatʃ]

das Lesezeichen
oznaka f
[ɔznaka]

der Download
preuzimanje n
[prɛuzimaɲɛ]

die Nachricht
poruka f
[pɔruka]

die Social Media
društvene mreže fpl
[druʃtʋɛnɛ mrɛʒɛ]

der Online-Einkauf
on-line kupovina f
[ɔnlajn kupɔʋina]

die Verschlüsselung
šifriranje n
[ʃifri:ranjɛ]

die E-Mail-Adresse
email-adresa f
[ɛ:mailadrɛsa]

der Anhang
prilog m
[pri:lɔg]

eine Mail weiterleiten
proslijediti email
[prɔsliɛ:diti ɛ:mail]

senden	**poslati** [pɔslati]
empfangen	**primiti** [primiti]
das Benutzerkonto	**korisnik** m [kɔrisnik]
der Posteingang	**prijem pošte** m [priɛm pɔʃtɛ]
der Postausgang	**slanje pošte** n [sla:ɲɛ pɔʃtɛ]
die Abwesenheitsnotiz	**automatski odgovor na poštu – van ureda** m [autɔmatski ɔdgɔʋɔr na pɔʃtu – ʋan urɛda]
die Spammail	**nepoželjno** [nɛpɔʒɛ:ʎnɔ]
im Internet surfen	**surfati** [surfati]

DER COMPUTER - RAČUNALO

Mobile Endgeräte - Mobilni krajnji uređaji

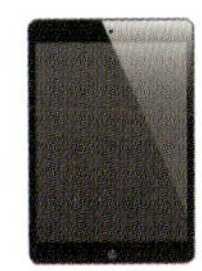

der Tablet-Computer
tablet računalo n
[tablɛt ratʃunalɔ]

der E-Book-Reader
e-čitač m
[ɛ:tʃitatʃ]

der MP3-Player
MP3 uređaj m
[ɛmpɛtri:urɛdʑaj]

das Bluetooth®-Headset
bluetooth slušalice fpl
[blutu:th sluʃalitsɛ]

die App
aplikacija f
[aplika:tsija]

die SIM-Karte
SIM kartica f
[sim:kartitsa]

die Handytasche
torbica za mobilni telefon f [tɔ:rbitsa za mɔbilni tɛlɛfɔn]

das Handy
mobilni telefon m
[mɔbilni tɛlɛfɔn]

der Surfstick
prenosivi internet port m
[prɛnɔsiʋi intɛrnɛt pɔrt]

wischen
brisati
[bri:sati]

die SMS
tekstovna poruka f
[tɛkstɔʋna pɔruka]

das Smartphone
pametan telefon m
[pamɛtan tɛlɛfɔn]

der Touchscreen
ekran na dodir m
[ɛkra:n na dɔdir]

der Datenspeicher	**pohranjeni podaci** mpl [pɔxraɲɛni pɔda:tsi]
die Software	**software** m [sɔftʋɛr]
das Funkloch	**zona bez signala** f [zɔ:na bɛz signa:la]
die Flatrate	**pretplatnički paket** m [prɛtplatnitʃki pakɛt]
die Prepaidkarte	**kartica na bonove** f [kartitsa na bɔ:nɔʋɛ]
das Guthaben	**kredit** m [krɛdit]
der Klingelton	**ton zvona** m [tɔn zʋɔna]
der Akku	**baterija** f [batɛ:rija]

DAS TELEFON - TELEFON

das Display
ekran m
[ɛkra:n]

das Telefonbuch
telefonski imenik m
[tɛlɛfɔnski imɛnik]

der Anrufbeantworter
telefonska sekretarica f
[tɛlɛfɔnska sɛkrɛtaritsa]

das Tastenfeld
tastatura telefona f
[tastatu:ra tɛlɛfɔna]

der Telefonhörer
slušalica f
[sluʃalitsa]

das Kabel
kabl m
[ka:bl]

das schnurlose Telefon
bežični telefon m
[bɛʒitʃni tɛlɛfɔn]

der Hörer
slušalica f
[sluʃalitsa]

abheben
podići
[pɔditɕi]

auflegen
spustiti
[spustiti]

die Basisstation
bazna stanica f
[ba:zna stanitsa]

der Kopfhörer
slušalice fpl
[sluʃalitsɛ]

das Mikrofon
mikrofon m
[mikrɔfɔn]

das Faxgerät
faks m
[faks]

jemanden anrufen	**zvati nekoga** [zʋati nɛkɔga]
wählen	**birati broj** [birati brɔ:j]
klingeln	**zvoniti** [zʋɔniti]
Ich möchte bitte ... sprechen.	**Želim razgovarati s/sa...** [ʒɛlim razgɔʋa:rati s/sa]
Entschuldigung, ich habe mich verwählt.	**Oprostite, birao sam pogrešan broj.** [ɔprɔstitɛ birao sam pɔgrɛʃan brɔ:j]
Ich stelle Sie durch.	**Prebacit ću Vam vezu.** [prɛbatsit tɕu ʋam ʋɛzu]
Bitte hinterlassen Sie eine Nachricht nach dem Signalton.	**Molim Vas, ostavite poruku poslije signala.** [mɔlim ʋas ɔstaʋitɛ pɔruku pɔsliɛ signa:la]
Können Sie mich bitte zurückrufen?	**Možete li me pozvati ponovo, molim Vas?** [mɔʒɛtɛ li mɛ pɔzʋati pɔnɔʋɔ mɔlim ʋas]

DIE MEDIEN – MEDIJI

Das Fernsehen – Televizija

die Fernbedienung
daljinski upravljač m
[daʎinski upravʋʎatʃ]

stumm schalten
isključiti zvuk
[iskʎu:tʃiti zʋu:k]

die Lautstärke
glasnoća f
[glasnɔtɕa]

zurückspulen
premotati unatrag
[prɛmɔtati unatrag]

abspielen
pustiti
[pustiti]

umschalten
prebaciti program
[prɛbatsiti prɔgram]

aufnehmen
snimiti
[sni:miti]

vorspulen
premotati naprijed
[prɛmɔtati napriɛd]

die Stopptaste
tipka za stop f
[tipka za stɔp]

die Pausetaste
tipka za pauzu f
[tipka za pauzu]

das Videospiel
video igrica f
[ʋidɛɔ igritsa]

der Fernseher
televizor m
[tɛlɛʋi:zɔr]

der Digitalempfänger
digitalni prijemnik m
[digitalni priɛmnik]

der DVD-Player
DVD uređaj m
[diʋidi:urɛdʑaj]

die DVD
DVD m
[diʋidi:]

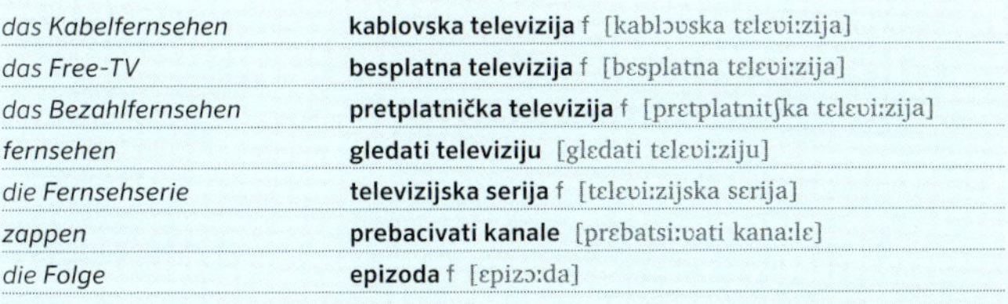

das Kabelfernsehen	**kablovska televizija** f [kablɔʋska tɛlɛʋi:zija]
das Free-TV	**besplatna televizija** f [bɛsplatna tɛlɛʋi:zija]
das Bezahlfernsehen	**pretplatnička televizija** f [prɛtplatnitʃka tɛlɛʋi:zija]
fernsehen	**gledati televiziju** [glɛdati tɛlɛʋi:ziju]
die Fernsehserie	**televizijska serija** f [tɛlɛʋi:zijska sɛrija]
zappen	**prebacivati kanale** [prɛbatsi:ʋati kana:lɛ]
die Folge	**epizoda** f [ɛpizɔ:da]
der Raumklang	**stereozvuk** m [stɛrɛɔzʋuk]

die Satellitenschüssel
satelitska antena f
[satɛlitska antɛ:na]

DIE MEDIEN – MEDIJI

Das Fernsehen – Televizija

das Set
set m
[sɛt]

der Teleprompter®
teleprompter m
[tɛlɛprɔmptɛr]

die Nachrichten-sprecherin
voditeljica f
[ʋɔditɛʎitsa]

die Nachrichten
vijesti fpl
[ʋiɛ:sti]

das Interview
intervju m
[intɛrʋju]

der Interviewpartner
sugovornik m
[sugɔʋɔrnik]

die Reporterin
reporterka f
[rɛpɔrtɛ:rka]

das Mikrofon
mikrofon m
[mikrɔfɔn]

die Szene
scena f
[stsɛna]

der Schauspieler
glumac m
[glu:mats]

die Klappe
klapa f
[klapa]

die Livesendung
emisija uživo f
[ɛmi:sija uʒiʋɔ]

das Publikum
publika f
[publika]

der Dokumentarfilm	**dokumentarni film** m [dɔkumɛntarni film]
die Talkshow	**razgovorna emisija** f [razgɔʋɔrna ɛmi:sija]
die Reportage	**reportaža** f [rɛpɔrta:ʒa]
die Quizshow	**kviz** m [kʋiz]
der Moderator	**voditelj** m [ʋɔditɛʎ]
die Moderatorin	**voditeljica** f [ʋɔditɛʎitsa]
der Teilnehmer	**sudionik** m [sudiɔnik]
die Teilnehmerin	**sudionica** f [sudiɔnitsa]

DIE MEDIEN – MEDIJI

Das Radio – Radio

der DJ
DJ m
[didʒɛːj]

die Tonaufnahme
zvučni snimak m
[zʋutʃni sniːmak]

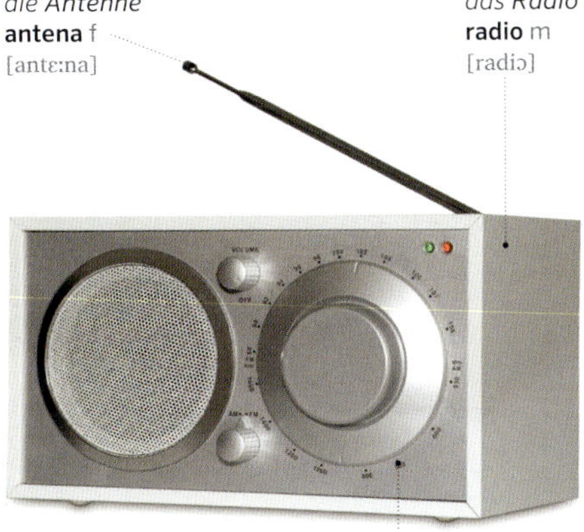
die Antenne
antena f
[antɛːna]

das Radio
radio m
[radiɔ]

die Frequenz
frekvencija f
[frɛkʋɛntsija]

der Radiosender
radio stanica f
[radiɔ stanitsa]

der Wetterbericht
vremenska prognoza f
[ʋrɛmɛnska prɔgnɔːza]

die Verkehrsnachrichten
izvještaj o prometu m
[izʋjɛʃtaj ɔ prɔmɛtu]

die Hitparade
top ljestvice fpl
[tɔp ʎɛːstʋitsɛ]

das Hörspiel
zvučna knjiga f
[zʋutʃna kɲiga]

die Liveaufzeichnung
snimak uživo m
[sniːmak uʒiʋɔ]

die Sendung	**emisija** f [ɛmiːsija]
der Berichterstatter	**izvjestitelj** m [izʋjɛstitɛʎ]
die Berichterstatterin	**izvjestiteljica** f [izʋjɛstitɛʎitsa]
die Erkennungsmelodie	**karakteristična melodija** f [karaktɛristitʃna mɛlɔdija]
der Werbespot	**promidžbeni oglas** m [prɔmidʒbɛni ɔglas]
senden	**slati** [slati]
die Langwelle	**dugovalan, -na, -no** [dugɔʋaːlan,na,nɔ]
die Kurzwelle	**kratkovalan, -na, -no** [kratkɔʋaːlan,na,nɔ]

DIE MEDIEN – MEDIJI

Die Printmedien – Tiskovni mediji

die Zeitung
novine fpl
[nɔʋinɛ]

das Tabloidformat
tabloidni format m
[tablɔidni fɔrma:t]

das Bild
slika f
[slika]

der Artikel
članak m
[tʃla:nak]

die Titelseite
naslovna stranica f
[naslɔʋna stranitsa]

die Schlagzeile
udarni naslov m
[udarni na:slɔʋ]

der Vorspann
uvod m
[u:ʋɔd]

die Zeitungsspalte
novinski stupac m
[nɔʋinski stupats]

die großformatige Zeitung
novine velikog formata fpl
[nɔʋinɛ ʋɛlikɔg fɔrma:ta]

der Stellenmarkt
oglasi za posao mpl
[ɔglasi za pɔsaɔ]

der Werbeprospekt
promidžbeni letak m
[prɔmidʒbɛni lɛ:tak]

die Anzeige
oglas m
[ɔglas]

das Abonnement
pretplata f
[prɛtplata]

der Leitartikel	**uvodni članak** m [uʋɔdni tʃla:nak]
die Todesanzeige	**osmrtnica** f [ɔsmrtnitsa]
die Qualitätszeitung	**kvalitetne novine** fpl [kʋalitɛtnɛ nɔʋinɛ]
die Boulevardzeitung	**tabloid** m [tablɔid]
die Wochenzeitung	**tjednik** m [tjɛdnik]
die Tageszeitung	**dnevne novine** fpl [dnɛ:ʋnɛ nɔʋinɛ]
die Kolumne	**kolumna** f [kɔlumna]
die Beilage	**prilog** m [pri:lɔg]

DIE MEDIEN – MEDIJI

Die Printmedien – Tiskovni mediji

das gebundene Buch
uvezana knjiga f
[uʋɛːzana kɲiga]

der Einband
uvez m
[uʋɛz]

der Buchdeckel
korica knjige f
[kɔritsa kɲigɛ]

der Buchrücken
hrbat knjige m
[xrbat kɲigɛ]

der Schutzumschlag
zaštitni omot m
[zaʃtitni ɔmɔt]

das Taschenbuch
džepna knjiga f
[dʒɛpna kɲiga]

die Seite
stranica f
[stranitsa]

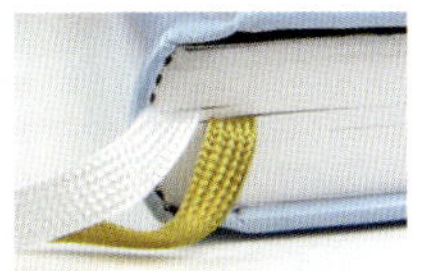

das Lesebändchen
označivač stranica m
[ɔznatʃiʋatʃ stranitsa]

in einem Buch blättern
listati knjigu
[liːstati kɲigu]

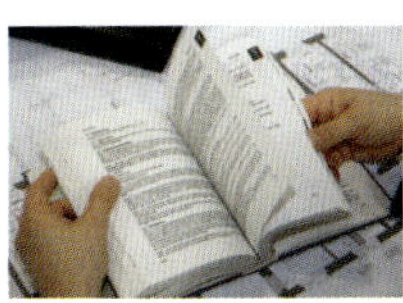

das Sachbuch
publicistička knjiga f
[publitsistitʃka kɲiga]

der Roman
roman m
[rɔmaːn]

die Seitenzahl	**broj stranice** m [brɔːj stranitsɛ]
der Index	**indeks** m [indɛks]
eine Seite überfliegen	**preletjeti stranicu** [prɛlɛtjɛti stranitsu]
das Kinderbuch	**dječja knjiga** f [djɛtʃja kɲiga]
das Kapitel	**poglavlje** n [pɔglaʋʎɛ]
die Sachliteratur	**znanstveno-popularna književnost** f [znaːnstʋɛnɔpɔpularna kɲiʒɛːʋnɔst]
das Inhaltsverzeichnis	**kazalo** n [kaːzalɔ]

der Bildband
slikovna knjiga f
[slikɔʋna kɲiga]

DIE POST – POŠTA

der Briefumschlag
kuverta f
[kuvɛ:rta]

die Briefmarke
markica f
[markitsa]

der Empfänger
primatelj m
[primatɛʎ]

die Adresse
adresa f
[adrɛ:sa]

der Absender
pošiljatelj m
[pɔʃiʎatɛʎ]

die Postleitzahl
poštanski broj m
[pɔʃtanski brɔ:j]

der Poststempel
poštanski žig m
[pɔʃtanski ʒig]

das Postfach
poštanski pretinac m
[pɔʃtanski prɛtinats]

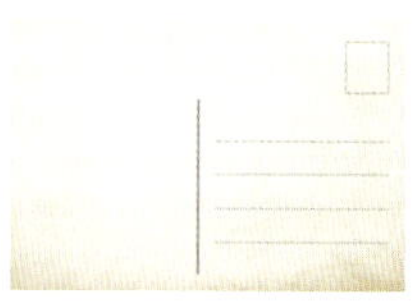

die Postkarte
razglednica f
[ra:zglɛdnitsa]

die Empfangsbestätigung unterschreiben
potpisati potvrdu o primitku
[pɔtpi:sati pɔtʋrdu ɔ primi:tku]

der Briefkasten
poštanski sandučić m
[pɔʃtanski sandutʃitç]

einen Brief einwerfen
ubaciti pismo
[uba:tsiti pi:smɔ]

das Paket
paket m
[pakɛt]

der Brief	**pismo** n [pi:smɔ]
der Eilbrief	**ekspresno pismo** n [ɛksprɛsnɔ pi:smɔ]
portofrei	**poštarina plaćena** [pɔʃtarina pla:tçena]
einen Brief erhalten	**primiti pismo** [primiti pi:smɔ]
einen Brief beantworten	**odgovoriti na pismo** [ɔdgɔʋɔriti na pi:smɔ]
jemandem einen Brief schicken	**poslati nekome pismo** [pɔslati nɛkɔmɛ pi:smɔ]
das Einschreiben	**preporučeno pismo** n [prɛpɔru:tʃɛnɔ pi:smɔ]
die Schneckenpost	**spora pošta** f [spɔra pɔʃta]

DIE POST – POŠTA

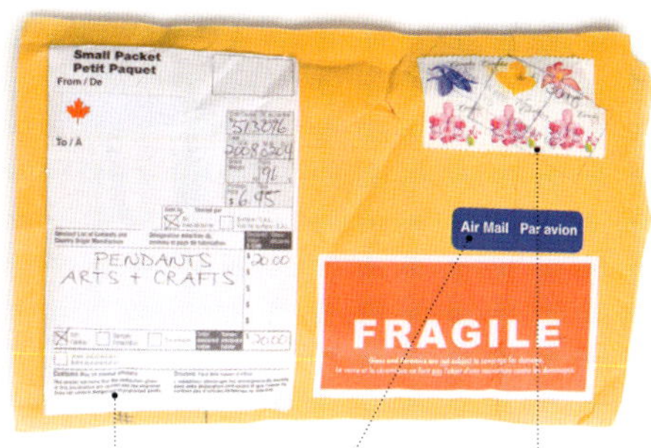

das Klebeband
ljepiva traka f
[ʎɛpiʋa traka]

die Styroporflocken
pahulje od stiropora fpl
[paxuʎɛ ɔd stirɔpɔra]

das Päckchen
mali paket m
[mali pakɛt]

per Luftpost
zračna pošta f
[zratʃna pɔʃta]

das Porto
poštanska markica f
[pɔʃtanska maːrkitsa]

zerbrechlich
lomljivo
[lɔmʎiʋɔ]

vor Nässe schützen
čuvati suho
[tʃuːʋati suxɔ]

oben
oznaka "gornja strana paketa" [ɔznaka gɔrnja straːna pakɛta]

die Zustellung
dostava f
[dɔstaʋa]

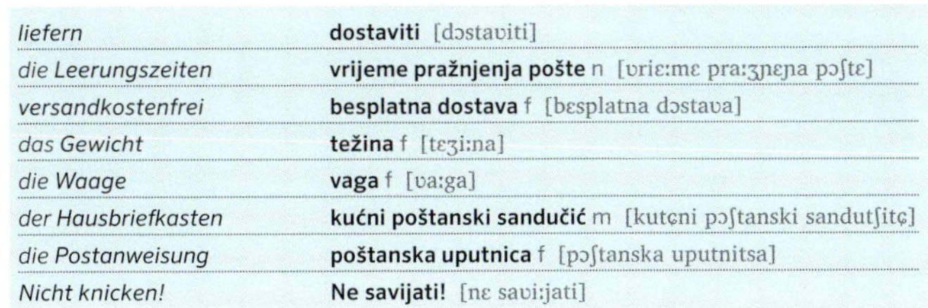

liefern	**dostaviti** [dɔstaʋiti]
die Leerungszeiten	**vrijeme pražnjenja pošte** n [ʋriɛːmɛ praːʒɲɛɲa pɔʃtɛ]
versandkostenfrei	**besplatna dostava** f [bɛsplatna dɔstaʋa]
das Gewicht	**težina** f [tɛʒiːna]
die Waage	**vaga** f [ʋaːga]
der Hausbriefkasten	**kućni poštanski sandučić** m [kutɕni pɔʃtanski sandutʃitɕ]
die Postanweisung	**poštanska uputnica** f [pɔʃtanska uputnitsa]
Nicht knicken!	**Ne savijati!** [nɛ saʋiːjati]

der Kurierdienst
kurirska služba f
[kurirska sluːʒba]

SPORT UND FITNESS

SPORT I FITNES

BALLSPORTARTEN – SPORTOVI S LOPTOM

Der Fußball – Nogomet

das Spielfeld
igralište n
[igraliʃtɛ]

der Mittelkreis
središnji krug m
[srɛdiʃɲi kru:g]

der Anstoßpunkt
točka na središnjoj liniji f
[tɔtʃka na srɛdiʃɲɔj li:niji]

der Strafraum
kazneni prostor m
[kaznɛni prɔ:stɔr]

der Eckbogen
korner-luk m
[kɔrnɛrlu:k]

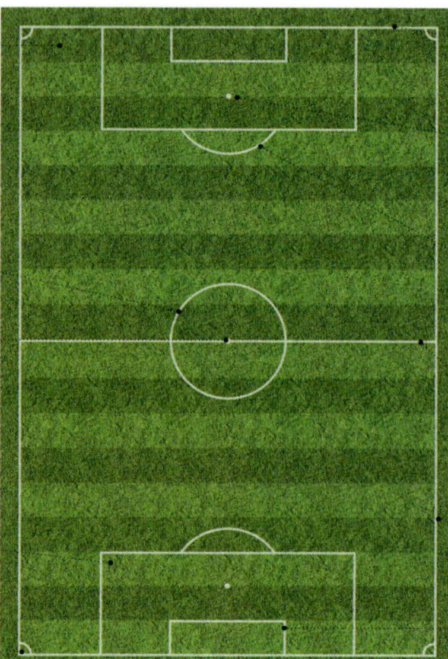

die Torlinie
gol-linija f
[gɔl li:nija]

der Elfmeterpunkt
kaznena oznaka f
[kaznɛna ɔznaka]

der Teilkreis am Strafraum
kazneni luk m
[kaznɛni lu:k]

die Mittellinie
središnja linija f
[srɛdiʃɲa li:nija]

die Seitenlinie
aut-linija f
[autli:nija]

der Torraum
šesnaesterac m
[ʃɛsnaɛstɛ:rats]

das Stadion
stadion m
[stadiɔn]

die Zuschauertribüne
tribine fpl
[tribi:nɛ]

die Zuschauer
gledatelji mpl
[glɛdatɛʎi]

der Platzverweis
isključenje n
[iskʎutʃɛ:ɲɛ]

die rote Karte
crveni karton m
[tsrʋɛni kartɔn]

der Schiedsrichter
sudac m
[su:dats]

BALLSPORTARTEN – SPORTOVI S LOPTOM

Der Fußball – Nogomet

die Mannschaftsaufstellung
sastav momčadi m
[sa:stav mɔmtʃadi]

der Mittelstürmer
centarfor m
[tsɛntarfɔr]

der Libero
branič (libero) m
[branitʃ (libɛrɔ)]

der Innenverteidiger
središnji branič m
[srɛdiʃɲi branitʃ]

der Torwart
vratar m
[ʋratar]

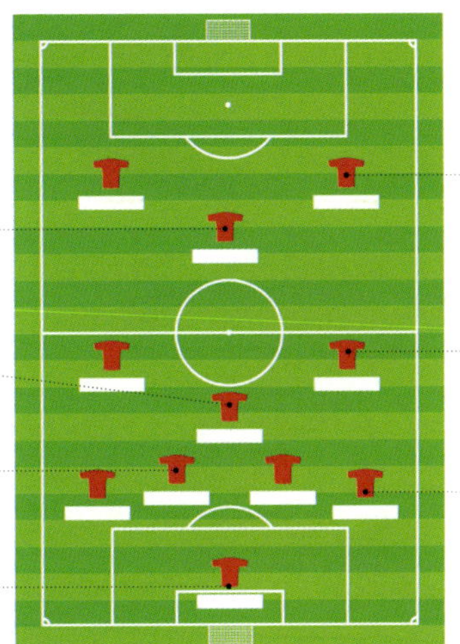

der Außenstürmer
krilni igrač m
[kri:lni igratʃ]

der Mittelfeldspieler
veznjak m
[ʋɛ:zɲak]

der Außenverteidiger
krilni branič m
[kri:lni branitʃ]

angreifen
napadati
[napadati]

der Eckstoß
udarac iz kuta m
[udarats iz kuta]

der Freistoß
slobodan udarac m
[slɔbɔdan udarats]

der Einwurf
ubacivanje n
[ubatsi:ʋaɲɛ]

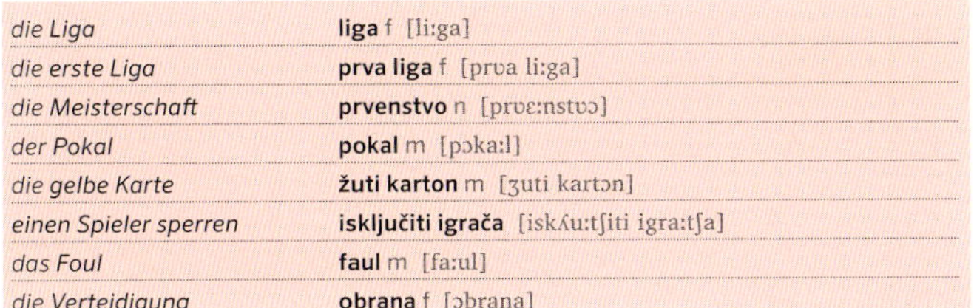

die Liga	**liga** f [li:ga]
die erste Liga	**prva liga** f [prʋa li:ga]
die Meisterschaft	**prvenstvo** n [prʋɛ:nstʋɔ]
der Pokal	**pokal** m [pɔka:l]
die gelbe Karte	**žuti karton** m [ʒuti kartɔn]
einen Spieler sperren	**isključiti igrača** [iskʎu:tʃiti igra:tʃa]
das Foul	**faul** m [fa:ul]
die Verteidigung	**obrana** f [ɔbrana]

das Tor
gol m
[gɔ:l]

BALLSPORTARTEN – SPORTOVI S LOPTOM

Der Fußball – Nogomet

der Fußball
nogometna lopta f
[nɔgɔmɛtna lɔpta]

der Fußballschuh
kopačka f
[kɔpatʃka]

der Stollen
čepovi mpl
[tʃɛpɔʋi]

das Trikot
dres m
[drɛs]

die Hose
hlače fpl
[xlatʃɛ]

der Schienbeinschoner
kostobran m
[kɔstɔbran]

der Stutzen
duge čarape (štucne) fpl
[dugɛ tʃarapɛ (ʃtutsnɛ)]

den Ball halten
obraniti
[ɔbraːniti]

das Tornetz
mreža gola f
[mrɛʒa gɔla]

der Torpfosten
stativa f
[statiʋa]

der Torwarthandschuh
vratarska rukavica f
[ʋratarska rukaʋitsa]

schießen
pucati
[putsati]

die Querlatte	**prečka** f [prɛtʃka]
die Halbzeit	**poluvrijeme** n [pɔluʋriɛːmɛ]
das Unentschieden	**remi** m [rɛmiː]
die Verlängerung	**produžetak** m [prɔduʒɛːtak]
der Elfmeter	**jedanaesterac** m [jɛdanaɛstɛːrats]
das Abseits	**zaleđe** n [zaːlɛdɕɛ]
köpfen	**pucati glavom** [putsati glaːʋɔm]
kicken	**šutnuti** [ʃutnuti]

BALLSPORTARTEN – SPORTOVI S LOPTOM

Der Handball – Rukomet

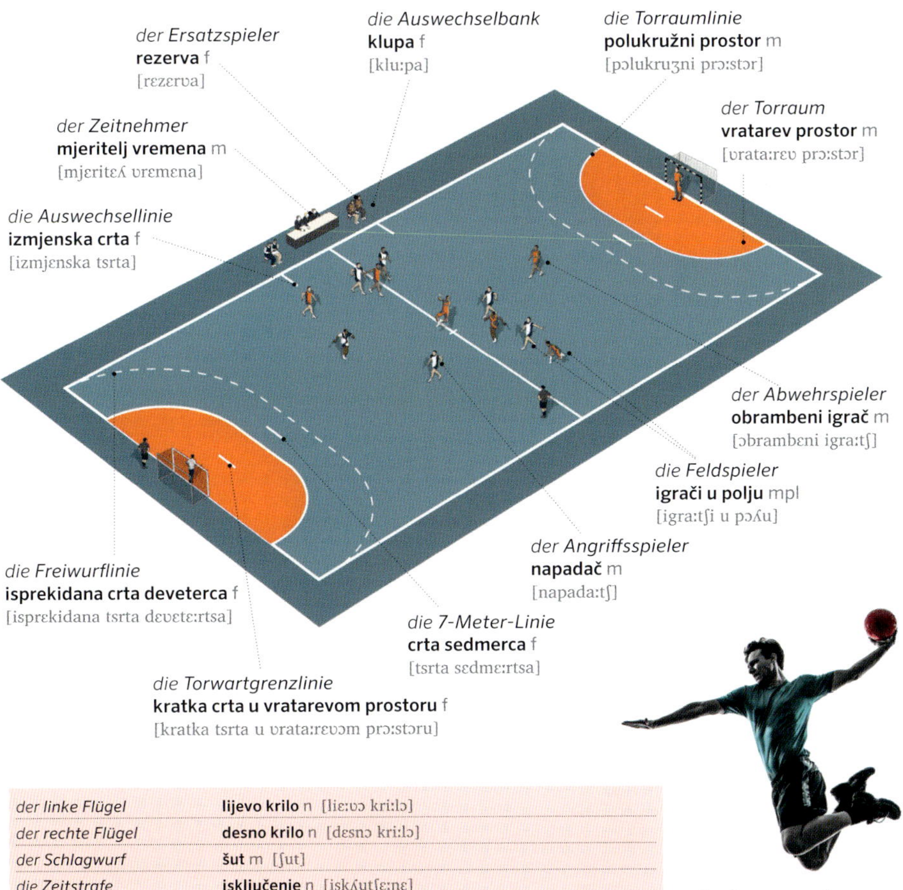

der Sprungwurf
dodavanje u skoku n
[dɔda:ʋaɲɛ u skɔku]

der linke Flügel	**lijevo krilo** n [lie:ʋɔ kri:lɔ]
der rechte Flügel	**desno krilo** n [dɛsnɔ kri:lɔ]
der Schlagwurf	**šut** m [ʃut]
die Zeitstrafe	**isključenje** n [iskʎutʃɛ:ɲɛ]
die Disqualifikation	**diskvalifikacija** f [diskʋalifikatsija]
die Auszeit	**time-out** m [tajmaut]
die Verwarnung	**upozorenje** n [upɔzɔrɛ:ɲɛ]
der Siebenmeter	**sedmerac** m [sɛdmɛ:rats]

BALLSPORTARTEN – SPORTOVI S LOPTOM

Der Volleyball – Odbojka

die Angriffszone
zona napada f
[zɔ:na na:pada]

der Außenangreifer
vanjski napadač m
[ʋaɲski napadatʃ]

der Mittelangreifer
srednji napadač m
[srɛdɲi napadatʃ]

die Verteidigungszone
zona obrane f
[zɔ:na ɔbranɛ]

die Netzkante
rub mreže m
[ru:b mrɛʒɛ]

das Netz
mreža f
[mrɛʒa]

die Angriffslinie
napadačka linija f
[napadatʃka li:nija]

der Freiraum
slobodna zona f
[slɔbɔdna zɔ:na]

der Libero
libero m
[libɛrɔ]

die Grundlinie
stražnja linija f
[straʒɲa li:nija]

der Abwehrspieler
obrambeni igrač m
[ɔbrambɛni igra:tʃ]

die Seitenlinie
paralelna linija sa strane f
[paralɛlna li:nija sastra:nɛ]

der Linienrichter
linijski sudac m
[li:nijski su:dats]

die Reservebank
rezervna klupa f
[rɛzɛrʋna klu:pa]

der Beachvolleyball
odbojka na pijesku f
[ɔdbɔjka na piɛ:sku]

schmettern
smečati
[smɛtʃati]

blocken
odigrati blok
[ɔdigrati blɔk]

der Aufschlag
početni udarac (servis) m
[ptɔʃɛtni udarats (sɛrʋis)]

baggern
odbijanje podlakticama (čekić) [ɔdbi:jaɲɛ pɔdlaktitsama (tʃɛkitɕ)]

pritschen
dizati
[dizati]

die Hechtabwehr
obrana polja f
[ɔbrana pɔʎa]

BALLSPORTARTEN – SPORTOVI S LOPTOM

Der Basketball – Košarka

die Seitenlinie
granična crta terena f
[granitʃna tsrta tɛrɛ:na]

die Drei-Punkte-Linie
luk m
[lu:k]

die begrenzte Zone
reket m
[rɛkɛt]

die Grundlinie
osnovna linija f
[ɔsnɔʋna li:nija]

im Aus sein
biti u autu
[biti u a:utu]

die Freiwurflinie
linija za slobodna bacanja f
[li:nija za slɔbɔdna batsaɲa]

die Mittellinie
središnja linija f
[srɛdiʃɲa li:nija]

der Mittelkreis
središnji krug m
[srɛdiʃɲi kru:g]

der Dunk
zakucavanje n
[zakutsa:ʋaɲɛ]

das Korbbrett
tabla na košu f
[tabla na kɔʃu]

der Korbring
obruč koša m
[ɔbrutʃ kɔʃa]

das Netz
mreža f
[mrɛʒa]

der Korb
koš m
[kɔʃ]

der Korbleger	**polaganje** n [pɔla:gaɲɛ]
das Doppeldribbling	**duplo vođenje** n [duplɔ ʋɔdʑɛɲɛ]
der Rebound	**skok** m [skɔk]
der Sprungball	**skok-šut** m [skɔkʃut]
fangen	**primiti** [primiti]
werfen	**dodavati** [dɔda:ʋati]
zielen	**ciljati** [tsi:ʎati]
decken	**čuvati** [tʃu:ʋati]

WEITERE BALLSPORTARTEN – DRUGI SPORTOVI S LOPTOM

das Hockey
hokej m
[xɔkɛːj]

das Eishockey
hokej na ledu m
[xɔkɛːj na lɛːdu]

der Hockeyschläger
palica za hokej f
[palitsa za xɔkɛːj]

der Puck
pak m
[pak]

der Softball
softball m
[sɔftbɔl]

der Baseball
bejzbol m
[bɛjzbɔl]

der Baseballschläger
bejzbol palica f
[bɛjzbɔl palitsa]

der Baseballhandschuh
bejzbol rukavica f
[bɛjzbɔl rukaʋitsa]

der American Football
američki nogomet m
[amɛritʃki nɔgɔmɛt]

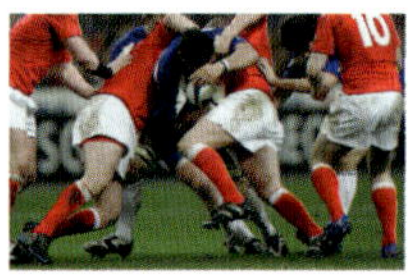

das Rugby
ragbi m
[ragbi]

das Kricket
kriket m
[krikɛt]

das Schlagholz
drvena palica f
[drʋɛna palitsa]

die Trillerpfeife
zviždaljka f
[zʋiʒdaʎka]

die Mannschaft	**momčad** f [mɔmtʃad]
der Sieger	**pobjednik** m [pɔbjɛdnik]
der Verlierer	**gubitnik** m [gubitnik]
der Weltmeister	**svjetski prvak** m [sʋjɛtski prʋak]
das Turnier	**turnir** m [turnir]
der Spielstand	**rezultat** m [rɛzultat]
der Trainer	**trener** m [trɛːnɛr]
die Trainerin	**trenerica** f [trɛːnɛritsa]
die Anzeigetafel	**informativna ploča** f [infɔrmatiʋna plɔtʃa]

BALLSPORTARTEN MIT SCHLÄGERN – SPORTOVI S LOPTOM I REKETOM

Das Badminton – Badminton

der Badmintonplatz
badmintonski teren m
[bɛdmintɔnski tɛrɛːn]

das linke Aufschlagfeld
lijevo servisno polje n
[liɛːʋɔ sɛrʋisnɔ pɔʎɛ]

das rechte Aufschlagfeld
desno servisno polje n
[dɛsnɔ sɛrʋisnɔ pɔʎɛ]

die hintere Aufschlaglinie Einzel
servisno polje pojedinačne igre n
[sɛrʋisnɔ pɔʎɛ pɔjɛdinatʃnɛ igrɛ]

die hintere Aufschlaglinie Doppel
servisno polje u igri parova n
[sɛrʋisnɔ pɔʎɛ u igri parɔʋa]

die Seitenlinie Einzel
uzdužna polovica pojedinačne igre f
[uzduʒna pɔlɔʋitsa pɔjɛdinatʃnɛ igrɛ]

die vordere Aufschlaglinie
prednja servisna linija f
[prɛdɲa sɛrʋisna liːnija]

die Mittellinie
središnja linija f
[srɛdiʃɲa liːnija]

die Seitenlinie Doppel
uzdužna polovica u igri parova f
[uzduʒna pɔlɔʋitsa u igri parɔʋa]

das Squash
skvoš m
[skʋɔʃ]

der Racquetball
racquetball m
[rakɛtbal]

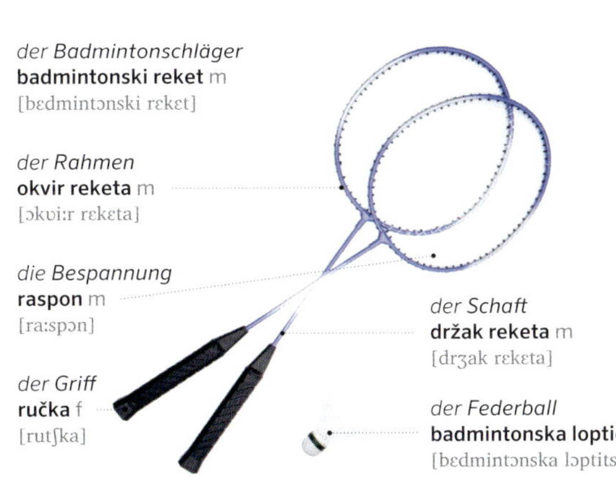

der Badmintonschläger
badmintonski reket m
[bɛdmintɔnski rɛkɛt]

der Rahmen
okvir reketa m
[ɔkʋiːr rɛkɛta]

die Bespannung
raspon m
[raːspɔn]

der Griff
ručka f
[rutʃka]

der Schaft
držak reketa m
[drʒak rɛkɛta]

der Federball
badmintonska loptica f
[bɛdmintɔnska lɔptitsa]

BALLSPORTARTEN MIT SCHLÄGERN – SPORTOVI S LOPTOM I REKETOM

Das Tennis – Tenis

der Balljunge
sakupljač loptica m
[sakupljatʃ lɔptitsa]

die Grundlinie
osnovna linija f
[ɔsnɔʋna li:nija]

die Aufschlaglinie
servis linija f
[sɛrʋis li:nija]

das Halbfeld
servisno polje n
[sɛrʋisnɔ pɔʎɛ]

die Seitenlinie für das Einzelspiel
aut linija singl f
[autli:nija singl]

die Seitenlinie für das Doppelspiel
aut linija dubl f
[autli:nija dabl]

die Aufschlagmittellinie
centralni znak osnovne linije m
[tsɛntralni zna:k ɔsnɔʋnɛ li:nijɛ]

das Netz
mreža f
[mrɛʒa]

der Tennisball
teniska loptica f
[tɛniska lɔptitsa]

der Tennisschläger
teniski reket m
[tɛniski rɛkɛt]

die Vorhand
forhend m
[fɔrxɛnd]

die Rückhand	**bekhend** m [bɛkxɛnd]
das Einzel	**pojedinačna igra** f [pɔjɛdinatʃna igra]
das Doppel	**igra parova** f [igra parɔʋa]
der/das Tiebreak	**tie-break** m [tajbrɛk]
der Einstand	**izjednačenje** n [izjɛdnatʃɛ:ɲɛ]
der Fehler	**greška** f [grɛʃka]
das Ass	**as** m [as]
der Satz	**set** m [sɛt]
der Schiedsrichter	**sudac** m [su:dats]
die Schiedsrichterin	**sutkinja** f [sutkiɲa]
der Linienrichter	**linijski sudac** m [li:nijski su:dats]
die Linienrichterin	**linijska sutkinja** f [li:nijska sutkiɲa]

BALLSPORTARTEN MIT SCHLÄGERN – SPORTOVI S LOPTOM I REKETOM

Das Tischtennis – Stolni tenis

der Tischtennistisch
stol za stolni tenis m
[stɔːl za stɔlni tɛnis]

die Netzoberkante
vrh mrežice m
[ʋrx mrɛʒitsɛ]

der Netzhalter
držač mrežice m
[drʒatʃ mrɛʒitsɛ]

die Seitenlinie
krajnja linija f
[krajɲa liːnija]

das Netz
mrežica f
[mrɛʒitsa]

die Maschen
ploha mrežice f
[plɔxa mrɛʒitsɛ]

die Grundlinie
osnovna linija f
[ɔsnɔʋna liːnija]

die Mittellinie
središnja linija f
[srɛdiʃɲa liːnija]

der Tischtennisschläger
reket za stolni tenis m
[rɛkɛt za stɔlni tɛnis]

die Schlagfläche
ploha reketa f
[plɔxa rɛkɛta]

der Belag
sloj m
[slɔːj]

der Penholdergriff
penholder grip m
[pɛnxɔldɛr grip]

der Tischtennisball
loptica za stolni tenis f
[lɔptitsa za stɔlni tɛnis]

der Griff
rukohvat m
[rukoxʋat]

der Shakehandgriff
shakehand grip m
[ʃɛjkxɛnd grip]

DAS GOLF – GOLF

der Golfplatz
golf igralište m
[gɔlf igraliʃtɛ]

das Wasserhindernis
vodena prepreka f
[ʋɔdɛna prɛprɛka]

der Bunker
pješčana prepreka Bunker f
[pjeʃtʃana prɛprɛka bunkɛr]

das Fairway
Fairway m
[fɛrʋɛj]

das Rough
Rough m
[raf]

der Abschlag
udarac m
[udarats]

die Haltung
stav m
[sta:ʋ]

das Tee
početno područje Tee n
[pɔtʃɛtnɔ pɔdrutʃjɛ ti:]

der Golfball
golfska loptica f
[gɔlfska lɔptitsa]

einlochen
ubaciti u jamicu
[uba:tsiti u jamitsu]

die Fahne
zastavica f
[zastaʋitsa]

das Loch
jamica f
[jamitsa]

das Grün
Green m
[gri:n]

DAS GOLF – GOLF

die Golfschläger
palice za golf fpl
[palitsɛ za gɔlf]

das Holz
Wood palica f
[ʋud palitsa]

das Eisen
Iron palica f
[airɔn palitsa]

der Wedge
Wedge palica f
[ʋɛdʒ palitsa]

der Putter
Putter palica f
[putɛr palitsa]

die Golftasche
golf torba f
[gɔlf tɔ:rba]

driven
izvesti Drive
[izʋɛsti drajʋ]

der Golfspieler
igrač golfa m
[igra:tʃ gɔlfa]

der Caddie
caddie m
[kɛdi]

der Golftrolley
golf kolica npl
[gɔlf kɔli:tsa]

der Durchschwung
mah m
[max]

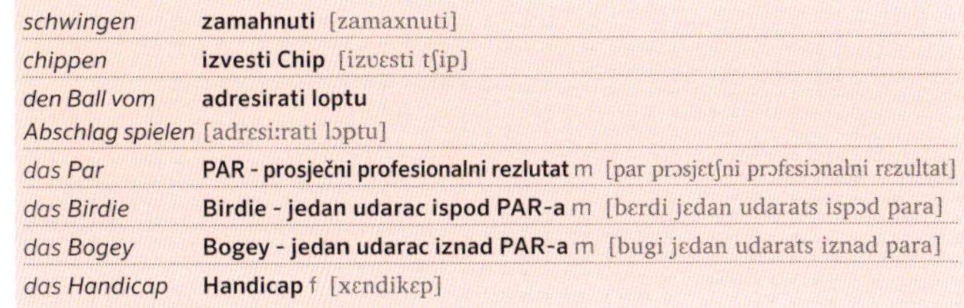

schwingen	**zamahnuti** [zamaxnuti]
chippen	**izvesti Chip** [izʋɛsti tʃip]
den Ball vom Abschlag spielen	**adresirati loptu** [adrɛsi:rati lɔptu]
das Par	**PAR - prosječni profesionalni rezlutat** m [par prɔsjɛtʃni prɔfɛsiɔnalni rɛzultat]
das Birdie	**Birdie - jedan udarac ispod PAR-a** m [bɛrdi jɛdan udarats ispɔd para]
das Bogey	**Bogey - jedan udarac iznad PAR-a** m [bugi jɛdan udarats iznad para]
das Handicap	**Handicap** f [xɛndikɛp]

das Golfcart
golf vozilo n
[gɔlf ʋɔzilɔ]

DER WASSERSPORT – VODENI SPORT

Das Segeln – Jedrenje

der Mast
jarbola f
[jarbɔla]

die Takelage
takelaža f
[takɛla:ʒa]

das Großsegel
veliko jedro n
[ʋɛlikɔ jɛdrɔ]

die Fock
prednjača f
[prɛdɲatʃa]

der Bug
pramac m
[pra:mats]

der Rumpf
trup m
[trup]

das Heck
krma f
[krma]

der Rettungsring
kolut za spašavanje m
[kɔlut za spaʃa:ʋaɲɛ]

die Leuchtrakete
signalna raketa f
[signalna rakɛ:ta]

der Segler
jedriličar m
[jɛdrilitʃar]

der Baum
bum m
[bum]

das Cockpit
kokpit m
[kɔkpit]

die Pinne
držač kormila m
[drʒa:tʃ kɔrmila]

der Seegang	**stanje mora** n [sta:ɲɛ mɔ:ra]
der Wind	**vjetar** m [ʋjɛtar]
die Meeresströmung	**morsko strujanje** n [mɔrskɔ stru:jaɲɛ]
der Anker	**sidro** n [sidrɔ]
die Crew	**posada** f [pɔsada]
das Ruder	**kormilo** n [kɔrmilɔ]
kentern	**prevrnuti se** [prɛʋrnuti sɛ]
kreuzen	**krstariti** [krstariti]
der Jachthafen	**marina** f [mari:na]
das Rettungsboot	**čamac za spašavanje** m [tʃa:mats za spaʃa:ʋaɲɛ]
der Katamaran	**katamaran** m [katamaran]

DER WASSERSPORT – VODENI SPORT

Das Tauchen – Ronjenje

der Tauchanzug
ronilačko odjelo n
[rɔnilatʃkɔ ɔdjɛːlɔ]

die Druckluftflasche
boca za disanje f
[bɔtsa za diːsaɲɛ]

der Lungenautomat
ronilački aparat m
[rɔnilatʃki aparat]

die Taschenlampe
baterija f
[batɛrija]

der Tiefenmesser
dubinomjer m
[dubinɔmjɛr]

die Schwimmflosse
peraja f
[pɛraːja]

der Tauchstiefel
ronilačka čizmica f
[rɔnilatʃka tʃizmitsa]

der Schnorchel
disalica f
[disalitsa]

die Tauchmaske
maska za ronjenje f
[maska za rɔɲɛɲɛ]

das Finimeter
manometar m
[manɔmɛːtar]

der/das Kajak
kajak m
[kaːjak]

das Doppelpaddel
dvostruko veslo n
[dʋɔstrukɔ ʋɛslɔ]

der Kanadier
kanadski kanu m
[kanadski kaːnu]

das Stechpaddel
veslo n
[ʋɛslɔ]

der Sitz
sjedalo n
[sjɛdalɔ]

der Vordersteven
pramčana statva f
[pramtʃana statʋa]

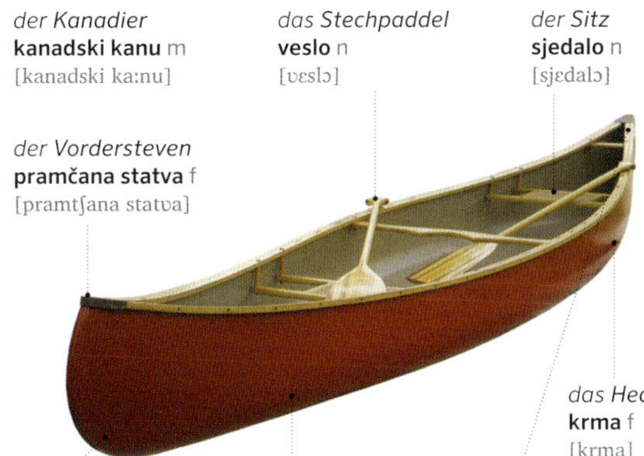

das Heck
krma f
[krma]

der Bug
pramac m
[praːmats]

der Bootsrumpf
trup broda m
[trup brɔda]

der Achtersteven
krmena statva f
[krmɛna statʋa]

DER REITSPORT – JAHAČKI SPORT

DER REITSPORT – JAHAČKI SPORT

das Pferderennen
konjska utrka f
[kɔɲska utrka]

das Rennpferd
trkaći konj m
[trkatɕi kɔɲ]

der Jockey
džokej m
[dʒɔkɛj]

das Dressurreiten
dresurno jahanje n
[drɛsuːrnɔ jaxaɲɛ]

der Ausritt
jahaćki izlet m
[jaxatʃki izlɛt]

der Trabrennsport
kasački sport m
[kasatʃki spɔrt]

das Jagdrennen
lovna utrka f
[lɔʋna utrka]

ohne Sattel reiten
jahati bez sedla
[jaːxati bɛz sɛdla]

der Stall
staja f
[staːja]

der/das Rodeo
rodeo m
[rɔdɛɔ]

das Polo
polo m
[pɔlɔ]

das Springreiten
preponsko jahanje n
[prɛpɔnskɔ jaxaɲɛ]

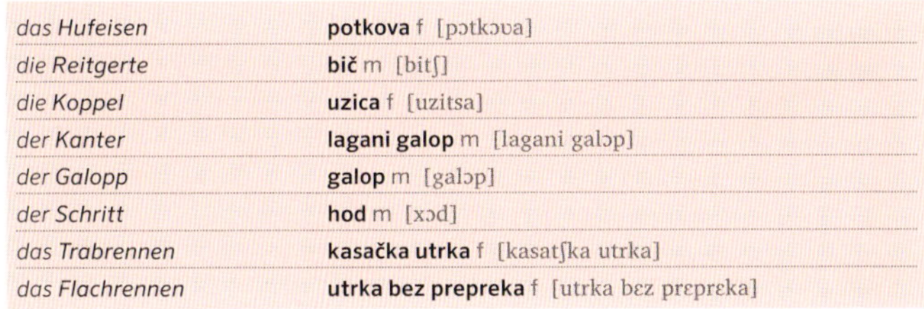

das Hufeisen	**potkova** f [pɔtkɔʋa]
die Reitgerte	**bič** m [bitʃ]
die Koppel	**uzica** f [uzitsa]
der Kanter	**lagani galop** m [lagani galɔp]
der Galopp	**galop** m [galɔp]
der Schritt	**hod** m [xɔd]
das Trabrennen	**kasačka utrka** f [kasatʃka utrka]
das Flachrennen	**utrka bez prepreka** f [utrka bɛz prɛprɛka]

der Pferdepfleger
konjušar m
[kɔɲuʃar]

DAS ANGELN – PECANJE

der Angler
ribič m
[ribitʃ]

die Angel
udica f
[uditsa]

die Angelrute
štap za ribolov m
[ʃtap za ribɔlɔʋ]

die Anglerweste
prsluk za ribolov m
[prsluk za ribɔlɔʋ]

einen Fisch fangen
uloviti ribu
[ulɔʋiti ribu]

der Unterfangkescher
podmetač m
[pɔdmɛtatʃ]

der Watstiefel
čizma za ribolov f
[tʃizma za ribɔlɔʋ]

die Angelausrüstung
ribolovska oprema f
[ribɔlɔʋska ɔprɛma]

die Angelschnur
špaga f
[ʃpaga]

die Kunstfliege
umjetna mušica f
[umjɛtna muʃitsa]

die Pose
plovak m
[plɔːʋak]

die Spule
špula f
[ʃpula]

die Angelrolle
rola za ribolov f
[rɔːla za ribɔlɔʋ]

die Kurbel
ručica f
[rutʃitsa]

der Angelhaken
udica f
[uditsa]

die Öse
ušica f
[uʃitsa]

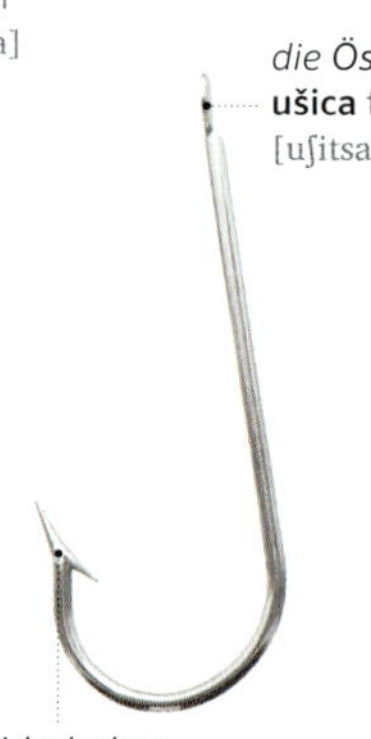

der Widerhaken
jig udica f
[dʑig uditsa]

DAS ANGELN – PECANJE

das Brandungsangeln
ribolov s obale m
[ribɔlɔʋ sɔbalɛ]

mit dem Netz fangen
uloviti s mrežicom
[ulɔʋiti smrɛʒitsɔm]

das Hochseeangeln
big game ribolov m
[big gɛjm ribɔlɔʋ]

das Süßwasserangeln
ribolov na slatkim vodama m
[ribɔlɔʋ na slatkim ʋɔdama]

das Speerfischen
podvodni ribolov m
[pɔdʋɔdni ribɔlɔʋ]

einholen
izvući
[izʋu:tɕi]

das Fliegenfischen
mušičarenje n
[muʃitʃarɛɲɛ]

fangen
upecati
[upɛtsati]

freilassen
pustiti na slobodu
[pustiti na slɔbɔdu]

der Köder
mamac m
[ma:mats]

der Fang
ulov m
[ulɔʋ]

die Hummerfalle
zamka za jastoge f
[zamka za jastɔgɛ]

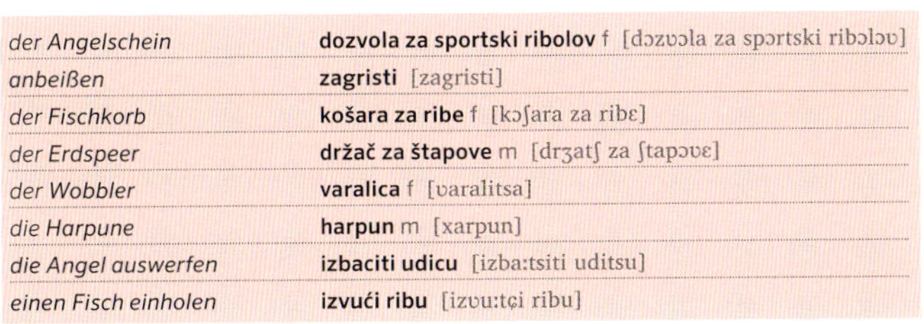

der Angelschein	**dozvola za sportski ribolov** f [dɔzʋɔla za spɔrtski ribɔlɔʋ]
anbeißen	**zagristi** [zagristi]
der Fischkorb	**košara za ribe** f [kɔʃara za ribɛ]
der Erdspeer	**držač za štapove** m [drʒatʃ za ʃtapɔʋɛ]
der Wobbler	**varalica** f [ʋaralitsa]
die Harpune	**harpun** m [xarpun]
die Angel auswerfen	**izbaciti udicu** [izba:tsiti uditsu]
einen Fisch einholen	**izvući ribu** [izʋu:tɕi ribu]

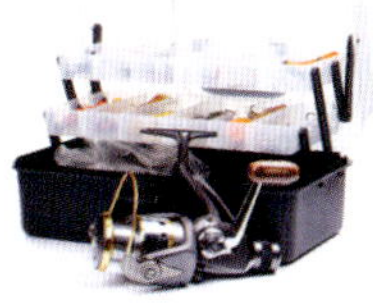

der Spinnerkasten
spiner kutija f
[spinɛr kutija]

DER WINTERSPORT – ZIMSKI SPORT

der Sturzhelm
zaštitna kaciga f
[zaʃtitna katsiga]

der Pulverschnee
pršić m
[prʃitç]

der Stockteller
krpljica f
[krpʎitsa]

der Skistock
skijaški štap m
[skijaʃki ʃtap]

die Seilbahn
žičara f
[ʒitʃara]

die Spitze
vrh m
[ʋrx]

der Ski
skija f
[ski:ja]

der Skistiefel
pancerica f
[pantsɛritsa]

der Skianzug
skijaško odjelo n
[skijaʃkɔ ɔdjɛ:lɔ]

die Skipiste
skijaška staza f
[skijaʃka staza]

die Kante
rub m
[ru:b]

der Skiläufer
skijaš m
[skijaʃ]

der Slalom
slalom m
[sla:lɔm]

der Abfahrtslauf
spust m
[spust]

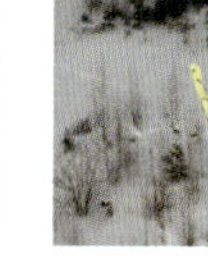

das Skispringen
skijaški skokovi mpl
[skijaʃki skɔkɔʋi]

abseits der Piste
udaljeno od piste
[udaʎɛnɔ ɔd pistɛ]

der Skihang
skijaški teren m
[skijaʃki tɛrɛ:n]

das Biathlon
biatlon m
[biatlɔn]

der Langlauf
skijaško trčanje n
[skijaʃkɔ trtʃaɲɛ]

die Langlaufloipe
uređena staza za skijaško trčanje f [urɛdʑɛna staza za skijaʃkɔ trtʃaɲɛ]

DER WINTERSPORT – ZIMSKI SPORT

die Skibrille
skijaške naočale fpl
[skijaʃkɛ naɔtʃalɛ]

der Snowboardfahrer
daskaš na snijegu m
[daska:ʃ na sniɛ:gu]

das Snowboard
daska za daskanje na snijegu f [daska za daskaɲɛ na sniɛ:gu]

die Bindung
vezanje buca za snowboard n [ʋɛ:zaɲɛ bu:tsa za snɔubɔrd]

die Halfpipe
polucijev m
[pɔlutsiɛ:ʋ]

das Rail
rail m
[rɛjl]

Schlitten fahren
sanjkati se
[sa:ɲkati sɛ]

das Rennrodeln
sanjkanje n
[sa:ɲkaɲɛ]

der Bobsport
bob m
[bɔb]

das Curling
curling m
[kurling]

Schlittschuh laufen
sklizati se
[skli:zati sɛ]

der Eisschnelllauf
brzinsko sklizanje n
[brzinskɔ skli:zaɲɛ]

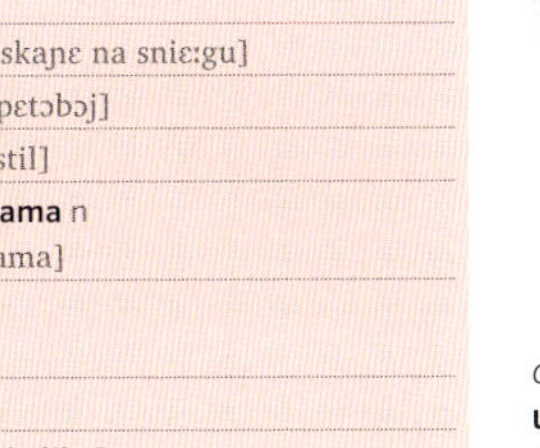

das Skifahren	**skijanje** n [ski:jaɲɛ]
das Snowboarding	**daskanje na snijegu** n [daskaɲɛ na sniɛ:gu]
der Winter-Fünfkampf	**zimski petoboj** n [zimski pɛtɔbɔj]
der Freistil	**slobodni stil** m [slɔbɔdni stil]
das Schneeschuhwandern	**hodanje po snijegu u krpljama** n [xɔdaɲɛ pɔ sniɛ:gu u krpʎama]
das Hundeschlittenfahren	**utrka psećih zaprega** f [utrka psɛtɕix zaprɛga]
das Après-Ski	**apres ski** m [aprɛski]
die Skihütte	**skijaška koliba** f [skijaʃka kɔliba]

der Eiskunstlauf
umjetničko sklizanje n
[umjɛtnitʃkɔ skli:zaɲɛ]

SONSTIGE SPORTARTEN – DRUGI SPORTOVI

das Klettern
penjanje n
[pɛɲaɲɛ]

das Wandern
pješačenje n
[pjɛʃatʃɛɲɛ]

der Radsport
bisciklistički sport m
[bitsiklistitʃki spɔrt]

das Mountainbiken
brdski biciklizam m
[brdski bitsiklizam]

das Abseilen
spuštanje na užetu n
[spu:ʃtaɲɛ na uʒɛtu]

das Bungeespringen
bungee skok m
[bandʒi skɔk]

das Drachenfliegen
letenje sa zmajem n
[lɛtɛɲɛ sa zmajɛm]

das Fallschirmspringen
skakanje padobranom n
[ska:kaɲɛ padɔbranɔm]

das Rallyefahren
reli m
[rɛli:]

die Formel 1®
Formula 1 f
[fɔrmula jɛdan]

das Motocross
motokros m
[mɔtɔkrɔs]

das Motorradrennen
motociklistička utrka f
[mɔtɔtsiklistitʃka utrka]

das Skateboardfahren
voziti skejtbord
[ʋɔziti skɛjtbɔrd]

das Longboardfahren
voziti longbord
[ʋɔziti lɔngbɔrd]

das Inlineskaten
voziti role
[ʋɔziti rɔlɛ]

das Offroadfahren
voziti off road
[ʋɔziti ɔfrɔud]

SONSTIGE SPORTARTEN – DRUGI SPORTOVI

das Fechten
mačevanje n
[matʃɛʋaɲɛ]

das Bowling
kuglanje n
[ku:glaɲɛ]

das Bogenschießen
streličarstvo n
[strɛlitʃarstʋɔ]

die Jagd
lov m
[lɔʋ]

das Darts
pikado m
[pikadɔ]

das Poolbillard
stolni bilijar m
[stɔ:lni biʎa:r]

das Snooker
snooker m
[snukɛr]

das Lacrosse
lacrosse m
[lakrɔs]

die rhythmische Sportgymnastik
ritmička gimnastika f
[ritmitʃka gimnastika]

das Frisbee®
frizbi m
[frizbi]

das Triathlon
trijatlon m
[trijatlɔn]

der Australian Football
australski nogomet m
[austra:lski nɔgɔmɛt]

die/das Boule
boćanje n
[bɔtɕaɲɛ]

das Ballett
balet m
[balɛt]

das Krocket
kroket m
[krɔkɛt]

der/das Parkour
parkour m
[parkur]

DIE FITNESS – FITNES

das Fitnessstudio
teretana f
[tɛrɛtana]

die Langhantel
olimpijska šipka s utezima f
[ɔlimpijska ʃipka s utɛzima]

die Gewichtsscheibe
disk m
[disk]

die Bank
klupa f
[klu:pa]

das Krafttraining
trening s utezima m
[trɛning s utɛzima]

die Bizepsübung
vježba za biceps f
[ʋjɛʒba za bitsɛps]

die Kurzhantel
bučica f
[butʃitsa]

das Bankdrücken
potisak s klupe m
[pɔtisak sklu:pɛ]

trainieren
trenirati
[trɛnirati]

das Ergometer
sobni bicikl ergometar m
[sɔbni bitsi:kl ɛrgɔmɛ:tar]

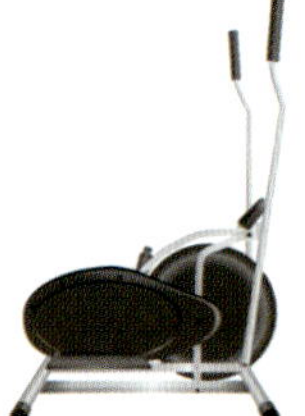

der Crosstrainer
eliptični trenažer m
[ɛliptitʃni trɛna:ʒɛr]

der Fitnessball
fitnes lopta f
[fitnɛs lɔpta]

die Matte
strunjača f
[struɲatʃa]

das Laufband
traka za trčanje f
[traka za trtʃaɲɛ]

das Rudergerät
sprava za veslanje f
[sprava za ʋɛslaɲɛ]

DIE FITNESS – FITNES

der Ausfallschritt
iskorak m
[iskɔrak]

die Rumpfbeuge
trbušnjak m
[trbuʃɲa:k]

der Liegestütz
sklek m
[sklɛk]

der Sit-up
situp m
[sitap]

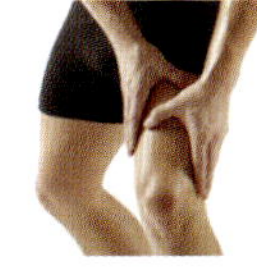

der Muskelkater
upala mišića f
[upala miʃi:tɕa]

der Klimmzug
zgib m
[zgib]

die Kniebeuge
čučanj m
[tʃu:tʃaɲ]

das Pilates
pilates m
[pila:tɛs]

das Spinning®
spinning m
[spining]

die Pulsuhr
sat za mjerenje pulsa m
[sa:t za mjɛrɛɲɛ pulsa]

das Aerobic
aerobika f
[aɛrɔbika]

sich aufwärmen	**zagrijati se** [zagri:jati sɛ]
sich abkühlen	**ohladiti se** [ɔxla:diti sɛ]
das Zirkeltraining	**kružni trening** m [kruʒni trɛ:ning]
das Bodypump	**BodyPump™** m [bɔdipamp]
die Sauna	**sauna** f [sauna]
die Umkleidekabine	**svlačionica** f [svlatʃiɔnitsa]
die Dehnung	**istezanje** n [istɛ:zaɲɛ]
Kalorien verbrennen	**potrošiti kalorije** [pɔtrɔʃiti kalɔ:riɛ]

das Steppbrett
step daska f
[stɛp daska]

der Turnschuh
tenisica f
[tɛnisitsa]

FREIZEIT

SLOBODNO VRIJEME

DAS THEATER – KAZALIŠTE

① *der Balkon*
balkon m
[balkɔn]

② *der zweite Rang*
drugi rang m
[drugi rang]

③ *die Loge*
loža f
[lɔ:ʒa]

④ *der erste Rang*
prvi rang m
[prʋi rang]

⑤ *die Sitzreihe*
red sjedala m
[rɛ:d sjɛdala]

⑥ *die Kulisse*
kulisa f
[kuli:sa]

⑦ *die Bühne*
pozornica f
[pɔzɔ:rnitsa]

⑧ *das Foyer*
foaje m
[fɔajɛ:]

⑨ *das Parkett*
parket m
[parkɛt]

⑩ *der Sitzplatz*
sjedalo n
[sjɛdalɔ]

⑪ *der Vorhang*
zavjesa f
[zaʋjɛsa]

das Varieté
varijete m
[ʋariɛtɛ:]

das Freilufttheater
kazalište na otvorenom n
[kazaliʃtɛ na ɔtʋɔrɛnɔm]

das Ballett
balet m
[balɛt]

die Aufführung
predstava f
[prɛdstaʋa]

der Zauberkünstler
mađioničar m
[madʑiɔnitʃar]

der Komiker
komičar m
[kɔmitʃar]

die Tragödie
tragedija f
[tragɛ:dija]

die Komödie
komedija f
[kɔmɛ:dija]

DAS THEATER – KAZALIŠTE

das Theaterstück
kazališna predstava f
[kazaliʃna prɛdstaʋa]

① *das Bühnenbild*
scenografija f
[stsɛnɔgrafija]

② *die Besetzung*
postava f
[pɔstaʋa]

③ *das Theaterkostüm*
kazališni kostim m
[kazaliʃni kɔstiːm]

④ *der Applaus*
pljesak m [pʎɛːsak]

⑤ *das Publikum*
publika f [publika]

die Probe
proba f
[prɔːba]

⑥ *der Schauspieler*
glumac m
[gluːmats]

⑦ *die Schauspielerin*
glumica f
[glumitsa]

⑧ *der Regisseur*
režiser m
[rɛʒisɛːr]

die Premiere	**premijera** f [prɛmiɛːra]
die Pause	**pauza** f [pauza]
das Programm	**program** m [prɔgram]
die Generalprobe	**generalna proba** f [gɛnɛralna prɔːba]
der Platzanweiser	**razvodnik** m [razʋɔdnik]
die Platzanweiserin	**razvodnica** f [razʋɔdnitsa]
die Theaterkasse	**kazališna blagajna** f [kazaliʃna blagajna]
die Eintrittskarte	**ulaznica** f [ulaznitsa]

die Künstlergarderobe
garderoba umjetnika f
[gardɛrɔːba umjɛtnika]

DIE MUSIK - GLAZBA

Das Orchester - Orkestar

das Sinfonieorchester
simfonijski orkestar m
[simfɔnijski ɔrkɛstar]

der Gong
gong m
[gɔng]

die kleine Trommel
mali bubanj m
[ma:li bu:baɲ]

die große Trommel
veliki bubanj m
[ʋɛliki bu:baɲ]

die Pauke
timpan m
[timpan]

das Xylophon
ksilofon m
[ksilɔfɔn]

die Röhrenglocken
cjevasta zvona npl
[tsjɛʋasta zʋɔna]

das Dirigentenpult
dirigentski pult m
[dirigɛntski pult]

der Notenständer
stalak za note m
[sta:lak za nɔ:tɛ]

der Dirigent
dirigent m
[dirigɛnt]

der Taktstock
dirigentski štapić m
[dirigɛntski ʃtapitɕ]

die Solistin
solistica f
[sɔlistitsa]

die Opernsängerin
operna pjevačica f
[ɔpɛrna pjɛʋatʃitsa]

die Noten
note fpl
[nɔ:tɛ]

die Ouvertüre	**uvertira** f [uʋɛrti:ra]
das Quartett	**kvartet** m [kʋartɛt]
die Sonate	**sonata** f [sɔnata]
die Tonhöhe	**visina tona** f [ʋisina tɔna]
ein Instrument stimmen	**uskladiti instrument** [uskladiti instrumɛnt]
der Orchestergraben	**orkestralna rupa** f [ɔrkɛstralna rupa]
der Chor	**zbor** m [zbɔr]
die Oper	**opera** f [ɔpɛra]

DIE MUSIK – GLAZBA

Die Musikinstrumente – Glazbeni instrumenti

das Cello
čelo m
[tʃɛlɔ]

der Bogen
gudalo n
[gudalɔ]

die Geige
violina f
[ʋiɔli:na]

die akustische Gitarre
akustična gitara f
[akustitʃna gita:ra]

die Harfe
harfa f
[xarfa]

die elektrische Gitarre
električna gitara f
[ɛlɛktritʃna gita:ra]

die Bassgitarre
bas-gitara f
[basgita:ra]

die Tuba
tuba f
[tuba]

die Posaune
trombon m
[trɔmbɔn]

das Fagott
fagot m
[fagɔt]

die Oboe
oboa f
[ɔbɔ:a]

das Horn
rog m
[rɔg]

die Trompete
truba f
[tru:ba]

die Pikkoloflöte
pikolo m
[pikɔlɔ]

das Saxofon
saksofon m
[saksɔfɔn]

die Klarinette
klarinet m
[klarinɛt]

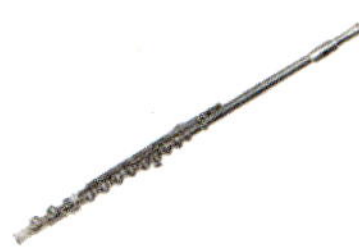

die Querflöte
flauta f
[flauta]

DIE MUSIK - GLAZBA

Die Musikinstrumente - Glazbeni instrumenti

das Tamburin
tamburin m
[tamburin]

das Becken
činele fpl
[tʃinɛlɛ]

die/das Hi-Hat
činela s pedalom f
[tʃinɛla spɛda:lɔm]

das Schlagzeug
bubnjevi mpl
[bubɲɛʋi]

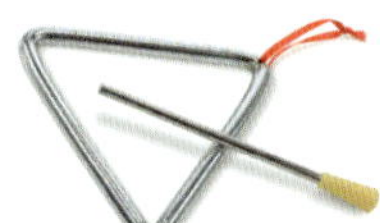

die/der/das Triangel
trokut (triangl) m
[trɔkut (triangl)]

die Rassel
zvečka f
[zʋɛtʃka]

die Bongos
bongo bubanj m
[bɔngɔ bu:baɲ]

die Kesselpauke
timpani mpl
[timpani]

die Kastagnetten
kastanjete fpl
[kastaɲɛtɛ]

die Schellenrassel
zvečka sa zvoncima f
[zʋɛtʃka sa zʋɔntsima]

die Panflöte
panova frula f
[panɔʋa frula]

der Schlagzeugstock
palica za bubanj f
[palitsa za bu:baɲ]

die Mundharmonika
usna harmonika f
[usna xarmɔnika]

der Dudelsack
gajde n
[gajdɛ]

das Akkordeon
harmonika f
[xarmɔnika]

der Flügel
glasovir m
[glasɔʋir]

DIE MUSIK – GLAZBA

Die Musikinstrumente – Glazbeni instrumenti

die Notation
označavanje n
[ɔznatʃa:ʋaɲɛ]

der Violinschlüssel
violinski ključ m
[ʋiɔlinski kʎu:tʃ]

die Notenlinie
notno crtovlje n
[nɔ:tnɔ tsrtɔʋʎɛ]

der Bassschlüssel
bas ključ m
[bas kʎu:tʃ]

das Vorzeichen
predznak m
[prɛdznak]

die Taktangabe
takt m
[takt]

die Note
nota f
[nɔ:ta]

das Kreuz
križ m
[kri:ʒ]

der Taktstrich
taktna crtica f
[taktna tsrtitsa]

die klassische Musik
klasična glazba f
[klasitʃna glazba]

das Heavy Metal
heavy metal m
[xɛʋi mɛtal]

der Rap
rap m
[rɛp]

der Hip-Hop
hiphop m
[xipxɔp]

der Reggae	**reaggea** m [rɛgɛ]
die Popmusik	**pop glazba** f [pɔp glazba]
die Countrymusik	**country glazba** f [kantri glazba]
die Indie-Musik	**indie glazba** f [indi glazba]
der Blues	**bluz** m [blu:z]
der/das Techno	**tehno** m [tɛxnɔ]
der Soul	**soul** m [sɔ:ul]
die Disko	**diskoteka** f [diskɔtɛ:ka]

der Jazz
jazz m
[dʒɛ:z]

der Rock
rok m
[rɔk]

HOBBYS – HOBIJI

gravieren
gravirati
[gravi:rati]

schnitzen
rezbariti
[rɛzbariti]

Briefmarken sammeln
skupljati poštanske markice
[sku:pʎati pɔʃtanskɛ markitsɛ]

die Modelleisenbahn
model vlaka m
[mɔdɛ:l ʋla:ka]

modellieren
modelirati
[mɔdɛli:rati]

die Bildhauerei
kiparstvo n
[kiparstʋɔ]

töpfern
lončariti
[lɔntʃariti]

Mosaik legen
postavljati mozaik
[pɔstaʋʎati mɔza:ik]

der Modellbau
izrada modela f
[izrada mɔdɛ:la]

Schmuck herstellen
izrađivati nakit
[izradʑiʋati na:kit]

lesen
čitati
[tʃitati]

kochen
kuhati
[kuxati]

gärtnern
vrtlariti
[ʋrtlariti]

das Origami	**origami** m [ɔrigami]
das Pappmaschee	**papirmaše** m [papirmaʃɛ:]
das Scrapbooking	**scrapbooking** m [skrɛpbuking]
Möbel restaurieren	**restaurirati namještaj** [rɛstauri:rati namjɛʃtaj]
im Chor singen	**pjevati u zboru** [pjɛʋati u zbɔ:ru]
Filme drehen	**snimati filmove** [sni:mati filmɔʋɛ]
Vögel beobachten	**promatrati ptice** [prɔmatrati ptitsɛ]
das kreative Schreiben	**kreativno pisanje** n [krɛatiʋnɔ pi:saɲɛ]

HOBBYS – HOBIJI

Kunst und Basteln – Umjetnost i izrada

der Buntstift
bojica f
[bɔjitsa]

die Wasserfarbe
vodena bojica f
[ʋɔdɛna bɔjitsa]

der Wachsmalstift
voštani pastel f
[ʋɔʃtani pastɛl]

die Lackfarbe
lak boja f
[lak bɔːja]

die Ölkreide
uljani pastel m
[uːʎani pastɛl]

die Kreide
kreda f
[krɛːda]

die Ölfarbe
uljana boja f
[uːʎana bɔːja]

die Acrylfarbe
akrilna boja f
[akrilna bɔːja]

die Pastellkreide
pastelna kreda f
[pastɛlna krɛːda]

der Filzstift
flomaster m
[flɔmastɛr]

die Tusche
tuš m
[tuʃ]

die Zeichenkohle
slikarski ugljen m
[slikarski ugʎɛn]

die Gouache
gvaš m
[gʋaʃ]

der Klebstoff
ljepilo n
[ʎɛpilɔ]

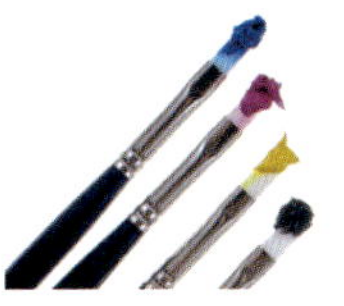

der Pinsel
kist m
[kiːst]

die Palette
paleta f
[palɛːta]

HOBBYS – HOBIJI

Kunst und Basteln – Umjetnost i izrada

die Aquarellmalerei
slikanje akvarelom n
[slikaɲɛ akʋarɛlɔm]

die Ölmalerei
slikanje uljenom tehnikom n
[slikaɲɛ uʎɛnɔm tɛxnikɔm]

die Collage
kolaž m
[kɔla:ʒ]

die Wandmalerei
zidno slikarstvo n
[zidnɔ slikarstʋɔ]

die Tuschezeichnung
crtež tušem m
[tsrtɛʒ tuʃɛm]

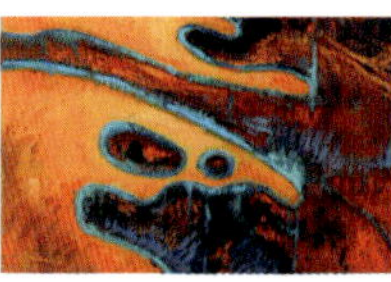

die abstrakte Malerei
apstraktno slikarstvo n
[apstraktnɔ slikarstʋɔ]

die Landschaftsmalerei
slikanje krajolika n
[slikaɲɛ krajɔlika]

die Porträtmalerei
portretno slikarstvo n
[pɔrtrɛtnɔ slikarstʋɔ]

die Bleistiftzeichnung
crtež olovkom m
[tsrtɛʒ ɔlɔʋkɔm]

das Stillleben
mrtva priroda f
[mrtʋa prirɔda]

das Graffiti
grafiti m
[grafiti]

der Siebdruck
sitotisak m
[sitɔtisak]

die Skizze
skica f
[skitsa]

die Aktmalerei
akt m
[akt]

die Leinwand
platno n
[pla:tnɔ]

der Karton
karton m
[kartɔn]

HOBBYS – HOBIJI

Kunst und Basteln – Umjetnost i izrada

die Farbe
boja f
[bɔːja]

das Schwarz
crno n [tsrnɔ]

das Grau
sivo n [siːʋɔ]

das Schwarzbraun
crnkastosmeđe n [tsrnkastɔsmɛdʑɛ]

das Braun
smeđe n [smɛdʑɛ]

das Hellbraun
svjetlosmeđe n [sʋjɛtlɔsmɛdʑɛ]

das Olivgrün
maslinastozeleno n [maslinastɔzɛlɛnɔ]

das Smaragdgrün
smaragdnozeleno n [smaragdnɔzɛlɛnɔ]

das Grün
zeleno n [zɛlɛnɔ]

das Gelbgrün
žutozeleno n [ʒutɔzɛlɛnɔ]

das Cyan
cijan n [tsijan]

das Blau
plavo n [plaːʋɔ]

das Dunkelblau
modro n [mɔdrɔ]

das Violett
ljubičasto n [ʎubitʃastɔ]

das Lila
lila n [lila]

das Blutrot
tamnocrveno n [tamnɔtsrʋɛnɔ]

das Pink
pink n [pink]

das Rosa
ružičasto n [ruʒitʃastɔ]

das Rot
crveno n [tsrʋɛnɔ]

das Gelborange
žutonarančasto n [ʒutɔnarantʃastɔ]

das Ocker
oker n [ɔkɛr]

das Orange
narančasto n [narantʃastɔ]

das Gelb
žuto n [ʒutɔ]

das Hellgelb
svjetložuto n [sʋjɛtlɔʒutɔ]

das Weiß
bijelo n [biɛːlɔ]

HOBBYS - HOBIJI

Nähen und Stricken - Šivanje i pletenje

der Kopf
glava f
[glaːʋa]

der Fadenhebel
davač konca m
[daʋatʃ kɔntsa]

die Fadenführung
vođenje konca n
[ʋɔdʑɛɲɛ kɔntsa]

der Garnrollenstift
nosač kalema za konac m
[nɔsatʃ kaːlɛma za kɔnats]

die Nähmaschine
šivaći stroj m
[ʃiʋatɕi strɔːj]

der Spuler
osovina za špulicu f
[ɔsɔʋina za ʃpuːlitsu]

der Stichbreitenwähler
kotač za reguliranje širine uboda m
[kɔtatʃ za rɛguliːraɲɛ ʃirinɛ ubɔda]

das Handrad
ručni kotač m
[rutʃni kɔtatʃ]

der Stichwähler
kotač za reguliranje uboda m
[kɔtatʃ za rɛguliːraɲɛ ubɔda]

die Rückwärtsnähtaste
tipka za pogon unazad f
[tipka za pɔːgɔn unazad]

die Nadel
igla f
[igla]

der Nähfuß
pritisno stopalo n
[pritisnɔ stɔpalɔ]

die Stichplatte
ubodna ploča f
[ubdɔna plɔtʃa]

der Nähfußdruckregler
kotač za reguliranje pritiska m
[kɔtatʃ za rɛguliːraɲɛ pritiska]

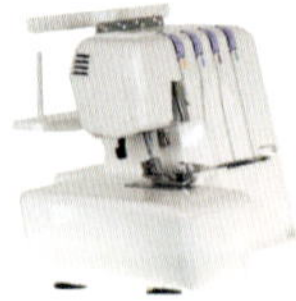

die Overlock
šivaći stroj overlock m
[ʃiʋatɕi strɔːj ɔʋɛrlɔk]

das Maßband
krojački metar m
[krɔjatʃki mɛːtar]

die Spule
špula f
[ʃpuːla]

das Nähgarn
konac za šivanje m
[kɔnats za ʃiːʋaɲɛ]

HOBBYS – HOBIJI

Nähen und Stricken – Šivanje i pletenje

die Schneiderpuppe
krojačka lutka f
[krɔjatʃka lutka]

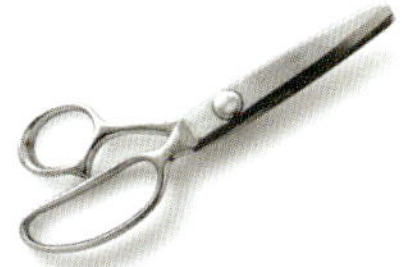

die Schere
škare fpl
[ʃkarɛ]

das Nähkästchen
kutija s priborom za šivanje f
[kutija spribɔrɔm za ʃiːʋaɲɛ]

das Nadelkissen
jastučić za igle m
[jastutʃitɕ za iglɛ]

das Schnittmuster
krojni uzorak m
[krɔjni uzɔrak]

die Nähnadel
igla za šivanje f
[igla za ʃiːʋaɲɛ]

die Stecknadel
utična igla f
[utitʃna igla]

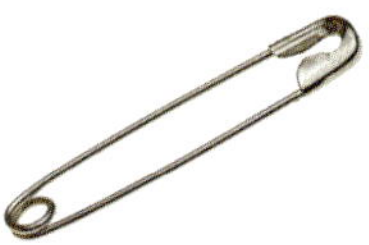

die Sicherheitsnadel
zapinjača f
[zapiɲatʃa]

der Stoff
tkanina f
[tkanina]

der Knopf
gumb m
[gumb]

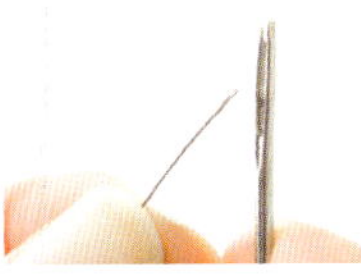

einen Faden einfädeln
provući konac u iglu
[prɔʋuːtɕi kɔnats u iglu]

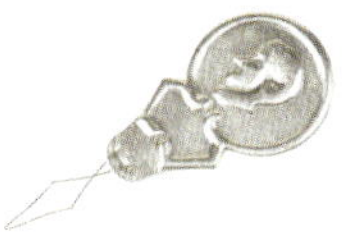

der Einfädler
uvlakač konca m
[uʋlakatʃ kɔntsa]

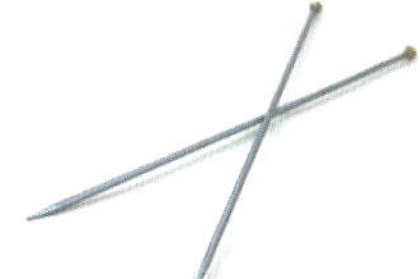

die Stricknadel
igla za pletenje f
[igla za plɛtɛɲɛ]

die Wolle
vuna f
[ʋuna]

der Fingerhut
napršnjak m
[naprʃɲak]

der Nahtauftrenner
paralica f
[paːralitsa]

HOBBYS – HOBIJI

Nähen und Stricken – Šivanje i pletenje

nähen
šivati
[ʃiːʋati]

schneiden
rezati
[rɛzati]

das Patchwork
patchwork tehnika f
[patʃʋɔrk tɛxnika]

häkeln
kukičati
[kukitʃati]

der Kreuzstich
križić m
[kriʒitɕ]

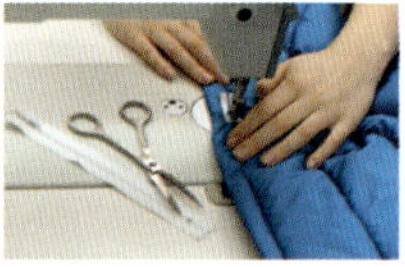

wattieren
vatirati
[ʋatiːrati]

stricken
plesti
[plɛsti]

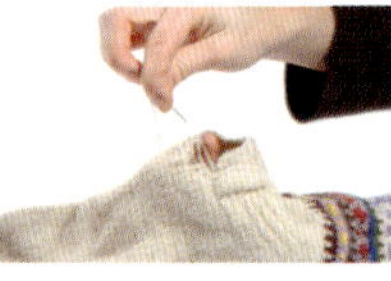

stopfen
krpati
[krpati]

weben
tkati
[tkati]

Spitze klöppeln
preplitati čipku pomoću batića
[prɛplitati tʃipku pɔmɔtɕu batitɕa]

einen Teppich knüpfen
vezati tepih
[ʋɛzati tɛpix]

der Reißverschluss
patentni zatvarač m
[patɛntni zatʋaratʃ]

auftrennen
parati
[paːrati]

sticken	**vesti** [ʋɛsti]
das Leinen	**lan** m [lan[
die Seide	**svila** f [sʋila]
das Nylon®	**najlon** m [najlɔn]
die Baumwolle	**pamuk** m [pamuk]
der Polyester	**poliester** m [pɔliɛstɛr]
der Stich	**ubod** m [ubɔd]
heften	**pričvrstiti** [pritʃʋrstiti]

HOBBYS – HOBIJI

Das Kino – Kino

der Kinosaal
kino dvorana f
[kinɔ dʋɔrana]

① *die Kinoleinwand*
filmsko platno n
[filmskɔ platnɔ]

② *die Sitzreihe*
red sjedala m
[rɛ:d sjɛdala]

die Snackbar
zalogajnica f
[zalɔgajnitsa]

das Getränk
piće n
[pi:tɕɛ]

das Popcorn
kokice fpl
[kɔkitsɛ]

die Kinokasse
kino blagajna f
[kinɔ blagajna]

die Komödie
komedija f
[kɔmɛ:dija]

der Horrorfilm
horor m
[xɔrɔr]

der Liebesfilm
ljubavni film m
[ʎubaʋni film]

der Zeichentrickfilm	**crtani film** m [tsrtani film]
der Western	**vestern** m [ʋɛstɛrn]
die Voraufführung	**preview filma** m [priʋju filma]
das Filmplakat	**filmski plakat** m [filmski plaka:t]
die Premiere	**premijera** f [prɛmiɛ:ra]
der Thriller	**triler** m [trilɛr]
der Sciencefictionfilm	**znanstveno fantastičan film** m [znanstʋɛnɔ fantastitʃan film]
jugendfrei	**dopušten za mladež** [dɔpuʃtɛn za mladɛʒ]

der 3D-Film
3D film m
[tridɛ: film]

HOBBYS – HOBIJI

Fotografieren – Fotografiranje

die Programmwählscheibe
okretan gumb za postavljanje programa m
[ɔkrɛtan gumb za pɔstaʋʎaɲɛ prɔgrama]

die Spiegelreflexkamera
zrcalno-refleksna kamera f
[zrtsalnɔrɛflɛksna kamɛra]

der Blitzschuh
nastavak za dodatnu bljeskalicu m
[naːstaʋak za dɔdatnu bʎɛskalitsu]

der (ausklappbare) Blitz
(sklopiva) bljeskalica f
[(sklɔpiʋa) bʎɛskalitsa]

der/das Zoom
zum m
[zuːm]

das Objektiv
objektiv m
[ɔbjɛktiːʋ]

der Auslöser
okidač m
[ɔkidatʃ]

das Kameragehäuse
kučište kamere n
[kutʃiʃtɛ kamɛrɛ]

der Blendenregler
regulator pokrova m
[rɛgulaːtɔr pɔkrɔʋa]

das Selbstauslöser-Lichtsignal
lampica za samookidač f
[lampitsa za samɔɔkidatʃ]

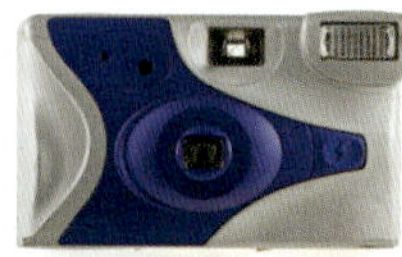

die Einwegkamera
jednokratni fotoaparat m
[jɛdnɔkratni fɔtɔaparat]

die Sofortbildkamera
polaroid fotoaparat m
[pɔlarɔid fɔtɔaparat]

die Analogkamera
analogna kamera f
[analɔgna kamɛra]

die Digitalkamera
digitalna kamera f
[digitalna kamɛra]

das Stativ
stativ m
[statiːʋ]

der Aufsteckblitz
dodatna bljeskalica f
[dɔdatna bʎɛskalitsa]

der Filter
filter m
[filtɛr]

der Objektivdeckel
poklopac za objektiv m
[pɔklɔpats za ɔbjɛktiːʋ]

HOBBYS – HOBIJI

Fotografieren – Fotografiranje

der Film
film m
[film]

das Fotostudio
foto studio m
[fɔtɔ studiɔ]

ein Foto machen
napraviti sliku
[napraʊiti sliku]

die Bildbearbeitung
obrada slika f
[ɔbrada slika]

die Compact-Flash-Karte
CF kartica f
[tsɛ ɛf kartitsa]

sich fotografieren lassen
slikati se
[slikati sɛ]

die Kameratasche
torbica za kameru f
[tɔrbitsa za kamɛru]

die Dunkelkammer
tamna komora f
[ta:mna kɔmɔra]

die Speicherkarte
memorijska kartica f
[mɛmɔ:rijska kartitsa]

unscharf
mutan, -na, -no
[mu:tan,na,nɔ]

überbelichtet
preosvjetljen, -a, -o
[prɛɔsʊjɛ:tʎɛn,a,ɔ]

unterbelichtet
nedovoljno osvjetljen, -a, -o
[nɛdɔʊɔʎnɔ ɔsʊjɛ:tʎɛn,a,ɔ]

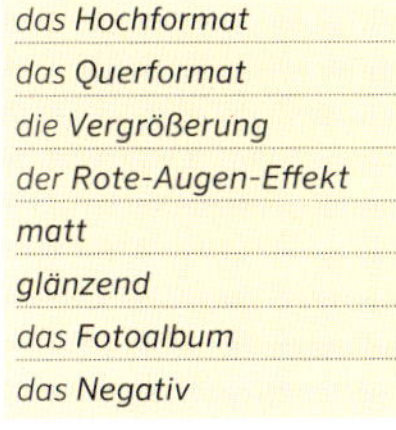

das Hochformat	**uspravni format** m [uspraʊni fɔrma:t]
das Querformat	**vodoravni format** m [ʊɔdɔraʊni fɔrma:t]
die Vergrößerung	**povećanje** n [pɔʊɛtɕaɲɛ]
der Rote-Augen-Effekt	**efekt crvene oči** m [ɛfɛkt tsrʊɛnɛ ɔtʃi]
matt	**bez sjaja** [bɛz sja:ja]
glänzend	**sjajan, -na, -no** [sja:jan,na,nɔ]
das Fotoalbum	**fotoalbum** m [fɔtɔalbu:m]
das Negativ	**negativ** m [nɛgatiʊ]

der digitale Bilderrahmen
digitalni okvir slike m
[digitalni ɔkʊi:r slikɛ]

HOBBYS – HOBIJI

Spiele – Igre

die Spielkarte
igraća karta f
[igratɕa ka:rta]

das Karo
karo n
[karɔ]

das Pik
pik m
[pik]

das Herz
srce n
[srtsɛ]

das Kreuz
križ m
[kri:ʒ]

das Ass
as m
[as]

der Joker
džoker m
[dʒɔ:kɛr]

der König
kralj m
[kra:ʎ]

die Dame
dama f
[da:ma]

der Bube
dečko m
[dɛtʃkɔ]

die Karten mischen
miješati karte
[miɛ:ʃati ka:rtɛ]

geben
dati
[dati]

das Blatt
igraće karte fpl
[igratɕɛ ka:rtɛ]

Poker spielen
igrati poker
[igrati pɔkɛr]

der Dominostein
domino pločica f
[dɔminɔ plɔtʃitsa]

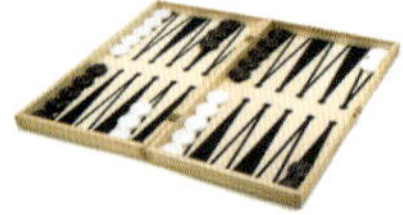

das Backgammon
backgammon m
[bɛkgɛmɔn]

das Damespiel
dama f
[da:ma]

das Puzzle
slagalica f
[sla:galitsa]

HOBBYS – HOBIJI

Spiele – Igre

das Schach
šah m
[ʃax]

der König
kralj m
[kraːʎ]

die Dame
kraljica f
[kraʎitsa]

der Läufer
lovac m
[lɔːʋats]

der Springer
skakač m
[skakatʃ]

der Turm
top m
[tɔp]

der Bauer
pješak m
[pjɛʃaːk]

das weiße Feld
bijelo polje n
[biɛːlɔ pɔʎɛ]

das Schachbrett
šahovska ploča f
[ʃaxɔʋska plɔtʃa]

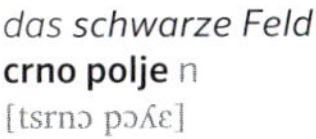

das schwarze Feld
crno polje n
[tsrnɔ pɔʎɛ]

der Zug
potez m
[pɔtɛz]

das Brettspiel
igra na ploči f
[igra na plɔtʃi]

das Monopoly®
Monopoly m
[mɔnɔpɔli]

das Mensch ärgere dich nicht®
Čovječe ne ljuti se m
[tʃɔʋjɛtʃɛ nɛ ʎuːti sɛ]

würfeln	**baciti kocku** [baːtsiti kɔtsku]
mogeln	**varati** [ʋarati]
das Glück	**sreća** f [srɛtɕa]
das Pech	**nesreća** f [nɛsrɛtɕa]
Wer ist dran?	**Tko je na redu?** [tkɔ jɛ na rɛːdu]
Du bist dran.	**Ti si na redu.** [ti si na rɛːdu]
gewinnen	**pobjediti** [pɔbjɛːditi]
verlieren	**izgubiti** [izgubiti]

das Jenga®
Jenga f
[dʒɛnga]

der Würfel
kocka f
[kɔtska]

FERIEN – PRAZNICI

Am Strand – Na plaži

der Strand
plaža f
[pla:ʒa]

die Stranddüne
obalna dina f
[ɔbalna di:na]

der Sonnenuntergang
zalazak sunca m
[zalazak su:ntsa]

das Meer
more n
[mɔ:rɛ]

der Strandkorb
košara za plažu f
[kɔʃara za pla:ʒu]

der Sand
pijesak m [piɛ:sak]

die Küste
obala f
[ɔbala]

die Strandpromenade
riva f
[ri:ʋa]

der Liegestuhl
ležaljka f
[lɛʒaʎka]

der Wasserball
lopta za vodu f
[lɔpta za ʋɔdu]

das Strandtuch
ručnik za plažu m
[rutʃnik za pla:ʒu]

die Kinderschaufel
dječja lopatica f
[djɛtʃja lɔpatitsa]

der Flip-Flop®
japanka f
[japa:nka]

der Eimer
kanta f
[ka:nta]

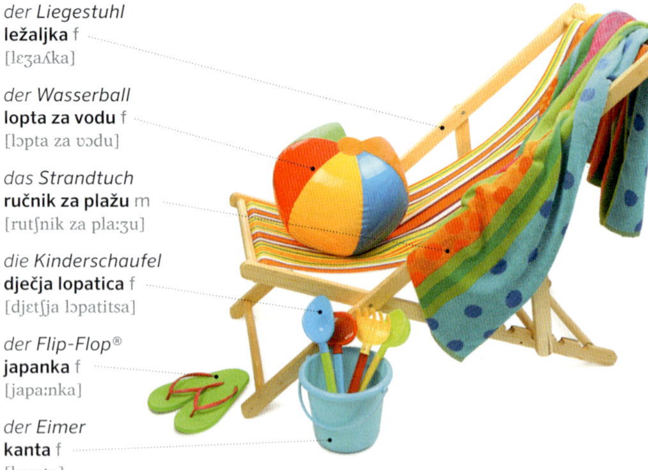

FERIEN – PRAZNICI

Am Strand – Na plaži

der Sonnenschirm
suncobran m
[suntsɔbran]

der Steinstrand
kamenita plaža f
[kamɛnita pla:ʒa]

die Strandmuschel
sklopivi šator za plažu m
[sklɔpiʋi ʃatɔr za pla:ʒu]

die Sandburg
kula od pijeska f
[ku:la ɔd piɛ:ska]

der Seetang
morska trava f
[mɔrska tra:ʋa]

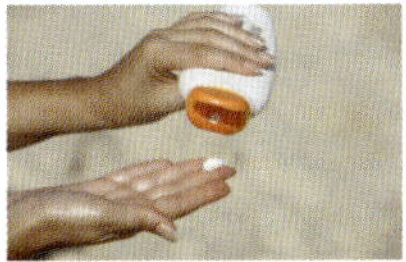

die Sonnencreme
sunčana krema f
[su:ntʃana krɛ:ma]

das Strandresort
resort m
[rɛsɔ:rt]

der Steg
brvno n
[brʋnɔ]

das Kreuzworträtsel
križaljka f
[kriʒaʎka]

das Sudoku
sudoku m
[sudɔku]

das Strandhäuschen
kuća na obali f
[kutɕa na ɔbali]

die Strandbar
bar na obali m
[bar na ɔbali]

die Ebbe	**oseka** f [ɔsɛka]
die Flut	**plima** f [plima]
die Strömung	**strujanje** n [stru:jaɲɛ]
der FKK-Strand	**nudistička plaža** f [nudistitʃka pla:ʒa]
das Strandgut	**naplavine** fpl [naplaʋinɛ]
schnorcheln	**roniti s maskom** [rɔniti smaskɔm]
der Sonnenbrand	**opeklina od sunca** f [ɔpɛklina ɔd su:ntsa]
die Brandung	**val** m [ʋa:l]

sich sonnen
sunčati se
[su:ntʃati sɛ]

FERIEN – PRAZNICI

Das Zelten – Kampiranje

das Wohnmobil
mobilna kućica f
[mɔbilna kutɕitsa]

der Wohnwagen
kamp kućica f
[kamp kutɕitsa]

der Campingbus
kamp bus m
[kamp bus]

das Indianerzelt
indijanski šator m
[indijanski ʃatɔr]

der Campingstuhl
kamp stolica f
[kamp stɔlitsa]

der Gasbrenner
plinski plamenik m
[plinski plamɛnik]

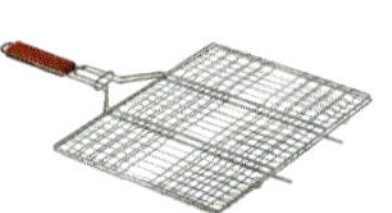

der Grillrost
roštilj m
[rɔʃtiʎ]

die Lagerfeuerstelle
mjesto za logorsku vatru m
[mjɛstɔ za lɔgɔrsku ʋatru]

der Campingplatz
kamp m
[kamp]

das Zelt
šator m
[ʃatɔr]

der Zeltplatz
kamp m
[kamp]

das Taschenmesser
džepni nožić m
[dʒɛpni nɔʒitɕ]

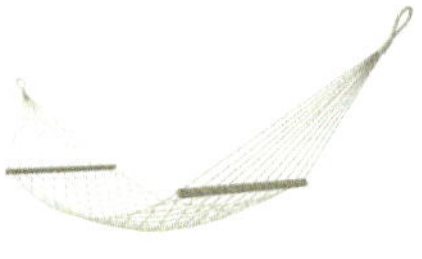

die Hängematte
visaljka f
[ʋisaʎka]

die Gasflasche	**plinska boca** f [plinska bɔtsa]
die Stirnlampe	**svjetiljka za čelo** f [sʋjɛtiʎka za tʃɛlɔ]
der Strom-anschluss	**priključak struje** m [prikʎutʃak stru:jɛ]
die Duschen und Toiletten	**tuševi i WC-i** mpl [tuʃɛʋi i ʋɛtsɛ:i]
der Feuer-anzünder	**sredstvo za potpaljivanje vatre** n [srɛdstʋɔ za pɔtpaʎi:ʋaɲɛ ʋatrɛ]
die Holzkohle	**drveni ugljen** m [drʋɛni ugʎɛn]
der/das Insektenspray	**sprej protiv insekta** m [sprɛ:j prɔtiʋ insɛkta]

FERIEN – PRAZNICI

Das Zelten – Kampiranje

der Schlafsack
vreća za spavanje f
[ʋrɛtɕa za spaːʋaɲɛ]

das Außenzelt
vanjski šator m
[ʋaɲski ʃatɔr]

das Innenzelt
unutarnji šator m
[unutarɲi ʃatɔr]

der Zelteingang
ulaz šatora m
[ulaz ʃatɔra]

die Zeltstange
šipka za šator f
[ʃipka za ʃatɔr]

der Zeltboden
dno šatora n
[dnɔ ʃatɔra]

der Reißverschluss
patentni zatvarač m
[patɛntni zatʋaratʃ]

die Luftmatratze
zračni madrac m
[zratʃni madrats]

der Rucksack
naprtnjača f
[naprtɲatʃa]

die Isomatte
podloga za spavanje f
[pɔdlɔga za spaːʋaɲɛ]

der Trekkingstock
štap za planinarenje m
[ʃtap za planinarɛɲɛ]

der Wanderschuh
planinarska cipela f
[planinarska tsipɛla]

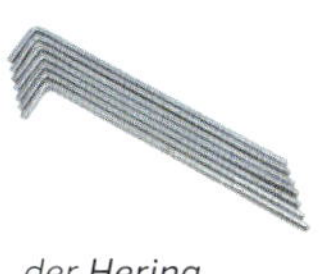

der Hering
klin m
[klin]

die Taschenlampe
džepna svjetiljka f
[dʒɛpna sʋjɛtiʎka]

die Petroleumlampe	**petrolejska svjetiljka** f [pɛtrɔlɛjska sʋjɛtiʎka]
die Luftpumpe	**zračna pumpa** f [zratʃna puːmpa]
die Campingtoilette	**kamp WC** m [kamp ʋɛtsɛː]
die Entsorgungsstation	**mjesto uklanjanja** n [mjɛstɔ uklaːɲaɲa]
die Regenhaut®	**kabanica** f [kabanitsa]
die Thermowäsche	**termo rublje** n [tɛrmɔ ruːbʎɛ]
das Moskitonetz	**mreža protiv komaraca** f [mrɛʒa prɔtiʋ kɔmaːratsa]
ein Zelt aufschlagen	**postaviti šator** [pɔstaʋiti ʃatɔr]
Kann ich hier mein Zelt aufschlagen?	**Mogu li ovdje postaviti svoj šator?** [mɔguli ɔːʋdjɛ pɔstaʋiti sʋɔːj ʃatɔr]

der Wasserkanister
kanistar vode m
[kanistar ʋɔdɛ]

KÖRPER UND GESUNDHEIT

TIJELO I ZDRAVLJE

DER KÖRPER – TIJELO

der Mann
muškarac m
[muʃka:rats]

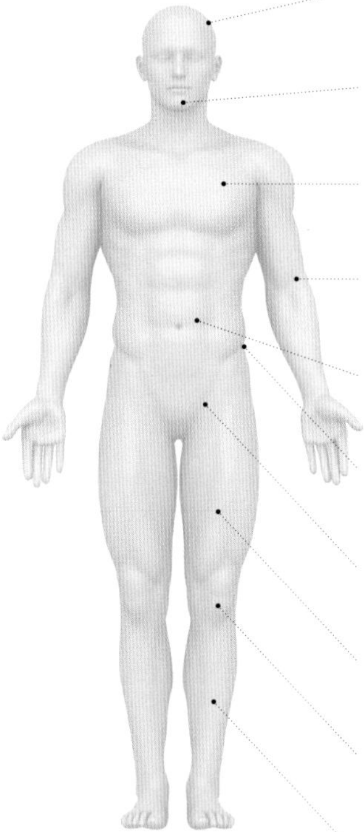

die Frau
žena f
[ʒɛna]

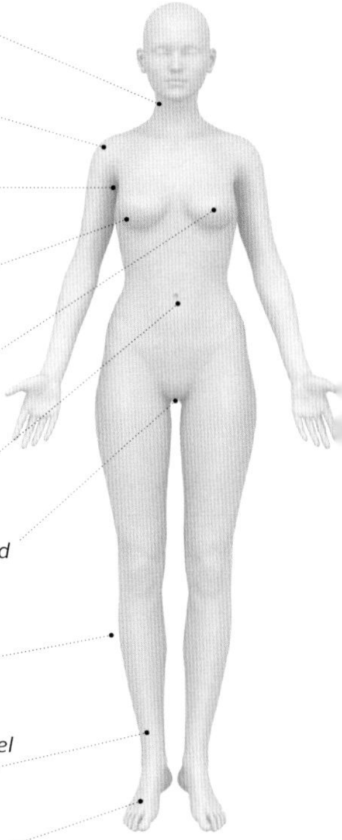

der Kopf
glava f
[gla:ʋa]

das Kinn
brada f
[brada]

der Brustkorb
grudni koš m
[grudni kɔʃ]

der Arm
ruka f
[ru:ka]

der Bauch
trbuh m
[trbux]

die Hüfte
kuk m
[kuk]

die Leiste
prepone fpl
[prɛpɔnɛ]

der Oberschenkel
natkoljenica f
[natkɔʎɛnitsa]

das Knie
koljeno n
[kɔʎɛnɔ]

das Schienbein
cjevanica f
[tsjɛʋanitsa]

der Hals
vrat m
[ʋrat]

die Schulter
rame n
[ramɛ]

die Achselhöhle
pazuh m
[pazux]

die Brust
grudi fpl
[gru:di]

die Brustwarze
bradavica f
[bradaʋitsa]

der Bauchnabel
pupak m
[pu:pak]

die Schamgegend
stidna zona f
[stidna zɔna]

das Bein
noga f
[nɔga]

der Unterschenkel
potkoljenica f
[pɔtkɔʎɛnitsa]

der Fuß
stopalo m
[stɔpalɔ]

DER KÖRPER – TIJELO

die Frau
žena f
[ʒɛna]

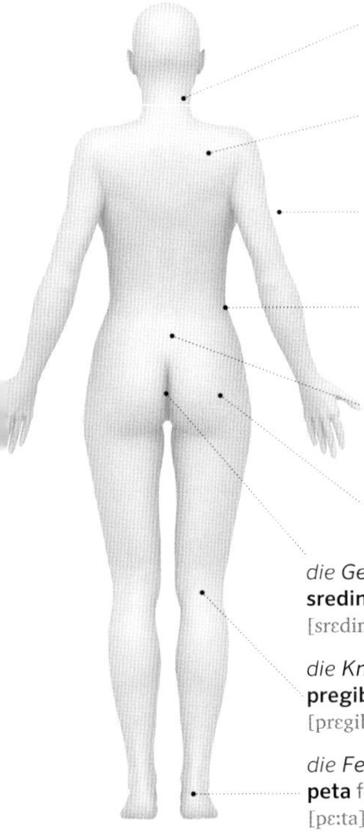

der Mann
muškarac m
[muʃka:rats]

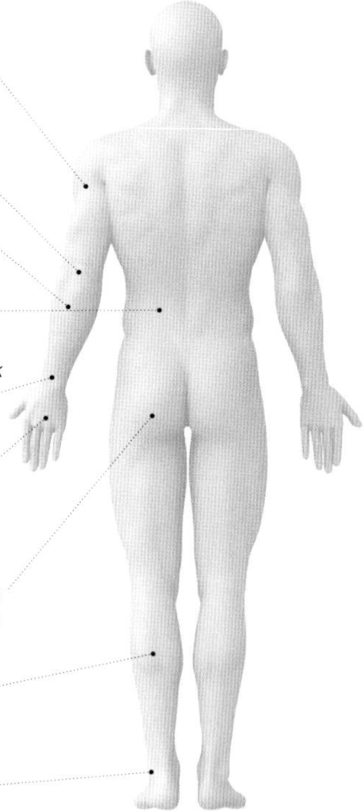

der Nacken
zatiljak m
[zatiʎak]

das Schulterblatt
lopatica f
[lɔpatitsa]

der Arm
ruka f
[ru:ka]

die Taille
struk m
[struk]

die Lende
bok m
[bɔk]

das Gesäß
stražnjica f
[straʒɲitsa]

die Gesäßspalte
sredina stražnjice f
[srɛdina straʒɲitsɛ]

die Kniekehle
pregib koljena m
[prɛgib kɔʎɛna]

die Ferse
peta f
[pɛ:ta]

der Oberarm
nadlaktica f
[nadlaktitsa]

der Ellbogen
lakat m
[lakat]

der Unterarm
podlaktica f
[pɔdlaktitsa]

der Rücken
leđa npl
[lɛ:dza]

das Handgelenk
ručni zglob m
[rutʃni zglɔb]

die Hand
šaka f
[ʃaka]

die Gesäßbacke
dio stražnjice m
[diɔ straʒɲitsɛ]

die Wade
list m
[list]

der Knöchel
gležanj m
[glɛ:ʒaɲ]

DER KÖRPER – TIJELO

Die Hand und der Fuß – Šaka i stopalo

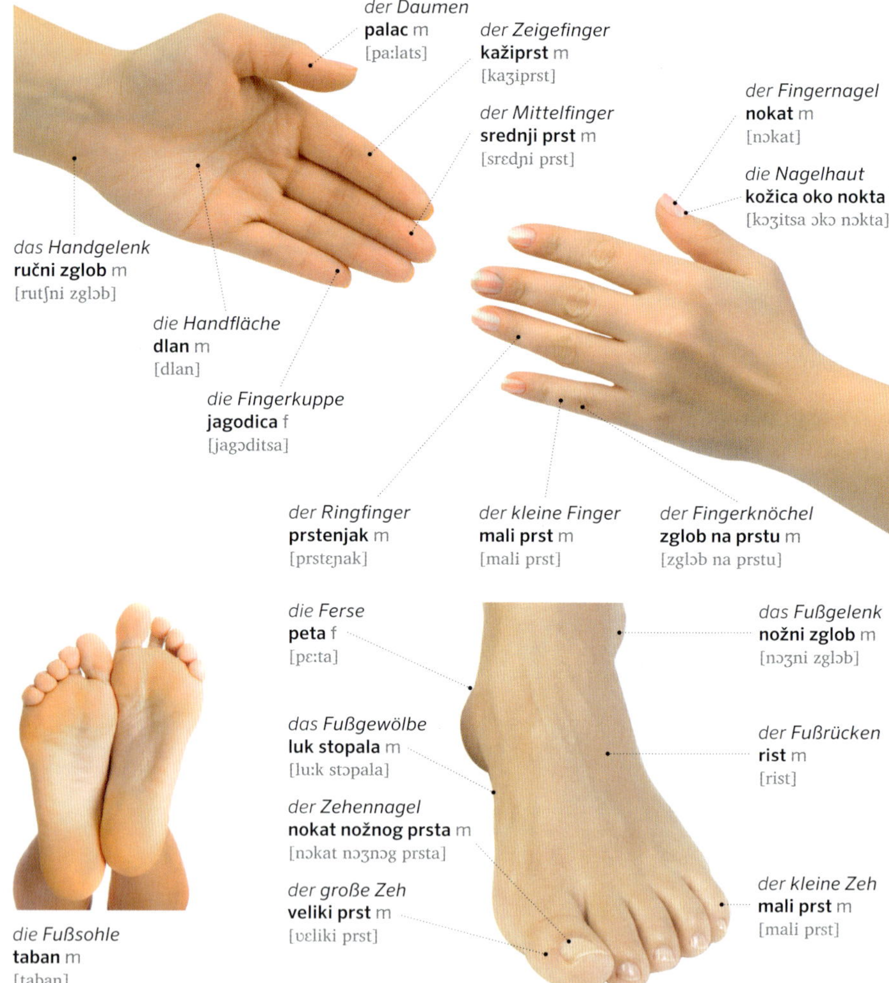

DER KÖRPER – TIJELO

Der Kopf – Glava

das Gehirn
mozak m
[mɔzak]

das Großhirn
veliki mozak m
[ʋɛliki mɔzak]

das Kleinhirn
mali mozak m
[mali mɔzak]

der Hirnstamm
moždano deblo n
[mɔʒdanɔ dɛblɔ]

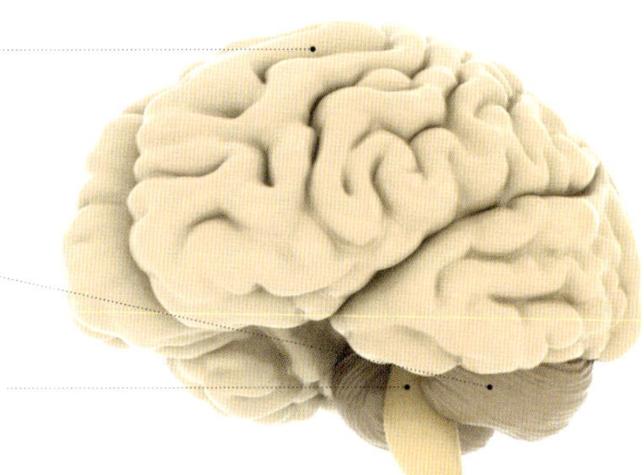

die Stirnhöhle
frontalni sinusi mpl
[frɔntalni sinusi]

die Keilbeinhöhle
sfenoidalni sinus m
[sfɛnɔidalni sinus]

die Nasenhöhle
nosna šupljina f
[nɔsna ʃupʎina]

das Nasenbein
nosna kost f
[nɔsna kɔst]

der Oberkiefer
gornja čeljust f
[gɔrɲa tʃɛʎust]

der Gaumen
nepce n
[nɛptsɛ]

die Zunge
jezik m
[jɛzik]

der Rachen
ždrijelo n
[ʒdriɛːlɔ]

der Unterkiefer
donja čeljust f
[dɔɲa tʃɛʎust]

die Kehle
grlo n
[grlɔ]

der Kehlkopf
grkljan m
[grkʎan]

die Speiseröhre
jednjak m
[jɛdɲak]

DER KÖRPER – TIJELO

Die Muskeln – Mišići

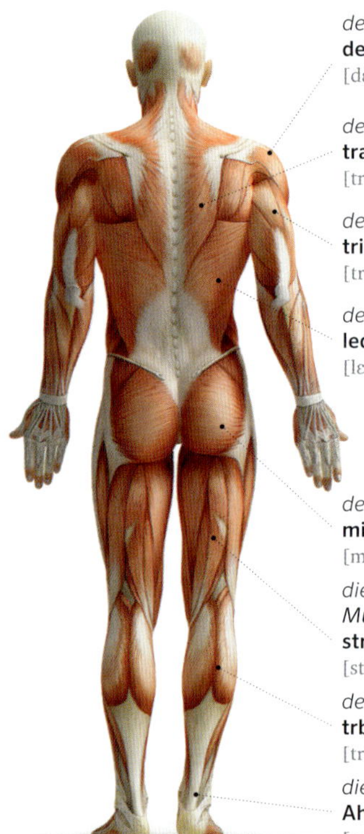

der Deltamuskel
deltoidni mišić m
[dɛltɔidni miʃitɕ]

der Kapuzenmuskel
trapezni mišić m
[trapɛːzni miʃitɕ]

der Trizeps
triceps m
[tritsɛps]

der Rückenmuskel
leđni mišić m
[lɛːdʑni miʃitɕ]

der Gesäßmuskel
mišić stražnjice m
[miʃitɕ straʒɲitsɛ]

die ischiocruralen Muskeln
stražnji mišići natkoljenice mpl
[straʒɲi miʃitɕi natkɔʎɛnitsɛ]

der Wadenmuskel
trbušasti mišić lista m
[trbuʃasti miʃitɕ liːsta]

die Achillessehne
Ahilova tetiva f
[axilɔʋa tɛtiʋa]

der Stirnmuskel
čeoni mišić m
[tʃɛɔni miʃitɕ]

der Brustmuskel
prsni mišić m
[prsni miʃitɕ]

der Bizeps
biceps m
[bitsɛps]

der Bauchmuskel
trbušni mišić m
[trbuʃni miʃitɕ]

der Oberschenkelmuskel
mišić natkoljenice m
[miʃitɕ natkɔʎɛnitsɛ]

der vordere Schienbeinmuskel
prednji goljenični mišić m
[prɛdɲi gɔʎɛnitʃni miʃitɕ]

DER KÖRPER – TIJELO

Das Skelett – Kostur

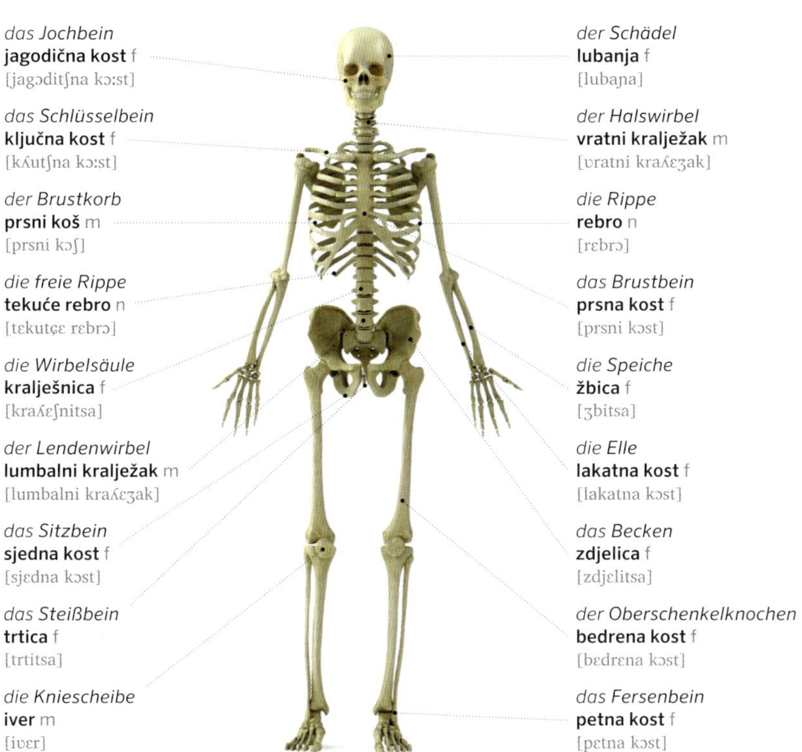

DER KÖRPER – TIJELO

Die inneren Organe – Unutrašnji organi

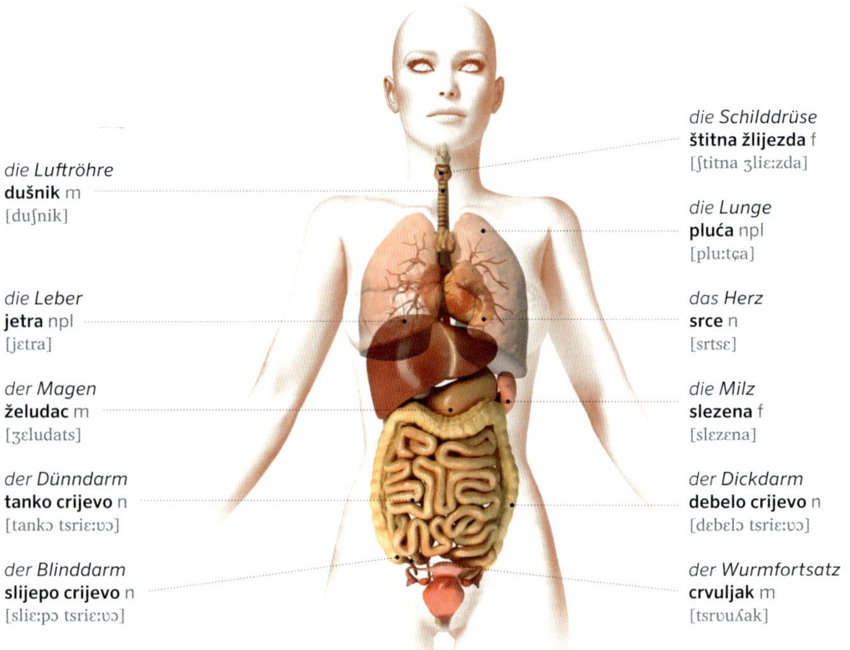

die Niere	**bubreg** m [bubrɛg]
die Bauchspeicheldrüse	**gušterača** f [guʃtɛratʃa]
der Zwölffingerdarm	**dvanaesnik** m [dʋanaːɛsnik]
die Gallenblase	**žuč** m [ʒuːtʃ]
das Zwerchfell	**ošit** m [ɔʃit]
das Gewebe	**tkivo** n [tkiʋɔ]
die Sehne	**tetiva** f [tɛtiʋa]
die Drüse	**žlijezda** f [ʒliɛːzda]
der Knorpel	**hrskavica** f [xrskaʋitsa]

DER KÖRPER – TIJELO

Die Körpersysteme – Sustavi u tijelu

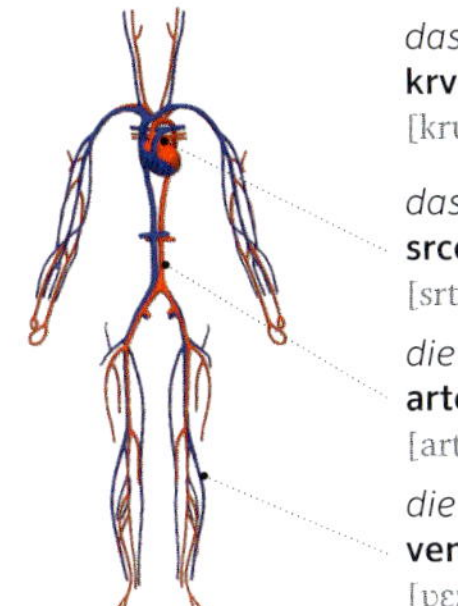

das Herz-Kreislauf-System
krvožilni sustav m
[krʋɔʒilni su:staʋ]

das Herz
srce n
[srtsɛ]

die Arterie
arterija f
[artɛ:rija]

die Vene
vena f
[ʋɛ:na]

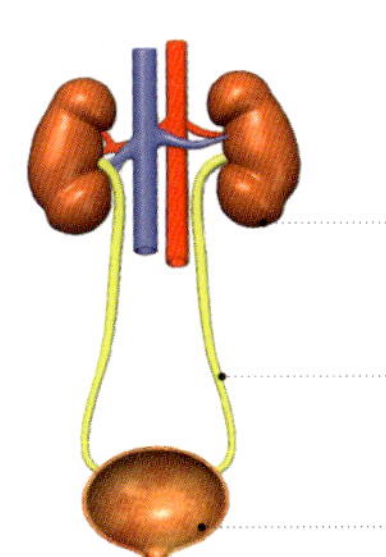

das Harnsystem
mokraćni sustav m
[mɔkratɕni su:staʋ]

die Niere
bubreg m
[bubrɛg]

der Harnleiter
mokraćovod m
[mɔkratɕɔʋɔd]

die Harnblase
mokraćni mjehur m
[mɔkratɕni mjɛxur]

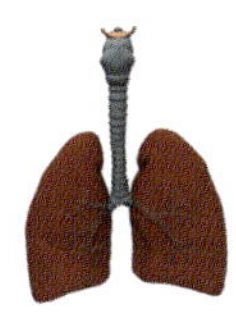

das Atmungssystem
dišni sustav m
[diʃni su:staʋ]

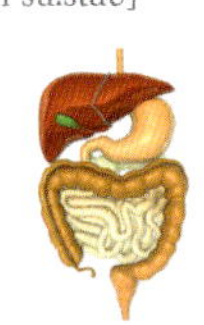

das Verdauungssystem
probavni sustav m
[prɔbaʋni su:staʋ]

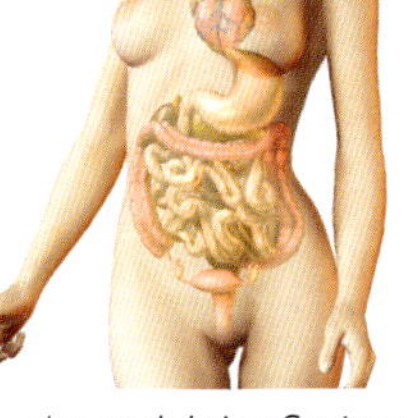

das endokrine System
endokrini sustav m
[ɛndɔkrini su:staʋ]

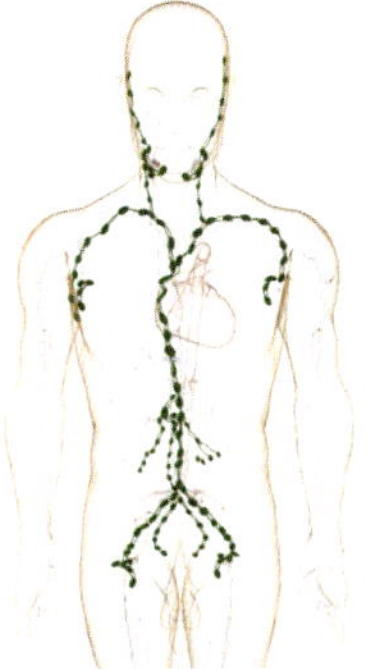

das lymphatische System
limfni sustav m
[limfni su:staʋ]

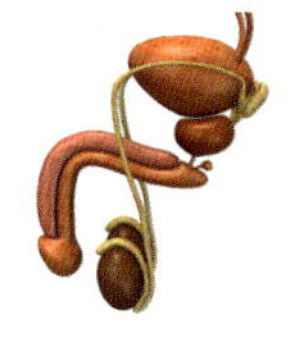

das männliche Fortpflanzungssystem
muški sustav za razmnožavanje m
[muʃki su:staʋ za razmnɔʒa:ʋaɲɛ]

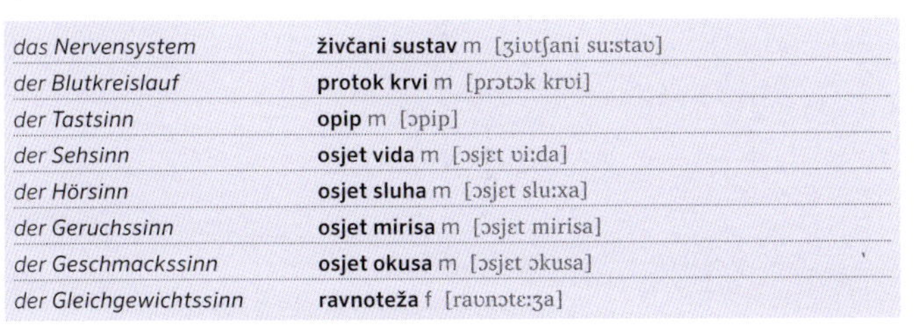

das Nervensystem	**živčani sustav** m [ʒiʋtʃani su:staʋ]
der Blutkreislauf	**protok krvi** m [prɔtɔk krʋi]
der Tastsinn	**opip** m [ɔpip]
der Sehsinn	**osjet vida** m [ɔsjɛt ʋi:da]
der Hörsinn	**osjet sluha** m [ɔsjɛt slu:xa]
der Geruchssinn	**osjet mirisa** m [ɔsjɛt mirisa]
der Geschmackssinn	**osjet okusa** m [ɔsjɛt ɔkusa]
der Gleichgewichtssinn	**ravnoteža** f [raʋnɔtɛ:ʒa]

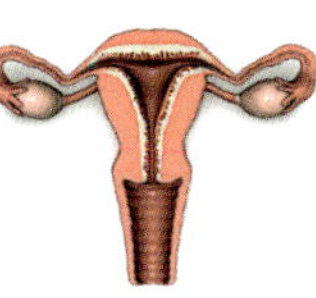

das weibliche Fortpflanzungssystem
ženski sustav za razmnožavanje f
[ʒɛnski su:staʋ za razmnɔʒa:ʋaɲɛ]

DER KÖRPER – TIJELO

Die Geschlechtsorgane – Spolni organi

die männlichen Geschlechtsorgane
muški spolni organi mpl
[muʃki spɔlni ɔrgaːni]

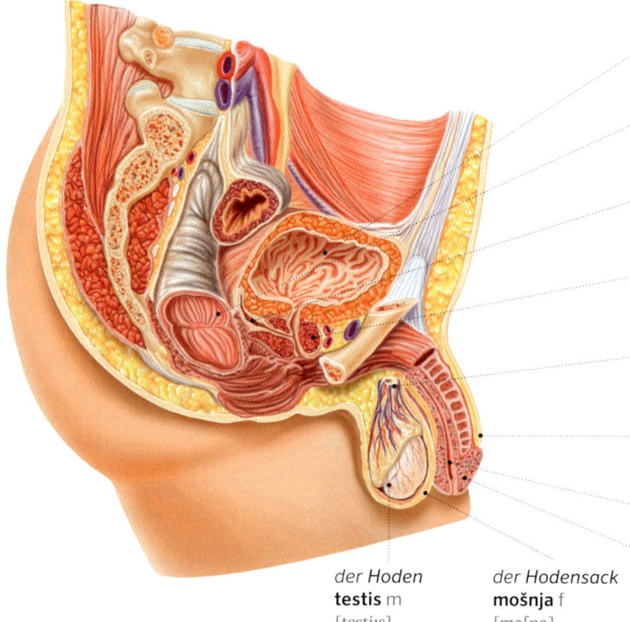

die Erektion	**erekcija** f [ɛrɛktsija]
die Vorhaut	**prepucij** m [prɛputsij]
die Beschneidung	**obrezivanje** n [ɔbrɛziːʋaɲɛ]
der Samenerguss	**ejakulacija** f [ɛjakulaːtsija]
potent/impotent	**potentan/impotentan** [pɔtɛntan/impɔtɛntan]
das Hormon	**hormon** m [xɔrmɔːn]
der Geschlechtsverkehr	**spolni odnos** m [spɔlni ɔdnɔs]
die Geschlechtskrankheit	**spolna bolest** f [spɔlna bɔlɛst]

DER KÖRPER – TIJELO

Die Geschlechtsorgane – Spolni organi

die weiblichen Geschlechtsorgane
ženski spolni organi mpl
[ʒɛnski spɔlni ɔrga:ni]

der Eierstock
jajnik m
[ja:jnik]

der Eileiter
jajovod m
[jajɔʋɔd]

die Gebärmutter
maternica f
[matɛrnitsa]

die Harnblase
mokraćni mjehur m
[mɔkratɕni mjɛxur]

der Gebärmutterhals
vrat maternice m
[ʋrat matɛrnitsɛ]

die Harnröhre
mokraćna cijev f
[mɔkratɕna tsiɛ:ʋ]

die Schamlippe
stidna usna f
[sti:dna usna]

die Klitoris
klitoris m
[klitɔris]

die Scheide
rodnica f
[rɔdnitsa]

der Anus
anus m
[anus]

die Spirale	**spirala** f [spira:la]
das Pessar	**pesar** m [pɛsar]
das Diaphragma	**dijafragma** f [dijafragma]
die Empfängnisverhütung	**kontracepcija** f [kɔntratsɛptsija]
der Eisprung	**ovulacija** f [ɔʋula:tsija]
die Menstruation	**menstruacija** f [mɛnstrua:tsija]
unfruchtbar/fruchtbar	**sterilna/plodna** [stɛrilna/plɔdna]
der Schwangerschaftsabbruch	**abortus** m [abɔrtus]

das Kondom
kondom m
[kɔndɔm]

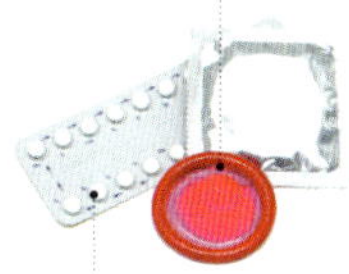

die Pille
pilula f
[pilula]

SCHWANGERSCHAFT UND GEBURT – TRUDNOĆA I POROD

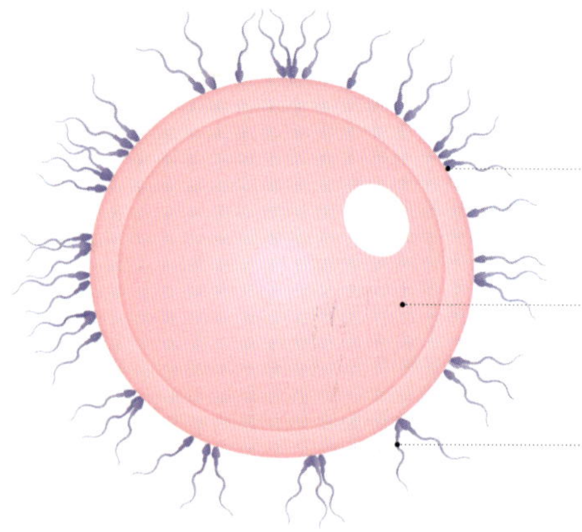

die Empfängnis
začeće n
[zatʃɛ:tɕɛ]

die Befruchtung
oplodnja f
[ɔplɔdɲa]

die Eizelle
jajna stanica f
[jajna stanitsa]

das Spermium
sperma f
[spɛrma]

die Ultraschall-aufnahme
snimak ultrazvukom m
[snimak ultrazʋukɔm]

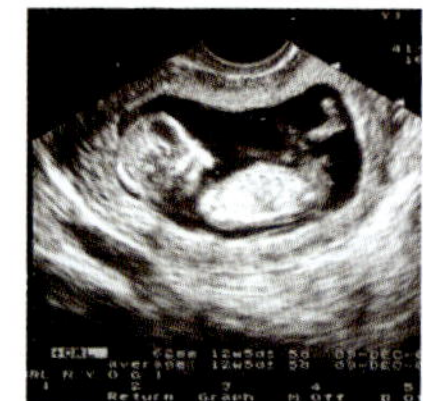

der/das Embryo
zametak m
[zamɛ:tak]

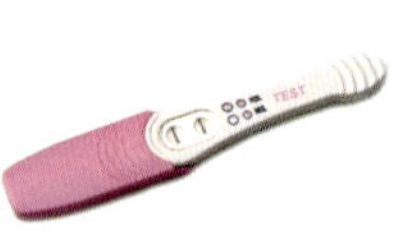

der Schwangerschafts-test
test trudnoće m
[tɛst trudnɔtɕɛ]

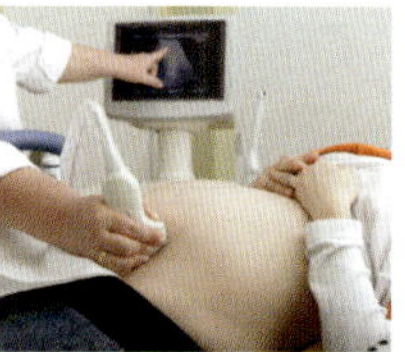

die Ultraschall-untersuchung
pregled ultrazvukom m
[prɛ:glɛd ultrazʋukɔm]

die Hebamme
primalja f
[primalja]

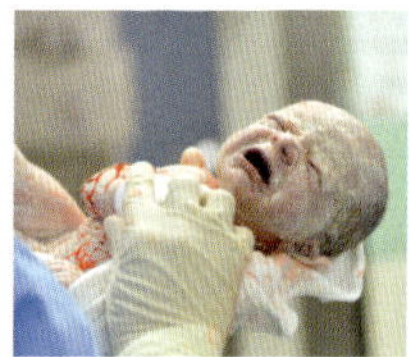

die Geburt
porod m
[pɔ:rɔd]

schwanger	**trudna** [tru:dna]
die Wehen	**trudovi** mpl [tru:dɔʋi]
die Geburt einleiten	**izazvati porođaj** [izazʋati pɔrɔdʑaj]
pressen	**istiskivati** [istiskiʋati]
die Nabelschnur	**pupčana vrpca** f [puptʃana ʋrptsa]
die Plazenta	**posteljica** f [pɔstɛʎitsa]
das Fruchtwasser	**plodna voda** f [plɔdna ʋɔda]
die Fruchtblase	**vodenjak** m [ʋɔdɛɲak]

SCHWANGERSCHAFT UND GEBURT – TRUDNOĆA I POROD

das Fläschchen
bočica f
[bɔtʃitsa]

der Messlöffel
mjerna žlica f
[mjɛrna ʒlitsa]

das Milchpulver
mlijeko u prahu za bebe n
[mliɛ:kɔ u pra:xu za bɛ:bɛ]

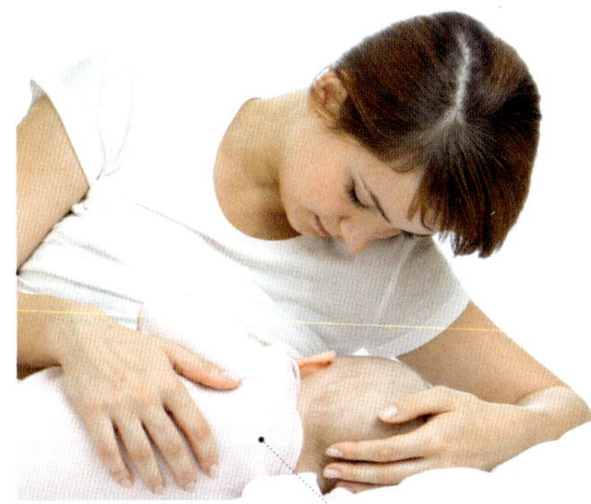

stillen
dojiti
[dɔjiti]

der Säugling
dojenče n
[dɔjɛntʃɛ]

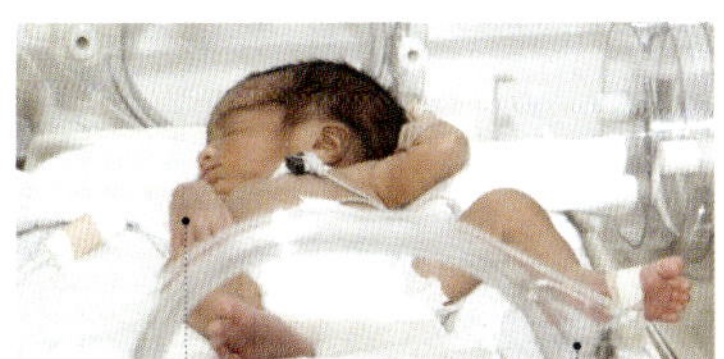

das Frühchen
nedonošće n
[nɛdɔnɔʃtʃɛ]

der Brutkasten
inkubator m
[inkuba:tɔr]

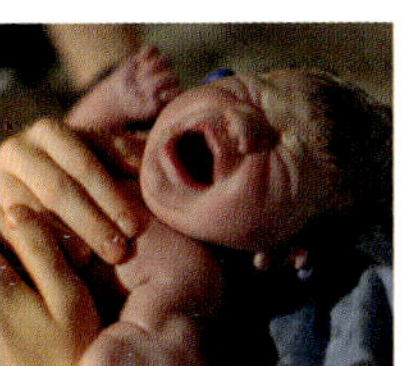

das Neugeborene
novorođenče n
[nɔʋɔrɔdʑɛntʃɛ]

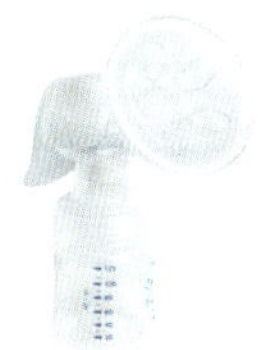

die Milchpumpe
pumpica za mlijeko f
[pumpitsa za mliɛ:kɔ]

der Kreißsaal	**rađaonica** f [radʑaɔnitsa]
der Kaiserschnitt	**carski rez** m [tsarski rɛ:z]
die Frühgeburt	**prijevremeni porod** m [prijɛʋrɛmɛni pɔ:rɔd]
die Fehlgeburt	**spontani pobačaj** m [spɔntani pɔbatʃaj]
die eineiigen Zwillinge	**jednojajčani blizanci** mpl [jɛdnɔja:jtʃani blizantsi]
die zweieiigen Zwillinge	**dvojajčani blizanci** mpl [dʋɔja:jtʃani blizantsi]
das Geburtsgewicht	**težina po porodu** f [tɛʒina pɔ pɔ:rɔdu]
die Impfung	**cijepljenje** n [tsiɛ:pʎɛɲɛ]

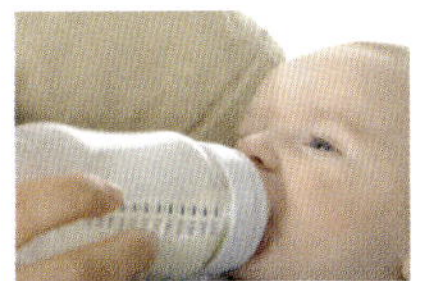

mit der Flasche füttern
hraniti na flašicu
[xra:niti na flaʃitsu]

DER ARZTBESUCH – POSJET KOD LIJEČNIKA

den Blutdruck messen
mjeriti krvni tlak
[mjɛːriti krʋni tlak]

das Wartezimmer
čekaonica f
[tʃɛkaɔnitsa]

das Rezept
recept m
[rɛtsɛpt]

die Ärztin
liječnica f
[liɛːtʃnitsa]

die Patientin
pacijentica f
[patsiɛːntitsa]

die Manschette
manšeta f
[manʃɛta]

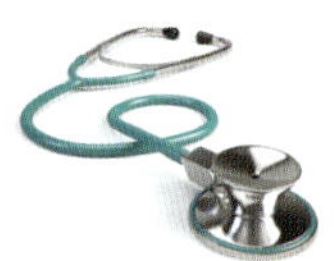

das Stethoskop
stetoskop m
[stɛtɔskɔːp]

das Sprechzimmer
ordinacija f
[ɔrdinaːtsija]

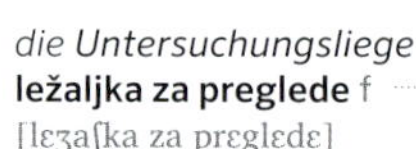

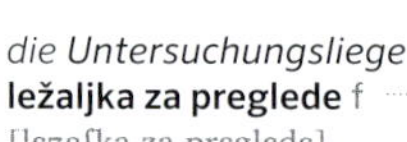

die Untersuchungsliege
ležaljka za preglede f
[lɛʒaʎka za prɛglɛdɛ]

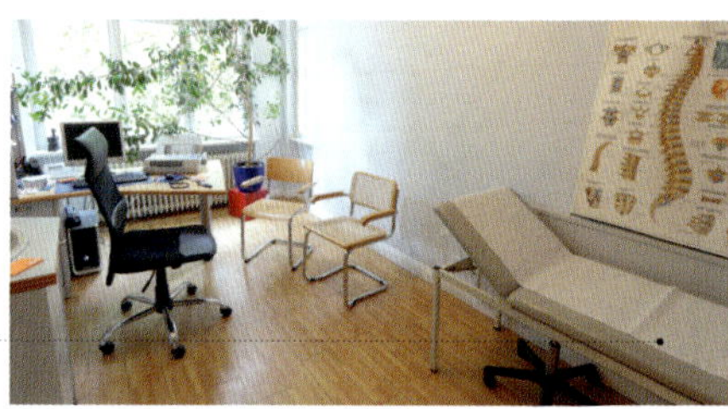

das Blutdruckmessgerät
tlakomjer m
[tlakɔmjɛr]

die Sprechstunde	**radno vrijeme** n [raːdnɔ ʋriɛːmɛ]
jemandem Blut abnehmen	**uzeti uzorak krvi** [uzɛti uzɔrak krʋi]
der Termin	**zakazan pregled** m [zakaːzan prɛglɛd]
die Behandlung	**liječenje** n [liɛːtʃɛɲɛ]
die Diagnose	**dijagnoza** f [dijagnɔːza]
die Überweisung	**uputnica** f [uputnitsa]
die Ergebnisse	**rezultati** mpl [rɛzultaːti]
die Krankenkasse	**zdravstveno osiguranje** n [zdraʋstʋɛnɔ ɔsiguraːɲɛ]

SYMPTOME UND KRANKHEITEN – SIMPTOMI I BOLESTI

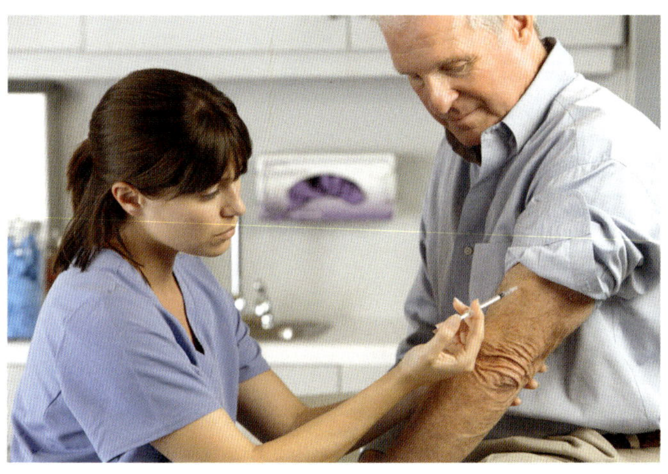

jemandem eine Spritze geben
dati nekome injekciju
[dati nɛkɔmɛ iɲɛːktsiju]

eine Spritze bekommen
dobiti injekciju
[dɔbiti iɲɛːktsiju]

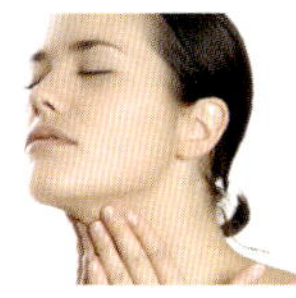

die Halsschmerzen
grlobolja f
[grlɔbɔʎa]

die Kopfschmerzen
glavobolja f
[glaʋɔbɔʎa]

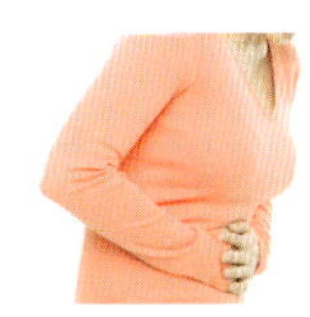

die Magenschmerzen
bol u želucu f
[bɔːl u ʒɛlutsu]

die Zahnschmerzen
zubobolja f
[zubɔbɔʎa]

das Virus	**virus** m [ʋiːrus]
der Infekt	**infekcija** f [infɛktsija]
die Allergie	**alergija** f [alɛrgija]
der Hautausschlag	**osip** m [ɔsip]
das Ekzem	**ekcem** m [ɛktsɛːm]
die Migräne	**migrena** f [migrɛːna]
das Nasenbluten	**krvarenje iz nosa** n [krʋarɛɲɛ iz nɔsa]
die Bindehautentzündung	**konjunktivitis** m [kɔnjunktiʋitis]
die Mittelohrentzündung	**upala unutarnjeg uha** f [upala unutarɲɛg uxa]
der Durchfall	**proljev** m [prɔːʎɛʋ]
die Darmgrippe	**crijevna viroza** f [tsriɛːʋna ʋirɔːza]
der Schwindel	**vrtoglavica** f [ʋrtɔglaʋitsa]
die Übelkeit	**mučnina** f [mutʃniːna]
der Krampf	**grč** m [grtʃ]
die Bronchitis	**bronhitis** m [brɔnxiːtis]
die Blasenentzündung	**upala mokraćnog mjehura** f [upala mkratɕnɔg mjɛxuːra]

SYMPTOME UND KRANKHEITEN – SIMPTOMI I BOLESTI

krank
bolestan, bolesna, -no
[bɔlɛstan,bɔlɛsna,nɔ]

der Schnupfen
hunjavica f
[xuɲaʋitsa]

der Husten
kašalj m
[kaʃaʎ]

gesund
zdrav,-a, o
[zdraʋ,a,ɔ]

die Erkältung
prehlada f
[prɛxlada]

die Grippe
gripa f
[gripa]

das Niesen
kihanje n
[kixaɲɛ]

das Fieber
temperatura f
[tɛmpɛratu:ra]

der Heuschnupfen
alergija na pelud f
[alɛrgija na pɛlud]

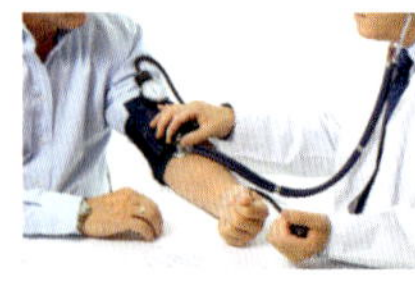

der hohe/niedrige Blutdruck
visok/nizak krvni tlak m
[ʋisɔk/nizak krʋni tlak]

die Entzündung	**upala** f [upala]
die Gürtelrose	**herpes zoster** m [xɛrpɛs tsɔstɛr]
die Mangelerscheinung	**nedostatak** m [nɛdɔsta:tak]
die Blutvergiftung	**otrovanje krvi** n [ɔtrɔʋa:ɲɛ krʋi]
die Schuppenflechte	**psorijaza** f [psɔrija:za]
die Kinderkrankheit	**dječja bolest** f [djɛtʃja bɔlɛst]
die Röteln	**rubeola** f [rubɛɔ:la]
der/das Scharlach	**šarlah** m [ʃarlax]
die Windpocken	**vodene kozice** fpl [ʋɔdɛnɛ kɔzitsɛ]
der Mumps	**mumps** m [mumps]
der Keuchhusten	**hripavac** m [xripaʋats]
die Masern	**ospice** fpl [ɔspitsɛ]
die Kinderlähmung	**dječja paraliza** f [djɛtʃja parali:za]
der Wundstarrkrampf	**tetanus** m [tɛtanus]
die Tuberkulose	**tuberkuloza** f [tubɛrkulɔ:za]
die Rachitis	**rahitis** m [raxitis]
die Hirnhautentzündung	**meningitis** m [mɛningitis]
die Diphtherie	**difterija** f [diftɛrija]
die Tollwut	**bjesnoća** f [bjɛsnɔtɕa]

SYMPTOME UND KRANKHEITEN – SIMPTOMI I BOLESTI

das Asthma
astma f
[astma]

der Inhalator
inhalator m
[inxala:tɔr]

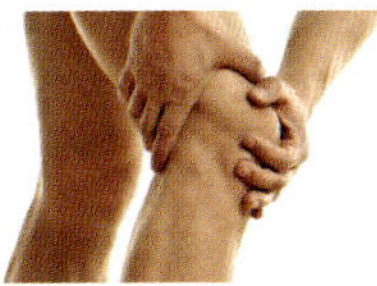

das Rheuma
reuma f
[rɛuma]

der Diabetes
dijabetes m
[dijabɛ:tɛs]

die Schlafstörung
nesanica f
[nɛsanitsa]

das Aids
sida f
[si:da]

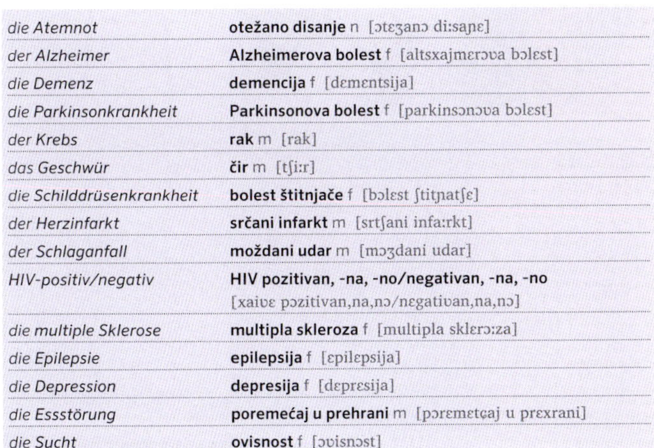

die Atemnot	**otežano disanje** n [ɔtɛʒanɔ di:saɲɛ]
der Alzheimer	**Alzheimerova bolest** f [altsxajmɛrɔʋa bɔlɛst]
die Demenz	**demencija** f [dɛmɛntsija]
die Parkinsonkrankheit	**Parkinsonova bolest** f [parkinsɔnɔʋa bɔlɛst]
der Krebs	**rak** m [rak]
das Geschwür	**čir** m [tʃi:r]
die Schilddrüsenkrankheit	**bolest štitnjače** f [bɔlɛst ʃtitɲatʃɛ]
der Herzinfarkt	**srčani infarkt** m [srtʃani infa:rkt]
der Schlaganfall	**moždani udar** m [mɔʒdani udar]
HIV-positiv/negativ	**HIV pozitivan, -na, -no/negativan, -na, -no** [xaiʋɛ pɔzitivan,na,nɔ/nɛgatiʋan,na,nɔ]
die multiple Sklerose	**multipla skleroza** f [multipla sklɛrɔ:za]
die Epilepsie	**epilepsija** f [ɛpilɛpsija]
die Depression	**depresija** f [dɛprɛsija]
die Essstörung	**poremećaj u prehrani** m [pɔrɛmɛtɕaj u prɛxrani]
die Sucht	**ovisnost** f [ɔʋisnɔst]

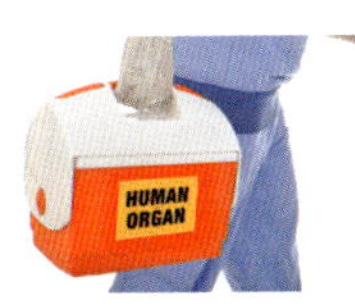

die Transplantation
transplantacija f
[transplanta:tsija]

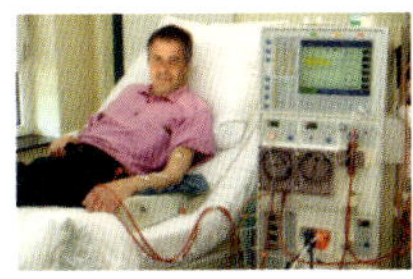

die Dialyse
dijaliza f
[dijali:za]

BEHINDERUNGEN – INVALIDITET

der Blindenhund
pas vodič za slijepce m
[pas vɔditʃ za sliɛːptsɛ]

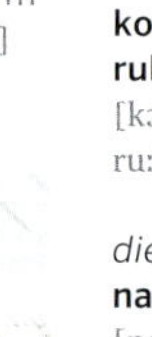

der Blindenstock
sljepački štap m
[sʎɛpatʃki ʃtaːp]

der Rollstuhl
invalidska kolica npl
[invalidska kɔliːtsa]

der Schiebegriff
ručka f
[rutʃka]

die Armlehne
naslon za ruku m
[naslɔn za ruːku]

der Greifreifen
kotač koji se pokreće rukom m
[kɔtatʃ kɔji sɛ pɔkrɛtɕɛ ruːkɔm]

die Fußstütze
naslon za stopalo m
[naslɔn za stɔpalɔ]

die Gebärdensprache
znakovni govor m
[znakɔʋni gɔʋɔr]

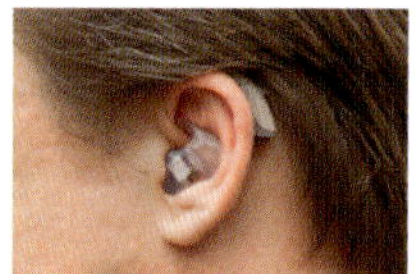

das Hörgerät
slušni aparat m
[sluʃni apaːrat]

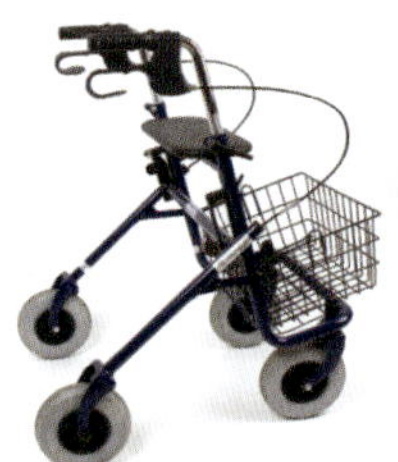

der Rollator
hodalica f
[hɔdalitsa]

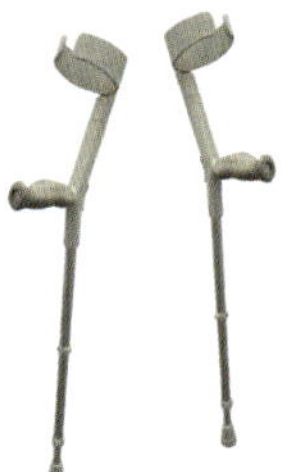

die Krücke
štaka f
[ʃtaka]

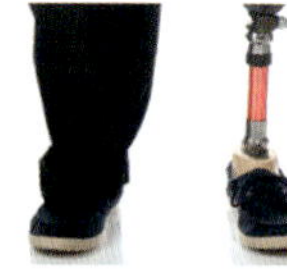

die Prothese
proteza f
[prɔtɛːza]

gelähmt	**paraliziran, -a, -o** [paraliziːran,a,ɔ]
die spastische Lähmung	**spastična paraliza** [spastitʃna paraliːza]
hinken	**šepati** [ʃɛpati]
blind	**slijep, -a,-o** [sliɛːp,a,ɔ]
schwerhörig	**nagluh, a, o** [naglux,a,ɔ]
gehörlos	**gluh, -a, -o** [gluːx,a,ɔ]
behindert	**invalidan, -na, -no** [inʋaliːdan,na,nɔ]
schwerbehindert	**teško invalidan, -na, -no** [tɛʃkɔ inʋaliːdan,na,nɔ]

VERLETZUNGEN – OZLJEDE

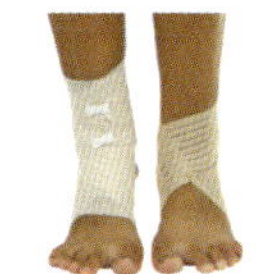

die Verstauchung
uganuće n
[uganutʃɛ]

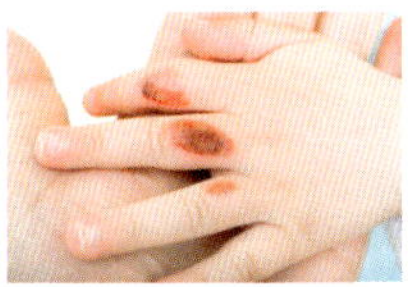

die Verbrennung
opekotina f
[ɔpɛkɔtina]

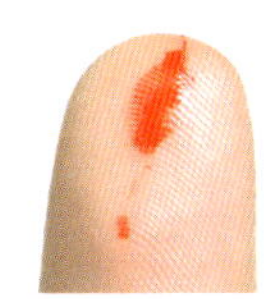

die Schnittwunde
posjekotina f
[pɔsjɛkɔtina]

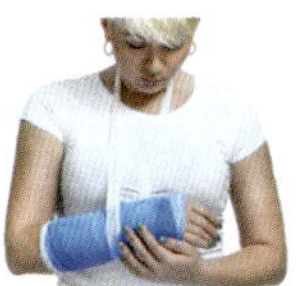

der Knochenbruch
prijelom kosti m
[priɛːlɔm kɔsti]

die Vergiftung
otrovanje n
[ɔtrɔʋaːɲɛ]

der Insektenstich
ubod insekta m
[ubɔd insɛkta]

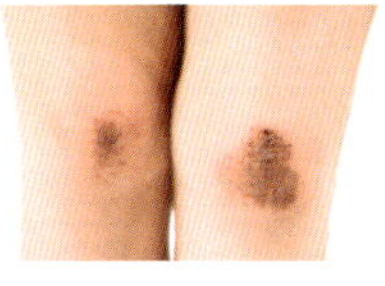

die Schürfwunde
ogrebotina f
[ɔgrɛbɔtina]

in Ohnmacht fallen
pasti u nesvjest
[pasti u nɛsʋjɛst]

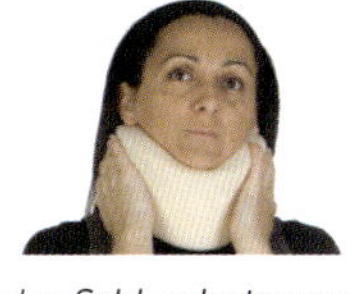

das Schleudertrauma
trzajna ozljeda vrata f
[trzajna ɔzʎɛda ʋraːta]

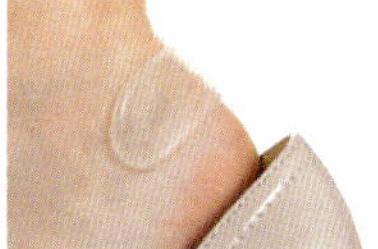

die Blase
plik m
[plik]

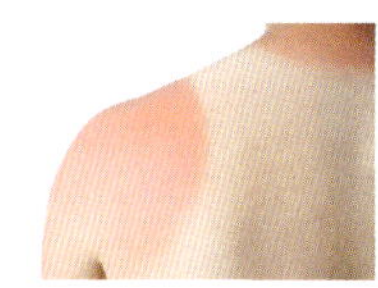

der Sonnenbrand
opekotina od sunca f
[ɔpɛkɔtina ɔd suːntsa]

der Bandscheiben-vorfall
diskushernija kralježnice f
[diskusxɛrnija kraːʎɛʒnitsɛ]

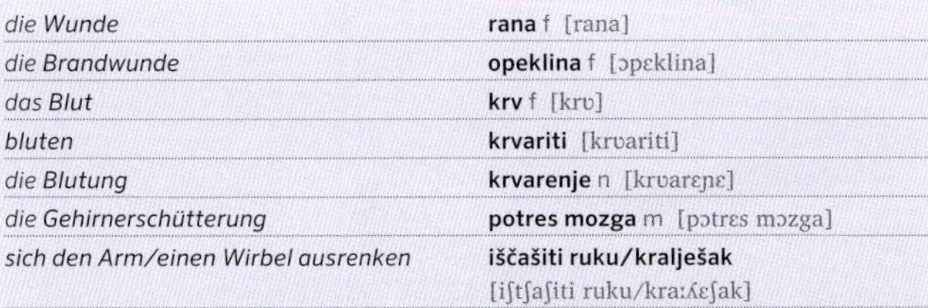

die Wunde	**rana** f [rana]
die Brandwunde	**opeklina** f [ɔpɛklina]
das Blut	**krv** f [krʋ]
bluten	**krvariti** [krʋariti]
die Blutung	**krvarenje** n [krʋarɛɲɛ]
die Gehirnerschütterung	**potres mozga** m [pɔtrɛs mɔzga]
sich den Arm/einen Wirbel ausrenken	**iščašiti ruku/kralješak** [iʃtʃaʃiti ruku/kraːʎɛʃak]
sich den Fuß verstauchen/brechen	**uganuti/polomiti stopalo** [uganuti/pɔlɔmiti stɔpalɔ]

der elektrische Schlag
električan udar m
[ɛlɛktritʃan udar]

BEIM ZAHNARZT – KOD STOMATOLOGA

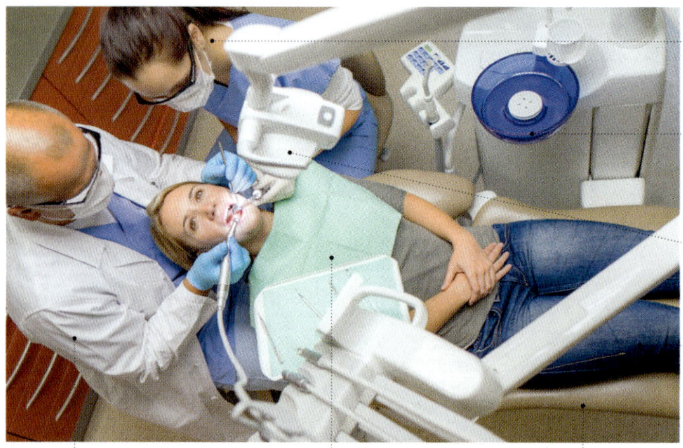

die Zahnarzthelferin
stomatološka asistentica f
[stɔmatɔlɔʃka asistɛntitsa]

das Mundspülbecken
umivaonik za ispiranje usta m [umiʋaɔnik za ispiraɲɛ uːsta]

die Behandlungslampe
svjetiljka za tretman f
[sʋjɛtiʎka za trɛtmaːn]

die Patientin
pacijentica f
[patsiɛntitsa]

der Zahnarzt
stomatolog m
[stɔmatɔlɔg]

der Patientenumhang
ogrtač za pacijente m
[ɔgrtatʃ za patsiɛntɛ]

der Zahnarztstuhl
stomatološka stolica f
[stɔmatɔlɔʃka stɔlitsa]

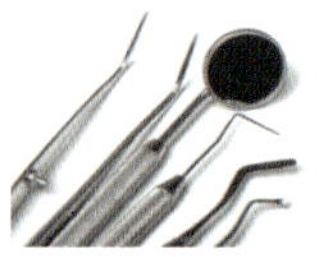

das Zahnarztbesteck
stomatološki pribor m
[stɔmatɔlɔʃki pribɔr]

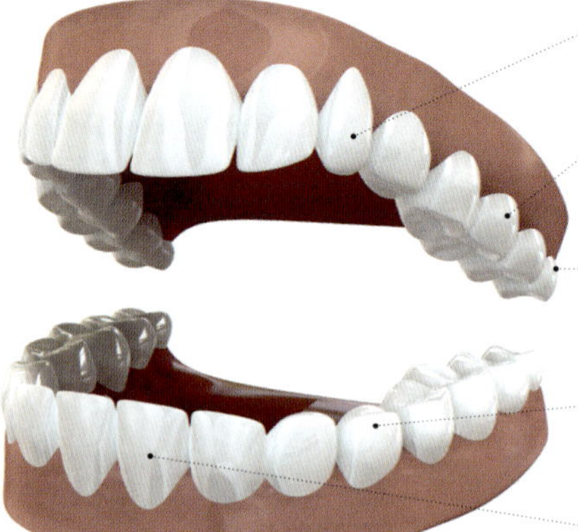

der Eckzahn
očnjak m
[ɔtʃɲak]

der hintere Backenzahn
kutnjak m
[kutɲak]

der Weisheitszahn
umnjak m
[umɲak]

der vordere Backenzahn
pretkutnjak m
[prɛtkutɲak]

der Schneidezahn
sjekutić m
[sjɛkutitɕ]

der Mundschutz
zaštitna maska za usta f
[zaʃtitna maska za uːsta]

BEIM ZAHNARZT – KOD STOMATOLOGA

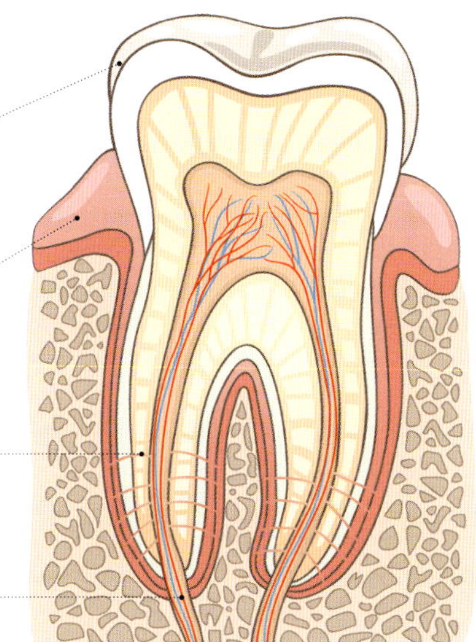

der Zahn
zub m
[zu:b]

der Zahnschmelz
caklina f
[tsaklina]

das Zahnfleisch
zubno meso n
[zubnɔ mɛ:sɔ]

die Zahnwurzel
korijen zuba m
[kɔriɛn zu:ba]

der Nerv
živac m
[ʒiʋats]

die Zahnprothese
zubna proteza f
[zubna prɔtɛ:za]

die Knirscherschiene
udlaga protiv škripanja zuba f [udlaga prɔtiʋ ʃkripaɲa zu:ba]

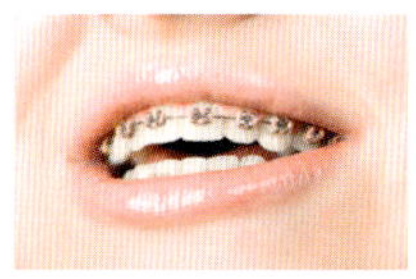

die Zahnspange
aparat za zube m
[aparat za zu:bɛ]

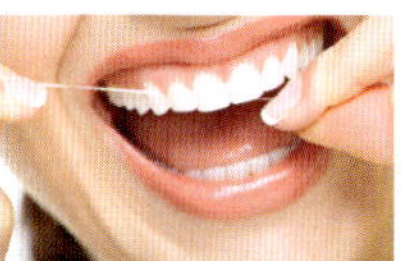

mit Zahnseide reinigen
čistiti s koncem za zube
[tʃistiti skɔntsɛm za zu:bɛ]

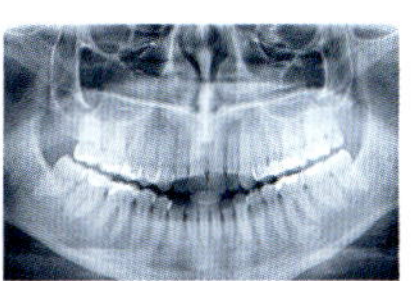

die Röntgenaufnahme
rendgenski snimak m
[rɛndgɛnski snimak]

die Krone
krunica f
[krunitsa]

das Implantat	**zubni implantat** m [zubni implanta:t]
einen Zahn ziehen	**vući zub** [ʋu:tɕi zu:b]
die örtliche Betäubung	**lokalna anestezija** f [lɔkalna anɛstɛ:zija]
die Mundhygiene	**oralna higijena** f [ɔralna xigiɛ:na]
der Zahnbelag	**zubni plak** m [zubni plak]
die Karies	**karijes** m [kariɛs]
die Zahnfüllung	**zubna plomba** f [zubna plɔmba]
die Wurzelbehandlung	**liječenje korijena zuba** n [liɛ:tʃɛɲɛ kɔriɛna zu:ba]

das Mundwasser
tekućina za ispiranje usne šupljine f [tɛkutɕina za ispi:raɲɛ usnɛ ʃupʎinɛ]

BEIM AUGENOPTIKER – KOD OPTIČARA

das Auge
oko n
[ɔkɔ]

die Pupille
zjenica f
[zjɛnitsa]

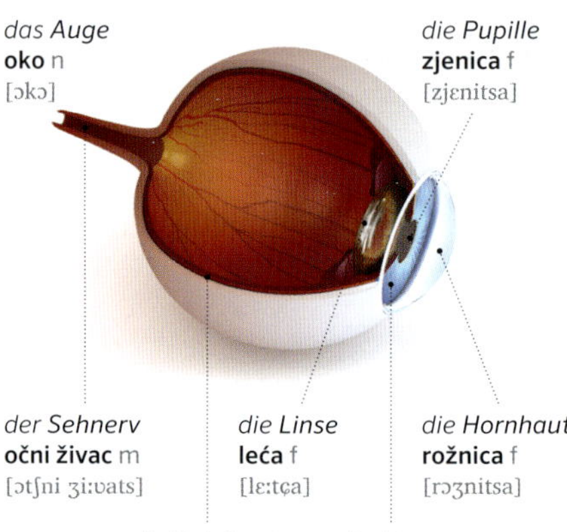

der Sehnerv
očni živac m
[ɔtʃni ʒiːʋats]

die Linse
leća f
[lɛːtɕa]

die Hornhaut
rožnica f
[rɔʒnitsa]

die Netzhaut
mrežnica f
[mrɛʒnitsa]

die Iris
šarenica f
[ʃarɛnitsa]

die Brille
naočale fpl
[naɔtʃalɛ]

das Brillengestell
okvir za naočale m
[ɔkʋiːr za naɔtʃalɛ]

das Brillenglas
staklo za naočale n
[staklɔ za naɔtʃalɛ]

der Kontaktlinsenbehälter
kutijica za kontaktne leće f
kutijitsa za kɔntaktnɛ lɛːtɕa]

die Kontaktlinse
kontaktna leća f
[kɔntaktna lɛːtɕa]

die Optikerin
optičarka f
[ɔptitaʃrka]

der Sehtest
pregled oštrine vida m
[prɛglɛd ɔʃtrinɛ ʋiːda]

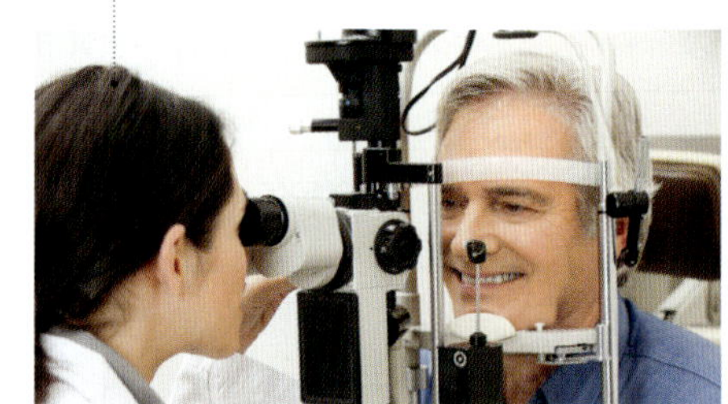

das Brillenputztuch	**maramica za čišćenje naočala** f [maramitsa za tʃiʃtɕɛɲɛ naɔtʃala]
die Augentropfen	**kapi za oko** mpl [kaːpi za ɔkɔ]
die Lesebrille	**naočale za čitanje** fpl [naɔtʃalɛ za tʃitaɲɛ]
weitsichtig	**dalekovidan, -na, -no** [dalɛkɔʋidan,na,nɔ]
kurzsichtig	**kratkovidan, -na, -no** [kratkɔʋidan,na,nɔ]
die Gleitsichtbrille	**progresivne naočale** fpl [prgrɛsiʋnɛ naɔtʃalɛ]
der graue Star	**siva mrena** f [siʋa mrɛna]
der grüne Star	**glaukom** m [glaukɔːm]

IM KRANKENHAUS – U BOLNICI

das Krankenzimmer
bolnička soba f
[bɔlnitʃka sɔba]

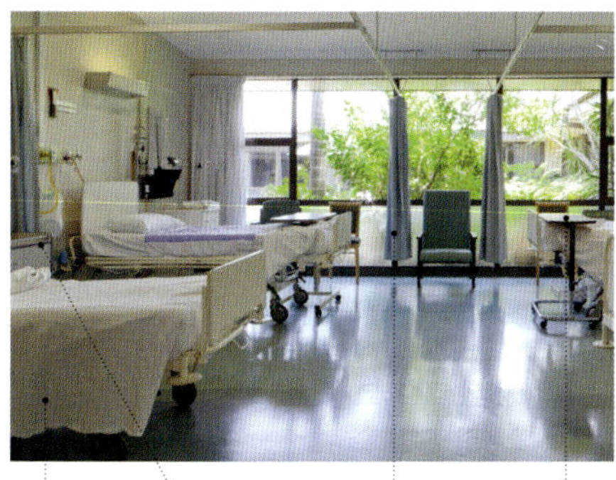

der Nachttisch
noćni ormarić m
[nɔtɕni rɔmaritɕ]

der Krankentisch
bolnički stol m
[bɔlnitʃki stɔ:l]

das Krankenhausbett
bolnički krevet m
[bɔlnitʃki krɛʋɛt]

der Trennvorhang
razdjelna zavjesa f
[razdjɛlna zaʋjɛsa]

das Einzelzimmer
jednokrevetna soba f
[jɛdnɔkrɛʋɛtna sɔba]

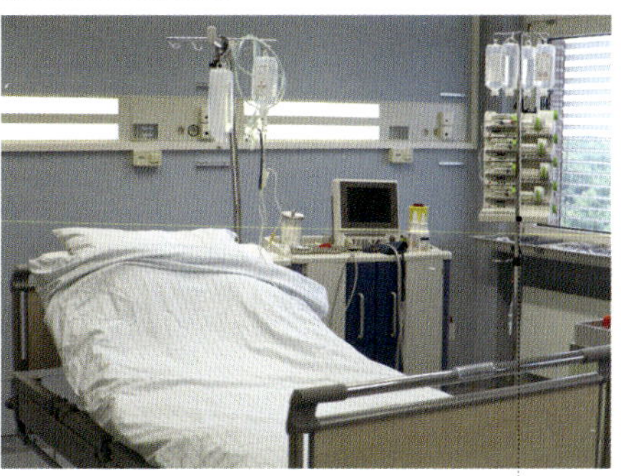

der Infusionsständer
stalak za infuziju m
[sta:lak za infu:ziju]

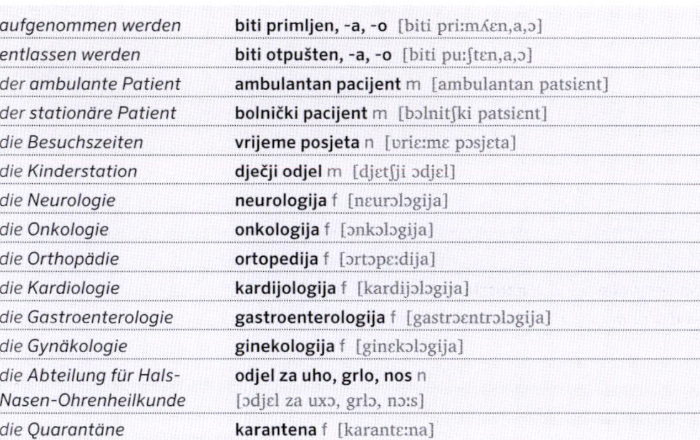

aufgenommen werden	**biti primljen, -a, -o** [biti pri:mʎɛn,a,ɔ]
entlassen werden	**biti otpušten, -a, -o** [biti pu:ʃtɛn,a,ɔ]
der ambulante Patient	**ambulantan pacijent** m [ambulantan patsiɛnt]
der stationäre Patient	**bolnički pacijent** m [bɔlnitʃki patsiɛnt]
die Besuchszeiten	**vrijeme posjeta** n [ʋriɛ:mɛ pɔsjɛta]
die Kinderstation	**dječji odjel** m [djɛtʃji ɔdjɛl]
die Neurologie	**neurologija** f [nɛurɔlɔgija]
die Onkologie	**onkologija** f [ɔnkɔlɔgija]
die Orthopädie	**ortopedija** f [ɔrtɔpɛ:dija]
die Kardiologie	**kardijologija** f [kardijɔlɔgija]
die Gastroenterologie	**gastroenterologija** f [gastrɔɛntrɔlɔgija]
die Gynäkologie	**ginekologija** f [ginɛkɔlɔgija]
die Abteilung für Hals-Nasen-Ohrenheilkunde	**odjel za uho, grlo, nos** n [ɔdjɛl za uxɔ, grlɔ, nɔ:s]
die Quarantäne	**karantena** f [karantɛ:na]

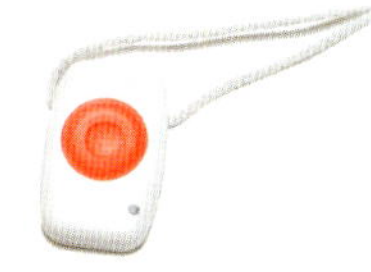

der Notrufknopf
gumb za hitne slučajeve m
[gumb za xitnɛ slutʃajɛʋɛ]

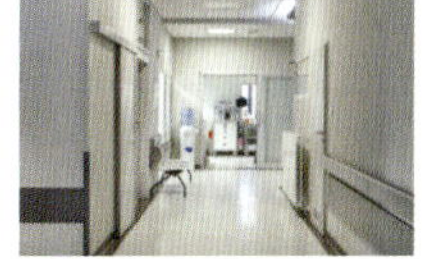

die Station
odjel m
[ɔdjɛl]

IM KRANKENHAUS – U BOLNICI

Die Chirurgie – Kirurgija

die Operation
operacija f
[ɔpɛraːtsija]

der Operationssaal
operacijska sala f
[ɔpɛratsijska saːla]

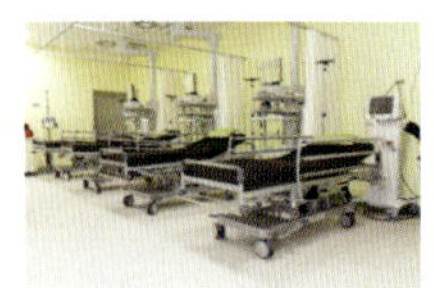

der Aufwachraum
soba za buđenje f
[sɔba za buːdʑɛɲɛ]

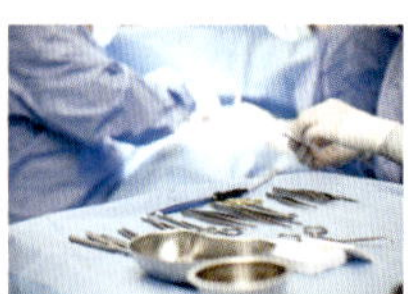

das Operationsbesteck
operacijski pribor m
[ɔpɛratsijski pribɔr]

die Operationsleuchte
operacijska svjetiljka f
[ɔpɛratsijska sʋjɛtiʎka]

der Chirurg
kirurg m
[kirurg]

der Mundschutz
zaštita za usta f
[zaʃtita za uːsta]

die OP-Schwester
kirurška sestra f
[kirurʃka sɛstra]

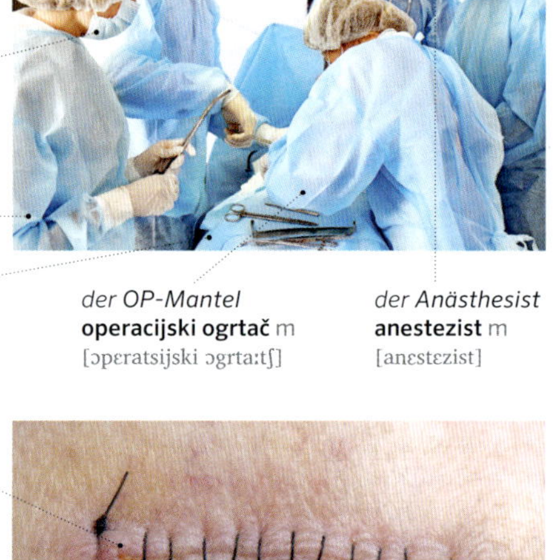

der Operationstisch
operacijski stol m
[ɔpɛratsijski stɔːl]

der OP-Mantel
operacijski ogrtač m
[ɔpɛratsijski ɔgrtaːtʃ]

der Anästhesist
anestezist m
[anɛstɛzist]

die Narbe
ožiljak m
[ɔʒiʎak]

die Fäden
konci mpl
[kɔntsi]

die Lokalanästhesie	**lokalna anestezija** f [lɔkalna anɛstɛːzija]
die Vollnarkose	**narkoza** f [narkɔːza]
die Rehabilitation	**rehabilitacija** f [rɛxabilitatsija]
die medizinische Nachversorgung	**zdravstvena skrb** f [zdraʋstʋɛna skrb]
die Bettruhe	**mirovanje u krevetu** n [mirɔʋaɲɛ u krɛʋɛtu]
die Genesung	**oporavak** m [ɔpɔraʋak]
tot	**mrtav, mrtva, -o** [mrtaʋ,mrtʋa,ɔ]
der Tod	**smrt** f [smrt]

IM KRANKENHAUS – U BOLNICI

Die Unfallstation – Odjel hitne pomoći

die Intensivstation
odjel intenzivne njege m
[ɔdjɛl intɛnziʋnɛ ɲɛgɛ]

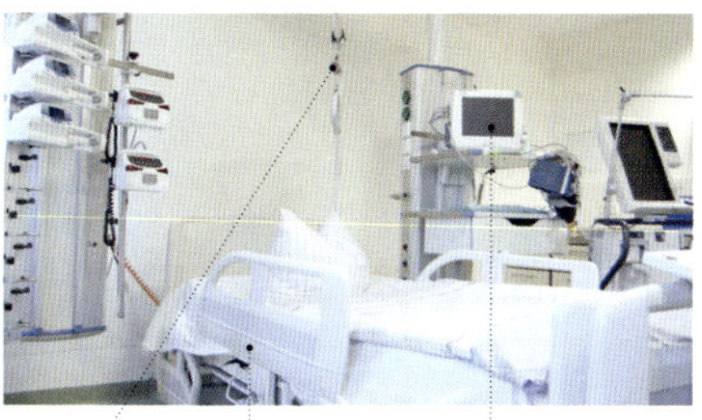

der Rufknopf
pozivna tipka f
[pɔziʋna tipka]

der Herzmonitor
monitor srčane aktivnosti m
[mɔnitɔr srtʃane akti:ʋnɔsti]

das Krankenhausbett
bolnički krevet m [bɔlnitʃki krɛʋɛt]

die Notaufnahme
hitna f
[xitna]

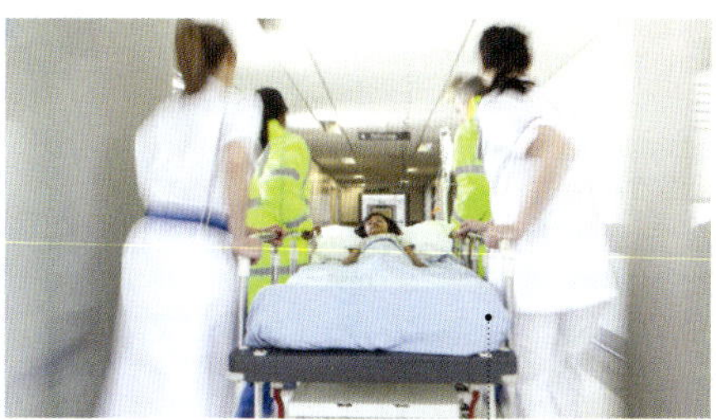

die Fahrtrage
nosilo hitne pomoći n
[nɔsilɔ xitnɛ pɔmɔtɕi]

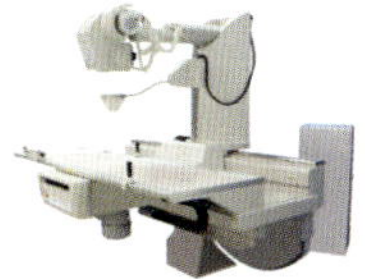

das Röntgengerät
rendgenski uređaj m
[rɛndgɛnski urɛdʑaj]

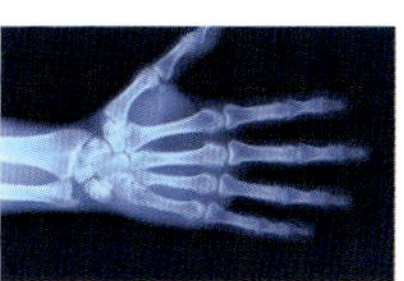

das Röntgenbild
rendgenski snimak m
[rɛndgɛnski sni:mak]

der Warteraum
čekaonica f
[tʃɛkaɔnitsa]

die Oberärztin
glavna liječnica f
[glaʋna liɛ:tʃnitsa]

die Computertomografie	**računalna tomografija** f [ratʃunalna tɔmgrafija]
die Strahlung	**zračenje** n [zra:tʃɛɲɛ]
eine Diagnose stellen	**postaviti dijagnozu** [pɔstaʋiti dijagnɔ:zu]
das Koma	**koma** f [kɔ:ma]
bewusstlos	**u nesvijesti** [u nɛsʋiɛsti]
die Beatmung	**respiracija** f [rɛspira:tsija]
wieder zu Bewusstsein kommen	**doći k svijesti** [dɔ:tɕi ksʋiɛsti]
wieder gesund werden	**ozdraviti** [ɔzdraʋiti]

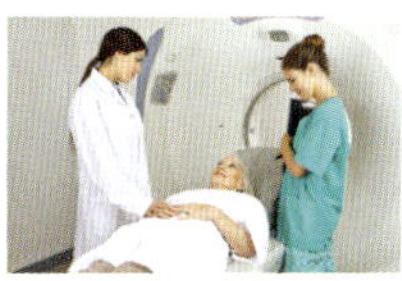

die Kernspintomografie
magnetska rezonancija f
[magnɛtska rɛzɔnantsija]

DIE APOTHEKE – LJEKARNA

das Medikament
lijek m
[liɛːk]

die Kapsel
kapsula f
[kapsula]

der Hustensaft
sirup protiv kašlja m
[sirup prɔtiʋ kaʃʎa]

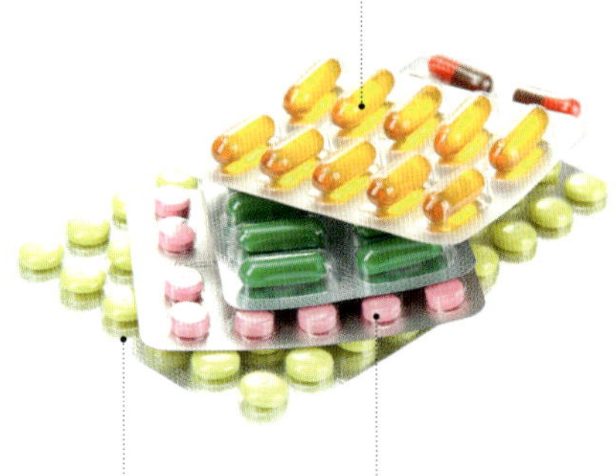

die Sichtverpackung
blister pakiranje n
[blistɛr pakiːraɲɛ]

die Tablette
tableta f
[tablɛːta]

die Dosierung
doziranje n
[dɔziːraɲɛ]

der Messbecher
čašica za doziranje lijeka f
[tʃaʃitsa za dɔziraɲɛ liɛːka]

das Zäpfchen
čepić m
[tʃɛpitɕ]

die Salbe
mast f
[maːst]

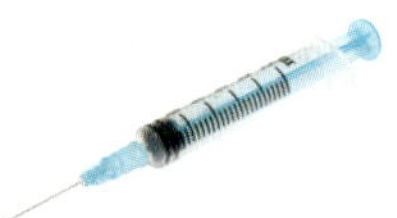

die Spritze
injekcija f
[iɲɛːktsija]

die Apothekerin
farmaceutkinja f
[farmatsɛutkiɲa]

die Tropfen
kapi mpl
[kaːpi]

der/das Spray
sprej m
[sprɛːj]

die Vitamintablette
vitaminska tableta f
[ʋitaminska tablɛːta]

die Brausetablette
šumeća tableta f
[ʃumɛtɕa tablɛːta]

DIE APOTHEKE – LJEKARNA

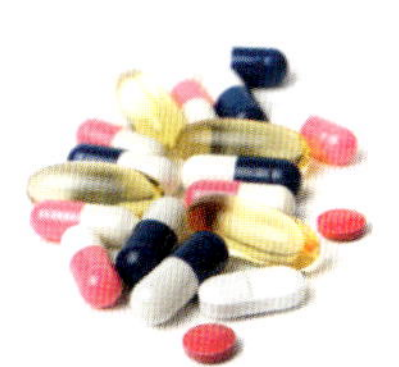

das Nahrungsergänzungsmittel
dodatak prehrani m
[dɔdaːtak prɛxrani]

das Sonnenschutzmittel
zaštitna krema za sunčanje f [zaʃtitna krɛːma za suːntʃaɲɛ]

der/das Mückenspray
sprej protiv komaraca m
[sprɛːj prɔtiʋ kɔmaːratsa]

das/der Fieberthermometer
toplomjer m
[tɔplɔmjɛr]

die Nagelfeile
turpija za nokte f
[turpija za nɔktɛ]

der Tampon
tampon m
[tampɔːn]

die Slipeinlage
dnevni uložak m
[dnɛːʋni ulɔʒak]

das Feuchttuch
vlažne maramice fpl
[ʋlaːʒnɛ maramitsɛ]

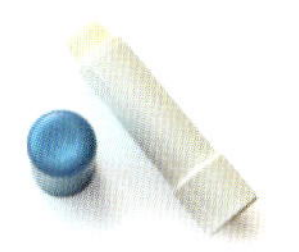

der Lippenpflegestift
balzam za usne m
[balzam za usnɛ]

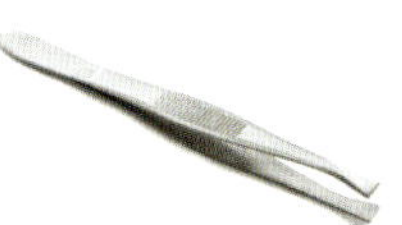

die Pinzette
pinceta f
[pintsɛta]

das Deodorant
deodorans m
[dɛɔdɔraːns]

das/der Hustenbonbon
bombon protiv kašlja m
[bɔmbɔn prɔtiʋ kaʃʎa]

das Symptom	**simptom** m [simptɔm]
die Nebenwirkung	**nuspojava** f [nuspɔjaʋa]
der Beipackzettel	**upute za uporabu** fpl [uputɛ za upɔrabu]
die Hautpflege	**njega kože** f [ɲɛga kɔʒɛ]
das Schmerzmittel	**sredstvo protiv bolova** n [srɛdstʋɔ prɔtiʋ bɔlɔʋa]
das Beruhigungsmittel	**sredstvo za smirenje** n [srɛdstʋɔ za smirɛːɲɛ]
die Schlaftablette	**tableta za spavanje** f [tablɛːta za spaːʋaɲɛ]
das Verfallsdatum	**rok trajanja** m [rɔk trajaɲa]

der Ohrstöpsel
čepići za uši mpl
[tʃɛpitɕi za uʃi]

DIE ALTERNATIVMEDIZIN – ALTERNATIVNA MEDICINA

die Meditation
meditacija f
[mɛditatsija]

das Yoga
joga f
[jɔːga]

das Tai-Chi
Tai Chi Chuan m
[tajtʃi tʃuan]

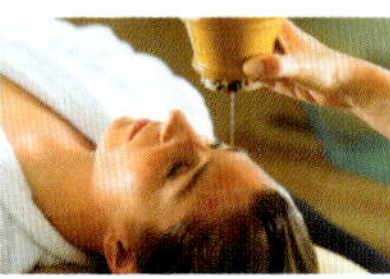

das Ayurveda
ayurveda f
[ajurʋɛda]

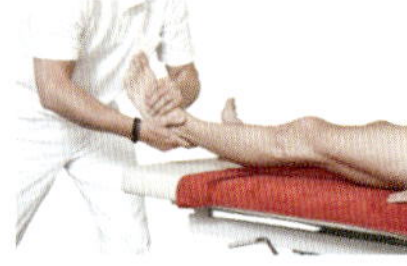

die Osteopathie
osteopatija f
[ɔstɛɔpatija]

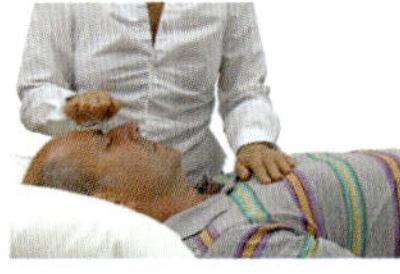

das Reiki
reiki m
[rɛiki]

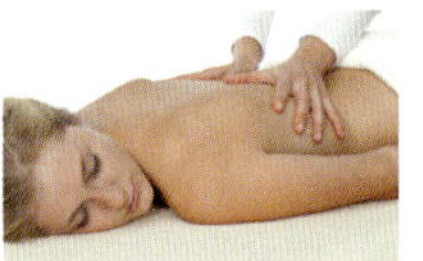

die Massage
masaža f
[masaːʒa]

die Hypnose
hipnoza f
[xipnɔːza]

die traditionelle chinesische Medizin
tradicionalna kineska medicina f
[traditsiɔnalna kinɛska mɛditsiːna]

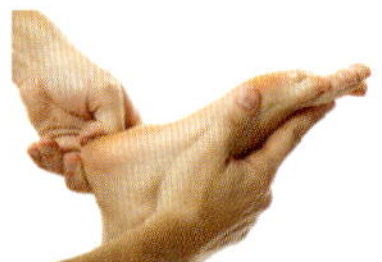

die Fußreflexzonen-massage
refleksologija f
[rɛflɛksɔlɔgija]

das homöopathische Heilmittel
homeopatski lijek m
[xɔmɛɔpatski liɛːk]

die Kräuterheilkunde
biljna medicina f
[biːʎna mɛditsiːna]

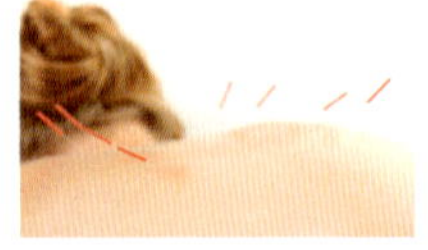

die Akupunktur
akupunktura f
[akupunktuːra]

die Kur	**lječilište** n [ʎɛtʃiliʃtɛ]
die Palliativmedizin	**palijativna medicina** f [palijatiʋna mɛditsiːna]
die Entspannung	**opuštanje** n [ɔpuːʃtaɲɛ]
die Entgiftung	**detoksikacija** f [dɛtɔksikaːtsija]
die Entziehungskur	**odvikavanje** n [ɔdʋikaːʋaɲɛ]
einen Entzug machen	**odvikavati se od ovisnosti** [ɔdʋikaːʋati sɛ ɔd ɔʋisnɔsti]
die Therapie	**terapija** f [tɛrapija]
die Lichttherapie	**terapija svjetlom** f [tɛrapija sʋjɛtlɔm]

WELLNESS – WELLNESS

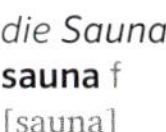

die Gesichtsbehandlung
tretman lica m
[trɛtma:n li:tsa]

die Kosmetikerin
kozmetičarka f
[kɔzmɛtitʃarka]

die Gesichtsmaske
maska za lice f
[maska za li:tsɛ]

die Sauna
sauna f
[sauna]

der Ofen
peć f
[pɛ:tɕ]

die Bank
klupa f
[klu:pa]

der Kopfkeil
klinasto uzglavlje n
[klinastɔ uzglaʋʎɛ]

der Aufgusskübel
vedro za polijevanje n
[ʋɛdrɔ za pɔliɛ:ʋaɲɛ]

der Ruheraum
prostor za odmaranje m
[prɔstɔr za ɔdma:raɲɛ]

das Mineralbad
mineralna kupka f
[minɛralna kupka]

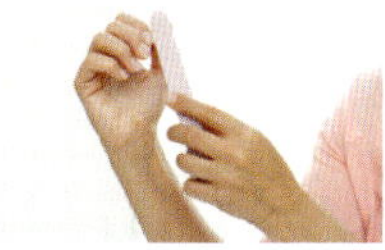

die Maniküre
manikura f
[maniku:ra]

die Pediküre
pedikura f
[pɛdiku:ra]

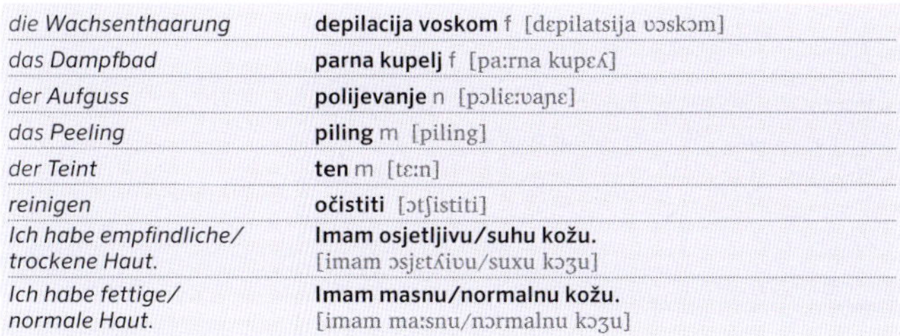

die Wachsenthaarung	**depilacija voskom** f [dɛpilatsija ʋɔskɔm]
das Dampfbad	**parna kupelj** f [pa:rna kupɛʎ]
der Aufguss	**polijevanje** n [pɔliɛ:ʋaɲɛ]
das Peeling	**piling** m [piling]
der Teint	**ten** m [tɛ:n]
reinigen	**očistiti** [ɔtʃistiti]
Ich habe empfindliche/ trockene Haut.	**Imam osjetljivu/suhu kožu.** [imam ɔsjɛtʎiʋu/suxu kɔʒu]
Ich habe fettige/ normale Haut.	**Imam masnu/normalnu kožu.** [imam ma:snu/nɔrmalnu kɔʒu]

das Solarium
solarij m
[sɔla:rij]

NOTFÄLLE

HITNI SLUČAJEVI

ERSTE HILFE – PRVA POMOĆ

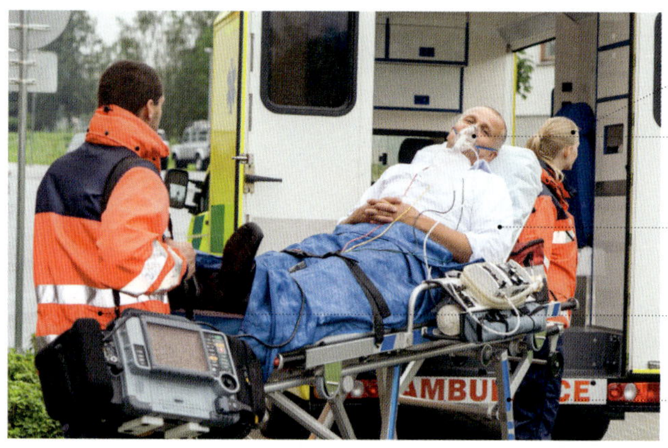

der Rettungswagen
vozilo hitne pomoći n
[vɔzilɔ xitnɛ pɔmɔtɕi]

die Sanitäterin
bolničarka f
[bɔlnitʃarka]

die Sauerstoffmaske
maska za kisik f
[maska za kisi:k]

das Unfallopfer
žrtva nezgode f
[ʒrtʋa nɛzgɔdɛ]

der Sanitäter
bolničar m
[bɔlnitʃar]

die Trage
nosilo n
[nɔsilɔ]

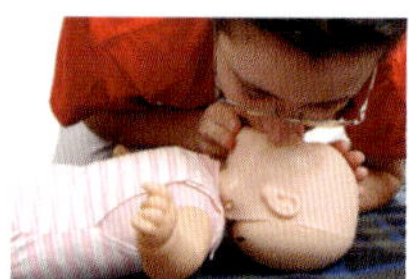

die Mund-zu-Mund-Beatmung
umjetno disanje – usta na usta n
[umjɛtnɔ di:saɲɛ – usta na usta]

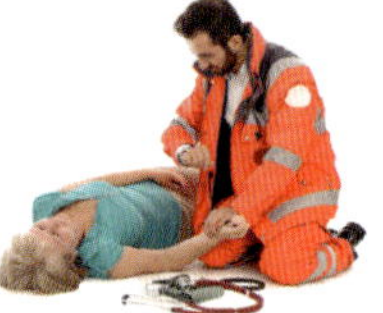

die Pulsmessung
mjerenje pulsa n
[mjɛ:rɛɲɛ pulsa]

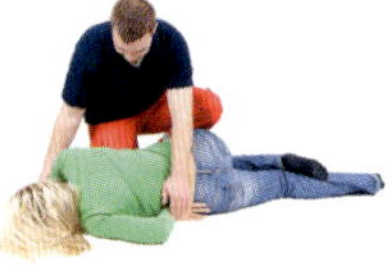

die stabile Seitenlage
položaj za pružanje pomoći m
[pɔlɔʒaj za pru:ʒaɲɛ pɔmɔtɕi]

der Unfallort
mjesto nesreće n
[mjɛstɔ nɛsrɛtɕɛ]

der Rettungsdienst
hitna služba f
[xitna sluʒba]

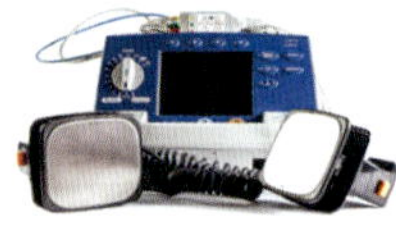

der Defibrillator
defibrilator m
[dɛfibrila:tɔr]

der Unfall	**nesreća** f [nɛsrɛtɕa]
die Wiederbelebung	**reanimacija** f [rɛanima:tsija]
die Herzdruckmassage	**masaža srca** f [masa:ʒa srtsa]
der Puls	**puls** m [puls]
bewusstlos	**u nesvijesti** [u nɛsʋiɛsti]
erste Hilfe leisten	**pružati prvu pomoć** [pruʒati prʋu pɔmɔtɕ]
der Notarzt	**liječnik prve pomoći** m [liɛ:tʃnik prʋɛ pɔmɔtɕi]
die Notärztin	**liječnica prve pomoći** f [liɛ:tʃnitsa prʋɛ pɔmɔtɕi]

ERSTE HILFE – PRVA POMOĆ

das Verbandszeug
materijal za previjanje m
[materijal za prevɪ:jaɲɛ]

der Verband
zavoj m
[za:ʋɔj]

das Leukoplast®
leukoplast m
[lɛukɔplast]

das Pflaster
flaster m
[flastɛr]

die Verbandschere
škare za zavoj fpl
[ʃkarɛ za za:ʋɔj]

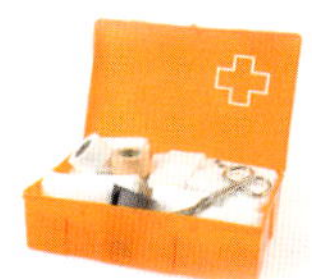

der Erste-Hilfe-Kasten
pribor za prvu pomoć m
[pribɔr za prʋu pɔmɔtɕ]

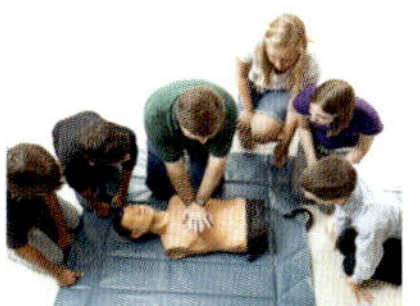

der Erste-Hilfe-Kurs
tečaj prve pomoći m
[tɛtʃaj prʋɛ pɔmɔtɕi]

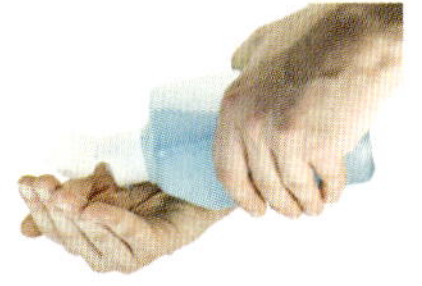

das Desinfektions-mittel
sredstvo za dezinfekciju n
[srɛdstʋɔ za dɛzinfɛ:ktsiju]

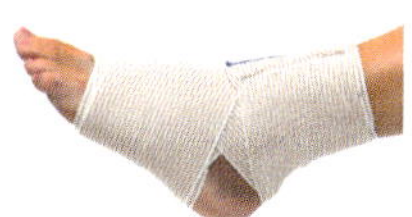

die Bandage
bandažni zavoj m
[bandaʒni za:ʋɔj]

steril	**sterilan, -na, -no** [stɛrilan,na,nɔ]
überleben	**preživjeti** [prɛʒi:ʋjɛti]
traumatisiert	**traumatiziran, -a, -o** [traumatizi:ran,a,ɔ]
unter Schock stehen	**biti u šoku** [biti u ʃɔku]
der Schock	**šok** m [ʃɔk]
die Blutspende	**darivanje krvi** n [dari:ʋaɲɛ krʋi]
die Organspende	**darivanje organa** n [dari:ʋaɲɛ ɔrga:na]
das Adrenalin	**adrenalin** m [adrɛnalin]

die Mullbinde
gaza za previjanje f
[ga:za za prɛʋi:jaɲɛ]

DIE POLIZEI – POLICIJA

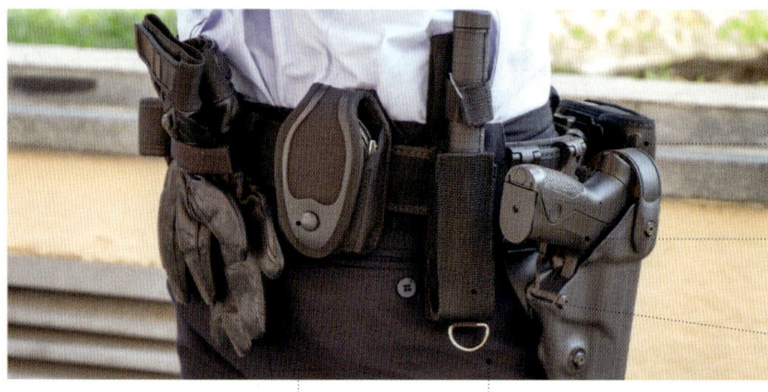

der Dienstgürtel
službeni pojas m
[sluʒbɛni pɔjas]

das Handfunkgerät
ručni radiouređaj m
[rutʃni radiɔurɛdʑaj]

die Pistole
pištolj m
[piʃtɔʎ]

der Schlagstock
palica f
[palitsa]

die Handschellen
lisice fpl
[lisitsɛ]

die Uniform
odora f
[ɔdɔra]

der Fingerabdruck
otisak prsta m
[ɔtisak prsta]

der Tatort
mjesto zločina n
[mjɛstɔ zlɔtʃina]

die Polizistin
policajka f
[pɔlitsa:jka]

der Polizist
policajac m
[pɔlitsa:jats]

das Polizeiabzeichen
policijska značka f
[pɔlitsijska znatʃka]

der Zeuge	**svjedok** m [svjɛdɔk]
die Zeugin	**svjedokinja** f [svjɛdɔkiɲa]
der Verbrecher	**zločinac** m [zlɔtʃinats]
die Verbrecherin	**zločinka** f [zlɔtʃinka]
der Kriminalbeamte	**kriminalist** m [kriminalist]
die Kriminalbeamtin	**kriminalistica** f [kriminalistitsa]
der/die Verdächtige	**osumnjičenik/osumnjičenica** m/f [ɔsumɲitʃɛnik/ɔsumɲitʃɛnitsa]
die Ermittlung	**istraga** f [istraga]

DIE POLIZEI – POLICIJA

das Polizeiauto
policijsko vozilo n
[pɔlitsijskɔ ʋɔzilɔ]

die Lichtleiste
svjetleća traka f
[sʋjɛtlɛtɕa traka]

das Martinshorn
sirena f
[sirɛ:na]

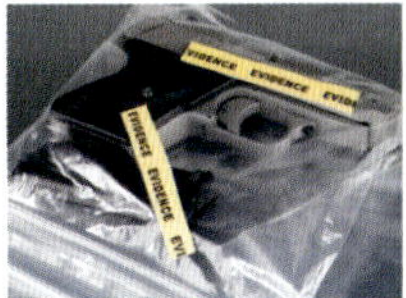

das Beweisstück
dokaz m
[dɔkaz]

das Gefängnis
zatvor m
[za:tʋɔr]

der Einbruch
provala f
[prɔʋala]

der Diebstahl
krađa f
[kradʑa]

die Festnahme
uhićenje n
[uxitɕɛ:ɲɛ]

die Gewalt
nasilje n
[na:siʎɛ]

der Raubüberfall
pljačka f
[pʎatʃka]

der Taschendiebstahl
džeparenje n
[dʒɛparɛɲɛ]

die Entführung
otmica f
[ɔtmitsa]

die Straftat	**krivično djelo** n [kriʋitʃnɔ djɛlɔ]
die Körperverletzung	**tjelesna ozljeda** f [tjɛlɛsna ɔzʎɛda]
die Vergewaltigung	**silovanje** n [silɔʋaɲɛ]
der Mord	**ubojstvo** n [ubɔ:jstʋɔ]
der Überfall	**napad** m [na:pad]
fliehen	**pobjeći** [pɔbjɛtɕi]
belästigen	**maltretirati** [maltrɛtirati]
die Schuld	**krivica** f [kriʋi:tsa]

POLICE LINE DO NOT C

POLICE LINE DO NOT C

die Polizeiabsperrung
policijsko ograđivanje n
[pɔlitsijskɔ ɔgradʑi:ʋaɲɛ]

DIE FEUERWEHR – VATROGASCI

der Feuerlöscher
aparat za gašenje vatre m
[aparat za ga:ʃɛɲɛ ʋatrɛ]

der Hydrant
hidrant m
[xidrant]

der Feuerwehrmann
vatrogasac m
[ʋatrɔga:sats]

das Visier
vizir m
[ʋizir]

der Feuerwehrhelm
vatrogasna kaciga f
[ʋatrɔgasna katsiga]

die Feuerwehrschutzjacke
vatrogasna zaštitna jakna f
[ʋatrɔgasna zaʃtitna jakna]

der Reflexstreifen
reflektirajuća traka f
[rɛflɛkti:rajutɕa traka]

der Feuerwehrschlauch
vatrogasno crijevo n
[ʋatrɔgasnɔ tsriɛ:ʋɔ]

die Brandbekämpfung
gašenje požara n
[ga:ʃɛɲɛ pɔʒara]

der Notausgang
izlaz u slučaju opasnosti m [izlaz u slutʃa:ju ɔpa:snɔsti]

die Axt
sjekira f
[sjɛkira]

der Rauchmelder
detektor dima m
[dɛtɛktɔr dima]

die Feuerwache
vatrogasna postaja f
[ʋatrɔgasna pɔstaja]

das Löschfahrzeug
vatrogasno vozilo n
[ʋatrɔgasnɔ ʋɔzilɔ]

IN DEN BERGEN – U PLANINAMA

der Helm
kaciga f
[katsiga]

der Karabiner
karabin m
[karabin]

das Seil
uže n
[uʒɛ]

die Bergwacht
gorska služba f
[gɔrska sluʒba]

der Rettungseinsatz
spašavanje n
[spaʃaːʋaɲɛ]

die Einsatzkraft
snaga spašavanja f
[snaga spaʃaːʋaɲa]

der Rettungsschlitten
spasiteljske saonice fpl
[spasitɛʎskɛ saɔnitsɛ]

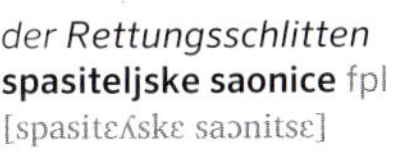

das Schneemobil
motorne saonice fpl
[mɔtɔrnɛ saɔnitsɛ]

das Fangnetz
sigurnosna mreža f
[siguːrnɔsna mrɛʒa]

die Lawine
lavina f
[laʋiːna]

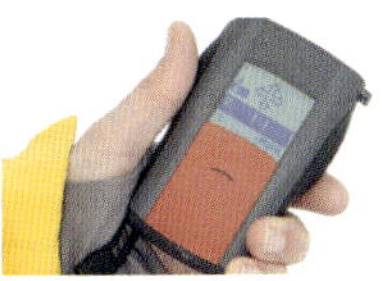

das LVS-Gerät
lavinski radiofar m
[laʋiːnski radiɔfaːr]

der Rettungshund
pas za spašavanje m
[pas za spaʃaːʋaɲɛ]

der Rettungs-hubschrauber
spasilački helikopter m
[spasilatʃki xɛlikɔptɛr]

der Lawinenschutz
zaštita od lavina f
[zaʃtita ɔd laʋiːna]

das Lawinen-warnschild
znak upozorenja o lavinama m
[znak upɔzɔrɛːɲa ɔ laʋiːnama]

DAS MEER – MORE

die Schwimmweste
spasilački prsluk m
[spasilatʃki prsluk]

der Rettungsring
spasilački kolut m
[spasilatʃki kɔlut]

der Sammelpunkt
zbrojno mjesto n
[zbrɔjnɔ mjɛstɔ]

der Sturm
oluja f
[ɔlu:ja]

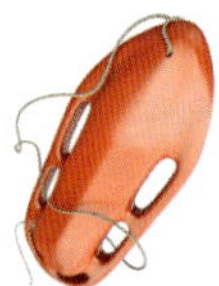

die Rettungsboje
spasilačka plutača f
[spasilatʃka plutatʃa]

der Rettungsschwimmer
spasitelj u vodi m
[spasitɛʎ u ʋɔdi]

der Wachturm
stražarski toranj m
[straʒarski tɔ:raɲ]

der Tsunami
tsunami m
[tsuna:mi]

das Küstenwachboot
brod obalne straže m
[brɔd ɔbalnɛ stra:ʒɛ]

das Rettungsboot
čamac za spašavanje m
[tʃa:mats za spaʃa:ʋaɲɛ]

kentern
prevrnuti se
[prɛʋrnuti sɛ]

der Schiffbruch
brodolom m
[brɔdɔlɔm]

der/die Vermisste	**nestala osoba** f [nɛstala ɔsɔba]
das Rettungstau	**spasilačko uže** n [spasilatʃkɔ uʒɛ]
die Wetterbedingungen	**meteorološki uvjeti** mpl [mɛtɛɔrɔlɔʃki u:ʋjɛti]
der Seewetterbericht	**stanje mora i vremenska prognoza** n, f [sta:ɲɛ mɔ:ra i ʋrɛmɛnska prɔgnɔ:za]
die Suche	**potraga** f [pɔtraga]
ertrinken	**utopiti se** [utɔpiti sɛ]
die Havarie	**oštećenje** n [ɔʃtɛtɕɛ:ɲɛ]
in Seenot geraten	**biti u opasnosti na moru** [biti u ɔpa:snɔsti na mɔ:ru]

WEITERE NOTSITUATIONEN – DRUGE HITNE SITUACIJE

die Explosion
eksplozija f
[ɛksplɔ:zija]

die Epidemie
epidemija f
[ɛpidɛmija]

die Evakuierung
evakuacija f
[ɛʋakua:tsija]

der Bombenalarm
uzbuna o bombi f
[uzbuna ɔ bɔ:mbi]

die nukleare Katastrophe
nuklearna katastrofa f
[nuklɛarna katastrɔ:fa]

die Notlandung
prisilno slijetanje n
[prisilnɔ sliɛ:taɲɛ]

der Terrorangriff
terorski napad m
[tɛrɔrski na:pad]

retten
spasiti
[spa:siti]

die Notrufnummer
broj za hitne slučajeve m
[brɔ:j za xitnɛ slu:tʃajɛʋɛ]

die Überwachungskamera
nadzorna kamera f
[nadzɔrna kamɛra]

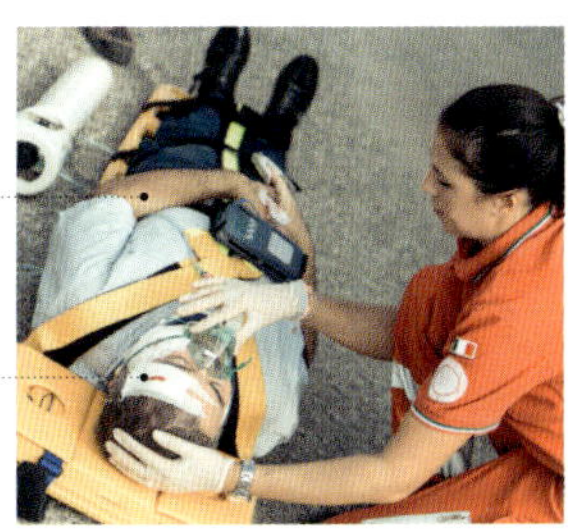

der Verletzte
ranjenik m
[raɲɛnik]

die Verletzung
ozljeda f
[ɔzʎɛda]

der/die Vermisste	**nestala osoba** f [nɛstala ɔsɔba]
die Suchmannschaft	**spasilačka ekipa** f [spasilatʃka ɛki:pa]
die Gefahr	**opasnost** f [ɔpa:snɔst]
Hilfe!	**Upomoć!** [upɔmɔtɕ]
Es ist ein Unfall passiert!	**Dogodila se nesreća!** [dɔgɔdila sɛ nɛsrɛtɕa]
Rufen Sie einen Rettungswagen!	**Pozovite hitnu pomoć!** [pɔzɔʋitɛ xitnu pɔmɔtɕ]
Rufen Sie die Polizei!	**Pozovite policiju!** [pɔzɔʋitɛ pɔlitsiju]
Rufen Sie die Feuerwehr!	**Pozovite vatrogasce!** [pɔzɔʋitɛ ʋatrɔga:stsɛ]

Achtung, Gefahr!
Pažnja, opasnost!
[paʒɲa ɔpa:snɔst]

ERDE UND NATUR

ZEMLJA I PRIRODA

DER WELTRAUM – SVEMIR

das Sonnensystem
sunčev sustav m
[suntʃɛʋ suːstaʋ]

① *die Sonne*
sunce n
[suːntsɛ]

② *der Merkur*
Merkur m
[mɛrkur]

③ *die Venus*
Venera f
[ʋɛnɛra]

④ *die Erde*
zemlja f
[zɛmʎa]

⑤ *der Mars*
Mars m
[mars]

die Mondphasen
mjesečeve mijene fpl
[mjɛsɛtʃɛʋɛ miɛnɛ]

⑤ *die Mondsichel*
polumjesec m
[pɔlumjɛsɛts]

① *der zunehmende Mond*
mlađak m
[mladʑak]

② *der Halbmond*
polumjesec m
[pɔlumjɛsɛts]

③ *der Vollmond*
pun mjesec m
[pun mjɛsɛts]

④ *der abnehmende Mond*
padajući mjesec m
[padajutɕi mjɛsɛts]

DER WELTRAUM – SVEMIR

⑥ *der Jupiter*
Jupiter m
[jupitɛr]

⑦ *der Saturn*
Saturn m
[saturn]

⑧ *der Uranus*
Uran m
[uraːn]

⑨ *der Neptun*
Neptun m
[nɛptun]

das Raumschiff
svemirski brod m
[sʋɛmirski brɔd]

① *der Außentank*
vanjski spremnik m
[ʋaɲski sprɛmnik]

② *der Booster*
pojačnik m
[pɔjatʃnik]

③ *der Orbiter*
orbiter m
[ɔrbitɛr]

DER WELTRAUM – SVEMIR

die Sonnenfinsternis
pomrčina sunca f
[pɔmrtʃina suːntsa]

die Galaxie
galaksija f
[galaksija]

die Milchstraße
mliječna staza f
[mliɛːtʃna staza]

der Komet
komet m
[kɔmɛːt]

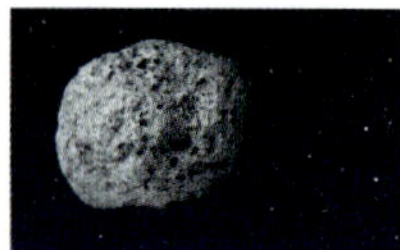

der Asteroid
asteroid m
[astɛrɔid]

der Planet
planet m
[planɛːt]

der Meteor
meteor m
[mɛtɛɔːr]

das Universum
svemir m
[sʋɛmir]

der Astronaut
astronaut m
[astrɔnaut]

der Satellit
satelit m
[satɛlit]

die Sternwarte
zvjezdarnica f
[zʋjɛzdarnitsa]

das Radioteleskop
radioteleskop m
[radiɔtɛlɛskɔp]

der Nebel
magla f
[magla]

das schwarze Loch	**crna rupa** f [tsrna rupa]
die Schwerkraft	**gravitacija** f [graʋitaːtsija]
die Umlaufbahn	**orbita** f [ɔrbita]
das Lichtjahr	**svjetlosna godina** f [sʋjɛtlɔsna gɔdina]
der Urknall	**Veliki prasak** m [ʋɛliki prasak]
der Stern	**zvijezda** f [zʋiɛːzda]
die Raumstation	**svemirska postaja** f [sʋɛmirska pɔstaja]
die Astronomie	**astronomija** f [astrɔnɔmija]

DIE ERDE – ZEMLJA

① *der Nordpol*
sjeverni pol m
[sjɛʋɛrni pɔːl]

② *das Binnenmeer*
unutrašnje more n
[unutraʃɲɛ mɔːrɛ]

③ *die Halbinsel*
poluotok m
[pɔluɔtɔk]

④ *die Meerenge*
tjesnac m
[tjɛːsnats]

⑤ *der Golf*
zaljev m
[zaːʎɛʋ]

⑥ *der Kontinent*
kontinent m
[kɔntinɛnt]

⑦ *das Meer*
more n
[mɔːrɛ]

⑧ *das Land*
kopno n
[kɔpnɔ]

⑨ *die Gebirgskette*
planinski lanac m
[planinski laːnats]

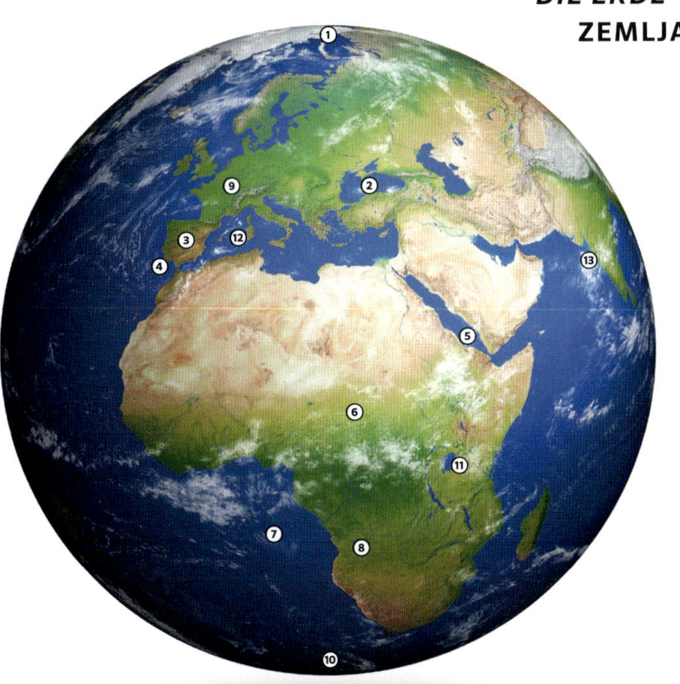

⑩ *der Südpol*
južni pol m
[juʒni pɔːl]

⑪ *der See*
jezero n
[jɛzɛrɔ]

⑫ *die Insel*
otok m
[ɔtɔk]

⑬ *die Bucht*
zaljev m
[zaːʎɛʋ]

die Atmosphäre	**atmosfera** f [atmɔsfɛːra]
der Erdmantel	**zemljin plašt** m [zɛmʎin plaʃt]
die Erdkruste	**zemljina kora** f [zɛmʎina kɔra]
der innere Erdkern	**unutarnja zemljina jezgra** f [unutarɲa zɛmʎina jɛzgra]
der äußere Erdkern	**vanjska zemljina jezgra** f [ʋaɲska zɛmʎina jɛzgra]
die Platte	**ploča** f [plɔtʃa]
das Grundgestein	**temeljna stijena** f [tɛmɛʎna stiɛːna]
die Erde	**zemlja** f [zɛmʎa]

DIE WELTKARTE – ZEMLJOVID SVIJETA

① *das Nordpolarmeer*
Arktički ocean m
[arktitʃki ɔtsɛan]

⑥ *der Pazifische Ozean*
Tihi ocean m
[tixi ɔtsɛan]

⑦ *der Atlantische Ozean*
Atlantski ocean m
[atlantski ɔtsɛan]

⑧ *der Indische Ozean*
Indijski ocean m
[indijski ɔtsɛan]

⑨ *das Arabische Meer*
Arapsko more n
[arapskɔ mɔːrɛ]

⑩ *das Karibische Meer*
Karipsko more n
[karipskɔ mɔːrɛ]

⑪ *das Mittelmeer*
Sredozemno more n
[srɛdɔzɛmnɔ mɔːrɛ]

⑫ *die Nordsee*
Sjeverno more n
[sjɛʋɛrnɔ mɔːrɛ]

⑬ *die Ostsee*
Baltičko more n
[baltitʃkɔ mɔːrɛ]

⑭ *das Kaspische Meer*
Kaspijsko jezero n
[kaspijskɔ jɛzɛrɔ]

⑮ *das Schwarze Meer*
Crno more n
[tsrnɔ mɔːrɛ]

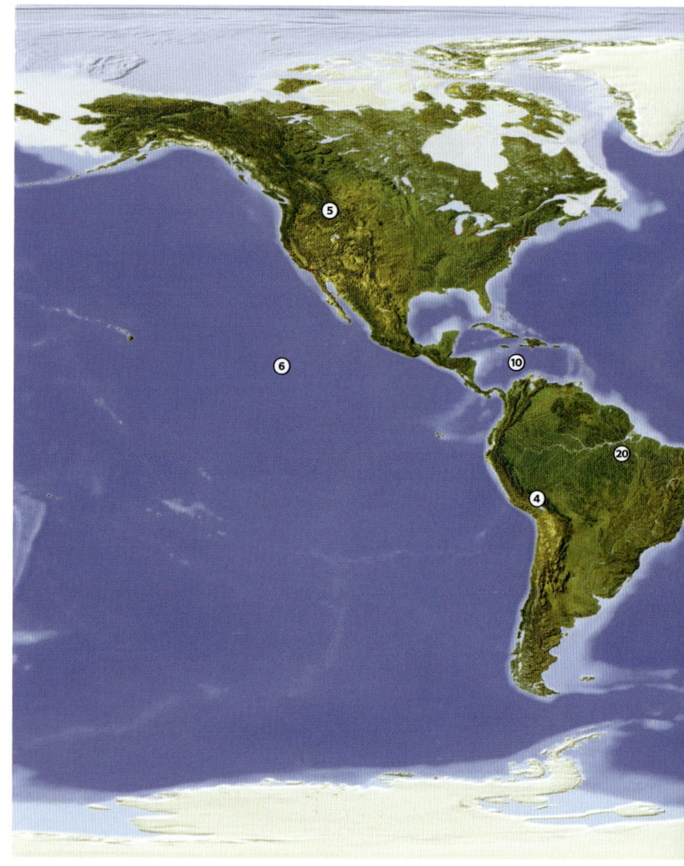

⑯ *der Ärmelkanal*
La Manche m
[lamanʃɛ]

⑰ *das Rote Meer*
Crveno more n
[tsrʋɛnɔ mɔːrɛ]

⑱ *das Südpolarmeer*
Južni ocean m
[juʒni ɔtsɛan]

② *der Himalaja*
Himalaja f
[ximalaja]

③ *die Alpen*
Alpe fpl
[alpɛ]

④ *die Anden*
Ande fpl
[andɛ]

⑤ *die Rocky Mountains*
Stjenjak m
[stɛɲak]

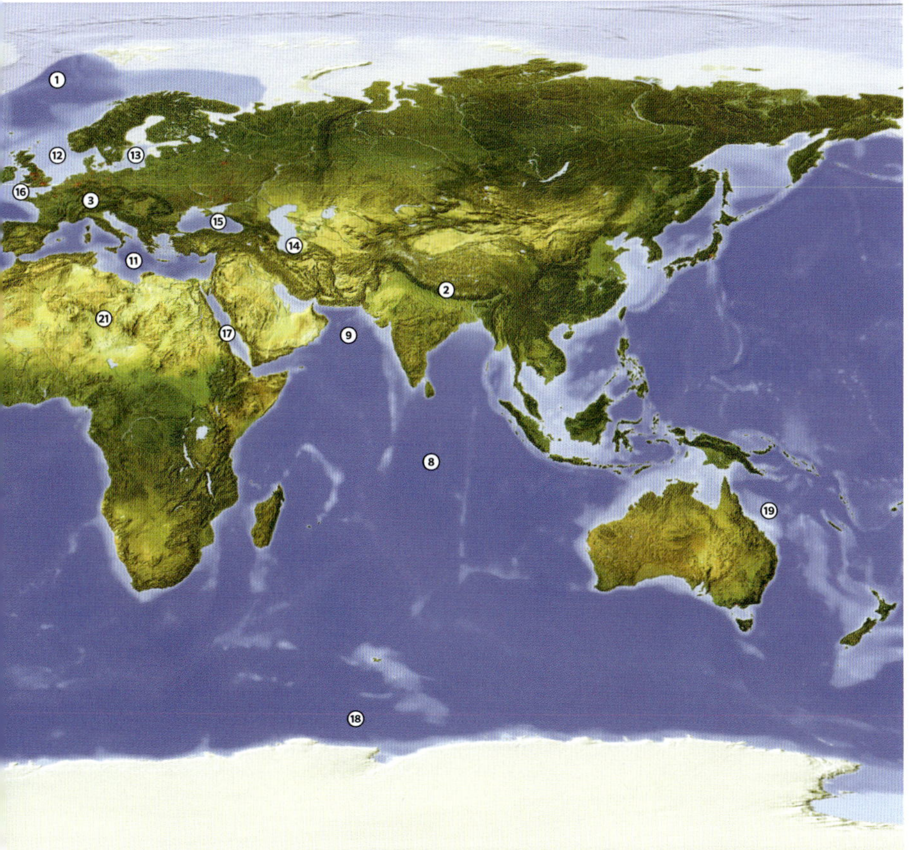

⑲ *das Great Barrier Reef*
Veliki koraljni greben m
[ʋɛliki kɔraʎni grɛbɛn]

⑳ *Amazonien*
Amazonija f
[amazɔnija]

㉑ *die Sahara*
Sahara f
[saxara]

DIE WELTKARTE – ZEMLJOVID SVIJETA

die Nordhalbkugel
sjeverna polutka f
[sjɛʋɛrna pɔlutka]

die Arktis
Arktik m
[arktik]

der nördliche Wendekreis
Rakova obratnica f
[rakɔʋa ɔbratnitsa]

die westliche Hemisphäre
zapadna hemisfera f
[za:padna xɛmisfɛ:ra]

die östliche Hemisphäre
istočna hemisfera f
[istɔtʃna xɛmisfɛ:ra]

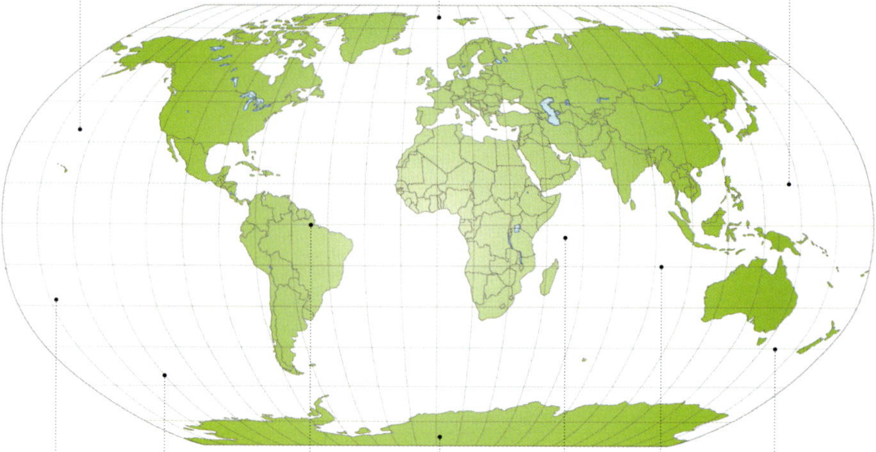

die geografische Länge
zemljopisna dužina f
[zɛmʎɔpisna duʒina]

die Antarktis
Antarktika f
[antarktika]

die geografische Breite
zemljopisna širina f
[zɛmʎɔpisna ʃirina]

die Südhalbkugel
južna polutka f
[juʒna pɔlutka]

der Äquator
ekvator m
[ɛkʋatɔr]

die Tropen
tropi mpl
[trɔpi]

der südliche Wendekreis
Jarčeva obratnica f
[jartʃɛʋa ɔbratnitsa]

der nördliche Polarkreis	**Arktički krug** m [arktitʃki kru:g]
der südliche Polarkreis	**Antarktički krug** m [antarktitʃki kru:g]
das Land	**zemlja** f [zɛmʎa]
der Staat	**država** f [drʒaʋa]
die Nation	**narod** m [na:rɔd]
das Territorium	**teritorij** m [tɛritɔrij]

das Fürstentum	**kneževina** f [knɛʒɛʋina]
das Königreich	**kraljevina** f [kraʎɛʋina]
die Republik	**republika** f [rɛpublika]
die Kolonie	**kolonija** f [kɔlɔnija]
die Provinz	**pokrajina** f [pɔkrajina]
die Zone	**zona** f [zɔ:na]
die Region	**regija** f [rɛ:gija]
die Hauptstadt	**glavni grad** m [glaʋni gra:d]

UN-MITGLIEDSSTAATEN – DRŽAVE ČLANICE UN-A

Europa – Europa

Albanien
Albanija f
[alba:nija]

Andorra
Andora f
[andɔ:ra]

Belgien
Belgija f
[bɛlgija]

Bosnien und Herzegowina
Bosna i Hercegovina f
[bɔsna i xɛrtsɛgɔʋina]

Bulgarien
Bugarska f
[bugarska]

Dänemark
Danska f
[da:nska]

Deutschland
Njemačka f
[ɲɛmatʃka]

Estland
Estonija f
[ɛstɔnija]

Finnland
Finska f
[fi:nska]

Frankreich
Francuska f
[frantsuska]

Griechenland
Grčka f
[grtʃka]

Irland
Irska f
[i:rska]

Island
Island m
[island]

Italien
Italija f
[ita:lija]

Kroatien
Hrvatska f
[xrʋatska]

Lettland
Latvija f
[latʋija]

UN-MITGLIEDSSTAATEN – DRŽAVE ČLANICE UN-A

Europa – Europa

Liechtenstein
Lichtenstein m
[lixtɛnstajn]

Litauen
Litva f
[litʋa]

Luxemburg
Luksemburg m
[luksɛmburg]

Malta
Malta f
[maːlta]

Moldawien
Moldavija f
[mɔldaːʋija]

Monaco
Monako m
[mɔnakɔ]

Montenegro
Crna Gora f
[tsrna gɔra]

die Niederlande
Nizozemska f
[nizɔzɛmska]

Nordmazedonien
Sjeverna Makedonija f
[sjɛʋɛrna makɛdɔnija]

Norwegen
Norveška f
[nɔrʋɛʃka]

Österreich
Austrija f
[austrija]

Polen
Poljska f
[pɔʎska]

Portugal
Portugal m
[pɔrtugal]

Rumänien
Rumunjska f
[rumuɲska]

Russland
Rusija f
[rusija]

San Marino
San Marino m
[sanmarinɔ]

UN-MITGLIEDSSTAATEN – DRŽAVE ČLANICE UN-A

Europa – Europa

Schweden
Švedska f
[ʃvɛdska]

die Schweiz
Švicarska f
[ʃvitsarska]

Serbien
Srbija f
[srbija]

die Slowakei
Slovačka f
[slɔvatʃka]

Slowenien
Slovenija f
[slɔvɛːnija]

Spanien
Španjolska f
[ʃpaɲɔlska]

Tschechien
Češka f
[tʃɛʃka]

die Ukraine
Ukrajina f
[ukrajina]

Ungarn
Mađarska f
[madʒarska]

das Vereinigte Königreich
Ujedinjeno Kraljevstvo n
[ujɛdiɲɛnɔ kraʎɛvstvɔ]

Weißrussland
Bjelorusija f
[bjɛlɔrusija]

Zypern
Cipar m
[tsipar]

Nord- und Mittelamerika – Sjeverna i središnja Amerika

Antigua und Barbuda
Antigva i Barbuda f
[antigva i barbuda]

die Bahamas
Bahami mpl
[baxami]

Barbados
Barbados m
[barbɛdɔs]

Belize
Belize m
[bɛlize]

UN-MITGLIEDSSTAATEN – DRŽAVE ČLANICE UN-A

Nord- und Mittelamerika – Sjeverna i središnja Amerika

Costa Rica
Kostarika f
[kɔstarika]

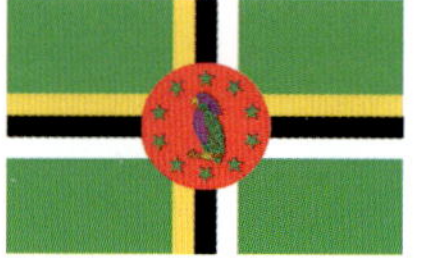

Dominica
Dominika f
[dɔminika]

die Dominikanische Republik
Dominikanska Republika f
[dɔminikanska rɛpublika]

El Salvador
Salvador m
[salʋadɔr]

Grenada
Grenada f
[grɛnada]

Guatemala
Gvatemala f
[gʋatɛmaːla]

Haiti
Haiti m
[xaiti]

Honduras
Honduras m
[xɔnduras]

Jamaika
Jamajka f
[dʒamajka]

Kanada
Kanada f
[kanaːda]

Kuba
Kuba f
[kuːba]

Mexiko
Meksiko m
[mɛksikɔ]

Nicaragua
Nikaragva f
[nikaragʋa]

Panama
Panama f
[panama]

St. Kitts und Nevis
Sveti Kristofor i Nevis m
[sʋɛti kristɔfɔr i nɛʋis]

St. Lucia
Sveta Lucija f
[sʋɛta lutsija]

UN-MITGLIEDSSTAATEN – DRŽAVE ČLANICE UN-A

Nord- und Mittelamerika – Sjeverna i središnja Amerika

St. Vincent und die Grenadinen
Sveti Vincent i Grenadini m
[svɛti vintsɛnt i grɛnadini]

Trinidad und Tobago
Trinidad i Tobago m
[trinidad i tɔba:gɔ]

die Vereinigten Staaten
Sjedinjene Države fpl
[sjɛdiɲɛnɛ drʒavɛ]

Südamerika – Južna Amerika

Argentinien
Argentina f
[argɛntina]

Bolivien
Bolivija f
[bɔli:vija]

Brasilien
Brazil m
[brazil]

Chile
Čile m
[tʃilɛ]

Ecuador
Ekvador m
[ɛkvadɔr]

Guyana
Gvajana f
[gvajana]

Kolumbien
Kolumbija f
[kɔlumbija]

Paraguay
Paragvaj m
[paragvaj]

Peru
Peru m
[pɛru:]

Suriname
Surinam m
[surinam]

Uruguay
Urugvaj m
[urugvaj]

Venezuela
Venezuela f
[vɛnɛtsuɛ:la]

UN-MITGLIEDSSTAATEN – DRŽAVE ČLANICE UN-A

Afrika – Afrika

Ägypten
Egipat m
[ɛgipat]

Algerien
Alžir m
[alʒiːr]

Angola
Angola f
[angɔla]

Äquatorialguinea
Ekvatorska Gvineja f
[ɛkʋatɔrska gʋinɛːja]

Äthiopien
Etiopija f
[ɛtiɔpija]

Benin
Benin m
[bɛnin]

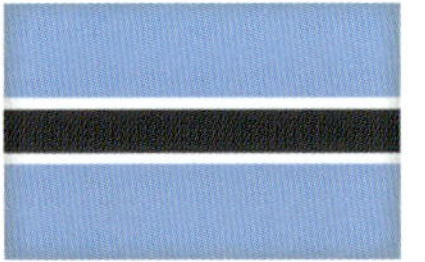

Botswana
Bocvana f
[bɔtsʋana]

Burkina Faso
Burkina Faso f
[burkina faːsɔ]

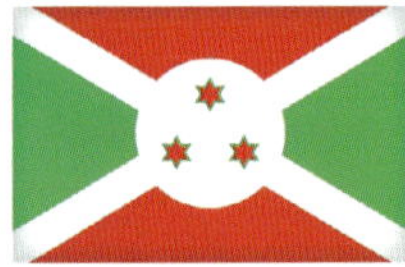

Burundi
Burundi m
[burundi]

die Demokratische Republik Kongo
Demokratska Republika Kongo f
[dɛmɔkratska rɛpublika kɔngɔ]

Dschibuti
Džibuti m
[dʒibuti]

die Elfenbeinküste
Obala Bjelokosti f
[ɔbala bjɛlɔkɔsti]

Eritrea
Eritreja f
[ɛritrɛja]

Gabun
Gabon m
[gabɔn]

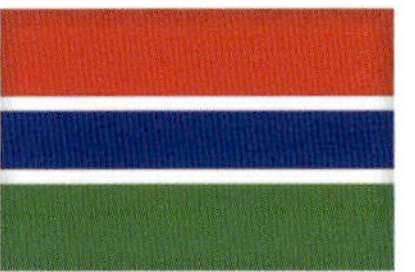

Gambia
Gambija f
[gambija]

Ghana
Gana f
[gaːna]

UN-MITGLIEDSSTAATEN – DRŽAVE ČLANICE UN-A

Afrika – Afrika

Guinea
Gvineja f
[gʋinɛ:ja]

Guinea-Bissau
Gvineja Bisau f
[gʋinɛ:ja bisau]

Kamerun
Kamerun m
[kamɛrun]

Kap Verde
Zelenortska Republika f
[zɛlɛnɔrtska rɛpublika]

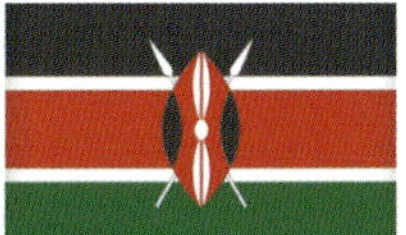

Kenia
Kenija f
[kɛ:nija]

die Komoren
Komori mpl
[kɔmɔ:ri]

Lesotho
Lesoto m
[lɛsɔtɔ]

Liberia
Liberija f
[libɛrija]

Libyen
Libija f
[li:bija]

Madagaskar
Madagaskar m
[madagaskar]

Malawi
Malavi m
[mala:ʋi]

Mali
Mali m
[ma:li]

Mauretanien
Mauretanija f
[maurɛtanija]

Mauritius
Mauricijus m
[mauri:tsijus]

Marokko
Maroko m
[marɔkɔ]

Mosambik
Mozambik m
[mɔzambik]

UN-MITGLIEDSSTAATEN – DRŽAVE ČLANICE UN-A

Afrika – Afrika

Namibia
Namibija f
[namibija]

(der) Niger
Niger m
[ni:gɛr]

Nigeria
Nigerija f
[nigɛrija]

die Republik Kongo
Republika Kongo f
[rɛpublika kɔngɔ]

Ruanda
Ruanda f
[ruanda]

Sambia
Zambija f
[zambija]

São Tomé und Príncipe
Sveti Toma i Princip m
[svɐɛ:ti tɔma i printsip]

(der) Senegal
Senegal m
[sɛnɛgal]

die Seychellen
Sejšeli mpl
[sɛjʃɛli]

Sierra Leone
Sijera Leone m
[siɛ:ra lɛɔnɛ]

Simbabwe
Zimbabve m
[zimbabʋɛ]

Somalia
Somalija f
[sɔmalija]

Südafrika
Južna Afrika f
[juʒna afrika]

der Sudan
Sudan m
[suda:n]

der Südsudan
Južni Sudan m
[juʒni suda:n]

Swasiland
Svazi m
[sʋazi]

UN-MITGLIEDSSTAATEN – DRŽAVE ČLANICE UN-A

Afrika – Afrika

Tansania
Tanzanija f
[tanzanija]

Togo
Togo m
[tɔgɔ]

der Tschad
Čad m
[tʃad]

Tunesien
Tunis m
[tunis]

Uganda
Uganda f
[uganda]

die Zentralafrikanische Republik
Srednjoafrička Republika f
[srɛdɲɔafritʃka rɛpublika]

Asien – Azija

Afghanistan
Afganistan m
[afganistan]

Armenien
Armenija f
[armɛnija]

Aserbaidschan
Azerbajdžan m
[azɛrbajdʒa:n]

Bahrain
Bahrein m
[baxrɛin]

Bangladesch
Bangladeš m
[bangladɛʃ]

Bhutan
Butan m
[buta:n]

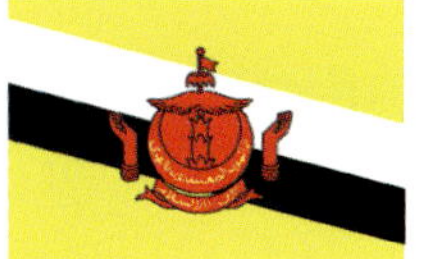

Brunei
Brunej m
[brunɛj]

China
Kina f
[ki:na]

UN-MITGLIEDSSTAATEN – DRŽAVE ČLANICE UN-A

Asien – Azija

Georgien
Gruzija f
[gruzija]

Indien
Indija f
[indija]

Indonesien
Indonezija f
[indɔnɛzija]

(der) Irak
Irak m
[ira:k]

(der) Iran
Iran m
[ira:n]

Israel
Izrael m
[izraɛl]

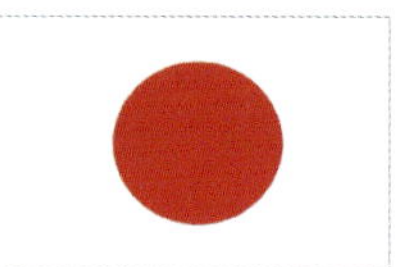

Japan
Japan m
[japa:n]

(der) Jemen
Jemen m
[jɛ:mɛn]

Jordanien
Jordan m
[jɔrdan]

Kambodscha
Kambodža f
[kambɔdʒa]

Kasachstan
Kazahstan m
[kazaxstan]

Kirgisistan
Kirgistan m
[kirgistan]

Kuwait
Kuvajt m
[kuʋajt]

Laos
Laos m
[laɔs]

(der) Libanon
Libanon m
[libanɔn]

Katar
Katar m
[kata:r]

UN-MITGLIEDSSTAATEN – DRŽAVE ČLANICE UN-A

Asien – Azija

Malaysia
Malezija f
[malɛzija]

die Malediven
Maldivi mpl
[maldivi]

die Mongolei
Mongolija f
[mɔngɔlija]

Myanmar
Mjanmar m
[mjanmar]

Nepal
Nepal m
[nɛpal]

Nordkorea
Sjeverna Koreja f
[sjɛvɛrna kɔrɛ:ja]

Oman
Oman m
[ɔma:n]

Osttimor
Istočni Timor m
[istɔtʃni timɔr]

Pakistan
Pakistan m
[pakistan]

die Philippinen
Filipini mpl
[filipi:ni]

Saudi-Arabien
Saudijska Arabija f
[saudijska arabija]

Singapur
Singapur m
[singapur]

Sri Lanka
Šri Lanka f
[ʃrilanka]

Südkorea
Južna Koreja f
[juʒna kɔrɛ:ja]

Syrien
Sirija f
[si:rija]

Tadschikistan
Tadžikistan m
[tadʒikistan]

UN-MITGLIEDSSTAATEN – DRŽAVE ČLANICE UN-A

Asien – Azija

Thailand
Tajland m
[tajland]

die Türkei
Turska f
[turska]

Turkmenistan
Turkmenistan m
[turkmɛnistan]

Usbekistan
Uzbekistan m
[uzbɛkistan]

die Vereinigten Arabischen Emirate
Ujedinjeni Arapski Emirati mpl
[ujɛdiɲɛni arapski ɛmiraːti]

Vietnam
Vijetnam m
[viɛtnam]

Ozeanien – Oceanija

Australien
Australija f
[australija]

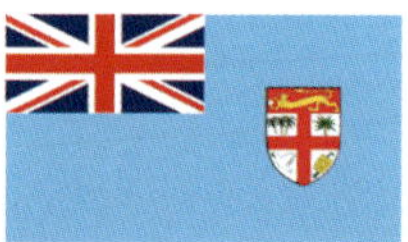

Fidschi
Fidži m
[fidʒi]

Kiribati
Kiribati m
[kiribati]

die Marshallinseln
Maršalovi Otoci mpl
[marʃalɔvi ɔtɔtsi]

Mikronesien
Mikronezija f
[mikrɔnɛːzija]

Nauru
Nauru m
[nauru]

Neuseeland
Novi Zeland m
[nɔvi zɛland]

Palau
Palau m
[palau]

UN-MITGLIEDSSTAATEN – DRŽAVE ČLANICE UN-A

Ozeanien – Oceanija

Papua-Neuguinea
Papua Nova Gvineja f
[papua nɔʋa gʋinɛːja]

die Salomonen
Salomonski Otoci mpl
[salɔmɔnski ɔtɔtsi]

Samoa
Samoa f
[samɔa]

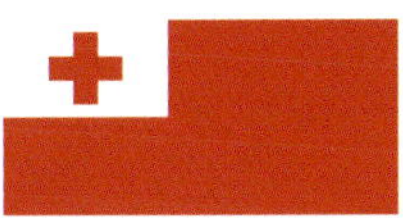

Tonga
Tonga f
[tɔnga]

Tuvalu
Tuvalu m
[tuʋalu]

Vanuatu
Vanuatu m
[ʋanuatu]

Internationale Organisationen – Međunarodne organizacije

die Europäische Union (EU)
Europska unija (EU) f
[ɛurɔpska uːnija (ɛu)]

die Vereinten Nationen (UN)
Ujedinjeni narodi (UN) mpl
[ujɛdiɲɛni narɔdi (uɛn)]

die Organisation des Nordatlantikvertrags (NATO)
Sjevernoatlantski savez (NATO) m
[sjɛʋɛrnɔatlantski saːʋɛz (natɔ)]

die Afrikanische Union
Afrička unija f
[afritʃka uːnija]

die Arabische Liga
Arapska liga f
[arapska liga]

die UNESCO
UNESCO m
[unɛskɔ]

das Commonwealth
Commonwealth (zajednica država) m [kɔmɔnʋɛlt (zajɛdnitsa drʒaʋa)]

DAS WETTER – VRIJEME

sonnig
sunčano
[suntʃanɔ]

wolkig
oblačno
[ɔblatʃnɔ]

neblig
maglovito
[maglɔʋitɔ]

windig
vjetrovito
[ʋjɛtrɔʋitɔ]

heiß
vruće
[ʋru:tɕɛ]

warm
toplo
[tɔplɔ]

kalt
hladno
[xladnɔ]

bedeckt
tmurno
[tmu:rnɔ]

vereist
zaleđeno
[zalɛdʑɛnɔ]

verschneit
snježno
[sɲɛʒnɔ]

regnerisch
kišovito
[kiʃɔʋitɔ]

stürmisch
olujno
[ɔlujnɔ]

feucht
vlažno
[ʋla:ʒnɔ]

die Temperatur	**temperatura** f [tɛmpɛratu:ra]
der Grad	**stupanj** m [stu:paɲ]
Celsius	**Celzijev** m [tsɛlziɛʋ]
Fahrenheit	**Fahrenheit** m [fa:rɛnxajt]
die Wettervorhersage	**vremenska prognoza** f [ʋrɛmɛnska prɔgnɔ:za]
Wie ist das Wetter?	**Kakvo je vrijeme?** [kakʋɔ jɛ ʋriɛ:mɛ]
Es ist schön/trüb/nasskalt.	**Lijepo/tmurno/vlažno je.** [liɛ:pɔ/tmu:rnɔ/ʋla:ʒnɔ jɛ]
Es regnet/schneit.	**Pada kiša/snijeg.** [pada kiʃa/sniɛ:g]

DAS WETTER – VRIJEME

der Regen
kiša f
[kiʃa]

der Regenbogen
duga f
[duːga]

der Sonnenschein
sunčeva svjetlost f
[suntʃɛʋa sʋjɛtlɔst]

der Wind
vjetar m
[ʋjɛtar]

das Gewitter
nevrijeme n
[nɛʋriɛmɛ]

der Donner
grmljavina f
[grmʎaʋina]

der Blitz
munja f
[muɲa]

der Hagel
tuča f
[tutʃa]

der Raureif
inje npl
[iɲɛ]

der Schnee
snijeg m
[sniɛːg]

der Frost
mraz m
[mraz]

das Eis
led m
[lɛːd]

die Brise	**povjetarac** m [pɔʋjɛtaːrats]
die Windgeschwindigkeit	**brzina vjetra** f [brzina ʋjɛtra]
der Pollenflug	**pelud u zraku** m [pɛlud u zraːku]
die UV-Strahlen	**ultraljubičaste zrake** fpl [ultraʎubitʃaste zraːkɛ]
der Ozon	**ozon** m [ɔzɔn]
die Ozonschicht	**ozonski omotač** m [ɔzɔnski ɔmɔtatʃ]
die Stratosphäre	**stratosfera** f [stratɔsfɛːra]
die Troposphäre	**troposfera** f [trɔpɔsfɛːra]

der Smog
smog m
[smɔg]

DAS WETTER - VRIJEME

Naturkatastrophen - Prirodne katastrofe

die Dürre
suša f
[suʃa]

der Hurrikan
uragan m
[uragan]

der Tornado
tornado m
[tɔrnadɔ]

der Monsun
monsun m
[mɔnsun]

die Überschwemmung
poplava f
[pɔplaʋa]

das Erdbeben
potres m
[pɔtrɛs]

der Vulkanausbruch
vulkanska erupcija f
[ʋulkanska ɛruptsija]

der Tsunami
tsunami m
[tsunami]

der Erdrutsch
odron zemlje m
[ɔdrɔn zɛmʎɛ]

der Waldbrand
šumski požar m
[ʃumski pɔʒar]

die Hitzewelle
val vrućine m
[ʋal ʋrutɕinɛ]

der Sturm
oluja f
[ɔlu:ja]

die Lawine
lavina f
[laʋi:na]

der Schneesturm
snježna oluja f
[sɲɛʒna ɔlu:ja]

der (tropische) Wirbelsturm
(tropska) oluja f
[(trɔpska) ɔlu:ja]

die Pandemie
pandemija f
[pandɛmija]

DIE LANDSCHAFT – KRAJOLIK

der Berg
planina f
[planina]

der Gipfel
vrh m
[ʋrx]

das Gebirge
gora f
[gɔra]

der Wald
šuma f
[ʃuma]

der Berghang
strmina f
[strmina]

der See
jezero n
[jɛzɛrɔ]

der Felsen
stijena f
[stiɛːna]

das Tal
dolina f
[dɔlina]

der Fluss
rijeka f
[riɛːka]

die Flussmündung
ušće n
[uʃtɕɛ]

die Höhle
špilja f
[ʃpiʎa]

die Klippe
litica f
[lititsa]

die Küste
obala f
[ɔbala]

der Gletscher
ledenjak m
[lɛdɛɲak]

der Wasserfall
vodopad m
[ʋɔdɔpad]

DIE LANDSCHAFT – KRAJOLIK

das Plateau
visoravan m
[ʋisɔraʋan]

der Hügel
brdo n
[brdɔ]

die Ebene
nizina f
[nizina]

die Schlucht
klanac m
[kla:nats]

die Wüste
pustinja f
[pustiɲa]

die Wiese
livada f
[liʋada]

das Feuchtgebiet
vlažno područje n
[ʋlaʒnɔ pɔdrutʃjɛ]

die Heide
vriština f
[ʋriʃtina]

das Grasland
travnjak m
[traʋɲak]

der Geysir
gejzir m
[gɛjzi:r]

die Thermalquelle
termalni izvor m
[tɛrmalni izʋɔr]

der Vulkan
vulkan m
[ʋulka:n]

die Bucht
zaljev m
[za:ʎɛʋ]

das Korallenriff
koraljni greben m
[kɔraʎni grɛbɛn]

die Insel
otok m
[ɔtɔk]

der Gebirgsbach
planinski potok m
[planinski pɔtɔk]

STEINE UND MINERALIEN – KAMENJE I MINERALI

das Eisenerz
željezna ruda f
[ʒɛʎɛzna ruda]

der Sandstein
pješčenjak m
[pjɛʃtʃɛɲak]

der Asphalt
asfalt m
[asfalt]

der Granit
granit m
[granit]

der Kalkstein
vapnenac m
[ʋapnɛːnats]

die Kreide
kreda f
[krɛːda]

die Kohle
ugljen m
[ugʎɛn]

der Schiefer
škriljevac m
[ʃkriːʎɛʋats]

der Marmor
mramor m
[mramɔr]

der Schwefel
sumpor m
[sumpɔr]

der Grafit
grafit m
[grafit]

das Gold
zlato n
[zlaːtɔ]

das Silber
srebro n
[srɛbrɔ]

das Kupfer
bakar m
[bakar]

das Quecksilber
živa f
[ʒiːʋa]

der Bauxit
boksit m
[bɔksit]

STEINE UND MINERALIEN – KAMENJE I MINERALI

Edel- und Halbedelsteine – Drago i poludrago kamenje

der Rubin
rubin m
[rubi:n]

der Aquamarin
akvamarin m
[akʊamari:n]

der Jade
jadeit m
[jadɛit]

der Smaragd
smaragd m
[smaragd]

der Saphir
safir m
[safi:r]

der Amethyst
ametist m
[amɛtist]

der Quarz
kremen m
[krɛmɛn]

der Diamant
dijamant m
[dijamant]

der Turmalin
turmalin m
[turmalin]

der Topas
topaz m
[tɔpaz]

der Granat
granat m
[grana:t]

das/der Tigerauge
tigrovo oko n
[tigrɔʊɔ ɔkɔ]

der Opal
opal m
[ɔpa:l]

der Bernstein
jantar m
[jantar]

der Türkis
tirkiz m
[tirki:z]

der Rosenquarz
kvarc ružičnjak m
[kʊarts ruʒitʃɲak]

der Onyx
oniks m
[ɔniks]

die Perle
biser m
[bisɛr]

der Lapislazuli
lapis lazuli m
[lapis lazuli]

der Citrin
citrin m
[tsitrin]

PFLANZEN – BILJKE

Bäume – Stabla

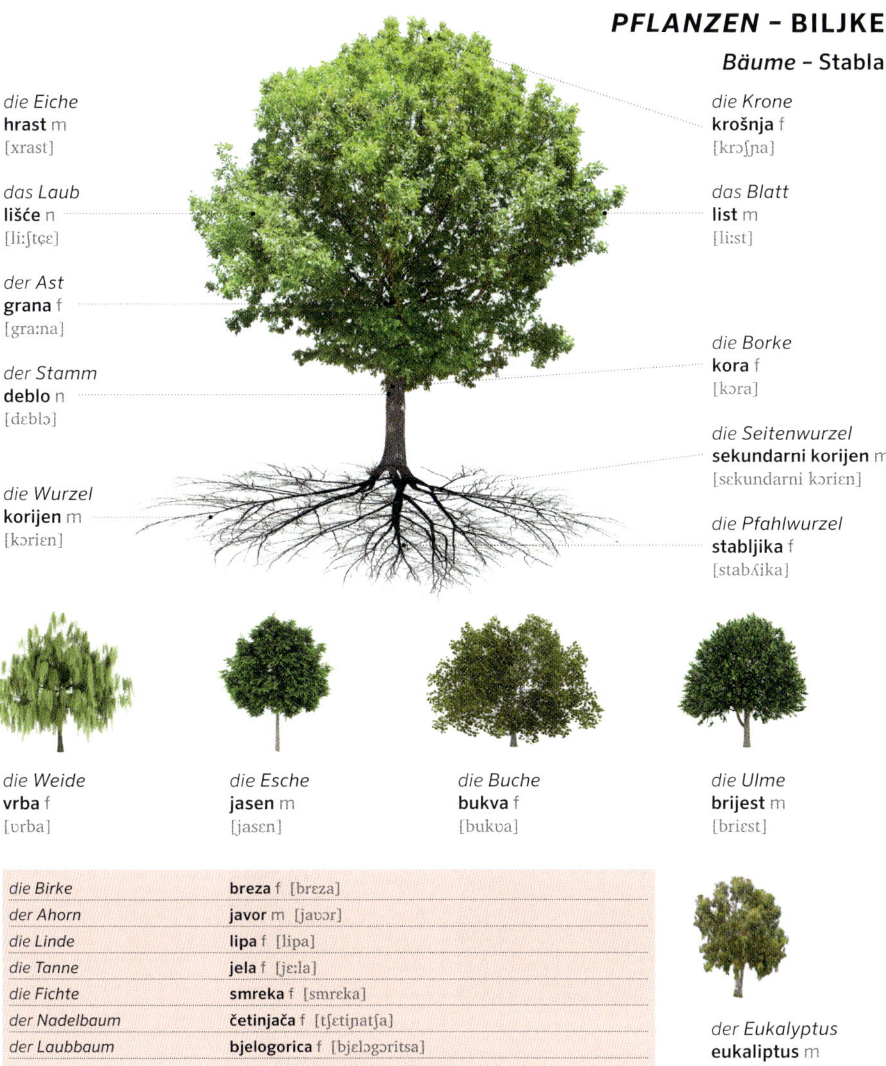

die Birke	**breza** f [brɛza]
der Ahorn	**javor** m [jaʋɔr]
die Linde	**lipa** f [lipa]
die Tanne	**jela** f [jɛːla]
die Fichte	**smreka** f [smrɛka]
der Nadelbaum	**četinjača** f [tʃɛtiɲatʃa]
der Laubbaum	**bjelogorica** f [bjɛlɔgɔritsa]
der immergrüne Baum	**zimzeleno drvo** n [zimzɛlɛnɔ drʋɔ]

PFLANZEN – BILJKE

Wildpflanzen – Divlje biljke

die Flechte
lišaj m
[liʃaj]

das Moos
mahovina f
[maxɔʋina]

die Distel
čičak m
[tʃ:tʃak]

der Pilz
gljiva f
[gʎiʋa]

die Brennnessel
kopriva f
[kɔpriʋa]

der Fingerhut
naprstak m
[naprstak]

der Bärenklau
šapika f
[ʃapika]

der Löwenzahn
maslačak m
[maslatʃak]

das Gänseblümchen
tratinčica f
[tratintʃitsa]

das Heidekraut
vrijes m
[ʋriɛ:s]

das Hasenglöckchen
plavi zvončići mpl
[plaʋi zʋɔntʃitɕi]

der Klee
djetelina f
[djɛtɛlina]

die Kamille
kamilica f
[kamilitsa]

das Maiglöckchen
đurđica f
[dʑurdʑitsa]

die Pusteblume
maslačak m
[maslatʃak]

die Butterblume
zlatica f
[zlatitsa]

PFLANZEN – BILJKE

Zierblumen – Ukrasno cvijeće

die Rose
ruža f
[ruːʒa]

das Blütenblatt
latica f
[latitsa]

die Blüte
cvijet m
[tsʋiɛːt]

der Stängel
stabljika f
[stabʎika]

der Stiel
stabljika f
[stabʎika]

die Knospe
pupoljak m
[pupɔʎak]

der Dorn
trn m
[trn]

das Blatt
list m
[liːst]

das Schneeglöckchen
visibaba f
[ʋisibaba]

der Krokus
šafran m
[ʃafran]

die Seerose
lopoč m
[lɔpɔtʃ]

der Lavendel
lavanda f
[laʋanda]

der Flieder	**jorgovan** m [jɔrgɔʋan]
der/das Rhododendron	**pjenišnik** m [pjeniʃnik]
blühen	**cvasti** [tsʋasti]
duften	**mirisati** [mirisati]
verwelken	**uvenuti** [uʋɛːnuti]
keimen	**klijati** [klijati]
die Frühlingsblume	**proljetni cvijet** m [prɔʎɛtni tsʋiɛːt]
der Nachtblüher	**noćni cvijet** m [nɔtɕni tsʋiɛːt]

die Petunie
petunija f
[pɛtunija]

PFLANZEN – BILJKE

Zierblumen – Ukrasno cvijeće

die Nelke
karanfil m
[karnfiːl]

die Primel
jaglac m
[jaglats]

die Gerbera
gerbera f
[gɛrbɛra]

die Tulpe
tulipan m
[tulipan]

die Narzisse
narcisa f
[nartsisa]

die Iris
perunika f
[pɛrunika]

die Chrysantheme
krizantema f
[krizantɛːma]

die Hyazinthe
zumbul m
[zumbul]

die Ringelblume
neven m
[nɛʋɛn]

das Stiefmütterchen
maćuhica f
[matɕuxitsa]

die Orchidee
orhideja f
[ɔrxidɛːja]

der Rosenstrauch
ružin grm m
[ruʒin grm]

die Lilie
ljiljan m
[ʎiʎan]

die Sonnenblume
suncokret m
[suntsɔkrɛt]

die Geranie
pelargoniija f
[pɛlargɔnija]

die Hortensie
hortenzija f
[xɔrtɛnzija]

PFLANZEN – BILJKE

Gartenpflanzen – Vrtne biljke

der/das Efeu
bršljan m
[brʃʎan]

der Obstbaum
voćka f
[ʋɔtɕka]

die Baumblüte
cvat stabla m
[tsʋat stabla]

der Trieb
mladica f
[mladitsa]

der Formschnitt
oblikovanje grmlja n
[ɔblikɔʋaɲɛ grmʎa]

das Unkraut
drač m
[dratʃ]

blühen
cvasti
[tsʋasti]

verwelken
uvenuti
[uʋɛːnuti]

die Palme
palma f
[paːlma]

der Rasen
travnjak m
[traːʋɲak]

die Blumenwiese
cvjetna livada f
[tsʋjɛtna liʋada]

die Mohnblume
mak m
[mak]

die Kletterpflanze
penjačica f
[pɛɲatʃitsa]

einjährig
jednogodišnji, -a, -e
[jɛdnɔgɔdiʃɲi,a,ɛ]

zweijährig
dvogodišnji, -a, -e
[dʋɔgɔdiʃɲi,a,ɛ]

mehrjährig
višegodišnji, -a, -e
[ʋiʃɛgɔdiʃɲi,a,ɛ]

TIERE – ŽIVOTINJE

Säugetiere – Sisavci

die Ratte
štakor m
[ʃtakɔr]

der Maulwurf
krtica f
[krtitsa]

die Katze
mačka f
[matʃka]

der Hund
pas m
[pas]

das Kaninchen
kunić m
[kunitɕ]

das Meerschweinchen
zamorac m
[zamɔrats]

die Maus
miš m
[miʃ]

der Hamster
hrčak m
[xrtʃak]

die Fledermaus
šišmiš m
[ʃiʃmiʃ]

das Eichhörnchen
vjeverica f
[ʋjɛʋɛritsa]

der Igel
jež m
[jɛʒ]

das Frettchen
pitoma vretica f
[pitɔma ʋrɛtitsa]

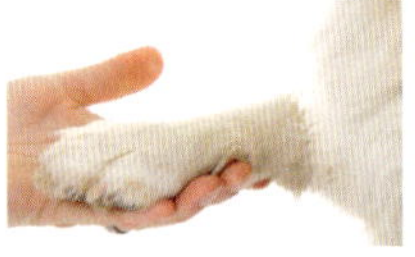
die Pfote
šapa f
[ʃapa]

das Schnurrhaar	**brkovi** mpl [brkɔʋi]
das Fell	**krzno** n [krznɔ]
das Maul	**gubica** f [gubitsa]
der Schwanz	**rep** m [rɛːp]
das Horn	**rog** m [rɔg]
die Kralle	**pandža** f [pandʒa]
die Tatze	**šapa** f [ʃapa]
der Huf	**kopito** n [kɔpitɔ]

TIERE – ŽIVOTINJE

Säugetiere – Sisavci

der Gepard
gepard m
[gɛpard]

der Puma
puma f
[puma]

der Wolf
vuk m
[ʋuːk]

der Waschbär
rakun m
[rakun]

das Stinktier
smrdljivac m
[smrdʎiʋats]

das Erdmännchen
merkat m
[mɛrkat]

der Leopard
leopard m
[lɛɔpard]

der Dachs
jazavac m
[jazaʋats]

der Fuchs
lisica f
[lisitsa]

der Jaguar
jaguar m
[jaguar]

der Löwe
lav m
[laʋ]

der Tiger
tigar m
[tigar]

der Bär
medvjed m
[mɛdʋjɛd]

der Eisbär
polarni medvjed m
[pɔlarni mɛdʋjɛd]

der Koala
koala m
[kɔala]

der Pandabär
panda m
[panda]

TIERE – ŽIVOTINJE

Säugetiere – Sisavci

das Schwein
svinja f
[svina]

die Ziege
koza f
[kɔza]

das Pferd
konj m
[kɔɲ]

die Giraffe
žirafa f
[ʒira:fa]

das Schaf
ovca f
[ɔ:ʋtsa]

das Lama
lama f
[lama]

der Esel
magarac m
[magarats]

das Reh
srna f
[srna]

das Rentier
sob m
[sɔ:b]

das Kamel
deva f
[dɛʋa]

die Kuh
krava f
[kraʋa]

der Stier
bik m
[bik]

das Nilpferd
nilski konj m
[nilski kɔɲ]

das Nashorn
nosorog m
[nɔsɔrɔg]

der Elefant
slon m
[slɔn]

das Zebra
zebra f
[zɛbra]

TIERE – ŽIVOTINJE

Säugetiere – Sisavci

das Walross
morž m
[mɔrʒ]

der Seelöwe
morski lav m
[mɔrski laʋ]

der Seehund
tuljan m
[tuʎan]

der Delfin
dupin m
[ɖupin]

der Schwertwal
orka m
[ɔrka]

der Otter
vidra f
[ʋidra]

die Biberratte
nutrija f
[nutrija]

der Gorilla
gorila f
[gɔrila]

der Orang-Utan
orangutan m
[ɔrangutan]

der Gibbon
gibon m
[gibɔn]

der Pavian
pavijan m
[paʋijan]

der Schimpanse
čimpanza f
[ʃimpanza]

das Faultier
ljenjivac m
[ʎɛɲiʋats]

der Ameisenbär
mravojed m
[mraʋɔjɛd]

das Känguru
klokan m
[klɔkan]

das Jungtier
mladunac m
[mladu:nats]

TIERE – ŽIVOTINJE

Vögel – Ptice

der Specht
djetlić m
[djɛtlitɕ]

der Spatz
vrabac m
[ʋrabats]

der Kolibri
kolibrić m
[kɔlibritɕ]

der Tukan
tukan m
[tukan]

das Rotkehlchen
crvendać m
[tsrʋɛndatɕ]

die Schwalbe
lastavica f
[lastaʋitsa]

der Habicht
jastreb m
[jastrɛb]

die Taube
golub m
[gɔlub]

der Rabe
gavran m
[gaʋran]

die Krähe
vrana f
[ʋrana]

der Fink
zeba f
[zɛba]

die Möwe
galeb m
[galɛb]

der Kanarienvogel
kanarinac m
[kanari:nats]

der Schnabel	**kljun** m [kʎun]
das Küken	**pile** n [pilɛ]
der Flügel	**krilo** n [kri:lɔ]
die Kralle	**pandža** f [pandʒa]
die Feder	**pero** n [pɛrɔ]
das Federkleid	**perje** n [pɛ:rjɛ]
zwitschern	**cvrkutati** [tsʋrkutati]
flattern	**lepetati** [lɛpɛtati]

TIERE – ŽIVOTINJE

Vögel – Ptice

der Storch
roda f
[rɔːda]

der Flamingo
plamenac m
[plamɛːnats]

der Strauß
noj m
[nɔːj]

der Adler
orao m
[ɔraɔ]

der Pinguin
pingvin m
[pingʋin]

der Kakadu
kakadu m
[kakadu]

der Papagei
papiga f
[papiga]

die Eule
sova f
[sɔːʋa]

der Truthahn
puran m
[puraːn]

der Schwan
labud m
[labud]

die Gans
guska f
[guska]

die Ente
patka f
[patka]

der Hahn
pijetao m
[piɛːtaɔ]

das Huhn
kokoš f
[kɔkɔʃ]

die Wachtel
prepelica f
[prɛpɛlitsa]

der Pfau
paun m
[paun]

TIERE – ŽIVOTINJE

Reptilien und Amphibien – Gmazovi i vodozemci

die Schlange
zmija f
[zmija]

das Krokodil
krokodil m
[krɔkɔdil]

der Alligator
aligator m
[aligatɔr]

die Eidechse
gušter m
[guʃtɛr]

das Chamäleon
kameleon m
[kamɛlɛɔn]

der Leguan
iguana f
[iguana]

die Schildkröte
kornjača f
[kɔrɲatʃa]

die Meeresschildkröte
vodena kornjača f
[ʋɔdɛna kɔrɲatʃa]

der Frosch
žaba f
[ʒaba]

die Kröte
žaba krastača f
[ʒaba krastatʃa]

die Kaulquappe
punoglavac m
[punɔgla:ʋats]

der Salamander
daždevnjak m
[daʒdɛʋɲak]

der Gecko
macaklin m
[matsaklin]

der Panzer	**oklop** m [ɔklɔp]
die Schuppen	**ljuska** f [ʎuska]
das Gift	**otrov** m [ɔtrɔʋ]
der Giftzahn	**otrovni zub** m [ɔtrɔʋni zub]
das wechselwarme Tier	**poikilotermna životinja** f [pɔikilɔtɛrmna ʒiʋɔtiɲa]
kriechen	**gmizati** [gmizati]
zischen	**piskati** [piskati]
quaken	**kreketati** [krɛkɛtati]

TIERE – ŽIVOTINJE

Fische – Ribe

der Kugelfisch
napuhača f
[napuxatʃa]

der Hornhecht
iglica f
[iglitsa]

der Piranha
piranja f
[piraɲa]

der Fliegende Fisch
poletuša f
[pɔlɛtuʃa]

der Fächerfisch
lepezasta sabljarka f
[lɛpɛzasta sabʎarka]

der Rochen
raža f
[raʒa]

der Weiße Hai
velika bijela psina f
[ʋɛlika biɛːla psina]

der Tigerhai
tigrasti morski pas m
[tigrasti mɔrski pas]

der Goldfisch
zlatna ribica f
[zlatna ribitsa]

der Koi
koi šaran m
[kɔi ʃaran]

der Aal
jegulja f
[jɛguʎa]

der Wels
som m
[sɔm]

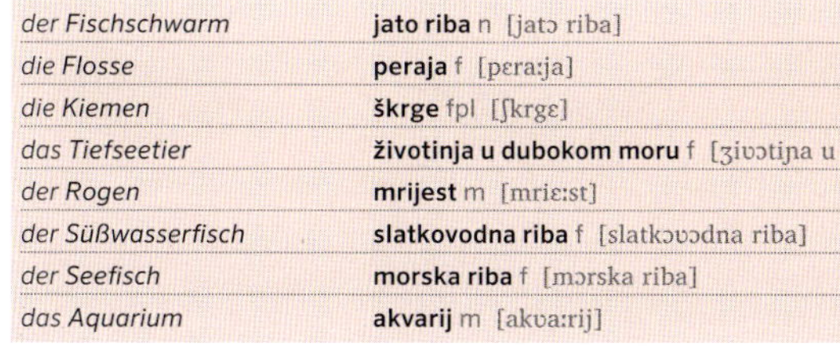

der Fischschwarm	**jato riba** n [jatɔ riba]
die Flosse	**peraja** f [pɛraːja]
die Kiemen	**škrge** fpl [ʃkrgɛ]
das Tiefseetier	**životinja u dubokom moru** f [ʒiʋɔtiɲa u dubɔkɔm mɔːru]
der Rogen	**mrijest** m [mriɛːst]
der Süßwasserfisch	**slatkovodna riba** f [slatkɔʋɔdna riba]
der Seefisch	**morska riba** f [mɔrska riba]
das Aquarium	**akvarij** m [akʋaːrij]

das Seepferdchen
morski konjić m
[mɔrski kɔɲitɕ]

TIERE – ŽIVOTINJE

Insekten und Spinnen – Insekti i paukovi

der Schmetterling
leptir m
[lɛptir]

die Raupe
gusjenica f
[gusjɛnitsa]

die Puppe
kukuljica f
[kukuʎitsa]

der Nachtfalter
noćni leptir m
[nɔtɕni lɛptir]

die Biene
pčela f
[ptʃɛla]

die Hummel
bumbar m
[bumbar]

die Wespe
osa f
[ɔsa]

die Hornisse
stršljen m
[strʃʎɛn]

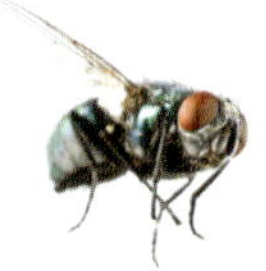

die Fliege
muha f
[muxa]

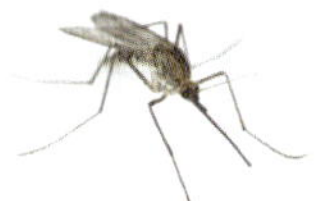

die Stechmücke
komarac m
[kɔma:rats]

die Zikade
cvrčak m
[tsʋrtʃak]

der Maikäfer
hrušt m
[xruʃt]

die Libelle
libela f
[libɛla]

die Gottesanbeterin
bogomoljka f
[bɔgɔmɔ:ʎka]

die Heuschrecke
skakavac m
[skakaʋats]

die Grille
zrikavac m
[zrikaʋats]

TIERE – ŽIVOTINJE

Insekten und Spinnen – Insekti i paukovi

das Spinnennetz
paukova mreža f
[paukɔʋa mrɛʒa]

die Spinne
pauk m
[pauk]

der Floh
buha f
[buxa]

die Assel
jednakonožac m
[jɛdnakɔnɔʒats]

die Stinkwanze
smrdibuba f
[smrdibuba]

der Marienkäfer
buba mara f
[buba ma:ra]

die Schabe
žohar m
[ʒɔxar]

der Wasserläufer
skakalica na vodi f
[skakalitsa na ʋɔdi]

der Hundertfüßer
striga f
[striga]

die Nacktschnecke
puž golać m
[pu:ʒ gɔlatɕ]

die Schnecke
puž m
[pu:ʒ]

der Wurm
glista f
[gli:sta]

die Termite
termit m
[tɛrmit]

die Ameise
mrav m
[mraʋ]

die Zecke
krpelj m
[krpɛʎ]

der Skorpion
škorpion m
[ʃkɔrpiɔn]

ZAHLEN UND MAßE

BROJEVI I MJERE

DIE ZAHLEN – BROJEVI

Die Kardinalzahlen – Glavni brojevi

null
nula
[nula]

eins
jedan
[jɛdan]

zwei
dva
[dʋa]

drei
tri
[tri]

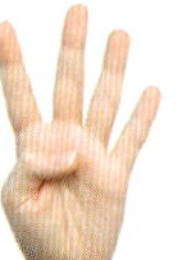

vier
četiri
[tʃɛtiri]

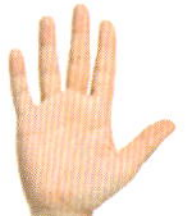

fünf
pet
[pɛt]

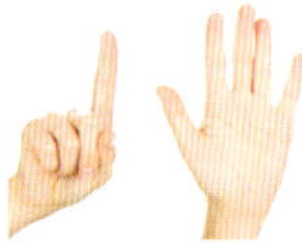
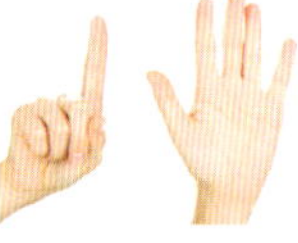

sechs
šest
[ʃɛst]

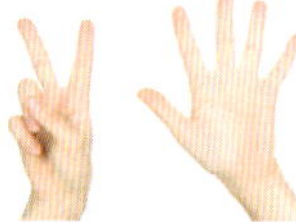

sieben
sedam
[sɛdam]

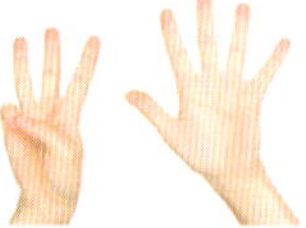

acht
osam
[ɔsam]

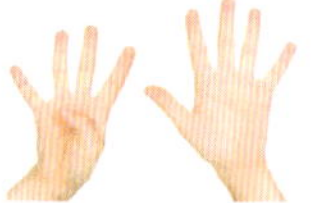

neun
devet
[dɛʋɛt]

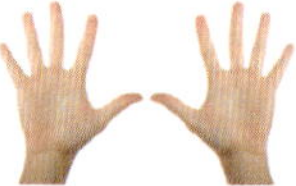

zehn
deset
[dɛsɛt]

elf	**jedanaest** [jɛdanaɛst]
zwölf	**dvanaest** [dʋa:naɛst]
dreizehn	**trinaest** [tri:naɛst]
vierzehn	**četrnaest** [tʃɛtrnaɛst]
fünfzehn	**petnaest** [pɛtnaɛst]
sechzehn	**šesnaest** [ʃɛsnaɛst]
siebzehn	**sedamnaest** [sɛdamnaɛst]
achtzehn	**osamnaest** [ɔsamnaɛst]
neunzehn	**devetnaest** [dɛʋɛtnaɛst]
zwanzig	**dvadeset** [dʋadɛsɛt]
einundzwanzig	**dvadeset jedan** [dʋadɛsɛt jɛdan]
zweiundzwanzig	**dvadeset dva** [dʋadɛsɛt dʋa]
dreiundzwanzig	**dvadeset tri** [dʋadɛsɛt tri]
dreißig	**trideset** [tri:dɛsɛt]
vierzig	**četrdeset** [tʃɛtrdɛsɛt]
fünfzig	**pedeset** [pɛdɛsɛt]
sechzig	**šezdeset** [ʃɛzdɛsɛt]
siebzig	**sedamdeset** [sɛdamdɛsɛt]
achtzig	**osamdeset** [ɔsamdɛsɛt]
neunzig	**devedeset** [dɛʋɛdɛsɛt]
hundert	**sto** [stɔ:]

DIE ZAHLEN - BROJEVI

Die Kardinalzahlen - Glavni brojevi

zweihundertzweiundzwanzig	**dvjesto dvadeset dva** [dʋjɛstɔ dʋadɛsɛt dʋa]
tausend	**tisuća** [tisutɕa]
zehntausend	**deset tisuća** [dɛsɛt tisutɕa]
zwanzigtausend	**dvadeset tisuća** [dʋadɛsɛt tisutɕa]
fünfzigtausend	**pedeset tisuća** [pɛdɛsɛt tisutɕa]
fünfundfünfzigtausend	**pedeset pet tisuća** [pɛdɛsɛt pɛːt tisutɕa]
hunderttausend	**sto tisuća** [stɔː tisutɕa]
eine Million	**milijun** [milijuːn]
eine Milliarde	**milijarada** [milijaːrada]
eine Billion	**bilijun** [biʎuːn]

Die Ordinalzahlen - Redni brojevi

erste(r, s)	**prva(-i, -o)** f(m,n) [prʋa(i,ɔ)]
zweite(r, s)	**druga(-i, -o)** f(m,n) [druga(i,ɔ)]
dritte(r, s)	**treća(-i, -o)** f(m,n) [trɛtɕa(i,ɔ)]
vierte(r, s)	**četvrta(-i, -o)** f(m,n) [tʃɛtʋrta(i,ɔ)]
fünfte(r, s)	**peta(-i, -o)** f(m,n) [pɛːta(i,ɔ)]
sechste(r, s)	**šesta(-i, -o)** f(m,n) [ʃɛsta(i,ɔ)]
siebte(r, s)	**sedma(-i, -o)** f(m,n) [sɛdma(i,ɔ)]
achte(r, s)	**osma(-i, -o)** f(m,n) [osma(i,ɔ)]
neunte(r, s)	**deveta(-i, -o)** f(m,n) [dɛʋɛta(i,ɔ)]
zehnte(r, s)	**deseta(-i, -o)** f(m,n) [dɛsɛta(i,v)]
elfte(r, s)	**jedanaesta(-i, -o)** f(m,n) [jɛdanaɛsta(i,ɔ)]
zwölfte(r, s)	**dvanaesta(-i, -o)** f(m,n) [dʋaːnaɛsta(i,ɔ)]
dreizehnte(r, s)	**trinaesta(-i, -o)** f(m,n) [triːnaɛsta(i,ɔ)]
vierzehnte(r, s)	**četrnaesta(-i, o)** f(m,n) [tʃɛtrnaɛsta(i,ɔ)]
fünfzehnte(r, s)	**petnaesta(-i, -o)** f(m,n) [pɛtnaɛsta(i,ɔ)]
sechzehnte(r, s)	**šesnaesta(-i, -o)** f(m,n) [ʃɛsnaɛsta(i,ɔ)]
siebzehnte(r, s)	**sedamnaesta(-i, -o)** f(m,n) [sɛdamnaɛsta(i,ɔ)]
achtzehnte(r, s)	**osamnaesta(-i, -o)** f(m,n) [osamnaɛsta(i,ɔ)]
neunzehnte(r, s)	**devetnaesta(-i, -o)** f(m,n) [dɛʋɛtnaɛsta(i,ɔ)]
zwanzigste(r, s)	**dvadeseta(-i, -o)** f(m,n) [dʋadɛsɛta(i,ɔ)]
einundzwanzigste(r, s)	**dvadeset prva(-i, -o)** f(m,n) [dʋadɛsɛt prʋa(i,v)]
zweiundzwanzigste(r, s)	**dvadeset druga(-i, -o)** f(m,n) [dʋadɛsɛt druga(i,ɔ)]

DIE ZAHLEN – BROJEVI

Die Ordinalzahlen – Redni brojevi

dreißigste(r, s)	**trideseta(i,o)** f(m,n) [trid:ɛsɛta(i,ɔ)]
vierzigste(r, s)	**četrdeseta(i,o)** f(m,n) [tʃɛtrdɛsɛta(i,ɔ)]
fünfzigste(r, s)	**pedeseta(i,o)** f(m,n) [pɛdɛsɛta(i,ɔ)]
sechzigste(r, s)	**šezdeseta(i,o)** f(m,n) [ʃɛzdɛsɛta(i,ɔ)]
siebzigste(r, s)	**sedamdeseta(i,o)** f(m,n) [sɛdamdɛsɛta(i,ɔ)]
achtzigste(r, s)	**osamdeseta(i,o)** f(m,n) [ɔsamdɛsɛta(i,ɔ)]
neunzigste(r, s)	**devedeseta(i,o)** f(m,n) [dɛʋɛdɛsɛta(i,ɔ)]
hundertste(r, s)	**stota(i,o)** f(m,n) [stɔ:ta(i,ɔ)]
zweihunderterste(r, s)	**dvijestota(i,o)** f(m,n) [dʋijɛstɔta(i,ɔ)]
zweihundertfünfundzwanzigste(r, s)	**dvjesto dvadeset peta(-i, -o)** f(m,n) [dʋjɛstɔ dʋadɛsɛt pɛ:ta(i,ɔ)]
dreihundertste(r, s)	**tristota(i,o)** f(m,n) [tristɔta(i,ɔ)]
tausendste(r, s)	**tisućita(i,o)** f(m,n) [tisutɕita(i,ɔ)]
zehntausendste(r, s)	**deset tisućita(i,o)** f(m,n) [dɛsɛt tisutɕita(i,ɔ)]
millionste(r, s)	**milijunta(i,o)** f(m,n) [miliju:nta(i,ɔ)]
zehnmillionste(r, s)	**deset milijunta(i,o)** f(m,n) [dɛsɛt miliju:nta(i,ɔ)]
vorletzte(r, s)	**pretposlijednja(i,e)** f(m,n) [prɛtpɔ:sliɛdɲa(i,ɛ)]
letzte(r, s)	**posljednja(i,e)** f(m,n) [pɔ:sʎɛdnja(i,ɛ)]

Die Bruchzahlen – Razlomci

ein halber/ein halbes/eine halbe	**pola** [pɔla]
ein Drittel	**jedna trećina** [jɛdna trɛtɕina]
ein Viertel	**jedna četvrtina** [jɛdna tʃɛtʋrtina]
ein Fünftel	**jedna petina** [jɛdna pɛtina]
ein Achtel	**jedna osmina** [jɛdna ɔsmina]
drei Viertel	**tri četvrtine** [tri tʃɛtʋrtinɛ]
zwei Fünftel	**dvije petine** [dʋi:ɛ pɛtinɛ]
siebeneinhalb	**sedam i pol** [sɛdam i pɔ:l]
zwei Siebzehntel	**dvije sedamnaestine** [dʋi:ɛ sɛdamna:ɛstinɛ]
fünf und drei Achtel	**pet i tri osmine** [pɛt i tri ɔsmi:nɛ]

DIE ZAHLEN – BROJEVI

Weitere Zahlwörter – Drugi brojevi

einmal	**jedan put** [jɛdan put]
zweimal	**dva puta** [dʋa pu:ta]
dreimal	**tri puta** [tri pu:ta]
viermal	**četiri puta** [tʃɛtiri pu:ta]
mehrmals	**više puta** [ʋiʃɛ pu:ta]
manchmal	**ponekad** [pɔnɛkad]
niemals	**nikad** [nikad]
einfach	**jednom** [jɛdnɔm]
doppelt/zweifach	**dvostruko** [dʋɔstrukɔ]
dreifach	**trostruko** [trɔstrukɔ]
vierfach	**četverostruko** [tʃɛtʋɛrɔstrukɔ]
fünffach	**petostruko** [pɛtɔstrukɔ]
sechsfach	**šestostruko** [ʃɛstɔstrukɔ]
mehrfach/vielfach	**višestruko/mnogostruko** [ʋiʃɛstrukɔ/mnɔgɔstrukɔ]

ein Paar	**par** m [pa:r]
ein halbes Dutzend	**pola tuceta** m [pɔla tutsɛta]
ein Dutzend	**tucet** m [tutsɛt]
ein Gros	**gros** m [grɔs]
ein paar	**nekoliko** [nɛkɔlikɔ]
wenige	**nekoliko** [nɛkɔlikɔ]
einige	**neki** [nɛki]
etliche	**neki** [nɛki]
manche	**pokoji** [pɔkɔji]
viele	**mnogi** [mnɔgi]
beide	**oba** [ɔba]
sämtliche	**cjelokupno** [tsjɛlɔkupnɔ]
alle	**svi** [sʋi]
jeder/jede/jedes	**svatko/svaka/svaki** [sʋatkɔ/sʋaka/sʋaki]

der Taschenrechner
džepni kalkulator m
[dʒɛpni kalkula:tɔr]

die Quadratwurzel
drugi korijen m
[drugi kɔriɛn]

das Prozent
postotak m
[pɔstɔtak]

die Ziffer
znamenka f
[znamɛnka]

der Dezimalpunkt
decimalni zarez m
[dɛtsi:malni za:rɛz]

dividieren
podijeliti
[pɔdiɛ:liti]

multiplizieren
pomnožiti
[pɔmnɔʒiti]

subtrahieren
oduzeti
[ɔduzɛti]

addieren
dodati
[dɔdati]

ist gleich
jednako
[jɛdnakɔ]

DIE ZEIT – VRIJEME

Die Uhrzeit – Vrijeme

ein Uhr
jedan sat
[jɛdan saːt]

zwei Uhr
dva sata
[dʋa saːta]

drei Uhr
tri sata
[tri saːta]

vier Uhr
četiri sata
[tʃɛtiri saːta]

fünf Uhr
pet sati
[pɛt saːti]

sechs Uhr
šest sati
[ʃɛst saːti]

sieben Uhr
sedam sati
[sɛdam saːti]

acht Uhr
osam sati
[ɔsam saːti]

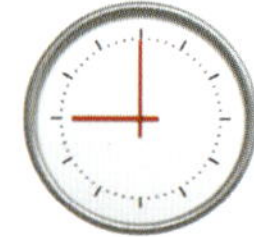

neun Uhr
devet sati
[dɛʋɛt saːti]

zehn Uhr
deset sati
[dɛsɛt saːti]

elf Uhr
jedanaest sati
[jɛdanaɛst saːti]

zwölf Uhr mittags
dvanaest sati u podne
[dʋaːnaɛst saːti u pɔːdnɛ]

dreizehn Uhr
trinaest sati
[triːnaɛst saːti]

die Stunde	**sat** [saːt]
die Minute	**minuta** [minuːta]
eine halbe Stunde	**pola sata** [pɔla saːta]
die Sekunde	**sekunda** [sɛkuːnda]
Wie viel Uhr ist es?	**Koliko je sati?** [kɔlikɔ jɛ saːti]
Es ist zwei Uhr.	**Dva su sata.** [dʋa su saːta]
Um wie viel Uhr?	**U koliko sati?** [u kɔlikɔ saːti]
Um sieben Uhr.	**U sedam sati.** [u sɛdam saːti]

DIE ZEIT – VRIJEME

Die Uhrzeit – Vrijeme

vierzehn Uhr
četrnaest sati
[tʃɛtrnaɛst sa:ti]

fünfzehn Uhr
petnaest sati
[pɛtnaɛst sa:ti]

sechzehn Uhr
šesnaest sati
[ʃɛsnaɛst sa:ti]

siebzehn Uhr
sedamnaest sati
[sɛdamnaɛst sa:ti]

achtzehn Uhr
osamnaest sati
[ɔsamnaɛst sa:ti]

neunzehn Uhr
devetnaest sati
[dɛʋɛtnaɛst sa:ti]

zwanzig Uhr
dvadeset sati
[dʋadɛsɛt sa:ti]

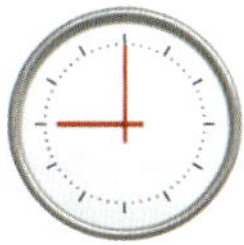

einundzwanzig Uhr
dvadeset jedan sat
[dʋadɛsɛt jɛdan sa:t]

zweiundzwanzig Uhr
dvadeset dva sata
[dʋadɛsɛt dʋa sa:ta]

dreiundzwanzig Uhr
dvadeset tri sata
[dʋadɛsɛt tri sa:ta]

Mitternacht
ponoć
[pɔ:nɔtɕ]

fünf nach zwölf
dvanaest i pet
[dʋan:aɛst i pɛt]

halb elf	**pola jedanaest** [pɔla jɛdanaɛst]
zwanzig vor sieben	**dvadeset do sedam** [dʋadɛsɛt dɔ sɛdam]
Viertel vor zwölf	**petnaest do dvanaest** [pɛtnaɛst dɔ dʋa:naɛst]
Wann?	**Kada?** [kada]
Vor/in zehn Minuten.	**Prije/Za deset minuta.** [priɛ/za dɛsɛt minu:ta]
Gegen Mittag.	**Oko podne.** [ɔkɔ pɔ:dnɛ]
Seit wann?	**Od kada?** [ɔd kada]
Seit gestern.	**Od jučer.** [ɔd jutʃɛr]

Viertel nach neun
devet i petnaest
[dɛʋɛt i pɛtnaɛst]

DIE ZEIT - VRIJEME

Tag und Nacht - Dan i noć

die Mitternacht
ponoć f
[pɔ:nɔtɕ]

die Morgendämmerung
svitanje n
[sʋitaɲɛ]

der Sonnenaufgang
izlazak sunca m
[izlazak su:ntsa]

der Morgen
jutro n
[jutrɔ]

der Mittag
podne n
[pɔ:dnɛ]

der Nachmittag
popodne n
[pɔpɔ:dnɛ]

der Sonnenuntergang
zalaz sunca m
[zalaz su:ntsa]

die Abenddämmerung
večernji sumrak m
[ʋɛtʃɛrɲi sumrak]

der Abend
večer f
[ʋɛtʃɛr]

der Frühling
proljeće n
[prɔʎɛtɕɛ]

der Sommer
ljeto n
[ʎɛtɔ]

der Herbst
jesen f
[jɛsɛn]

der Winter
zima f
[zima]

heute	**danas** [danas]
morgen	**sutra** [sutra]
übermorgen	**preksutra** [prɛksutra]
gestern	**jučer** [jutʃɛr]
vorgestern	**prekjučer** [prɛkjutʃɛr]
Welches Datum haben wir heute?	**Koji je danas datum?** [kɔji jɛ danas da:tum]
der 9. September 2022	**9. rujna 2022.** [dɛʋɛti rujna dʋijɛ tisućɛ dʋadɛsɛt i dʋa]
der Feiertag	**praznik** m [pra:znik]

DIE ZEIT – VRIJEME

Der Kalender – Kalendar

der Sonntag
nedjelja f
[nɛdjɛʎa]

der Montag
ponedjeljak m
[pɔnɛdjɛʎak]

der Dienstag
utorak m
[utɔrak]

der Mittwoch
srijeda f
[srijɛ:da]

der Donnerstag
četvrtak m
[tʃɛtʋrtak]

der Freitag
petak m
[pɛ:tak]

der Samstag
subota f
[subɔta]

SUN MON TUE WED THU FRI SAT

1 2 3 4 5
6 7 8 9 10 11 12
13 14 15 16 17 18 19
20 21 22 23 24 25 26
27 28 29 30 31

der Wochentag
radni dan m
[radni da:n]

die Woche
tjedan m
[tjɛdan]

der Tag
dan m
[da:n]

das Wochenende
vikend m
[ʋikɛnd]

das Datum
datum m
[da:tum]

das Jahr
godina f
[gɔdina]

der Monat
mjesec m
[mjɛsɛts]

der Januar	**siječanj** m [siɛ:tʃaɲ]
der Februar	**veljača** f [ʋɛʎatʃa]
der März	**ožujak** m [ɔʒujak]
der April	**travanj** m [tra:ʋaɲ]
der Mai	**svibanj** m [sʋi:baɲ]
der Juni	**lipanj** m [li:paɲ]

der Juli	**srpanj** m [srpaɲ]
der August	**kolovoz** m [kɔlɔʋɔz]
der September	**rujan** m [ru:jan]
der Oktober	**listopad** m [listɔpad]
der November	**studeni** m [studɛni]
der Dezember	**prosinac** m [prɔsinats]

MAßE – MJERE

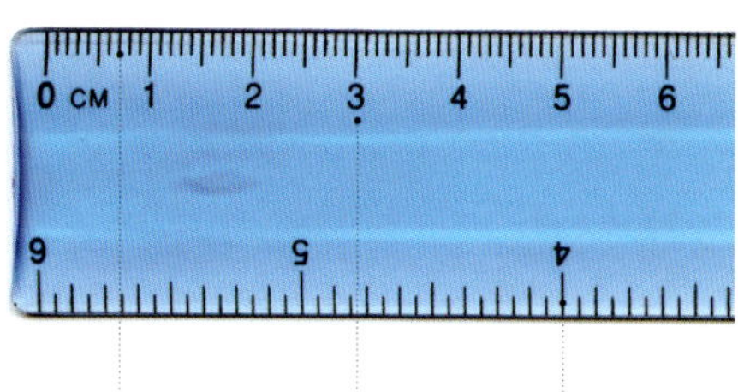

der/das Millimeter
milimetar m
[milimɛtar]

der/das Zentimeter
centimetar m
[tsɛntimɛtar]

der Zoll
inč m
[intʃ]

der/das Liter
litar m
[litar]

der/das Milliliter
mililitar m
[mililitar]

die Unze
unca f
[untsa]

das Pint
pinta f
[pinta]

der Kilometer
kilometar m
[kilɔmɛtar]

die Meile
milja f
[mi:ʎa]

das Yard
jard m
[jard]

der Acre/Morgen
aker/morgen m
[akɛr/mɔrgɛn]

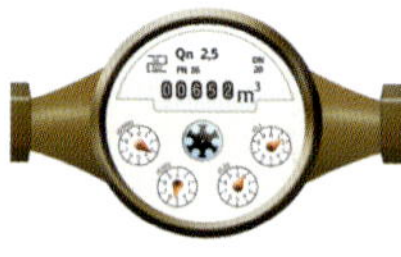

der/das Kubikmeter
kubični metar m
[kubitʃni mɛtar]

der Fuß	**stopa** f [stɔpa]
der/das Meter	**metar** m [mɛtar]
der/das Quadratmeter	**kvadratni metar** m [kʋadratni mɛtar]
der Quadratfuß	**kvadratna stopa** f [kʋadratna stɔpa]
der/das Hektar	**hektar** m [xɛktar]
die Tasse	**šalica** f [ʃalitsa]
der Esslöffel	**velika žlica** f [ʋɛlika ʒlitsa]
der Teelöffel	**mala žlica** f [ma:la ʒlitsa]

DAS GEWICHT – TEŽINA

5,5t

die Tonne
tona f
[tɔːna]

das Kilogramm
kilogram m
[kilɔgram]

das Gramm
gram m
[gram]

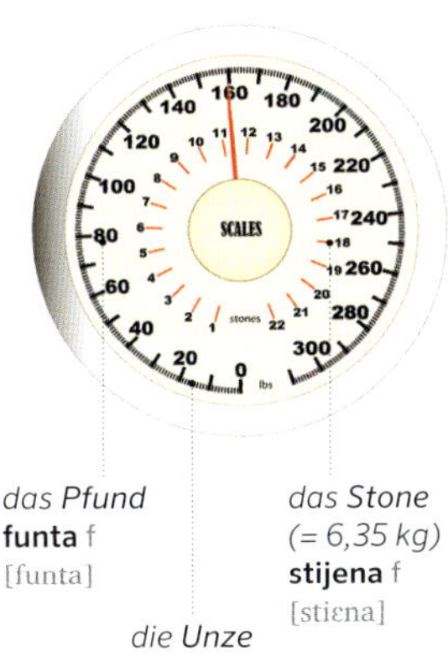

das Pfund
funta f
[funta]

die Unze
unca f
[untsa]

das Stone
(= 6,35 kg)
stijena f
[stiɛna]

DIE WÄHRUNG – VALUTA

der Dollar
dolar m
[dɔlar]

£

das Pfund
funta f
[funta]

€

der Euro
euro m
[ɛurɔ]

der Yen
jen m
[jɛn]

die Rupie	**rupija** f [rupija]
der Dinar	**dinar** m [dinar]
der Franc	**franak** m [franak]
der Schweizer Franken	**švicarski franak** m [ʃʋitsarski franak]
die Krone	**kruna** f [kruna]

der Rand	**rand** m [rand]
der Peso	**pezo** m [pɛzɔ]
der Real	**real** m [rɛal]
der Yuan	**juan** m [juan]
die Lira	**lira** f [liːra]
der Rubel	**rubalj** m [rubaʎ]

SRETAN
BOŽIĆ

IN KROATIEN

U HRVATSKOJ

FEIERTAGE – PRAZNICI I BLAGDANI

Nova godina m [nɔʋa gɔdina]	*Neujahr (1. Januar)*
Sveta tri kralja m [sʋɛta tri kra:ʎa]	*Heilige 3 Könige (6. Januar)*
Dan državnosti m [dandrʒa:ʋnɔsti]	*der Nationalfeiertag (30. Mai)*
Dan antifašističke borbe m [dan antifaʃistitʃkɛ bɔrbɛ]	*der Tag des antifaschistischen Kampfes (22. Juni)*
Dan pobjede i domovinske zahvalnosti i Dan hrvatskih branitelja m [dan pɔbjɛdɛ i dɔmɔʋinskɛ zaxʋa:lnɔsti i dan xrʋatskix branitɛʎa]	*der Tag des Sieges und der heimatlichen Dankbarkeit und Tag der kroatischen Verteidiger (5. August)*

uskrsne pisanice f pl
[uskrsnɛ pisanitsɛ]
die Ostereier (in Kroatien traditionell rot gefärbt)

FESTIVALS – FESTIVALI

božićna pšenica f
[bɔʒitɕna pʃɛnitsa]
der Weihnachtsweizen (traditioneller Tischschmuck an Weihnachten)

Festival dalmatinskih klapa - Omiš m
[fɛstiʋal dalmatinskix klapa]
das Festival der dalmatinischen Klapa Gesangschöre in Omiš

Pulski filmski festival m
[pulski filmski fɛstiʋal]
das Pula Filmfestival

Splitsko ljeto n
[splitskɔ ʎɛtɔ]
das Split Sommerfestival (Kunstfestival)

Dubrovačke ljetne igre f pl
[dubrɔʋatʃkɛ ʎɛtnɛ igrɛ]
die Sommerfestspiele Dubrovnik

Međunarodni dječji festival m
[mɛdʑunarɔdni djɛtʃji fɛstiʋal]
das Internationale Kinderfestival Šibenik

TYPISCH KROATISCHE GERICHTE – TIPIČNA HRVATSKA JELA

hladetina f
[xladɛtina]
der Aspik

ćevapčići m pl
[tɕɛvaptʃitɕi]
die Cevapcici (gegrillte Hackfleischröllchen)

pršut m
[prʃut]
der luftgetrocknete Rohschinken

kulen m
[kulɛn]
die pikante, geräucherte Rohwurst

brudet m
[brudɛt]
der Fischeintopf

salata od hobotnice f
[salata ɔd xɔbɔtnitsɛ]
der Oktopussalat

sarma f
[sarma]
die Krautwickel

pašticada f
[paʃtitsada]
in Wein eingelegtes Rindfleisch mit Gnocchi

blitva f
[blitʋa]
das Mangoldgemüse (meist mit Kartoffeln und Knoblauch)

mlinci m pl
[mliːntsi]
die gebratene Teigware

janjetina ispod peke f
[jaɲɛtina ispɔd pɛkɛ]
das geröstete Lamm mit Kartoffeln (auf offenem Feuer gebraten)

punjena paprika f
[puɲɛna paprika]
die gefüllte Paprika

kotlovina f
[kɔtlɔʋina]
die Kotlovina (gebratenes und gedünstetes Fleischgericht)

fritule f pl
[fritule]
die frittierten Knödel

međimurska gibanica f
[mɛdʑimurska gibanitsa]
der Schichtkuchen

breskvice f pl
[brɛskʋitsɛ]
das Pfirsichgebäck

makovnjača f
[makɔʋɲatʃa]
der Mohnstrudel

mađarica f
[madʑaritsa]
der Schoko-Schichtkuchen „Ungarin“

kremšnita f
[krɛmʃnita]
die Cremeschnitte

orahnjača f
[ɔraxɲatʃa]
die Nussrolle

zagorski štrukli m pl
[zagɔrski ʃtrukli]
die Quarkstrudel aus Zagorje

GETRÄNKE – NAPICI

travarica f
[traʋaritsa]
der Kräuterbranntwein

medovača (medica) f
[mɛdɔʋatʃa (mɛditsa)]
der Honiglikör

malvazija f
[malʋazija]
der Malvasia Weißwein aus Istrien

maraskin m
[maraskin]
der dalmatinische Kirschlikör

prošek m
[prɔʃɛk]
der dalmatinische Dessertwein

plavac m
[plaːʋats]
der Plavac Rotwein

šljivovica f
[ʃʎiʋɔʋitsa]
der Sliwowitz (Pflaumenschnaps)

lozovača f
[lɔzɔʋatʃa]
der Tresterschnaps

kruškovac m
[kruʃkɔʋats]
der Birnenlikör

miš maš m
[miʃmaʃ]
Rotwein mit Orangenlimonade

bambus m
[bambus]
der Korea (Rotwein mit Cola)

gusti sa šlagom m
[guːsti sa ʃlagɔm]
der Saft mit Sahnehaube

SEHENSWÜRDIGKEITEN – ZNAMENITOSTI

ulica Klančić f
[ulitsa klantʃitɕ]
die Gasse Klančić
(mit ca. 40 cm die engste Gasse der Welt in Vrbnik, Krk)

Zlatni rat m
[zlatni rat]
das Goldene Horn
(Strand in Bol auf der Insel Brač)

Crveno jezero n
[tsrʋɛnɔ jɛzɛrɔ]
der Rote See
(das größte mit Wasser gefüllte Loch der Erde, bei Imotski)

Modro jezero n
[mɔdrɔ jɛzɛrɔ]
der Blaue See
(Imotski; ist er im Sommer ausgetrocknet, wird auf seinem Grund traditionell ein Fußballspiel ausgetragen)

Trakošćan m
[trakɔʃtɕan]
das Schloss Trakošćan
(Gemeinde Bednja in der Gespanschaft Varaždin)

Hum m
[xum]
Hum
(die kleinste Stadt der Welt, Istrien)

Pulska arena f
[pulska arɛːna]
das Amphitheater Pula

Salona (Solin) f (m)
[salɔna (sɔliːn)]
Solin
(Metropole der römischen Provinz Dalmatien)

Morske orgulje f pl
[mɔrskɛ ɔrguʎɛ]
die Meeresorgel
(Zadar)

Kula Lotrščak f
[kuːla lɔtrʃtʃak]
der Lotrščak-Turm (Zagreb, Kanonenschuss zur Mittagszeit)

solana u Stonu f
[sɔlana u stɔnu]
die Meerwassersaline Ston (die ältesten Salinen Europas)

Advent u Zagrebu m
[adʋɛnt u zagrɛbu]
der Advent in Zagreb (dreimal in Folge bester Weihnachtsmarkt Europas)

Trg bana Josipa Jelačića m
[trg bana jɔsipa jɛlatʃitɕa]
der Ban-Jelačić-Platz (Zagreb)

Jama Baredine f
[jama barɛdine]
die Höhle Baredine (bei Poreč)

Modra špilja Biševa m
[mɔdra ʃpiːʎa biʃɛʋa]
die Blaue Grotte von Biševo

Pozdrav suncu m
[pɔzdraʋ suːntsu]
der Sonnengruß (Zadar, eine solarbetriebene Lichtinstallation zum Rhythmus der Wellen und der Geräusche der Meeresorgel)

Muzej krapinskih neanderta-laca m
[muzɛj krapinskix nɛandɛrtalatsa]
das Neandertalermuseum in Krapina (am Fundort des Neandertalers von 1899)

Muzejsko-memorijalni centar Dražen Petrović m
[muzɛjskɔmɛmɔrijalni tsɛntar draʒɛn pɛtrɔʋitɕ]
das Dražen Petrović Museum und Gedenkstätte (Basketball-Idol)

TYPISCH KROATISCHE SOUVENIRS – TIPIČNO HRVATSKI SUVENIRI

Vučedolska golubica f
[ʋutʃɛdɔlska gɔlubitsa]
die Taube von Vučedol (Ton-Taubenfigur aus Vučedol, hergestellt zwischen 2800 und 2400 v. Chr.)

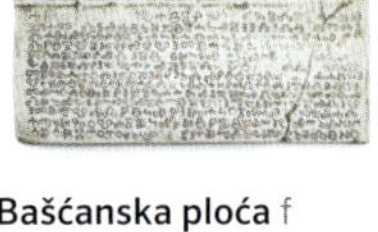

Bašćanska ploća f
[baʃtʃanska plɔtɕa]
die Tafel von Baška (ältestes Kulturdenkmal der kroatischen Sprache und Geschichte)

penkala f
[pɛnkala]
der Kugelschreiber (benannt nach dessen Erfinder)

Paška čipka f
[paʃka tʃipka]
die Spitze von der Insel Pag

vunena narodna torba f
[ʋunɛna narɔdna tɔrba]
die traditionelle Wolltasche

kravata f
[kraʋata]
die Krawatte

licitarsko srce n
[litsitarskɔ srtsɛ]
das Licitar Lebkuchenherz

drvena čutura f
[drʋɛna tʃutura]
die Holzflasche (für Wein oder Schnaps)

tamburica f
[tamburitsa]
die Tamburica

pletena boca f
[plɛtɛna bɔtsa]
die Korbweideflasche

lavanda f
[laʋanda]
der Lavendel

Bajadera f
[bajadɛːra]
die Bajadera Praline (aus Nuss-Nougat)

INTERESSANTES - ZANIMLJIVOSTI

Rimac automobil m
[ri:mats autɔmɔbil]
das Rimac Auto (kroatisches Elektro-Auto)

Maglite svjetiljka f
[mɛglajt svjɛtiʎka]
die Maglite-Stabtaschenlampe (erfunden von dem Kroaten Anthony Maglica)

picigin m
[pitsigin]
das Picigin (Wasserballspiel aus Split)

Grgur Ninski m
[grgur n:nski]
der Gregor von Nin (mittelalterlicher Bischof und Kanzler; der Legende nach bringt das Reiben des linken großen Zehs am Denkmal in Split Glück und Gesundheit)

UNGEWÖHNLICHE MUSEEN - NEOBIČNI MUZEJI

Tortureum (muzej torture) m [tɔrturɛum (muzɛj tɔrturɛ)]	*das Foltermuseum (Zagreb)*
Muzej prekinutih veza m [muzɛj prɛkinutih vɛza]	*das Museum der zerbrochenen Beziehungen (Zagreb)*
Muzej iluzija m [muzɛj ilu:zija]	*das Museum der Illusionen (Zagreb)*
Muzej gljiva m [muzɛj gʎiva]	*das Pilzmuseum (größtes Pilzmuseum der Welt, Zagreb)*
Muzej čokolade m [muzɛj tʃɔkɔladɛ]	*das Schokoladenmuseum (Zagreb)*
Muzej mamurluka m [muzɛj mamurluka]	*das „Hangover"-Museum (Zagreb)*

UNESCO WELTERBESTÄTTEN - UNESCO-OVA SVJETSKA BAŠTINA

gradska jezgra Dubrovnika f
[gradska jɛzgra dubrɔvnika]
die Altstadt von Dubrovnik

Dioklecijanova palača f
[diɔklɛtsijanɔva palatʃa]
der historische Komplex von Split mit dem Diokletianspalast

Nacionalni park Plitvička jezera m
[natsiɔnalni park plitvitʃka jɛzɛra]
der Nationalpark Plitvicer Seen

katedrala sv. Jakova u Šibeniku f
[katɛdrala svɛtɔg jakɔva u ʃibɛniku]
die Kathedrale des Heiligen Jakob in Šibenik

mletačke utvrde od 15. do 17. stoljeća f pl
[mlɛtatʃkɛ utvrdɛ ɔd pɛtnaɛstɔg dɔ sɛdamnaɛstɔg stɔʎɛtɕa]
das Venezianische Verteidigungssystem des 15. bis 17. Jahrhunderts

bukove prašume u Karpatima f pl
[bukɔvɛ praʃumɛ u karpatima]
alte Buchenwälder und -urwälder der Karpaten (in Kroatien in den Nationalparks Paklenica und Nördlicher Velebit)

gradska jezgra Trogira f
[gradska jɛzgra trɔgira]
die Altstadt von Trogir

starogradsko polje na Hvaru n
[starɔgradskɔpɔʎɛ na hvaːru]
die Ebene von Stari Grad

Eufrazijeva bazilika f
[ɛufraziɛva bazilika]
die Euphrasius-Basilika in der Altstadt von Poreč

stećci m pl
[stɛtɕtsi]
die mittelalterlichen Grabsteine

UNESCO IMMATERIELLES KULTURERBE – *UNESCO-OVA* NEMATERIJALNA KULTURNA BAŠTINA

zvončari Kastavštine m pl
[zvɔntʃari kastavʃtinɛ]
die Glockenläuter aus der Region Kastav

suhozid m
[suxɔzid]
das Trockenmauerwerk

Festa Svetog Vlaha u Dubrovniku f
[fɛsta svɛtɔg vlaxa u dubrɔvnika]
das Fest des Hl. Blasius, Schutzpatron von Dubrovnik

procesija kraljica (Ljelje) u Gorjanima f
[prɔtsɛsija kraʎitsa (ʎɛʎɛ) u gɔrjanima]
die Frühlingsprozession der Königinnen (Ljelje) aus Gorjani

tradicija izrade licitara sjeverne Hrvatske f
[traditsija izradɛ litsitara sjɛʋɛrnɛ xrʋatskɛ]
das Lebkuchenhandwerk aus Nordkroatien

proizvodnja drvenih dječjih igračaka Hrvatskog Zagorja f
[prɔizʋɔdɲa drʋɛnix djɛtʃjix igratʃaka xrʋatskɔg zaːgɔrja]
die traditionelle Manufaktur von Kinder-Holzspielzeug aus Zagorje

Sinjska alka f
[siːɲska alka]
das Sinjska Alka (Reitturnier in Sinj)

hrvatsko čipkarstvo n
[xrʋatskɔ tʃipkarstʋɔ]
das kroatische Klöppeln

ojkanje n
[ɔjkaɲɛ]
der Ojkanje-Gesang (mehrstimmiger Volksgesang)

klapa f
[klapa]
die Klapa-Musik (traditioneller A-Cappella-Gesang aus Dalmatien)

mediteranska prehrana f [mɛditɛranska prɛxrana] — *die Mittelmeerküche*

međimurska popevka f [mɛdʑimurska pɔpɛʋka] — *das Volkslied aus Međimurje*

istarsko dvoglasno pjevanje i sviranje na istarskoj ljestvici n [istarskɔ dʋɔglasnɔ pjɛʋaɲɛ i sʋiraɲɛ na istarskɔj ʎɛstʋitsi] — *das zweiteilige Singen und Spielen in der istrischen Tonleiter*

nijemo kolo n [niɛːmɔ kɔlɔ] — *der stumme Kreistanz (aus dem dalmatinischen Hinterland)*

hvarska procesija Za križen f [xʋarska prɔtsɛsija za kriʒɛn] — *die nächtliche Prozession auf der Insel Hvar*

ekomuzej batana u Rovinju m [ɛkɔmuzɛːj batana u rɔʋiːɲu) — *das Ökomuseum Batana*

bećarac m
[bɛtɕaːrats]
der Becarac (Gesang und Spiel aus dem östlichen Kroatien)

NATIONALPARKS – NACIONALNI PARKOVI

Nacionalni park Brijuni m
[natsiɔnalni park briju:ni]
der Nationalpark Brijuni (Fažana, Istrien)

Nacionalni park Kornati m
[natsiɔnalni park kɔrnati]
der Nationalpark Kornaten (Šibenik-Knin)

Nacionalni park Krka m
[natsiɔnalni park krka]
der Nationalpark Krka (Šibenik-Knin)

Nacionalni park Mljet m
[natsiɔnalni park mʎɛt]
der Nationalpark Mljet (Dubrovnik-Neretva)

Nacionalni park Paklenica m
[natsiɔnalni park paklɛnitsa]
der Nationalpark Paklenica (Zadar)

Nacionalni park Risnjak m
[natsiɔnalni park risɲak]
der Nationalpark Risnjak (Primorje-Gorski kotar)

Nacionalni park Sjeverni Velebit m
[natsiɔnalni park sjɛʋɛrni ʋɛlɛbit]
der Nationalpark Nördlicher Velebit (Lika-Senj)

NATURPARKS – PARKOVI PRIRODE

Park prirode Biokovo m
[park prirɔdɛ biɔkɔʋɔ]
der Naturpark Biokovo (Split-Dalmatien)

Park prirode Kopački rit m
[park prirɔdɛ kɔpatʃki rit]
der Naturpark Kopački rit (Osijek-Baranja)

Park prirode Žumberak – Samoborsko gorje m
[park prirɔdɛ ʒumbɛrak samɔbɔrskɔ gɔrjɛ]
der Naturpark Žumberak und das Samobor-Gebirge (Zagreb)

Park prirode Medvednica m
[park prirɔdɛ mɛdʋɛdnitsa]
der Naturpark Medvednica (Zagreb / Krapina-Zagorje)

Park prirode Velebit m
[park prirɔdɛ ʋɛlɛbit]
der Naturpark Velebit (Lika-Senj / Zadar)

Park prirode Telašćica m
[park prirɔdɛ tɛlaʃtɕitsa]
der Naturpark Telašćica (Šibenik-Knin)

Park prirode Papuk m
[park prirɔdɛ papuk]
der Naturpark Papuk (Slawonien)

Park prirode Učka m
[park prirɔdɛ utʃka]
der Naturpark Učka (Istrien)

Park prirode Vransko jezero m
[park prirɔdɛ ʋranskɔ jɛzɛrɔ]
der Naturpark Vrana See (Zadar / Šibenik-Knin)

Park prirode Lonjsko polje m
[park prirɔdɛ lɔɲskɔ pɔʎɛ]
der Naturpark Lonjsko Polje (Sisak-Moslavina)

Park prirode Lastovsko otočje m
[park prirɔdɛ lastɔʋskɔ ɔtɔtʃjɛ]
der Naturpark Lastovo (Dubrovnik-Neretva)

PFLANZEN UND TIERE – BILJKE I ŽIVOTINJE

velebitska degenija f
[ʋɛlɛbitska dɛgɛnija]
die Velebit-Degenie (seltene Pflanze, abgebildet auf der 50 Lipa Münze)

biokovsko zvonce n
[biɔkɔʋskɔ zʋɔntsɛ]
die Büschelglocke (gefährdete, geschützte Pflanze)

dalmatinska iglica f
[dalmatinska iglitsa]
der dalmatinische Storchschnabel (nur auf der Halbinsel Pelješac zu finden)

čovječja ribica f
[tʃɔʋjɛtʃja ribitsa]
der Grottenolm (einziges europäisches unterirdisches Wirbeltier)

istarsko govedo boškarin n
[istarskɔ gɔʋɛdɔ bɔʃkarin]
das istrische Rind

dalmatinski okaš m
[dalmatinski ɔkaʃ]
der dalmatinische Tagfalter

bjeloglavi sup m
[bjɛlɔglaʋi su:p]
der Gänsegeier

pas (dalmatinac) m
[pas (dalmatinats)]
der Dalmatiner

DIE WICHTIGSTEN SÄTZE – NAJVAŽNIJE REČENICE

DIE VERBEN – GLAGOLI

INDEX - KAZALO

DIE WICHTIGSTEN SÄTZE – NAJVAŽNIJE REČENICE

Mit diesen nützlichen Wörtern und Sätzen drücken Sie sich in den wichtigsten und häufigsten Situationen mit Sicherheit aus.

IM GESPRÄCH – U RAZGOVORU

BEGRÜSSEN UND VERABSCHIEDEN – POZDRAVITI I OPROSTITI SE

Guten Tag!	Dobar dan! [dɔbar daːn]
Guten Abend!	Dobra večer! [dɔbra ʋetʃɛr]
Hallo!	Bok! [bɔk]
Auf Wiedersehen!	Doviđenja! [dɔʋidʑɛːɲa]
Tschüss!	Bok! [bɔk]

HÖFLICHKEIT – ULJUDNOST

bitte	molim [mɔlim]
danke	hvala [xʋaːla]
bitte schön	molim lijepo [mɔlim liɛːpɔ]
Ja, bitte.	Da, molim. [da mɔlim]
Nein, danke.	Ne, hvala. [nɛ xʋaːla]
Keine Ursache!	Nema na čemu! [nɛma na tʃɛmu]
Entschuldigung!	Oprosti! [ɔprɔsti]
Entschuldigen Sie, ...	Oprostite, ... [ɔprɔstitɛ ...]
Das tut mir leid.	Žao mi je. [ʒaɔ mi jɛ]
Wie geht's?	Kako si? [kakɔ si]
Danke, gut. Und Ihnen/dir?	Hvala, dobro. A Vi/ti? [xʋaːla dɔbrɔ a ʋi/ti]

KOMMUNIKATION – KOMUNIKACIJA

Wie bitte?	Molim? [mɔlim]
Ich verstehe.	Razumijem. [razumiɛm]
Ich verstehe nicht.	Ne razumijem. [nɛ razumiɛm]
Könnten Sie das bitte wiederholen?	Možete li to ponoviti, molim? [mɔʒɛtɛ li tɔ pɔnɔʋiti mɔlim]
Könnten Sie bitte langsamer sprechen?	Molim Vas, možete li govoriti sporije? [mɔlim ʋas mɔʒɛtɛ li gɔʋɔriti spɔriɛ]
Könnten Sie das bitte aufschreiben?	Možete li to napisati, molim? [mɔʒɛtɛ li tɔ napiːsati mɔlim]
Was bedeutet ...?	Što znači ...? [ʃtɔ znatʃi ...]

SICH VORSTELLEN – PREDSTAVITI SE

Wie heißt du?	Kako se zoveš? [kakɔ sɛ zɔʋɛʃ]
Wie heißen Sie?	Kako se zovete? [kakɔ sɛ zɔʋɛtɛ]
Ich heiße ...	Zovem se ... [zɔʋɛm sɛ]
Woher kommen Sie?	Odakle ste? [ɔdaklɛ stɛ]
Woher kommst du?	Odakle si? [ɔdaklɛ si]
Ich komme aus ...	Ja sam iz ... [ja sam iz ...]
Das ist mein Mann.	To je moj suprug. [tɔ jɛ mɔj suprug]
Das ist meine Frau.	To je moja supruga. [tɔ jɛ mɔja supruga]
Das ist mein Partner.	To je moj partner. [tɔ jɛ mɔj partnɛr]

Das ist meine Partnerin.	To je moja partnerica. [tɔ jɛ mɔja partnɛritsa]
Das ist mein Sohn.	To je moj sin. [tɔ jɛ mɔj si:n]
Das ist meine Tochter.	To je moja kći. [tɔ jɛ mɔja ktɕi]
Hier ist meine E-Mail-Adresse.	Ovo je moja mail adresa. [ɔʋɔ jɛ mɔja mɛ:jl adrɛ:sa]
Hier ist meine Telefonnummer.	Ovo je moj broj telefona. [ɔʋɔ jɛ mɔj brɔj tɛlɛfɔ:na]

BEIM TELEFONIEREN – PRI TELEFONIRANJU

Ich hätte gern eine SIM-Karte, bitte.	Molim Vas, rado bih htio/htjela SIM karticu. [mɔlim ʋas radɔ bix xtiɔ/xtjɛla sim kartitsu]
Mein Akku ist leer.	Baterija mi je prazna. [batɛrija mi jɛ pra:zna]
Hier spricht …	Ovdje je … [ɔʋdjɛ jɛ …]
Mit wem spreche ich bitte?	Molim Vas, s kim razgovaram? [mɔlim ʋas s ki:m razgɔʋa:ram]
Kann ich bitte Herrn/Frau … sprechen?	Mogu li razgovarati s gospodinom/gospođom …? [mɔgu li razgɔʋa:rati s gɔspɔdinɔm/gɔspɔdʑɔm …]
Tut mir leid, er/sie ist nicht da.	Žao mi je, nema ga/je. [ʒaɔ mi jɛ nɛma ga]
Kann er/sie Sie zurückrufen?	Može li Vas nazvati? [mɔʒɛ li ʋas nazʋati]

UNTERWEGS – NA PUTU

TOILETTE UND BAD – WC I KUPAONICA

Wo ist bitte die Toilette?	Molim, gdje je WC? [mɔlim gdjɛ jɛ ʋɛtsɛ:]
Damen	žene [ʒɛnɛ]
Herren	muškarci [muʃka:rtsi]
die Damentoilette	ženski WC [ʒɛnski ʋɛtsɛ:]
die Herrentoilette	muški WC [muʃki ʋɛtsɛ:]

BAHN – ŽELJEZNICA

Wann fährt der nächste Zug ab?	Kada kreće sljedeći vlak? [kada krɛ:tɕɛ sʎɛdɛtɕi ʋla:k]
Wo muss ich umsteigen?	Gdje moram presjedati? [gdjɛ mɔram prɛsjɛdati]
Von welchem Gleis fährt der Zug nach …?	S kojeg perona ide vlak za …? [s kɔjɛg pɛrɔ:na idɛ ʋla:k za …]
Ist dieser Platz noch frei?	Je li ovo mjesto slobodno? [jɛli ɔʋɔ mjɛstɔ slɔbɔdnɔ]
Hält dieser Zug in …?	Stoji li ovaj vlak u …? [stɔjili ɔʋaj ʋla:k u …]

BUS – AUTOBUS

Welche Linie fährt nach …?	Koja linija vozi za …? [kɔja li:nija ʋɔzi za …]
Welche Linie fährt zum Bahnhof?	Koja linija vozi na kolodvor? [kɔja li:nija ʋɔzi na kɔlɔdʋɔr]
Wann fährt der nächste Bus nach …?	Kada vozi sljedeći bus za …? [kada ʋɔzi sʎɛdɛtɕi bus za …]
Wo muss ich aussteigen?	Gdje moram izaći? [gdjɛ mɔram iza:tɕi]

Wie viele Haltestellen sind es?	Koliko je to stanica? [kɔlikɔ jɛ tɔ stanitsa]
Fährt dieser Bus nach …?	Vozi li taj bus za …? [ʋɔzili taj bus za …]

AUTO – AUTO

der Führerschein	vozačka dozvola [ʋɔzatʃka dɔzʋɔla]
Entschuldigen Sie bitte, wie komme ich nach …?	Oprostite, kako mogu doći do …? [ɔprɔstitɛ kakɔ mɔgu dɔ:tɕi dɔ …]
Entschuldigen Sie bitte, wo ist …?	Oprostite, gdje je …? [ɔprɔstitɛ gdjɛ jɛ …]
Wie weit ist es?	Koliko ima do tamo? [kɔlikɔ ima dɔ tamɔ]

BEIM ARZT – KOD LIJEČNIKA

Ich bin krankenversichert.	Imam zdravstveno osiguranje. [imam zdraʋstʋɛnɔ ɔsigura:ɲɛ]
Ich möchte von einer Ärztin behandelt werden, bitte.	Želim da me pregleda liječnica. [ʒɛlim da mɛ prɛglɛda liɛ:tʃnitsa]
Es tut hier weh.	Ovdje me boli. [ɔʋdjɛ mɛ bɔli]
Ich bin ohnmächtig geworden.	Pao/pala sam u nesvijest. [paɔ/pala sam u nɛsʋiɛst]
Ich habe mich erbrochen.	Povratio/povratila sam. [pɔʋra:tiɔ/pɔʋra:tila sam]
Ich habe Herzbeschwerden.	Imam srčane tegobe. [imam srtʃanɛ tɛgɔ:bɛ]
Ich habe Atembeschwerden.	Imam poteškoće s disanjem. [imam pɔtɛʃkɔtɕɛ s di:saɲɛm]
Ich habe Zahnschmerzen.	Boli me zub. [bɔli me zu:b]
Ich habe eine Füllung verloren.	Izgubio/izgubila sam plombu. [izgubiɔ/izgubila sam plɔmbu]
Ich bin allergisch gegen Antibiotika.	Alergičan/alergična sam na antibiotik. [alɛrgitʃan/alɛrgitʃna sam na antibiɔtik]
Ich bin allergisch gegen Bienen.	Alergičan/alergična sam na pčele. [alɛrgitʃan/alɛrgitʃna sam na ptʃɛlɛ]
Ich bin allergisch gegen Pollen.	Alergičan/alergična sam na pelud. [alɛrgitʃan/alɛrgitʃna sam na pɛlud]
Ich bin Diabetiker/Diabetikerin.	Ja sam dijabetičar/dijabetičarka. [ja sam dijabɛtitʃar/dijabɛtitʃarka]
Ist es ansteckend?	Je li zarazno? [jɛ li za:raznɔ]
Ich brauche ein Rezept für …	Trebam recept za … [trɛbam rɛtsɛpt za …]
Ich nehme Medikamente gegen …	Uzimam lijekove za … [uzimam liɛ:kɔʋɛ za …]

DIE VERBEN – GLAGOLI

Wenn es darum geht, eigene Sätze zu bilden, hilft Ihnen unsere ausführliche Verbliste, wo Sie auch abstrakte Verben, die sich nicht abbilden lassen, nachschlagen können.

A

abbeißen	odgristi [ɔdgristi]
abbiegen	skretati [skrɛ:tati]
abbringen	odgovoriti [ɔdgɔʋɔ:riti]
abfahren	polaziti [pɔlaziti]
abfärben	pustiti boju [pustiti bɔ:ju]
abfinden	pomiriti [pɔmi:riti]
abfragen	ispitati [ispi:tati]
abführen	odvesti [ɔdʋɛsti]
abfüllen	pretočiti [prɛtɔtʃiti]
abgeben	predati [prɛdati]
abgewöhnen	odviknuti [ɔdʋiknuti]
abgrenzen	ograničiti [ɔgrani:tʃiti]
abhaken	završiti [zaʋrʃiti]
abhalten	spriječiti [spriɛ:tʃiti]
abhärten	čvrsnuti [tʃʋrsnuti]
abhauen	pobjeći [pɔbjɛtɕi]
abheben	podići [pɔditɕi]
abholen	otići po [ɔtitɕi pɔ]
abklären	razjasniti [razja:sniti]
abklingen	prestajati [prɛstajati]
abkochen	skuhati [skuxati]
abkühlen	ohladiti [ɔxla:diti]
abkürzen	skratiti [skra:titi]
abladen	istovariti [istɔʋariti]
ablaufen	isteći [istɛtɕi]
ablecken	polizati [pɔli:zati]
ablegen	odložiti [ɔdlɔʒiti]
ablehnen	odbiti [ɔdbiti]
ablenken	odvratiti [ɔdʋra:titi]
abmagern	omršavjeti [ɔmrʃaʋjɛti]
abmalen	preslikati [prɛslikati]
abmelden	odjaviti [ɔdja:ʋiti]
abmessen	izmjeriti [izmjɛ:riti]
abnehmen	smršaviti [smrʃaʋiti]
abnutzen	istrošiti [istrɔʃiti]
abonnieren	pretplatiti [prɛtplatiti]
abprallen	odbiti se [ɔdbiti sɛ]
abputzen	obrisati [ɔbri:sati]
abraten	odgovoriti [ɔdgɔʋɔ:riti]
abräumen	ukloniti [uklɔniti]
abreagieren	iskaliti [iska:liti]
abrechnen	obračunati [ɔbratʃunati]
abregen	umiriti [umi:riti]
abreisen	otputovati [ɔtputɔʋati]
abreißen *(Gebäude)*	srušiti [sruʃiti]
abrunden *(Betrag)*	zaokružiti [zaɔkru:ʒiti]
abrutschen	skliznuti [skliznuti]
absagen	otkazati [ɔtka:zati]
abschaffen	ukinuti [ukinuti]
abschalten	isključiti [isklju:tʃiti]

abschätzen	procijeniti [prɔtsiɛ:niti]
abschauen	ugledati se u što [uglɛdati sɛ u ʃtɔ]
abschicken	poslati [pɔslati]
abschleppen	odvući [ɔdʋutɕi]
abschließen *(Tür)*	zaključati [zakʎutʃati]
abschminken	skinuti šminku [skinuti ʃminku]
abschneiden	odrezati [ɔdrɛzati]
abschreiben	prepisati [prɛpi:sati]
abschwächen	ublažiti [ubla:ʒiti]
abschweifen	udaljiti se [uda:ʎiti sɛ]
abschwellen	splasnuti [splasnuti]
absehen	sagledati [saglɛdati]
absenden	poslati [pɔslati]
absetzen	odložiti [ɔdlɔʒiti]
absichern	osigurati [ɔsigurati]
absinken	tonuti [tɔ:nuti]
abspeichern	pohraniti [pɔxra:niti]
abspielen *(sich)*	odigrati se [ɔdigrati sɛ]
abspringen	odustati [ɔdustati]
abspülen	isprati [isprati]
abstammen	potjecati [pɔtjɛ:tsati]
abstehen	odstajati [ɔdstajati]
abstellen *(Tasche)*	odložiti [ɔdlɔʒiti]
absterben	odumrijeti [ɔdumriɛti]
abstimmen *(aufeinander …)*	uskladiti [uskladiti]
abstoßen	odbaciti [ɔdba:tsiti]
abstreiten	poreći [pɔrɛtɕi]
abstumpfen	otupiti [ɔtu:piti]
abstürzen	rušiti se [ruʃiti sɛ]
abstützen	podupirati [pɔdupirati]
absuchen	pretražiti [prɛtra:ʒiti]
abtreiben	pobaciti [pɔba:tsiti]
abtrocknen	osušiti [ɔsu:ʃiti]
abtropfen	ocijediti [ɔtsiɛ:diti]
abverlangen	zahtijevati [zaxtiɛ:ʋati]
abwägen	odmjeriti [ɔdmjɛriti]
abwarten	pričekati [pritʃɛkati]
abwaschen	oprati [ɔprati]
abwechseln	mijenjati [miɛ:ɲati]
abwehren	odbiti [ɔdbiti]
abweichen	odstupiti [ɔdstu:piti]
abweisen	odbijati [ɔdbi:jati]
abwerten	podcijeniti [pɔdtsiɛ:niti]
abwischen	obrisati [ɔbri:sati]
abzahlen	odplatiti [ɔdpla:titi]
abziehen	odbiti [ɔdbiti]
achten	cijeniti [tsiɛ:niti]
ächzen	jecati [jɛtsati]
addieren	zbrojiti [zbrɔjiti]
adoptieren	posvojiti [pɔsʋɔjiti]
adressieren	nasloviti [naslɔʋiti]
agieren	djelovati [djɛlɔʋati]
ähneln	nalikovati [nalikɔʋati]
ahnen	slutiti [slu:titi]

aktivieren	pokrenuti	[pɔkrɛːnuti]
aktualisieren	ažurirati	[aʒuriːrati]
akzeptieren	prihvatiti	[prixʋatiti]
alarmieren	uzbuniti	[uzbuːniti]
amputieren	amputirati	[amputiːrati]
amüsieren	zabavljati	[zabaʋʎati]
analysieren	raščlaniti	[raʃtʃlaːniti]
anbauen	nadograditi	[nadɔgraːditi]
anbeten	obožavati	[ɔbɔʒaːʋati]
anbiedern (sich)	dodvoravati se	[dɔdʋɔraːʋati sɛ]
anbieten	ponuditi	[pɔnuditi]
anblicken	pogledati	[pɔglɛdati]
anbrüllen	zarikati	[zariːkati]
andauern	trajati	[trajati]
ändern	mijenjati	[miɛːɲati]
andeuten	nagovijestiti	[nagɔʋiɛːstiti]
androhen	zaprijetiti	[zapriɛːtiti]
aneignen	prisvojiti	[prisʋɔjiti]
anekeln	gaditi se	[gaditi sɛ]
anerkennen	priznati	[priznati]
anfangen	početi	[pɔtʃɛti]
anfassen	dirati	[diːrati]
anfertigen	izraditi	[izraːditi]
anfeuern	navijati	[naʋiːjati]
anflehen	preklinjati	[prɛkʎiɲati]
anfordern	zatražiti	[zatraːʒiti]
anfreunden (sich)	sprijateljiti se	[sprijatɛʎiti sɛ]
anfühlen	osjećati	[ɔsjɛtɕati]
anführen	(na)voditi	[(na)ʋɔditi]
angeben	navesti	[naʋɛsti]
angehören	pripadati	[pripadati]
angeln	pecati	[pɛtsati]
angewöhnen (sich)	priviknuti se	[priʋiknuti sɛ]
angleichen	prilagoditi	[prilagɔditi]
angreifen	napasti	[napasti]
ängstigen	plašiti	[plaʃiti]
angucken	pogledati	[pɔglɛdati]
anhaben	nositi	[nɔsiti]
anhalten	zaustaviti	[zaustaʋiti]
anhängen	objesiti	[ɔbjɛsiti]
anhimmeln	obožavati	[ɔbɔʒaːʋati]
anhören	poslušati	[pɔsluʃati]
anklagen	optužiti	[ɔptuːʒiti]
ankleben	zalijepiti	[zaliɛːpiti]
anklicken	kliknuti	[kliknuti]
anklopfen	pokucati	[pɔkutsati]
anknüpfen	privezati	[priʋɛːzati]
ankommen	stići	[stitɕi]
ankreuzen	označiti	[ɔznaːtʃiti]
ankündigen	najaviti	[najaːʋiti]
anlächeln	nasmjehnuti se	[nasmjɛxnuti sɛ]
anlachen	smješiti se	[smjɛːʃiti sɛ]
anlehnen	prisloniti	[prislɔniti]
anleiten	uputiti	[upuːtiti]
anlocken	primamiti	[primaːmiti]

anlügen	slagati [sla:gati]
anmachen	upaliti [upa:liti]
anmaßen	usuditi se [usu:diti sɛ]
anmelden	prijaviti [prija:ʋiti]
anmerken	napomenuti [napomɛ:nuti]
annähern	približiti [pribli:ʒiti]
annehmen	prihvatiti [prixʋatiti]
annullieren	poništiti [pɔni:ʃtiti]
anordnen	rasporediti [raspɔrɛ:diti]
anpacken	zgrabiti [zgrabiti]
anpassen	uskladiti [uskladiti]
anpflanzen	usaditi [usa:diti]
anprobieren	probati [prɔ:bati]
anreden	osloviti [ɔslɔʋiti]
anrufen	nazvati [nazʋati]
ansagen	najaviti [naja:ʋiti]
ansammeln	prikupiti [prikupiti]
anschalten	upaliti [upa:liti]
anschauen	gledati [glɛdati]
anschieben	pogurati [pɔgu:rati]
anschleichen	došuljati se [dɔʃuʎati sɛ]
anschließen	priključiti [prikʎu:tʃiti]
anschmiegen	priljubiti se [priʎubiti sɛ]
anschnallen	zavezati [zaʋɛ:zati]
anschnauzen	istresti se [istrɛ:sti sɛ]
anschreien	derati se [dɛrati sɛ]
anschuldigen	okriviti [ɔkri:ʋiti]
anschweigen	šutjeti [ʃu:tjɛti]
anschwellen	oticati [ɔtitsati]
anschwindeln	lagati [lagati]
ansehen	gledati [glɛ:dati]
anspannen	napeti [napɛti]
anspielen	aludirati [aludi:rati]
anspitzen	šiljiti [ʃi:ʎiti]
anspornen	potaknuti [pɔtaknuti]
ansprechen	osloviti [ɔslɔʋiti]
anspringen	upaliti [upa:liti]
anspucken	pljunuti [pʎunuti]
anstarren	zuriti [zu:riti]
anstecken	zaraziti [zara:ziti]
anstehen	stajati [stajati]
ansteigen	rasti [ra:sti]
anstellen	stati u red [stati u rɛ:d]
anstimmen	zasvirati [zasʋi:rati]
anstoßen	gurnuti [gurnuti]
anstrahlen	obasjati [ɔbasjati]
anstreben	nastojati [nastɔjati]
anstreichen	obojiti [ɔbɔ:jiti]
anstrengen	napregnuti [naprɛ:gnuti]
antreffen	naići [naitɕi]
antreiben	nagnati [nagnati]
antreten	nastupiti [nastu:piti]
antun	nanijeti [naniɛti]
antworten	odgovoriti [ɔdgɔʋɔ:riti]
anvertrauen	povjeriti [pɔʋjɛ:riti]
anweisen	uputiti [upu:titi]
anwenden	primijeniti [primiɛ:niti]

anwidern	gaditi se [gaditi sɛ]
anzeigen	prijaviti [prija:ʋiti]
anziehen	obući [ɔbutɕi]
anzünden	zapaliti [zapa:liti]
anzweifeln	sumnjati [su:mɲati]
applaudieren	pljeskati [pʎɛskati]
arbeiten	raditi [ra:diti]
ärgern	ljutiti [ʎu:titi]
atmen	disati [di:sati]
aufarbeiten	odraditi [ɔdra:diti]
aufatmen	odahnuti [ɔdaxnuti]
aufbauen	sagraditi [sagra:diti]
aufbewahren	sačuvati [satʃu:ʋati]
aufblasen	napuhati [napu:xati]
aufbleiben	ostati budan [ɔstati bu:dan]
aufbrauchen	potrošiti [pɔtrɔʃiti]
aufbrausen	uskipjeti [uski:pjɛti]
aufbrechen	poći [pɔ:tɕi]
aufbringen *(Kraft)*	smoći [smɔtɕi]
aufdecken	otkriti [ɔtkriti]
aufdrängen	nametnuti [namɛtnuti]
aufdrehen	odvinuti [ɔdʋinuti]
aufeinanderfolgen	naredati [narɛ:dati]
aufessen	pojesti [pɔjɛsti]
auffallen	biti uočljiv [biti uɔtʃʎiʋ]
auffangen	uhvatiti [uxʋatiti]
auffassen	shvatiti [sxʋatiti]
auffordern	pozivati [pɔzi:ʋati]
aufführen	izvesti [izʋɛsti]
aufgeben	odreći se [ɔdrɛtɕi sɛ]
aufgreifen	nastaviti [nastaʋiti]
aufhaben	imati otvoreno [imati ɔtʋɔrɛnɔ]
aufhalten	zaustaviti [zaustaʋiti]
aufhängen	objesiti [ɔbjɛsiti]
aufheben	podići [pɔditɕi]
aufhetzen	nahuškati [naxuʃkati]
aufholen	nadoknaditi [nadɔknaditi]
aufhören	prestati [prɛstati]
aufkleben	nalijepiti [naliɛ:piti]
aufladen	napuniti [napuniti]
auflassen	ostaviti otvoreno [ɔstaʋiti ɔtʋɔrɛnɔ]
auflauern	uhoditi [uxɔditi]
aufleben	oživjeti [ɔʒi:ʋjɛti]
auflehnen	pobuniti se [pɔbu:niti sɛ]
auflockern	prekopati [prɛkɔpati]
auflösen	rastopiti [rastɔpiti]
aufmachen	otvoriti [ɔtʋɔriti]
aufmuntern	oraspoložiti [ɔraspɔlɔʒiti]
aufnehmen	snimiti [sni:miti]
aufpassen	paziti [paziti]
aufplatzen	puknuti [puknuti]
aufpumpen	napuhati [napu:xati]
aufraffen	pribrati se [pribrati sɛ]
aufräumen	pospremiti [pɔsprɛ:miti]

aufrechterhalten	održati	[ɔdrʒati]
aufregen	uzrujati	[uzru:jati]
aufrunden	zaokružiti	[zaɔkru:ʒiti]
aufsammeln	pokupiti	[pɔkupiti]
aufschieben	odgoditi	[ɔdgɔditi]
aufschließen	otključati	[ɔtkʎutʃati]
aufschreiben	napisati	[napi:sati]
aufspringen	poskočiti	[pɔskɔtʃiti]
aufstacheln	podbadati	[pɔdba:dati]
aufstehen	ustati	[ustati]
aufstellen	postaviti	[pɔstaʋiti]
aufstützen	poduprijeti	[pɔduprieti]
aufsuchen	potražiti	[pɔtra:ʒiti]
auftauchen	iskrsnuti	[iskrsnuti]
aufteilen	podijeliti	[pɔdiɛ:liti]
auftragen	nanositi	[nanɔsiti]
auftreiben	nabaviti	[nabaʋiti]
auftreten	nastupati	[nastu:pati]
aufwachen	probuditi se	[prɔbu:diti sɛ]
aufwachsen	odrasti	[ɔdra:sti]
aufwärmen	podgrijati	[pɔdgri:jati]
aufwecken	probuditi	[prɔbuditi]
aufweichen	omekšati	[ɔmɛkʃati]
aufweisen	pokazati	[pɔka:zati]
aufwischen	obrisati	[ɔbri:sati]
aufwühlen	iskopati	[iskɔpati]
aufzählen	nabrajati	[nabra:jati]
aufzeichnen	snimiti	[sni:miti]
aufzeigen	prikazati	[prika:zati]
aufzwingen	nametnuti	[namɛtnuti]
ausarbeiten	izraditi	[izra:diti]
ausatmen	izdahnuti	[izdaxnuti]
ausbessern	popraviti	[pɔpraʋiti]
ausbleiben	izostati	[izɔstati]
ausbrechen	pobjeći	[pɔbjɛtɕi]
ausbreiten	proširiti	[prɔʃi:riti]
ausdehnen	rastegnuti	[rastɛ:gnuti]
ausdenken	izmisliti	[izmisliti]
auseinander-brechen	razlomiti	[razlɔmiti]
ausfallen	ispasti	[ispasti]
ausfragen	ispitati	[ispi:tati]
ausfüllen	ispuniti	[ispuniti]
ausgeben	potrošiti	[pɔtrɔʃiti]
ausgehen	izaći	[iza:tɕi]
ausgleichen	izravnati	[izra:ʋnati]
aushaben	završavati	[zaʋrʃa:ʋati]
aushalten	izdržati	[izdrʒati]
aushelfen	pripomoći	[pripɔmɔtɕi]
auskennen	poznavati	[pɔzna:ʋati]
auskommen	izlaziti	[izlaziti]
auslachen	ismijati	[ismi:jati]
auslaufen	iscuriti	[istsu:riti]
ausleeren	isprazniti	[ispra:zniti]
ausleihen *(von jemandem)*	posuditi	[pɔsuditi]
ausloggen	odjaviti se	[ɔdja:ʋiti sɛ]
auslösen	izazvati	[izazʋati]
ausmachen	ugasiti	[uga:siti]

ausmalen	oslikati	[ɔslikati]
ausmessen	izmjeriti	[izmjɛ:riti]
ausnutzen	iskoristiti	[iskɔri:stiti]
auspacken	raspremiti	[rasprɛ:miti]
ausplaudern	izbrbljati	[izbrbʎati]
auspressen	iscijediti	[istsiɛ:diti]
ausprobieren	isprobati	[isprɔ:bati]
ausrasten	pošiziti	[pɔʃi:ziti]
ausrauben	opljačkati	[ɔpʎatʃkati]
ausrechnen	izračunati	[izratʃunati]
ausreden	izgovoriti se	[izgɔʋɔriti sɛ]
ausreichen	dostajati	[dɔstajati]
ausreisen	otputovati	[ɔtputɔʋati]
ausrichten	prenijeti	[prɛniɛti]
ausruhen	odmoriti	[ɔdmɔriti]
ausrutschen	poskliznuti se	[pɔskliznuti sɛ]
ausschalten	isključiti	[iskʎu:tʃiti]
ausscheiden	istupiti	[istu:piti]
ausschimpfen	izgrditi	[izgrditi]
ausschlafen	naspavati se	[naspa:ʋati sɛ]
ausschließen	isključiti	[iskʎu:tʃiti]
ausschneiden	izrezati	[izrɛzati]
aussehen	izgledati	[izglɛdati]
äußern	izraziti	[izra:ziti]
aussetzen	izložiti	[izlɔʒiti]
aussprechen	izgovoriti	[izgɔʋɔ:riti]
ausstehen	podnijeti	[pɔdniɛti]
aussteigen	izići	[izi:tɕi]
aussterben	izumrijeti	[izumriɛti]
ausstrecken	ispružiti	[ispru:ʒiti]
aussuchen	izabrati	[izabrati]
austauschen	zamijeniti	[zamiɛ:niti]
austeilen	razdijeliti	[razdiɛ:liti]
austoben	iživjeti se	[iʒiʋjɛti sɛ]
austreten	napustiti	[napustiti]
austricksen	nadmudriti	[nadmu:driti]
austrinken	popiti	[pɔpiti]
ausüben	baviti se	[baʋiti sɛ]
auswählen	izabrati	[izabrati]
auswandern	iseliti	[isɛliti]
auswaschen	isprati	[i:sprati]
auswechseln	zamijeniti	[zamiɛ:niti]
ausweichen	izbjeći	[izbjɛtɕi]
auswerten	procijeniti	[prɔtsiɛ:niti]
auswirken	utjecati	[utjɛtsati]
auszählen	izbrojiti	[izbrɔjiti]
auszeichnen	odlikovati	[ɔdlikɔʋati]
ausziehen	skinuti	[skinuti]

B

babysitten	čuvati dijete [tʃu:ʋati diɛ:tɛ]
backen	peći [pɛtɕi]
baden	kupati se [ku:pati sɛ]
baggern	jaružati [jaruʒati]
basteln	ručno izraditi [rutʃnɔ izra:diti]
bauen	graditi [gra:diti]
beabsichtigen	namjeravati [namjɛra:ʋati]
beachten	uvažiti [uʋa:ʒiti]
beängstigen	plašiti [plaʃiti]
beanspruchen	zahtijevati [zaxtiɛ:ʋati]
beantragen	zatražiti [zatra:ʒiti]
beantworten	odgovoriti [ɔdgɔʋɔ:riti]
bearbeiten	obraditi [ɔbra:diti]
beatmen	davati umjetno disanje [da:ʋati umjɛtnɔ di:saɲɛ]
beaufsichtigen	nadgledati [nadglɛdati]
beauftragen	naložiti [nalɔʒiti]
bedanken	zahvaliti [zaxʋaliti]
bedauern	žaliti [ʒaliti]
bedecken	prekriti [prɛkriti]
bedenken	razmisliti [razmisliti]
bedeuten	značiti [zna:tʃiti]
bedienen	poslužiti [pɔslu:ʒiti]
bedrängen	gnjaviti [gɲa:ʋiti]
bedrohen	ugroziti [ugrɔ:ziti]
bedrücken	tištiti [tiʃtiti]
beeilen	žuriti [ʒu:riti]
beeindrucken	dojmiti se [dɔjmiti sɛ]
beeinflussen	utjecati na [utjɛtsati na]
beeinträchtigen	naškoditi [naʃkɔditi]
beenden	završiti [zaʋrʃiti]
beerdigen	sahraniti [saxra:niti]
befassen	baviti se [baʋiti sɛ]
befehlen	zapovijediti [zapɔʋiɛ:diti]
befestigen	pričvrstiti [pritʃʋrstiti]
befeuchten	navlažiti [naʋla:ʒiti]
befinden	nalaziti [nalaziti]
befolgen	poslušati [pɔsluʃati]
befragen	ispitati [ispi:tati]
befreien	osloboditti [ɔslɔbɔditi]
befriedigen	zadovoljiti [zadɔʋɔʎiti]
befruchten	oploditi [ɔplɔditi]
befürchten	bojati se čega [bɔjati sɛ tʃɛga]
befürworten	zagovarati [zagɔʋa:rati]
begegnen	sresti koga [srɛsti kɔga]
begehen	obići [ɔbi:tɕi]
begehren	žudjeti za [ʒu:djɛti za]
begeistern	oduševiti [ɔduʃɛʋiti]
beginnen	početi [pɔtʃɛti]
begleiten	pratiti [pratiti]
beglückwünschen	čestitati [tʃɛstitati]
begraben	zakopati [zakɔpati]
begreifen	shvatiti [sxʋatiti]
begrenzen	ograničiti [ɔgrani:tʃiti]
begründen	obrazložiti [ɔbrazlɔʒiti]

begrüßen	pozdraviti [pɔzdraʋiti]
begünstigen	potpomoći [pɔtpɔmɔtɕi]
begutachten	ocijeniti [ɔtsiɛ:niti]
behalten	zadržati [zadrʒati]
behandeln	poslužiti [pɔslu:ʒiti]
beharren	ustrajati [ustrajati]
behaupten	tvrditi [tʋrditi]
beheben	ukloniti [uklɔniti]
behelfen	snalaziti se [snalaziti sɛ]
beherrschen	vladati [ʋla:dati]
beherzigen	prihvatiti [prixʋatiti]
behindern	spriječiti [spriɛ:tʃiti]
behüten	čuvati [tʃu:ʋati]
beibehalten	zadržati [zadrʒati]
beibringen	naučiti [nautʃiti]
beichten	ispovijediti [ispɔʋiɛ:diti]
beifügen	priložiti [prilɔʒiti]
beinhalten	sadržati [sadrʒati]
beipflichten	složiti se [slɔʒiti sɛ]
beirren	zbuniti [zbu:niti]
beißen	gristi [gristi]
beistehen	pomoći [pɔmɔtɕi]
beitragen	pridonijeti [pridɔniɛti]
beitreten	pristupiti [pristu:piti]
bejahen	potvrditi [pɔtʋrditi]
bejubeln	klicati [klitsati]
bekämpfen	boriti se protiv [bɔriti sɛ prɔtiʋ]
bekehren	obratiti [ɔbra:titi]
bekennen	priznati [priznati]
beklagen	žaliti [ʒaliti]
bekleckern	umrljati [umrʎati]
bekommen	dobiti [dɔbiti]
bekräftigen	potvrditi [pɔtʋrditi]
beladen	tovariti [tɔʋariti]
belasten	opteretiti [ɔptɛrɛtiti]
belästigen	dosađivati [dɔsadʑi:ʋati]
belauschen	prisluškivati [prisluʃki:ʋati]
beleidigen	uvrijediti [uʋriɛ:diti]
bellen	lajati [lajati]
belohnen	nagraditi [nagra:diti]
belügen	slagati [slagati]
bemerken	primijetiti [primiɛ:titi]
bemitleiden	sažalijevati [saʒaliɛ:ʋati]
bemühen	truditi [tru:diti]
benachrichtigen	obavijestiti [ɔbaʋiɛ:stiti]
benehmen	ponašati [pɔna:ʃati]
beneiden	zavidjeti [zaʋidjɛti]
benennen	nazvati [nazʋati]
benoten	ocijeniti [ɔtsiɛ:niti]
benötigen	trebati [trɛbati]
beobachten	promatrati [prɔma:trati]
beraten	savjetovati [saʋjɛtɔʋati]
berechnen	izračunati [izratʃunati]
bereden	razgovarati [razgɔʋa:rati]
bereiten	pripremiti [pripremiti]
bereithalten	imati spremno [imati sprɛmnɔ]

bereitmachen	pripraviti [pripraʋiti]
bereuen	požaliti [pɔʒaliti]
berichten	izvijestiti [izʋiɛːstiti]
berichtigen	ispraviti [ispraʋiti]
berücksichtigen	uzeti u obzir [uzɛeti u ɔbzir]
beruhigen	smiriti [smiːriti]
berühren	dodirnuti [dɔdirnuti]
beschädigen	oštetiti [ɔʃtɛtiti]
beschaffen	nabaviti [nabaʋiti]
beschäftigen	zaposliti [zapɔsliti]
bescheinigen	potvrditi [pɔtʋrditi]
beschenken	obdariti [ɔbdaːriti]
beschimpfen	grditi [grditi]
beschleunigen	ubrzati [ubrzati]
beschließen	odlučiti [ɔdluːtʃiti]
beschmutzen	uprljati [uprʎati]
beschränken	ograničiti [ɔgraniːtʃiti]
beschreiben	opisati [ɔpiːsati]
beschuldigen	okriviti [ɔkriːʋiti]
beschützen	zaštititi [zaʃtiːtiti]
beschweren	žaliti se [ʒaliti sɛ]
beseitigen	odstraniti [ɔdstraːniti]
besetzen	zauzeti [zauzɛti]
besichtigen	razgledati [razglɛdati]
besiegen	pobijediti [pɔbiɛːditi]
besitzen	posjedovati [pɔsjɛdɔʋati]
besorgen	nabaviti [nabaʋiti]
besprechen	raspraviti [raspraʋiti]
bestätigen	potvrditi [pɔtʋrditi]
bestatten	sahraniti [saxraːniti]
bestaunen	diviti se [diːʋiti sɛ]
bestehen	opstati [ɔpstati]
bestellen	naručiti [naruːtʃiti]
bestimmen	odrediti [ɔdrɛːditi]
bestrafen	kazniti [kazniti]
bestreiten	poricati [pɔritsati]
besuchen	posjetiti [pɔsjɛtiti]
betätigen	upravljati [upraʋʎati]
betäuben	omamiti [ɔmaːmiti]
beteiligen	sudjelovati [sudjɛlɔʋati]
beten	moliti [mɔliti]
beteuern	uvjeravati [uʋjɛraːʋati]
betonen	naglasiti [naglaːsiti]
betören	očarati [ɔtʃaːrati]
betrachten	promatrati [prɔmaːtrati]
betreuen	čuvati [tʃuːʋati]
betrügen	varati [ʋarati]
betteln	prositi [prɔsiti]
beugen	saviti [saʋiti]
beunruhigen	uznemiriti [uznɛmiːriti]
beurteilen	procijeniti [prɔtsiɛːniti]
bevorzugen	preferirati [prɛfɛriːrati]
bewachen	čuvati [tʃuːʋati]
bewaffnen	naoružati [naɔruːʒati]
bewältigen	svladati [sʋlaːdati]
bewegen	kretati [krɛːtati]
beweisen	dokazati [dɔkaːzati]
bewerben	natjecati se [natjɛtsati sɛ]

bewerten	procijeniti [prɔtsiɛ:niti]
bewirken	činiti [tʃiniti]
bewohnen	stanovati [stanɔʋati]
bewundern	diviti se [di:ʋiti sɛ]
bezahlen	platiti [pla:titi]
bezeichnen	označiti [ɔzna:tʃiti]
bezweifeln	sumnjati [su:mɲati]
biegen	savijati [saʋi:jati]
bieten	nuditi [nuditi]
bilden	tvoriti [tʋɔriti]
bitten	moliti [mɔliti]
blamieren	sramotiti [sramɔtiti]
blasen	puhati [pu:xati]
bleiben	ostati [ɔstati]
blenden	zaslijepiti [zasliɛ:piti]
blinken	žmigati [ʒmigati]
blinzeln	treptati [trɛptati]
blitzen	sijevati [siɛ:ʋati]
blockieren	blokirati [blɔki:rati]
blühen	cvasti [tsʋasti]
bluten	krvariti [krʋariti]
bohren	bušiti [bu:ʃiti]
boxen	boksati [bɔksati]
boykottieren	bojkotirati [bɔjkɔti:rati]
braten	peći [pɛtɕi]
brauchen	trebati [trɛbati]
brechen	slomiti [slɔmiti]
bremsen	kočiti [kɔ:tʃiti]
brennen	gorjeti [gɔrjɛti]
bringen	donijeti [dɔniɛti]
bröckeln	mrviti [mrʋiti]
brüllen	urlikati [urli:kati]
brummen	brujati [bru:jati]
brüten	ležati na jajima [lɛʒati na ja:jima]
buchen	rezervirati [rɛzɛrʋi:rati]
buchstabieren	slovkati [slɔʋkati]
bücken	sagnuti se [sagnuti sɛ]
bügeln	glačati [gla:tʃati]
bummeln	švrljati [ʃʋrʎati]
bürsten	četkati [tʃɛtkati]

C

campen	kampirati [kampi:rati]
charakterisieren	karakterizirati [karakterizi:rati]
chatten	čavrljati [tʃaʋrʎati]

D

dableiben	ostati [ɔstati]
danebenbenehmen	ne ponašati se [nɛ pɔna:ʃati sɛ]
danken	zahvaliti [zaxʋa:liti]
darstellen	prikazati [prika:zati]
dastehen	stajati [stajati]
dauern	trajati [trajati]
decken	pokriti [pɔkriti]
dehnen	rastegnuti [rastɛ:gnuti]
dementieren	demantirati [dɛmanti:rati]
demonstrieren	demonstrirati [dɛmɔnstri:rati]
demütigen	poniziti [pɔni:ziti]
denken	misliti [misliti]
deprimieren	deprimirati [dɛprimi:rati]
desinfizieren	dezinficirati [dɛzinfitsi:rati]
deuten	tumačiti [tumatʃiti]
dienen	služiti [slu:ʒiti]
diskriminieren	diskriminirati [diskrimini:rati]
diskutieren	raspravljati [raspraʋʎati]
disqualifizieren	diskvalificirati [diskʋalifitsi:rati]
distanzieren	distancirati se [distantsi:rati sɛ]
dividieren	dijeliti [diɛ:liti]
donnern	grmjeti [grmjɛti]
dosieren	dozirati [dɔzi:rati]
downloaden	skidati [ski:dati]

dramatisieren	dramatizirati [dramatizi:rati]
dranbleiben	biti ustrajan [biti ustrajan]
drängeln	gurati se [gu:rati sɛ]
drängen	siliti [siliti]
drankommen	doći na red [dɔ:tɕi na rɛ:d]
drehen	okretati [ɔkrɛ:tati]
drohen	prijetiti [priɛ:titi]
drucken	tiskati [tiskati]
drücken	pritisnuti [pritisnuti]
ducken	pognuti [pɔgnuti]
duften	mirisati [mirisati]
dulden	trpjeti [trpjɛti]
durchdenken	razmisliti [razmisliti]
durcheinander-bringen	isprevrtati [isprɛʋrtati]
durchführen	provesti [prɔʋɛsti]
durchsagen	objaviti [ɔbja:ʋiti]
durchschauen	pregledati [prɛglɛdati]
durchsetzen *(sich)*	dokazati se [dɔka:zati sɛ]
durchsickern	procuriti [prɔtsu:riti]
durchstöbern	pretražiti [prɛtra:ʒiti]
durchstreichen	precrtati [prɛtsrtati]
durchwühlen	prekopati [prɛkɔpati]
durchziehen	provući [prɔʋutɕi]
dürfen	smjeti [smjɛti]
duschen	tuširati [tuʃi:rati]
duzen	tikati [ti:kati]

E

ebnen	izravnati [izra:ʋnati]
ehren	častiti [tʃastiti]
eignen	biti pogodan [biti pɔgɔdan]
eilen	žuriti [ʒu:riti]
einatmen	udahnuti [udaxnuti]
einbilden	umišljati [umi:ʃʎati]
einbrechen	provaliti [prɔʋa:liti]
einchecken	čekirati [tʃɛki:rati]
eincremen	mazati kremom [mazati krɛ:mɔm]
eindringen	prodrijeti [prɔdrijɛti]
eindrücken	utisnuti [utisnuti]
einengen	pritijesniti [pritiɛ:sniti]
einfädeln	udjenuti [udjɛnuti]
einfahren	uvesti [uʋɛsti]
einfallen	dosjetiti se [dɔsjɛtiti sɛ]
einfangen	uloviti [ulɔʋiti]
einfügen	umetnuti [umɛtnuti]
einfühlen	uživjeti se [uʒi:ʋjɛti sɛ]
einführen	uvesti [uʋɛsti]
eingeben	unijeti [uniɛti]
eingestehen	priznati [priznati]
eingreifen	umiješati se [umiɛ:ʃati sɛ]
eingrenzen	ograničiti [ɔgrani:tʃiti]
einholen	dostići [dɔstitʃi]
einigen	ujediniti [ujɛdi:niti]
einkaufen	kupovati [kupɔʋati]

einkleben	zalijepiti [zaliɛːpiti]
einklemmen	prignječiti [prigɲɛːtʃiti]
einladen	pozvati [pɔzʋati]
einleben	priviknuti se [priʋiknuti sɛ]
einlenken	popustiti [pɔpustiti]
einleuchten	biti jasno [biti jasnɔ]
einliefern	predati [prɛdati]
einloggen	logirati se [lɔgiːrati sɛ]
einlösen	unovčiti [unɔʋtʃiti]
einmischen	miješati se [miɛːʃati sɛ]
einordnen	uvrstiti [uʋrstiti]
einpacken	umotati [umɔtati]
einparken	parkirati [parkiːrati]
einpflanzen	posaditi [pɔsaːditi]
einplanen	uplanirati [uplaniːrati]
einprägen	utisnuti [utisnuti]
einräumen	spremati [sprɛːmati]
einreden	uvjeravati [uʋjɛraːʋati]
einreiben	utrljati [utrʎati]
einreisen	ući u zemlju [uːtɕi u zɛmʎu]
einrosten	hrđati [xrdʑati]
einschalten	upaliti [upaːliti]
einschätzen	procijeniti [prɔtsiɛːniti]
einschenken	natočiti [natɔtʃiti]
einschlafen	zaspati [zaspati]
einschließen	zaključati [zakʎutʃati]
einschränken	ograničiti [ɔgraniːtʃiti]
einschreiten	posredovati [pɔsrɛdɔːʋati]
einschüchtern	zastrašiti [zastraːʃiti]
einschulen	upisati u školu [upiːsati u ʃkɔːlu]
einsehen	uvidjeti [uʋidjɛti]
einsetzen	umetnuti [umɛtnuti]
einsperren	zatvoriti [zatʋɔriti]
einspringen	uskočiti [uskɔtʃiti]
einstecken	utaknuti [utaknuti]
einsteigen	ulaziti [ulaziti]
einstellen	zaposliti [zapɔsliti]
einstürzen	urušiti se [uruʃiti sɛ]
eintauchen	zaroniti [zarɔniti]
einteilen	podijeliti [pɔdiɛːliti]
eintragen	upisati [upiːsati]
eintreffen	stići [stitɕi]
eintreten	ući [uːtɕi]
einwandern	doseliti [dɔsɛliti]
einwechseln	zamijeniti [zamiɛːniti]
einweichen	namočiti [namɔtʃiti]
einweihen	krstiti [krstiti]
einweisen	uvesti [uʋɛsti]
einwenden	prigovoriti [prigɔʋɔːriti]
einwilligen	pristati [pristati]
einzahlen	uplatiti [uplaːtiti]
eitern	gnojiti se [gnɔjiti sɛ]
ekeln	gaditi se [gaditi sɛ]
empfangen	primiti [priːmiti]

empfehlen	preporučiti [prɛpɔru:tʃiti]
empfinden	osjećati [ɔsjɛtʃati]
enden	završiti [zaʊrʃiti]
entdecken	otkriti [ɔtkriti]
entfachen	raspaliti [raspa:liti]
entfallen	otpasti [ɔtpasti]
entfernen	udaljiti [uda:ʎiti]
entführen	oteti [ɔtɛti]
entgegenbringen	pokazati razumijevanje [pɔka:zati razumiɛ:vaɲɛ]
entgegnen	uzvratiti [uzʊra:titi]
entgleisen *(Zug)*	iskočiti iz tračnica [iskɔtʃiti iz tratʃnitsa]
enthalten	sadržati [sadrʒati]
entkommen	pobjeći [pɔbjɛtɕi]
entlanggehen	ići uzduž [i:ɕi uzduʒ]
entlassen	otpustiti [ɔtpustiti]
entlasten	rasteretiti [rastɛrɛtiti]
entlaufen	pobjeći [pɔbjɛtɕi]
entscheiden	odlučiti [ɔdlu:tʃiti]
entschließen	odlučiti se [ɔdlu:tʃiti sɛ]
entschuldigen	ispričati [ispri:tʃati]
entsetzen	zaprepastiti [zaprɛpastiti]
entsorgen	ukloniti [uklɔniti]
entspannen	opustiti [ɔpustiti]
entsprechen	odgovarati [ɔdgɔʊa:rati]
entstehen	nastati [nastati]
entstellen	unakaziti [unaka:ziti]
enttäuschen	razočarati [razɔtʃa:rati]
entwaffnen	razoružati [razɔru:ʒati]
entweichen	umaći [umatɕi]
entwerfen	nacrtati [natsrtati]
entwickeln	razviti [razʊiti]
erben	naslijediti [nasliɛ:diti]
erbrechen	povratiti [pɔʊratiti]
ereignen	zbivati se [zbi:ʊati sɛ]
erfahren	saznati [saznati]
erfinden	izumjeti [izu:mjɛti]
erforschen	istraživati [istraʒi:ʊati]
erfrieren	smrznuti se [smrznuti sɛ]
erfrischen	osvježiti [ɔsʊjɛ:ʒiti]
erfüllen	ispuniti [ispuniti]
ergänzen	nadopuniti [nadɔpuniti]
ergeben	iznositi [iznɔsiti]
erhalten	primiti [primiti]
erhoffen	nadati se [na:dati sɛ]
erhöhen	povisiti [pɔʊi:siti]
erholen	oporaviti se [ɔpɔraʊiti sɛ]
erinnern	podsjetiti [pɔdsjɛtiti]
erkälten	prehladiti se [prɛxla:diti sɛ]
erkennen	prepoznati [prɛpɔznati]
erklären	objasniti [ɔbja:sniti]
erkundigen	raspitati [raspi:tati]
erlauben	dopustiti [dɔpustiti]
erläutern	tumačiti [tumatʃiti]

erleben	doživjeti [dɔʒiːʋjɛti]
erledigen	obaviti [ɔbaʋiti]
erleichtern	olakšati [ɔlakʃati]
erlösen	osloboditi [ɔslɔbɔditi]
ermahnen	opomenuti [ɔpɔmɛːnuti]
ermitteln	ustanoviti [ustanɔʋiti]
ermöglichen	omogućiti [ɔmɔguːtɕiti]
ermorden	ubiti [ubiti]
ermuntern	bodriti [bɔdriti]
ermutigen	ohrabriti [ɔxrabriti]
ernähren	hraniti [xraːniti]
ernennen	imenovati [imɛnɔʋati]
erneuern	obnoviti [ɔbnɔʋiti]
ernten	žeti [ʒɛːti]
eröffnen	otvarati [ɔtʋaːrati]
erpressen	ucijeniti [utsiɛːniti]
erregen	uzbuditi [uzbuːditi]
erreichen	dosegnuti [dɔsɛːgnuti]
erscheinen	pojaviti se [pɔjaːʋiti sɛ]
erschrecken	prepasti se [prɛpasti sɛ]
erschüttern	potresti [pɔtrɛsti]
erschweren	otežati [ɔtɛʒati]
ersetzen	nadomjestiti [nadɔmjɛsiti]
erstaunen	začuditi [zatʃuditi]
ersticken	ugušiti [uguːʃiti]
ertappen	zateći [zatɛtɕi]
ertragen	podnijeti [pɔdniɛti]
ertrinken	utopiti se [utɔpiti sɛ]
erwähnen	spomenuti [spɔmɛːnuti]
erwarten	očekivati [ɔtʃɛkiːʋati]
erwidern	odvratiti [ɔdʋraːtiti]
erwürgen	zadaviti [zadaːʋiti]
erzählen	pričati [pritʃati]
erzeugen	stvoriti [stʋɔriti]
erziehen	odgojiti [ɔdgɔjiti]
erzwingen	iznuditi [iznuditi]
essen	jesti [jɛsti]
existieren	postojati [pɔstɔjati]
explodieren	eksplodirati [ɛksplɔdiːrati]

F

fahren	voziti [ʋɔziti]
fallen	pasti [pasti]
fälschen	krivotvoriti [kriʋɔtʋɔriti]
falten	sklopiti *(Hände)* / nabrati *(Stoff)* [sklɔpiti / nabrati]
fangen	uloviti [ulɔʋiti]
färben	obojiti [ɔbɔjiti]
fassen	uhvatiti [uxʋatiti]
fasten	postiti [pɔstiti]
faszinieren	očarati [ɔtʃa:rati]
faulen	truliti [truliti]
faulenzen	ljenčariti [ʎɛntʃa:riti]
fechten	mačevati [matʃɛʋati]
fegen	mesti [mɛsti]
fehlen	nedostajati [nɛdɔstajati]
feiern	slaviti [slaʋiti]
feilen	turpijati [turpijati]
fernsehen	gledati televiziju [glɛdati tɛlɛʋi:ziju]
fernsteuern	daljinski upravljati [da:ʎinski upraʋʎati]
fertigmachen	dovršiti [dɔʋrʃiti]
fesseln	vezati [ʋɛ:zati]
festhalten	zadržati [zadrʒati]
festnehmen	uhititi [uxititi]
feststehen	biti utvrđen [biti utʋrdʑɛn]
feststellen	utvrditi [utʋrditi]
filmen	snimiti [sni:miti]
filtern	procijediti [prɔtsiɛ:diti]
finanzieren	financirati [finantsi:rati]
finden	naći [na:tɕi]
flehen	preklinjati [prɛkliɲati]
flicken	krpati [krpati]
fliegen	letjeti [lɛtjɛti]
fliehen	bježati [bjɛʒati]
fließen	teći [tɛtɕi]
flimmern	treperiti [trɛpɛriti]
flirten	flertovati [flɛrtɔʋati]
fluchen	psovati [psɔʋati]
flüchten	pobjeći [pɔbjɛtɕi]
flüstern	šaputati [ʃaputati]
föhnen	fenirati [fɛni:rati]
folgen	slijediti [sliɛ:diti]
folgern	zaključiti [zakʎu:tʃiti]
foltern	mučiti [mutʃiti]
fordern	zahtijevati [zaxtiɛ:ʋati]
fördern	podupirati [pɔdupirati]
formulieren	formulirati [fɔrmuli:rati]
forschen	istraživati [istraʒi:ʋati]
fortbilden	usavršavati se [usaʋrʃa:ʋati]
fortfahren	nastaviti [nastaʋiti]
fortsetzen	nastaviti [nastaʋiti]
fotografieren	slikati [slikati]
fragen	pitati [pi:tati]
frankieren	frankirati [franki:rati]
freigeben	pustiti [pustiti]

freihaben	imati slobodno [imati slɔbɔdnɔ]
freilassen	osloboditi [ɔslɔbɔditi]
freisprechen	osloboditi [ɔslɔbɔditi]
fremdgehen	varati [ʋarati]
fressen	žderati [ʒdɛrati]
freuen	veseliti [ʋɛsɛliti]
frieren	zepsti [zɛpsti]
frühstücken	doručkovati [dɔrutʃkɔʋati]
frustrieren	frustrirati [frustri:rati]
fühlen	osjetiti [ɔsjɛtiti]
führen	voditi [ʋɔditi]
füllen	napuniti [napuniti]
funktionieren	funkcionirati [funktsiɔni:rati]
fürchten	bojati se [bɔjati sɛ]

G

gähnen	zijevati [ziɛ:ʋati]
garantieren	jamčiti [jamtʃiti]
geben	dati [dati]
gefährden	ugroziti [ugrɔziti]
gefallen	svidjeti se [sʋidjɛti sɛ]
gehen	ići [i:tɕi]
gehorchen	poslušati [pɔsluʃati]
gehören	pripadati [pripadati]
gelangen	dospjeti [dɔspjɛti]
gelingen	uspjeti [uspjɛti]
gelten	vrijediti [ʋriɛ:diti]
genehmigen	odobriti [ɔdɔbriti]
genesen	ozdraviti [ɔzdraʋiti]
genieren	stidjeti se [sti:djɛti sɛ]
genießen	uživati [uʒi:ʋati]
genügen	udovoljiti [udɔʋɔʎiti]
geschehen	zbivati se [zbi:ʋati sɛ]
gestatten	dopustiti [dɔpustiti]
gestehen	priznati [priznati]
gestikulieren	gestikulirati [gɛstikuli:rati]
gewinnen	pobijediti [pɔbiɛ:diti]
gewittern	grmjeti [grmjɛti]
gewöhnen	priviknuti [priʋiknuti]
gießen	lijevati [liɛ:ʋati]
glänzen	blistati [blistati]
glätten	izravnati [izra:ʋnati]
glauben	vjerovati [ʋjɛrɔ:ʋati]
gleichen	nalikovati [nalikɔʋati]

gleiten	kliziti [kli:ziti]
gliedern	raščlaniti [raʃtʃla:niti]
glitzern	svjetlucati [svjɛtlu:tsati]
glühen	žariti [ʒa:riti]
gönnen	priuštiti [priu:ʃtiti]
graben	kopati [kɔpati]
gratulieren	čestitati [tʃɛsti:tati]
greifen	zahvatiti [zaxʋatiti]
grenzen	graničiti [grani:tʃiti]
grillen	roštiljati [rɔʃti:ʎati]
grinsen	ceriti se [tsɛriti sɛ]
grübeln	razmišljati [razmi:ʃʎati]
gründen	osnovati [ɔsnɔʋati]
grunzen	roktati [rɔktati]
gruseln	groziti se [grɔ:ziti sɛ]
grüßen	pozdraviti [pɔzdraʋiti]
gucken	gledati [glɛdati]
gurgeln	grgljati [grgʎati]
gutmachen	ispraviti [ispraʋiti]

H

haaren	gubiti dlake [gubiti dlakɛ]
haben	imati [imati]
hacken	cijepati [tsiɛ:pati]
hadern	opirati se [ɔpi:rati sɛ]
hageln	pada tuča [pada tutʃa]
häkeln	heklati [xɛklati]
halbieren	prepoloviti [prɛpɔlɔʋiti]
halten	držati [drʒati]
hämmern	udarati čekićem [udarati tʃɛkitɕɛm]
handeln	postupati [pɔstu:pati]
handhaben	rukovati [rukɔʋati]
hängen	visjeti [ʋisjɛti]
harmonieren	harmonirati [xarmoni:rati]
hassen	mrziti [mrziti]
hauen	udariti [udariti]
heben	dignuti [dignuti]
hecheln	dahtati [daxtati]
heften	pričvrstiti [pritʃʋrstiti]
hegen	njegovati [ɲɛgɔʋati]
heilen	liječiti [liɛ:tʃiti]
heimfahren	voziti kući [ʋɔziti kutɕi]
heimzahlen	osvetiti se [ɔsʋɛ:titi sɛ]
heiraten	vjenčati se [ʋjɛntʃati sɛ]
heißen	zvati se [zʋati sɛ]
heizen	grijati [gri:jati]
helfen	pomoći [pɔmɔtɕi]

herausfordern	izazvati [izazʋati]
herrschen	vladati [ʋla:dati]
hervorrufen	prouzročiti [prɔuzrɔtʃiti]
hetzen	podbadati [pɔdba:dati]
heucheln	hiniti [xiniti]
heulen *(Tier)*	zavijati [zaʋi:jati]
hinken	šepati [ʃɛpati]
hinrichten	pogubiti [pɔgubiti]
hinterfragen	ispitati [ispi:tati]
hinweisen	ukazati [uka:zati]
hinzufügen	dodati [dɔdati]
hobeln	ribati [ribati]
hocken	čučati [tʃutʃati]
hoffen	nadati se [na:dati sɛ]
holen	donijeti [dɔniɛti]
hören	čuti [tʃuti]
humpeln	šepati [ʃɛpati]
hungern	gladovati [gladɔʋati]
hupen	trubiti [tru:biti]
hüpfen	skakati [skakati]
husten	kašljati [kaʃʎati]
hüten	čuvati [tʃu:ʋati]
hypnotisieren	hipnotizirati [xipnɔtizi:rati]

I

identifizieren	identificirati [idɛntifitsi:rati]
ignorieren	ignorirati [ignɔri:rati]
impfen	cijepiti [tsiɛ:piti]
infizieren	zaraziti [zara:ziti]
informieren	obavijestiti [ɔbaʋiɛ:stiti]
innehaben	imati [imati]
inspirieren	inspirirati [inspiri:rati]
installieren	uvesti [uʋɛsti]
integrieren	integrirati [intɛgri:rati]
interessieren	zanimati [zani:mati]
interpretieren	tumačiti [tumatʃiti]
interviewen	intervjuirati [intɛrʋjui:rati]
investieren	ulagati [ula:gati]
irreführen	zavaravati [zaʋara:ʋati]
irren	varati se [ʋarati sɛ]
irritieren	uznemiravati [uznɛmira:ʋati]
isolieren	izolirati [izɔli:rati]

J

jagen	loviti [lɔʋiti]
jammern	kukati [kukati]
joggen	trčati [trtʃati]
jubeln	klicati [kli:tsati]
jucken	svrbjeti [sʋrbjɛti]

K	
kämmen	češljati [tʃɛʃʎati]
kämpfen	boriti se [bɔriti sɛ]
kapitulieren	kapitulirati [kapituli:rati]
kaputtgehen	pokvariti se [pɔkʋa:riti sɛ]
kassieren	naplatiti [napla:titi]
kauen	žvakati [ʒʋa:kati]
kauern	čučati [tʃutʃati]
kaufen	kupiti [ku:piti]
kehren	mesti [mɛsti]
kehrtmachen	okrenuti se [ɔkrɛnuti sɛ]
kennen	poznati [pɔznati]
kennzeichnen	obilježiti [ɔbiʎɛʒiti]
keuchen	hripati [xripati]
kichern	hihotati [xixɔtati]
kidnappen	oteti [ɔtɛti]
kitzeln	škakljati [ʃkakʎati]
klaffen	zjapiti [zja:piti]
klagen	tužiti [tu:ʒiti]
klammern	spojiti [spɔjiti]
klappen	preklopiti [prɛklɔpiti]
klappern	klepetati [klɛpɛtati]
klären	razjasniti [razja:sniti]
klargehen	biti u redu [biti urɛ:du]
klarkommen	izaći na kraj [izatɕi na kra:j]
klatschen	pljeskati [pʎɛskati]
kleben	lijepiti [liɛ:piti]
kleckern	mrljati [mrʎati]
klettern	penjati se [pɛɲati sɛ]
klicken	kliknuti [kliknuti]
klingeln	zvoniti [zʋɔniti]
klingen	zvučati [zʋu:tʃati]
klopfen	kucati [kutsati]
knabbern	grickati [gritskati]
knacken	pucketati [putskɛtati]
knallen	tresnuti [trɛsnuti]
kneifen	štipnuti [ʃtipnuti]
kneten	mijesiti [miɛ:siti]
knicken	prelomiti [prɛlɔmiti]
knien	klečati [klɛtʃati]
knirschen	škripati [ʃkri:pati]
knistern	šuštati [ʃuʃtati]
knittern	gužvati [gu:ʒʋati]
knöpfen	kopčati [kɔptʃati]
knurren	režati [rɛ:ʒati]
kochen	kuhati [kuxati]
kombinieren	kombinirati [kɔmbini:rati]
kommen	doći [dɔ:tɕi]
kommentieren	komentirati [kɔmɛnti:rati]
können	moći [mɔtɕi]
konstruieren	sastaviti [sastaʋiti]
konsumieren	trošiti [trɔʃiti]
kontrollieren	nadzirati [nadzi:rati]
konzentrieren	usredotočiti [usrɛdɔtɔtʃiti]
kooperieren	surađivati [suradʑi:ʋati]

koordinieren	uskladiti [uskladiti]
kopieren	kopirati [kɔpi:rati]
korrigieren	ispraviti [ispraʋiti]
kosten	stajati [stajati]
krabbeln	puzati [pu:zati]
krankmelden	prijaviti bolovanje [prija:ʋiti bɔlɔʋaɲɛ]
kratzen	grepsti [grɛpsti]
kraulen	počešati [pɔtʃɛʃati]
kräuseln	kovrčati [kɔʋrtʃati]
kreisen	kružiti [kru:ʒiti]
kreuzen	prekrižiti [prɛkri:ʒiti]
kribbeln	svrbjeti [sʋrbjɛti]
kriechen	gmizati [gmi:zati]
kriegen	dobiti [dɔbiti]
kritisieren	kritizirati [kritizi:rati]
krümeln	drobiti [drɔbiti]
krümmen	savijati [saʋi:jati]
kühlen	hladiti [xla:diti]
kümmern	brinuti se [brinuti sɛ]
kündigen	otkazati [ɔtka:zati]
kürzen	skratiti [skra:titi]
kuscheln	priljubiti se [priʎubiti sɛ]
küssen	ljubiti [ʎu:biti]

L

lächeln	smiješiti se [smiɛ:ʃiti sɛ]
lachen	smijati se [smi:jati sɛ]
laden *(Batterie)*	puniti [pu:niti]
lagern	uskladištiti [uskladiʃtiti]
lähmen	paralizirati [paralizi:rati]
lahmlegen	onemogućiti [ɔnɛmɔgu:tɕiti]
landen	sletjeti [slɛtjɛti]
langweilen	dosađivati [dɔsadʑi:ʋati]
lassen	pustiti [pustiti]
lästern	ogovarati [ɔgɔʋa:rati]
lauern	vrebati [ʋrɛbati]
laufen	trčati [trtʃati]
läuten	zvoniti [zʋɔniti]
leben	živjeti [ʒi:ʋjɛti]
lecken	lizati [li:zati]
leeren	prazniti [pra:zniti]
legen	položiti [pɔlɔʒiti]
lehnen	nasloniti [naslɔniti]
lehren	poučavati [pɔutʃa:ʋati]
leiden	patiti [patiti]
leihen *(an jemanden)*	posuditi [pɔsuditi]
leisten	postići [pɔstitɕi]
leiten	voditi [ʋɔditi]
lenken	upravljati [upraʋʎati]
lernen	učiti [utʃiti]
lesen	čitati [tʃitati]

leugnen	poreći [pɔrɛ:tɕi]
lieben	voljeti [ʋɔʎɛti]
liebkosen	milovati [milɔʋati]
liefern	dostaviti [dɔstaʋiti]
liegen	ležati [lɛʒati]
lispeln	fuflati [fuflati]
loben	pohvaliti [pɔxʋa:liti]
locken	mamiti [ma:miti]
lockern	popustiti [pɔpustiti]
löffeln	jesti žlicom [jɛsti ʒlitsɔm]
lohnen	isplatiti se [ispla:titi sɛ]
löschen	gasiti [ga:siti]
lösen	riješiti [riɛ:ʃiti]
losfahren	kretati [krɛ:tati]
loswerden	riješiti se [riɛ:ʃiti sɛ]
lüften	prozračiti [prɔzra:tʃiti]
lügen	lagati [lagati]
lutschen	sisati [sisati]

M

machen	činiti [tʃiniti]
mahnen	opomenuti [ɔpɔmɛ:nuti]
mailen	dopisivati se [dɔpisi:ʋati sɛ]
malen	slikati [slikati]
manipulieren	manipulirati [manipuli:rati]
markieren	označiti [ɔzna:tʃiti]
massieren	masirati [masi:rati]
meditieren	meditirati [mɛditi:rati]
meiden	izbjegavati [izbjɛga:ʋati]
meinen	smatrati [smatrati]
meistern	svladati [sʋla:dati]
melden	javiti [ja:ʋiti]
merken	pamtiti [pa:mtiti]
messen	mjeriti [mjɛriti]
miauen	mjaukati [mja:ukati]
mieten	unajmiti [una:jmiti]
mindern	umanjiti [uma:ɲiti]
mischen	miješati [miɛ:ʃati]
missachten	omalovažavati [ɔmalɔʋaʒa:ʋati]
missbilligen	zamjerati [zamjɛ:rati]
missbrauchen	zlorabiti [zlɔra:biti]
missen	nedostajati [nɛdɔstajati]
missfallen	ne dopasti [nɛ dɔpasti]
missglücken	ne uspjevati [nɛ uspjɛ:ʋati]
misshandeln	zlostaviti [zlɔstaʋiti]

misslingen	promašiti [prɔmaʃiti]
misstrauen	nemati povjerenja [nɛ:mati pɔʋjɛrɛ:ɲa]
missverstehen	krivo shvatiti [kri:ʋɔ sxʋatiti]
mitbekommen	dobiti [dɔbiti]
mitfahren	voziti se s [ʋɔziti sɛ s]
mitfühlen	suosjećati [suɔsjɛtɕati]
mitmachen	sudjelovati [sudjɛlɔʋati]
mitteilen	priopćiti [priɔptɕiti]
mixen	miješati [miɛ:ʃati]
mögen	voljeti [ʋɔʎɛti]
morden	ubijati [ubi:jati]
motivieren	motivirati [mɔtiʋi:rati]
multiplizieren	množiti [mnɔʒiti]
murmeln	mrmljati [mrmʎati]
müssen	morati [mɔ:rati]
mutmaßen	nagađati [naga:dʑati]

N

nachahmen	oponašati [ɔpɔna:ʃati]
nachdenken	razmišljati [razmi:ʃʎati]
nachgeben	popustiti [pɔpustiti]
nachholen	nadoknaditi [nadɔkna:diti]
nachkommen	doći kasnije [dɔ:tɕi kasnijɛ]
nachtragen	zlopamtiti [zlɔpa:mtiti]
nagen	glodati [glɔ:dati]
nahekommen	približiti se [pribli:ʒiti sɛ]
nahen	približiti se [pribli:ʒiti sɛ]
nähen	šivati [ʃi:ʋati]
nähern	približavati se [pribliʒa:ʋati sɛ]
nahestehen	biti blizak [biti bli:zak]
naschen	grickati [gritskati]
necken	zadirkivati [zadirki:ʋati]
nehmen	uzeti [uzɛti]
neiden	zavidjeti [zaʋidjɛti]
neigen	nagnuti [nagnuti]
nennen	spomenuti [spɔmɛ:nuti]
nerven	ići na živce [i:tɕi na ʒi:ʋtsɛ]
nicken	kimati glavom [kimati gla:ʋɔm]
niederknien	klečati [klɛtʃati]
niederlassen	naseliti se [nasɛliti sɛ]
nieseln	rositi [rɔsiti]
niesen	kihati [kixati]

nörgeln	zanovijetati [zanɔʋiɛːtati]
nummerieren	obrojčiti [ɔbrɔjtʃiti]
nuscheln	mumljati [mumʎati]

O

öffnen	otvoriti [ɔtʋɔriti]
ölen	uljiti [uːʎiti]
operieren	operirati [ɔpɛriːrati]
opfern	žrtvovati [ʒrtʋɔʋati]
ordnen	srediti [srɛːditi]
organisieren	organizirati [ɔrganiziːrati]
orientieren	snaći se [snaːtɕi sɛ]

P

packen	spremiti [sprɛ:miti]
paddeln	veslati [ʋɛslati]
parken	parkirati [parki:rati]
passen	odgovarati [ɔdgɔʋa:rati]
passieren	dogoditi se [dɔgɔditi sɛ]
petzen	tužakati [tuʒa:kati]
pfeffern	papriti [papriti]
pfeifen	zviždati [zʋiʒdati]
pflanzen	saditi [sa:diti]
pflegen	njegovati [ɲɛgɔʋati]
pflücken	ubrati [ubrati]
picknicken	imati piknik [imati piknik]
piepen	pijukati [piju:kati]
piepsen	pijukati [piju:kati]
plagen	mučiti [mutʃiti]
planen	planirati [planirati]
planschen	brčkati [brtʃkati]
plappern	blebetati [blɛbɛtati]
platzen	puknuti [puknuti]
platzieren	postaviti [pɔstaʋiti]
plaudern	čavrljati [tʃaʋrʎati]
pleitegehen	bankrotirati [bankrɔti:rati]
pokern	igrati poker [igrati pɔ:kɛr]
posieren	pozirati [pɔzi:rati]
prägen	utisnuti [utisnuti]
prahlen	hvalisati se [xʋa:lisati sɛ]
prallen	udariti [udariti]
präsentieren	prikazati [prika:zati]
pressen	pritiskati [pritiskati]
probieren	pokušati [pɔkuʃati]
protestieren	prosvjedovati [prɔsʋjɛdɔʋati]
provozieren	izazivati [izazi:ʋati]
prüfen	ispitati [ispi:tati]
prügeln	tući [tu:tɕi]
pupsen	prditi [prditi]
pusten	puhati [pu:xati]
putzen	čistiti [tʃistiti]

Q

quaken	kreketati [krɛkɛtati]
quälen	mučiti [mutʃiti]
qualmen	dimiti [dimiti]
quengeln	kmečati [kmɛtʃati]
quieken	cijukati [tsiju:kati]
quietschen	škripiti [ʃkri:piti]

R

rächen	osvetiti [ɔsʋɛ:titi]
radeln	voziti bicikl [ʋɔziti bitsi:kl]
rascheln	šuštati [ʃuʃtati]
rasen	juriti [ju:riti]
rasieren	brijati [bri:jati]
rasseln	zveckati [zʋɛtskati]
raten	pogađati [pɔga:dʑati]
rätseln	odgonetati [ɔdgɔnɛ:tati]
rattern	drndati [drndati]
rauben	plijeniti [pliɛ:niti]
rauchen	pušiti [puʃiti]
rauschen	šumiti [ʃu:miti]
räuspern	kašljucnuti [kaʃʎutsnuti]
rausschmeißen	izbaciti [izba:tsiti]
reagieren	reagirati [rɛagi:rati]
realisieren	ostvariti [ɔsʋa:riti]
rebellieren	pobuniti se [pɔbu:niti sɛ]
rechnen	računati [ratʃunati]
rechtfertigen	opravdati [ɔpra:ʋdati]
recyceln	reciklirati [rɛtsikli:rati]
reden	govoriti [gɔʋɔriti]
regeln	srediti [srɛ:diti]
regen	micati [mitsati]
regieren	vladati [ʋla:dati]
registrieren	opaziti [ɔpaziti]
regnen	kišiti [kiʃiti]
reiben	ribati [ribati]

reichen	dostajati [dɔstajati]
reimen	rimovati [rimɔʋati]
reinigen	čistiti [tʃistiti]
reinlegen	zeznuti [zɛznuti]
reisen	putovati [putɔʋati]
reißen	kidati [kidati]
reiten	jahati [ja:xati]
reizen	dražiti [dra:ʒiti]
rekeln	uvaliti se [uʋa:liti sɛ]
rennen	trčati [trtʃati]
renovieren	obnoviti [ɔbnɔʋiti]
reparieren	popraviti [pɔpraʋiti]
reservieren	rezervirati [rɛzɛrʋi:rati]
respektieren	poštovati [pɔʃtɔʋati]
retten	spasiti [spa:siti]
revanchieren	odužiti se [ɔdu:ʒiti sɛ]
richtigstellen	ispraviti [ispraʋiti]
riechen	mirisati [mirisati]
riskieren	riskirati [riski:rati]
rollen	kotrljati [kɔtrʎati]
röntgen	rendgen [rɛndgɛn]
rosten	hrđati [xrdʑati]
rubbeln	trljati [trʎati]
rückerstatten	nadoknaditi [nadɔkna:diti]
rudern	veslati [ʋɛslati]
rufen	zvati [zʋati]
ruhen	mirovati [mirɔʋati]
rühren	miješati [miɛ:ʃati]
ruinieren	uništiti [uni:ʃtiti]
rutschen	kliziti [kli:ziti]
rütteln	tresti [trɛ:sti]

S

sagen	reći [rɛtɕi]
sägen	piliti [piliti]
salzen	soliti [sɔliti]
sammeln	skupljati [skupʎati]
säubern	čistiti [tʃistiti]
saugen	sisati [sisati]
schaden	štetiti [ʃtɛtiti]
schaffen	stvoriti [stʋɔriti]
schälen	guliti [gu:liti]
schalten *(Gang)*	mijenjati brzine [miɛ:ɲati brzinɛ]
schämen	stidjeti se [sti:djɛti sɛ]
schätzen	cijeniti [tsiɛ:niti]
schauen	gledati [glɛdati]
schaufeln	kopati [kɔpati]
schaukeln	ljuljati [ʎu:ʎati]
schäumen	pjeniti se [pjɛniti sɛ]
scheinen	sjati [sjati]
scheitern	ne uspjeti [nɛ uspjɛti]
schenken	darovati [darɔʋati]
scherzen	šaliti se [ʃaliti sɛ]
scheuchen	rastjerati [rastjɛrati]
scheuen	zazirati [zazi:rati]
schicken	slati [slati]
schieben	gurati [gu:rati]
schiefgehen	ne uspjeti [nɛ uspjɛti]
schielen	škiljiti [ʃki:ʎiti]
schießen	pucati [putsati]
schildern	opisati [ɔpi:sati]
schimmeln	pljesniviti [pʎɛsniʋiti]
schimpfen	koriti [kɔ:riti]
schlafen	spavati [spa:ʋati]
schlagen	udarati [udarati]
schlecken	lizati [li:zati]
schleichen	šuljati se [ʃuʎati sɛ]
schleppen	vući [ʋu:tɕi]
schließen	zatvoriti [zatʋɔriti]
schluchzen	jecati [jɛtsati]
schlucken	gutati [gutati]
schlüpfen	provući se [prɔʋu:tɕi sɛ]
schmarotzen	muktašiti [muktaʃiti]
schmatzen	mljackati [mljatskati]
schmecken	okusiti [ɔku:siti]
schmeißen	baciti [ba:tsiti]
schmelzen	otopiti [ɔtɔpiti]
schmerzen	boljeti [bɔljɛti]
schminken	šminkati [ʃmi:nkati]
schmollen	duriti se [du:riti sɛ]
schmücken	ukrasiti [ukra:siti]
schmunzeln	smijuljiti se [smiju:ʎiti sɛ]
schnarchen	hrkati [xrkati]
schnauben	frktati [frktati]
schnaufen	dahtati [daxtati]
schneiden	rezati [rɛzati]
schneien	sniježiti [sniɛ:ʒiti]
schnurren	presti [prɛsti]

schocken	užasnuti [uʒasnuti]
schockieren	šokirati [ʃɔki:rati]
schonen	čuvati se [tʃu:ʋati sɛ]
schrauben	zavrtati [zaʋrtati]
schreiben	pisati [pi:sati]
schreien	vikati [ʋi:kati]
schubsen	gurati [gu:rati]
schummeln	prevariti [prɛʋariti]
schütteln	tresti [trɛ:sti]
schütten	lijevati [liɛ:ʋati]
schützen	štititi [ʃti:titi]
schwächen	oslabiti [ɔslabiti]
schwanken	njihati se [ɲi:xati sɛ]
schwänzen	markirati [marki:rati]
schwärmen	obožavati [ɔbɔʒa:ʋati]
schwarzfahren	švercati se [ʃʋɛrtsati sɛ]
schweben	lebdjeti [lɛbdjɛti]
schweigen	šutjeti [ʃu:tjɛti]
schwerfallen	teško padati [tɛ:ʃkɔ padati]
schwimmen	plivati [pliʋati]
schwindeln	varati [ʋarati]
schwingen	mahati [ma:xati]
schwirren	zujati [zu:jati]
schwitzen	znojiti se [znɔjiti sɛ]
schwören	prisegnuti [prisɛ:gnuti]
segeln	jedriti [jɛdriti]
sehen	vidjeti [ʋidjɛti]
sehnen	čeznuti [tʃɛznuti]

sein	biti [biti]
senden	slati [slati]
senken	spuštati [spu:ʃtati]
servieren	poslužiti [pɔslu:ʒiti]
setzen	staviti [staʋiti]
seufzen	uzdahnuti [uzdaxnuti]
sichergehen	osigurati se [ɔsigu:rati sɛ]
sichern	osigurati [ɔsigu:rati]
sicherstellen	zaplijeniti [zapliɛ:niti]
siegen	pobijediti [pɔbiɛ:diti]
siezen	persirati [pɛrsirati]
simsen	pisati poruke [pisati pɔrukɛ]
singen	pjevati [pjɛʋati]
sinken	tonuti [tɔnuti]
sitzen	sjediti [sjɛditi]
skaten	voziti skejtbord [ʋɔziti skɛjtbɔrd]
sollen	trebati [trɛ:bati]
sonnen	sunčati se [suntʃati sɛ]
sorgen	skrbiti [skrbiti]
sortieren	svrstati [sʋrstati]
sparen	štedjeti [ʃtɛ:djɛti]
spaßen	šaliti se [ʃaliti sɛ]
spazieren	šetati [ʃɛ:tati]
speichern	pohraniti [pɔxra:niti]
speisen	blagovati [blagɔʋati]
spekulieren	nagađati [naga:dʑati]
spenden	darovati [darɔʋati]

sperren	zatvoriti [zatʋɔriti]
spiegeln	zrcaliti se [zrtsaliti sɛ]
spielen	igrati [igrati]
spinnen	presti [prɛsti]
spitzen	šiljiti [ʃi:ʎiti]
spotten	rugati se [ru:gati sɛ]
sprechen	govoriti [gɔʋɔriti]
spreizen	raširiti [raʃi:riti]
sprengen	raznijeti [razniɛti]
sprießen	nicati [nitsati]
springen	skočiti [skɔtʃiti]
spritzen	prskati [prskati]
sprudeln	izvirati [izʋirati]
sprühen	prskati [prskati]
spucken	pljunuti [pʎunuti]
spuken	pojavljivati se [pɔjaʋʎi:ʋati sɛ]
spülen	ispirati [ispi:rati]
spüren	osjećati [ɔsjɛtɕati]
stammen	potjecati [pɔtjɛtsati]
stapeln	slagati [sla:gati]
stärken	jačati [jatʃati]
starren	zuriti [zu:riti]
starten *(Flugzeug)*	poletjeti [pɔlɛtjɛti]
stattfinden	održavati se [ɔdrʒa:ʋati sɛ]
staunen	čuditi se [tʃuditi sɛ]
stechen	bosti [bɔsti]
stecken *(Schlüssel)*	staviti [staʋiti]
stehen	stajati [stajati]
stehlen	krasti [krasti]
steigen	penjati se [pɛɲati sɛ]
steigern	povisiti [pɔʋi:siti]
stellen	metati [mɛtati]
sterben	umrijeti [umriɛti]
steuern	upravljati [upraʋʎati]
stieren	zuriti [zu:riti]
stillen	dojiti [dɔjiti]
stillhalten	mirovati [mirɔʋati]
stillliegen	mirno ležati [mirnɔ lɛʒati]
stimmen	biti točan [biti tɔtʃan]
stinken	smrdjeti [smrdjɛti]
stöbern	pretražiti [prɛtra:ʒiti]
stocken	zastati [zastati]
stöhnen	stenjati [stɛ:ɲati]
stolpern	spotaknuti se [spɔtaknuti sɛ]
stoppen	zaustaviti [zaustaʋiti]
stören	smetati [smɛ:tati]
stoßen	udariti [udariti]
stottern	mucati [mutsati]
strafen	kazniti [kazniti]
straffen	zategnuti [zatɛ:gnuti]
strahlen	sjati [sjati]
strampeln	koprcati se [kɔprtsati sɛ]
strapazieren	izmarati [izma:rati]

sträuben	kostriješiti [kɔstriɛːʃiti]
streben	težiti [tɛʒiti]
strecken	ispružiti [ispruːʒiti]
streicheln	gladiti [glaːditi]
streichen *(mit Farbe)*	obojiti [ɔbɔjiti]
streifen	dotaknuti [dɔtaknuti]
streiken	štrajkati [ʃtrajkati]
streiten	svađati se [svadʑati sɛ]
streuen	sipati [sipati]
stricken	plesti [plɛsti]
studieren	studirati [studirati]
stürmen	bjesnjeti [bjɛːsɲɛti]
stürzen	pasti [pasti]
stutzen	ustuknuti [ustuknuti]
stützen	poduprijeti [pɔduprieti]
subtrahieren	oduzimati [ɔduzimati]
suchen	tražiti [traːʒiti]
summen	zujati [zuːjati]
sündigen	griješiti [griɛːʃiti]
surfen	daskati [daskati]
süßen	sladiti [slaːditi]

T

tadeln	koriti [kɔriti]
tanken	puniti gorivom [puniti gɔrivɔm]
tanzen	plesati [plɛːsati]
tapezieren	tapecirati [tapɛtsiːrati]
tappen	tapkati [tapkati]
tarnen	prikriti [prikriti]
tasten	pipati [pipati]
tauchen	roniti [rɔniti]
tauen	topiti se [tɔpiti sɛ]
taufen	krstiti [krstiti]
taugen	valjati [vaːʎati]
taumeln	kolebati se [kɔlɛbati sɛ]
tauschen	zamijeniti [zamiɛːniti]
täuschen	prevariti [prɛvariti]
teilen	dijeliti [diɛːliti]
teilnehmen	sudjelovati [sudjɛlɔvati]
telefonieren	telefonirati [tɛlɛfɔniːrati]
testen	ispitati [ispiːtati]
ticken	kucati [kutsati]
tippen	tipkati [tipkati]
toben	bjesnjeti [bjɛːsɲɛti]
tolerieren	podnositi [pɔdnɔsiti]
töten	usmrtiti [usmrtiti]
totfahren	pregaziti [prɛgaziti]
totschießen	ustrijeliti [ustriɛːliti]
totschlagen	utući [utuːtɕi]
tragen	nositi [nɔsiti]
trainieren	vježbati [vjɛʒbati]

trampeln	lupati nogama [lu:pati nɔgama]
tränen	suziti [su:ziti]
transportieren	prevoziti [prɛʋɔziti]
trauen *(einer Sache)*	pouzdati se u [pɔuzdati sɛ u]
trauern	tugovati [tugɔʋati]
träumen	sanjati [sa:ɲati]
treffen	sresti [srɛsti]
trennen	razdvojiti [razdʋɔ:jiti]
treten	gaziti [gaziti]
trinken	piti [piti]
trocknen	sušiti [su:ʃiti]
trödeln	lunjati [luɲati]
trommeln	bubnjati [bubɲati]
tröpfeln	kapati [kapati]
tropfen	curiti [tsu:riti]
trösten	tješiti [tjɛʃiti]
trotzen	inatiti se [inatiti sɛ]
trügen	varati [ʋarati]
tun	uraditi [ura:diti]
turnen	vježbati [ʋjɛʒbati]
tyrannisieren	tlačiti [tlatʃiti]

U

üben	uvježbati [uʋjɛʒbati]
überanstrengen	prenapregnuti [prɛnaprɛ:gnuti]
überarbeiten	preraditi [prɛraditi]
überblicken	pregledati [prɛglɛdati]
überbringen	isporučiti [ispɔru:tʃiti]
überbrücken	premostiti [prɛmɔstiti]
überdenken	razmisliti [razmisliti]
übereinstimmen	odgovarati [ɔdgɔʋa:rati]
überfahren	pregaziti [prɛgaziti]
überfallen	nasrnuti [nasrnuti]
überfordern	preopteretiti [prɛɔptɛrɛ:titi]
übergeben	predati [prɛdati]
überholen	preteći [prɛtɛtɕi]
überhören	prečuti [prɛtʃu:ti]
überlappen	preklapati [prɛkla:pati]
überlassen	prepustiti [prɛpustiti]
überleben	preživjeti [prɛʒi:ʋjɛti]
überlegen	razmisliti [razmisliti]
überlisten	nadmudriti [nadmu:driti]
übernachten	prenoćiti [prɛnɔtɕiti]
übernehmen	preuzeti [prɛuzɛti]
überprüfen	provjeriti [prɔʋjɛriti]
überqueren	prijeći [priɛ:tɕi]
überraschen	iznenaditi [iznɛnaditi]
überreden	nagovoriti [nagɔʋɔ:riti]
überreichen	uručiti [uru:tʃiti]
überschatten	zasjeniti [zasjɛniti]

überschätzen	precijeniti [prɛciɛːniti]
überschlagen	izostaviti [izɔstaʋiti]
überschnappen	skrenuti [skrɛːnuti]
überschneiden	preklapati se [prɛklaːpati sɛ]
überschütten	obasipati [ɔbasipati]
überschwemmen	poplaviti [pɔplaʋiti]
übersehen	previdjeti [prɛʋidjɛti]
übersetzen	prevesti [prɛʋɛsti]
überspielen	prikriti [prikriti]
übersteigen	prijeći [priɛːtɕi]
überstrapazieren	zamarati [zamaːrati]
überstürzen	prenagliti [prɛnaːgliti]
übertragen	prenijeti [prɛniɛti]
übertreffen	nadmašiti [nadmaːʃiti]
übertreiben	pretjerati [prɛtjɛrati]
überwachen	nadzirati [nadziːrati]
überwältigen	nadvladati [nadʋlaːdati]
überweisen	doznačiti [dɔznaːtʃiti]
überwiegen	prevagnuti [prɛʋagnuti]
überwinden	svladati [sʋlaːdati]
überzeugen	uvjeriti [uʋjɛriti]
überziehen *(Bett)*	presvući [prɛsʋutɕi]
umarmen	zagrliti [zagrliti]
umbauen	pregraditi [prɛgraditi]
umbenennen	preimenovati [prɛimɛnɔːʋati]
umblättern	okrenuti stranicu [ɔkrɛːnuti stranitsu]
umbringen	ubiti [uːbiti]
umdrehen	okrenuti [ɔkrɛːnuti]
umfallen	srušiti se [sruʃiti sɛ]
umfassen	obuhvatiti [ɔbuxʋatiti]
umgehen	izbjeći [izbjɛːtɕi]
umhängen	zagrnuti [zagrnuti]
umkehren	vratiti se [ʋraːtiti sɛ]
umkippen	prevrnuti se [prɛʋrnuti sɛ]
umklammern	obuhvatiti [ɔbuxʋatiti]
umkommen	poginuti [pɔginuti]
umleiten	preusmjeriti [prɛusmjɛːriti]
umräumen	premjestiti [prɛmjɛstiti]
umreißen	ocrtati [ɔtsrtati]
umrühren	promiješati [prɔmiɛːʃati]
umschalten	prespojiti [prɛspɔːjiti]
umsehen	ogledati se [ɔglɛdati sɛ]
umsetzen	premjestiti [prɛmjɛstiti]
umsteigen	presjedati [prɛsjɛdati]
umstimmen	preobraditi [prɛɔbraːditi]
umstürzen	srušiti [sruʃiti]
umtauschen	zamijeniti [zamiɛːniti]
umwerfen	prevrnuti [prɛʋrnuti]
umziehen	preseliti se [prɛsɛliti sɛ]
unterbrechen	prekinuti [prɛkinuti]
unterdrücken	potisnuti [pɔtisnuti]
untergehen	tonuti [tɔːnuti]
unterhalten	razgovarati [razgɔʋarati]
unterlassen	ostaviti [ɔstaʋiti]

unternehmen	poduzeti [pɔduzɛti]
unterrichten	poučavati [pɔutʃa:ʋati]
untersagen	zabraniti [zabraniti]
unterschätzen	podcijeniti [pɔdtsiɛ:niti]
unterscheiden	razlikovati [razlikɔʋati]
unterschreiben	potpisati [pɔtpi:sati]
unterstellen	pretpostaviti [prɛtpɔstaʋiti]
unterstreichen	podvući [pɔdʋu:tɕi]
unterstützen	poduprijeti [pɔdupriɛti]
untersuchen	pregledati [prɛglɛdati]
untertauchen	nestati [nɛstati]
unterteilen	raspodijeliti [raspɔdiɛ:liti]
urteilen	suditi [su:diti]

V

verabreden	dogovoriti [dɔgɔʋɔ:riti]
verabschieden	pozdraviti [pɔzdraviti]
verachten	prezirati [prɛzirati]
verallgemeinern	uopćiti [uɔptɕiti]
verändern	mijenjati [miɛ:ɲati]
verängstigen	zastrašiti [zastra:ʃiti]
verantworten	odgovarati [ɔdgɔʋa:rati]
verarbeiten	obraditi [ɔbra:diti]
verärgern	razljutiti [razʎu:titi]
verarzten	previti [prɛʋiti]
verbergen	kriti [kri:ti]
verbessern	popraviti [pɔpraʋiti]
verbeugen	nakloniti se [naklɔniti sɛ]
verbiegen	svijati [sʋi:jati]
verbieten	zabraniti [zabraniti]
verbinden	vezati [ʋɛ:zati]
verbleiben	ostati [ɔstati]
verbluten	iskrvariti [iskrʋa:riti]
verbrauchen	trošiti [trɔʃiti]
verbreiten	širiti [ʃi:riti]
verbrennen	izgorjeti [izgɔ:rjɛti]
verbringen	provesti [prɔʋɛsti]
verdächtigen	sumnjičiti [su:mɲitʃiti]
verdanken	zahvaliti [zaxʋaliti]
verdauen	probaviti [prɔbaʋiti]
verdecken	prekriti [prɛkriti]
verderben	pokvariti se [pɔkʋariti sɛ]

verdeutlichen	razjasniti [razja:sniti]
verdienen	zaslužiti [zaslu:ʒiti]
verdoppeln	udvostručiti [udvɔstru:tʃiti]
verdrängen	potisnuti [pɔtisnuti]
verdursten	uginuti od žeđi [uginuti ɔd ʒɛ:dʑi]
verehren	obožavati [ɔbɔʒa:vati]
vereinbaren	dogovoriti [dɔgɔvɔ:riti]
vereinen	udružiti [udru:ʒiti]
vereinfachen	pojednostaviti [pɔjɛdnɔsta:viti]
vereinheitlichen	ujednačiti [ujɛdna:tʃiti]
vereinigen	ujediniti [ujɛdi:niti]
verfallen	propadati [prɔpadati]
verfälschen	iskriviti [iskri:viti]
verfassen	sastaviti [sastaviti]
verfaulen	truliti [tru:liti]
verfehlen	promašiti [prɔmaʃiti]
verfeinern	profiniti [prɔfi:niti]
verfluchen	prokleti [prɔklɛti]
verfolgen	slijediti [sliɛ:diti]
verfügen	naložiti [nalɔʒiti]
verführen	zavesti [zavɛsti]
vergehen	prolaziti [prɔlaziti]
vergelten	vratiti [vra:titi]
vergessen	zaboraviti [zabɔraviti]
vergeuden	potratiti [pɔtratiti]
vergewaltigen	silovati [silɔvati]
vergewissern	uvjeriti se [uvjɛ:riti sɛ]
vergiften	otrovati [ɔtrɔ:vati]
vergleichen	usporediti [uspɔrɛditi]
vergnügen	zabavljati se [zabavʎati sɛ]
vergraben	zakopati [zakɔpati]
vergrößern	povećati [pɔvɛtɕati]
verhaften	uhititi [uxi:titi]
verhalten	ponijeti se [pɔɲɛti sɛ]
verhandeln	pregovarati [prɛgɔva:rati]
verhängen	dosuditi [dɔsu:diti]
verharmlosen	umanjivati [umaɲi:vati]
verharren	ustrajati [ustrajati]
verheilen	zacijeliti [zatsiɛ:liti]
verheimlichen	prešutjeti [prɛʃu:tjɛti]
verherrlichen	veličati [vɛli:tʃati]
verhexen	začarati [zatʃa:rati]
verhindern	spriječiti [spriɛ:tʃiti]
verhören	preslušati [prɛsluʃati]
verhüllen	prikriti [prikriti]
verhungern	izgladnjeti [izgla:dɲɛti]
verhüten	spriječiti [spriɛ:tʃiti]
verirren	zalutati [zalu:tati]
verjagen	otjerati [ɔtjɛ:rati]
verkaufen	prodati [prɔdati]
verklagen	tužiti [tu:ʒiti]
verkleiden	maskirati se [maski:rati sɛ]
verkleinern	smanjiti [sma:ɲiti]
verknoten	svezati [svɛ:zati]

verknüpfen	povezati [pɔʋɛ:zati]
verkommen	propasti [prɔpasti]
verkörpern	utjeloviti [utjɛlɔ:ʋiti]
verkraften	podnijeti [pɔdɲɛti]
verkrampfen	grčiti [grtʃiti]
verkümmern	zakržljati [zakrʒʎati]
verkürzen	skratiti [skra:titi]
verlangen	zahtijevati [zaxtiɛ:ʋati]
verlängern	produžiti [prɔdu:ʒiti]
verlangsamen	usporavati [uspɔra:ʋati]
verlassen	napustiti [napustiti]
verlaufen	zalutati [zalu:tati]
verleihen	iznajmiti [izna:jmiti]
verlernen	zaboraviti [zabɔraʋiti]
verletzen	ozlijediti [ɔzliɛ:diti]
verleugnen	poreći [pɔrɛtɕi]
verleumden	klevetati [klɛʋɛ:tati]
verlieben	zaljubiti se [zaʎu:biti sɛ]
verlieren	izgubiti [izgubiti]
verloben	zaručiti se [zaru:tʃiti sɛ]
vermehren	povećati [pɔʋɛtɕati]
vermeiden	izbjeći [izbjɛtɕi]
vermieten	iznajmiti [izna:jmiti]
vermischen	pomiješati [pɔmiɛ:ʃati]
vermissen	nedostajati [nɛdɔstajati]
vermitteln	posredovati [pɔsrɛdɔʋati]
vermuten	pretpostavljati [prɛtpɔstaʋʎati]
vernachlässigen	zanemariti [zanɛma:riti]
vernehmen	preslušati [prɛsluʃati]
verneigen	nakloniti se [naklɔniti sɛ]
verneinen	nijekati [niɛ:kati]
vernichten	uništiti [uni:ʃtiti]
veröffentlichen	objaviti [ɔbja:ʋiti]
verordnen	prepisati [prɛpi:sati]
verpacken	zapakirati [zapaki:rati]
verpassen	propustiti [prɔpustiti]
verpflichten	obvezati [ɔbʋɛ:zati]
verprügeln	istući [istutɕi]
verraten	izdati [izdati]
verrechnen	obračunati [ɔbratʃunati]
verreisen	otputovati [ɔtputɔ:ʋati]
verrenken	iščašiti [iʃtʃaʃiti]
verriegeln	zabraviti [zabra:ʋiti]
verringern	sniziti [sni:ziti]
versagen	zakazati [zaka:zati]
versammeln	okupiti se [ɔku:piti sɛ]
versäumen	propustiti [prɔpustiti]
verschenken	pokloniti [pɔklɔ:niti]
verschicken	odaslati [ɔdaslati]
verschieben	odgoditi [ɔdgɔ:diti]
verschimmeln	pljesniviti [pʎɛsniʋiti]
verschlafen	prespavati [prɛspa:ʋati]
verschlechtern	pogoršati [pɔgɔrʃati]
verschließen	zatvoriti [zatʋɔriti]
verschlimmern	pogoršati [pɔgɔrʃati]
verschlucken	zagrcnuti [zagrtsnuti]
verschmutzen	uprljati [uprʎati]

verschonen	poštedjeti [pɔʃtɛ:djɛti]
verschönern	ukrasiti [ukra:siti]
verschütten	prosuti [prɔsuti]
verschweigen	zatajiti [zata:jiti]
verschwenden	rasipati [rasipati]
verschwimmen	razliti se [razliti sɛ]
verschwinden	nestati [nɛstati]
verschwören	urotiti se [urɔtiti sɛ]
versenden	razaslati [raza:slati]
versetzen	premjestiti [prɛmjɛstiti]
verseuchen	zaraziti [zara:ziti]
versichern	osigurati [ɔsigu:rati]
versickern	procuriti [prɔtsu:riti]
versinken	potonuti [pɔtɔnuti]
versöhnen	miriti [mi:riti]
versorgen	opskrbiti [ɔpskrbiti]
verspäten	kasniti [kasniti]
versperren	zatvoriti [zatʋɔriti]
verspotten	rugati se [ru:gati sɛ]
versprechen	obećati [ɔbɛtɕati]
verspüren	osjetiti [ɔsjɛtiti]
verständigen	obavijestiti [ɔbaʋiɛ:stiti]
verstärken	pojačati [pɔjatʃati]
verstauben	zaprašiti [zapra:ʃiti]
verstauchen	uganuti [uga:nuti]
verstecken	sakriti [sakriti]
verstehen	razumjeti [razumjɛti]
versteigern	dražbovati [draʒbɔʋati]
verstellen	pomicati [pɔmi:tsati]

verstopfen	začepiti [zatʃɛ:piti]
verstoßen	odbaciti [ɔdba:tsiti]
verstreichen	proteći [prɔtɛtɕi]
verstummen	zanijemjeti [zaniɛ:mjɛti]
versuchen	pokušati [pɔkuʃati]
versüßen	zasladiti [zasla:diti]
vertagen	odgoditi [ɔdgɔ:diti]
vertauschen	zamijeniti [zamiɛ:niti]
verteidigen	braniti [bra:niti]
verteilen	dijeliti [diɛ:liti]
vertiefen	produbiti [prɔbuditi]
vertragen	podnositi [pɔdnɔsiti]
vertrauen	vjerovati [ʋjɛrɔʋati]
vertreiben	prognati [prɔgnati]
vertreten	zamjenjivati [zamjɛɲi:ʋati]
vertrocknen	osušiti se [ɔsu:ʃiti sɛ]
vertrödeln	protratiti [prɔtra:titi]
vertrösten	odugovlačiti [ɔdugɔʋla:tʃiti]
vertuschen	zataškati [zataʃkati]
verübeln	zamjeriti [zamjɛ:riti]
verüben	izvršiti [izʋrʃiti]
verunglücken	nastradati [nastra:dati]
verunsichern	zbuniti [zbu:niti]
verunstalten	unakaziti [unaka:ziti]
verursachen	prouzročiti [prɔuzrɔ:tʃiti]
verurteilen	osuditi [ɔsu:diti]
verwechseln	zamijeniti [zamiɛ:niti]
verweigern	uskratiti [uskra:titi]

verwelken	uvenuti [uʋɛnuti]
verwenden	upotrijebiti [upɔtriɛ:biti]
verwirklichen	ostvariti [ɔstʋa:riti]
verwirren	zbuniti [zbu:niti]
verwischen	izbrisati [izbrisati]
verwöhnen	razmaziti [razma:ziti]
verwunden	raniti [raniti]
verzaubern	začarati [zatʃa:rati]
verzehren	jesti [jɛsti]
verzeichnen	zabilježiti [zabiʎɛʒiti]
verzeihen	oprostiti [ɔprɔstiti]
verzerren	izobličiti [izɔbli:tʃiti]
verzichten	odreći se [ɔdrɛtɕi sɛ]
verzieren	ukrasiti [ukra:siti]
verzögern	zavlačiti [zaʋla:tʃiti]
verzweifeln	očajavati [ɔtʃaja:ʋati]
voraussagen	proreći [prɔrɛtɕi]
vorbeifahren	voziti se mimo [ʋɔziti sɛ mimɔ]
vorbereiten	pripremiti [pripremiti]
vorbeugen	spriječiti [spriɛ:tʃiti]
vordrängeln	gurati se [gu:rati sɛ]
vorenthalten	uskratiti [uskra:titi]
vorfallen	dogoditi se [dɔgɔ:diti sɛ]
vorfinden	zateći [zatɛtɕi]
vorgeben	dati prednost [dati prɛdnɔst]
vorhaben	namjeravati [namjɛra:ʋati]
vorhersehen	predvidjeti [prɛdʋidjɛti]
vorkommen	dogoditi se [dɔgɔ:diti sɛ]
vorlesen	čitati [tʃitati]
vormachen	pokazati [pɔka:zati]
vornehmen	kaniti [ka:niti]
vorschlagen	predložiti [prɛdlɔ:ʒiti]
vorschreiben	narediti [narɛ:diti]
vorsorgen	osigurati se [ɔsigu:rati sɛ]
vorstellen	predstaviti [prɛdstaʋiti]
vortäuschen	zavaravati [zaʋara:ʋati]
vortragen	iznijeti [izniɛti]
vorübergehen	proći [prɔ:tɕi]
vorweisen	prikazati [prika:zati]
vorwerfen	predbaciti [prɛdba:tsiti]
vorzeigen	predočiti [prɛdɔtʃiti]
vorziehen	preferirati [prɛfɛri:rati]

W

wachsen	rasti [ra:sti]
wackeln	klimati se [klimati sɛ]
wagen	usuditi se [usu:diti sɛ]
wählen	birati [bi:rati]
wahrnehmen	primijetiti [primiɛ:titi]
wandern	pješačiti [pjɛʃa:tʃiti]
warnen	upozoriti [upɔzɔ:riti]
warten	čekati [tʃɛkati]
waschen	prati [prati]
wechseln	mijenjati [miɛ:ɲati]
wecken	buditi [bu:diti]
wegfahren	otputovati [ɔtputɔ:ʋati]
wegfallen	otpasti [ɔtpasti]
weggehen	otići [ɔti:tɕi]
weglassen	izostaviti [izɔstaʋiti]
wegnehmen	ukloniti [uklɔ:niti]
wegrennen	otrčati [ɔtrtʃati]
wegschicken	odaslati [ɔdaslati]
wegschmeißen	baciti [ba:tsiti]
wehren	braniti se [bra:niti sɛ]
weigern	odbijati [ɔdbi:jati]
weinen	plakati [plakati]
welken	venuti [ʋɛnuti]
wellen	kovrčati se [kɔʋrtʃati sɛ]
wenden	okrenuti [ɔkrɛ:nuti]
werden	postati [pɔstati]
werfen	baciti [ba:tsiti]
wetten	kladiti se [kladiti sɛ]
wickeln *(Baby)*	motati [mɔtati]
widerlegen	pobiti [pɔbiti]
widersetzen	suprotstaviti se [suprɔtsta:ʋiti sɛ]
widerspiegeln	odraziti se [ɔdra:ziti sɛ]
widerstehen	odoljeti [ɔdɔ:ʎɛti]
widmen	posvetiti [pɔsʋɛ:titi]
wiedergeben	vratiti [ʋra:titi]
wiederholen	ponoviti [pɔnɔ:ʋiti]
wiederkehren	ponavljati se [pɔna:ʋʎati sɛ]
wiederkommen	vratiti se [ʋra:titi sɛ]
wiedersehen	vidjeti ponovo [ʋidjɛti pɔnɔʋɔ]
wiegen	težiti [tɛ:ʒiti]
wiehern	hrzati [xrzati]
wimmeln	vrvjeti [ʋrʋjɛti]
wimmern	jecati [jɛtsati]
winden	viti [ʋi:ti]
winken	mahati [ma:xati]
winseln	cviljeti [tsʋi:ʎɛti]
wippen	njihati se [ɲi:xati sɛ]
wirken	djelovati [djɛlɔʋati]
wischen	brisati [bri:sati]
wispern	šaputati [ʃapu:tati]
wissen	znati [znati]
wohnen	stanovati [sta:nɔʋati]
wollen	htjeti [xtjɛti]
wundern	čuditi se [tʃuditi sɛ]

wünschen	želјeti [ʒɛʎɛti]
würdigen	cijeniti [tsiɛ:niti]
würfeln	kockati se [kɔtskati sɛ]
würgen	gušiti [gu:ʃiti]
würzen	začiniti [zatʃiniti]

Z

zahlen	platiti [pla:titi]
zählen	brojiti [brɔjiti]
zähmen	pripitomiti [pripitɔmiti]
zanken	svaditi se [sʋaditi sɛ]
zappeln	koprcati se [kɔprtsati sɛ]
zaubern	čarati [tʃa:rati]
zeichnen	crtati [tsrtati]
zeigen	pokazati [pɔka:zati]
zelten	kampirati [kampi:rati]
zerbrechen	slomiti [slɔmiti]
zerdrücken	zgnječiti [zgɲɛ:tʃiti]
zerfallen	propasti [prɔpasti]
zerkleinern	usitniti [usitniti]
zerknüllen	gužvati [gu:ʒʋati]
zerkratzen	izgrepsti [izgrɛpsti]
zerkrümeln	razmrviti [razmrʋiti]
zerreißen	rastrgnuti [rastrgnuti]
zerren	trgnuti [trgnuti]
zerschlagen	razlupati [razlu:pati]
zerspringen	puknuti [puknuti]
zerstören	razoriti [razɔ:riti]
zertreten	zgaziti [zgaziti]
zertrümmern	razbiti [razbiti]
ziehen	vući [ʋu:tɕi]
zielen	ciljati [tsi:ʎati]
zieren	krasiti [kra:siti]
zischen	pištati [piʃtati]
zittern	drhtati [drxtati]

zögern	oklijevati [ɔkliɛːʋati]
zoomen	zumirati [zumiːrati]
zubeißen	zagristi [zagristi]
zubereiten	pripremati [priprɛmiti]
zubinden	zavezati [zaʋɛːzati]
zublinzeln	namignuti [namignuti]
zucken	trzati [trzati]
zücken	trgnuti [trgnuti]
zudecken	pokriti [pɔkriti]
zudrehen	zavrnuti [zaʋrnuti]
zufriedengeben	zadovoljiti se [zadɔʋɔːʎiti sɛ]
zufriedenlassen	ostaviti na miru [ɔstaʋiti na miːru]
zufügen	nanositi [nanɔsiti]
zugeben	dodati [dɔdati]
zugreifen	zgrabiti [zgrabiti]
zugucken	promatrati [prɔmaːtrati]
zuhören	slušati [sluʃati]
zujubeln	klicati [klitsati]
zuknöpfen	zakopčati [zakɔptʃati]
zulächeln	nasmiješiti se [nasmiɛːʃiti sɛ]
zulassen	dopustiti [dɔpustiti]
zumachen	zatvoriti [zatʋɔːriti]
zumuten	zahtijevati [zaxtiɛːʋati]
zünden	paliti [paːliti]
zunehmen	udebljati se [udɛbʎati sɛ]
zunichtemachen	uništiti [uniːʃtiti]
zunicken	kimnuti [kimnuti]

zuordnen	svrstati [sʋrstati]
zupacken	ščepati [ʃtʃɛpati]
zupfen	čupati [tʃupati]
zurechtfinden	snaći se [snaːtɕi sɛ]
zurücknehmen	povući [pɔʋuːtɕi]
zurufen	doviknuti [dɔʋiknuti]
zusagen	obećati [ɔbɛtɕati]
zusammenhängen	biti povezan [biti pɔʋɛːzan]
zusammenprallen	sudariti se [sudariti sɛ]
zusammen-schreiben	sastavljeno pisati [sastaʋʎɛnɔ piːsati]
zuschicken	poslati [pɔslati]
zuschlagen	tresnuti [trɛsnuti]
zuschließen	zaključati [zakʎutʃati]
zuschrauben	zavrnuti [zaʋrnuti]
zusehen	promatrati [prɔmaːtrati]
zusichern	obećati [ɔbɛtɕati]
zuspielen	dodati [dɔdati]
zuspitzen	zaoštriti se [zaɔʃtriti sɛ]
zustimmen	prihvatiti [prixʋatiti]
zustoßen	dogoditi se [dɔgɔːditi sɛ]
zutrauen	pouzdati se [pɔuzdati sɛ]
zutreffen	odgovarati [ɔdgɔʋaːrati]
zuvorkommen	preduhitriti [prɛduxitriti]
zuwenden	okrenuti se [ɔkrɛːnuti sɛ]
zuziehen	stegnuti [stɛːgnuti]
zwängen	ugurati [uguːrati]
zweifeln	sumnjati [suːmɲati]

zwicken	štipati [ʃtipati]
zwingen	siliti [siliti]
zwinkern	namignuti [namignuti]

INDEX DEUTSCH – KAZALO NJEMAČKI

INDEX KROATISCH – KAZALO HRVATSKI

INDEX DEUTSCH – INDEKS NEMAČKI

E

F

G

H

K

L

S

T

U

INDEX KROATISCH - KAZALO HRVATSKI

D

Dž

Lj

M

N

Q

R

Š

W

Z

IN KROATIEN – U HRVATSKOJ

BILDNACHWEIS

* - © Fotolia.com

14 */CsabaPeterdi, **16** */AlexanderRaths, **16** */JeanetteDietl, **16** */Forgiss, **16** */paulmz, **16** */fotodesign-jegg.de, **16** */mimagephotos, **16** */SydaProductions, **16** */iko, **16** */JeanetteDietl, **16** */drubig-photo, **16** */oocoskun, **17** */damato, **17** */vbaleha, **17** */Rido, **17** */LjupcoSmokovski, **17** */JeanetteDietl, **17** */JaninaDierks, **17** */ValuaVitaly, **17** */Rido, **17** */AndresRodriguez, **17** */SydaProductions, **17** */ValuaVitaly, **18** */DmitryLobanov, **18** */SamuelBorges, **18** */DenisNata, **18** */PavelLosevsky, **18** */GabrielBlaj, **18** */WONGSZEFEI, **18** */vgstudio, **18** */Picture-Factory, **18** */Ariwasabi, **19** */endostock, **19** */mma23, **19** */JasminMerdan, **19** */TomWang, **19** */MichaelGray, **19** */JanMika, **19** */BeTa-Artworks, **19** */michaeljung, **19** */Savannah1969, **19** */patpitchaya, **19** */Sabphoto, **19** */CelloArmstrong, **19** */eyetronic, **20** */DaniloRizzuti, **20** */RuthBlack, **20** */Smileus, **20** */chesterF, **20** iStockphoto/CatherineYeulet, **20** */DenisNata, **20** */MelindaNagy, **20** */Kaarsten, **20** */MISHELA, **20** */Eray, **20** */Unclesam, **20** */satin_111, **20** */MichaelFritzen, **21** */yanlev, **21** */BeTa-Artworks, **21** */MargitPower, **21** */BrendaCarson, **21** */AfricaStudio, **21** */PiotrMarcinski, **21** */Fotowerk, **21** */AVRORA, **21** */stockyimages, **21** */TylerOlson, **21** */ExQuisine, **21** */GlendaPowers, **21** Thinkstock/iStockphoto, **22** */ValuaVitaly, **22** */codiarts, **23** */JaimieDuplass, **23** */krimar, **23** */magann, **23** */StefanBalk, **23** */KaponiaAliaksei, **23** */koji6aca, **23** */yuriyzhuravov, **23** */yuriyzhuravov, **23** */ErmolaevAlexandr, **23** */V.R.Murralinath, **23** */badmanproduction, **23** */AntonZabielskyi, **23** */auremar, **23** */koji6aca, **24** */mimagephotos, **24** */Tiler84, **24** */velazquez, **24** */giorgiomtb, **24** */apops, **24** */dusk, **24** */KnutWiarda, **24** */stokkete, **24** */Taiga, **24** */Taiga, **24** */Taiga, **24** */Taiga, **25** */KarrambaProduction, **25** */RobertKneschke, **25** */cantorpannatto, **25** */Garrincha, **25** */Picture-Factory, **25** */bevangoldswain, **25** */WavebreakMediaMicro, **25** */Rido, **25** */MinervaStudio, **25** */cantorpannatto, **25** */Fotowerk, **25** */Fotowerk, **26** */Gelpi, **26** */stockyimages, **26** */WavebreakmediaMicro, **26** */pathdoc, **26** */Ilike, **26** */pathdoc, **26** */AndresRodriguez, **26** */Garrincha, **26** */cantorpannatto, **26** */pressmaster, **26** */vladimirfloyd, **26** */Elnur, **26** */KlausEppele, **27** */boumenjapet, **27** */VeraAnistratenko, **27** */carol_anne, **27** */AndreyArmyagov, **27** Thinkstock/NikolayK, **27** */srdjan111, **27** */ZbyszekNowak, **27** */PamelaUyttendaele, **27** */MichaelaPucher, **27** */KatrinaBrown, **28** */ghoststone, **28** */nito, **28** */zhekos, **28** */chiyacat, **28** */AlexandraKaramyshev, **28** */BEAUTYofLIFE, **28** */LuckyDragon, **29** */KarrambaProduction, **29** */BEAUTYofLIFE, **29** */Khvost, **29** */Khvost, **29** */Elnur, **29** */PopovaOlga, **29** */ArtemGorohov, **29** */Elnur, **29** */RuslanKudrin, **29** */GordanaSermek, **29** */AlexandraKaramyshev, **30** */alaterphotog, **30** */Elnur, **30** */Elnur, **30** */RuslanKudrin, **30** */AlexandraKaramyshev, **30** */AlexandraKaramyshev, **30** */OliverPreißner, **30** */RobertLehmann, **30** */AlexandraKaramyshev, **31** */mimagephotos, **31** */AlexandraKaramyshev, **31** */AlexandraKaramyshev, **31** */ludmilafoto, **31** */okinawakasawa, **31** Thinkstock/AlexandruChiriac, **31** */cedrov, **31** */Khvost, **31** */hifashion, **31** */AlexandraKaramyshev, **31** */AlexandraKaramyshev, **32** */Little_wine_fly, **32** */JiriHera, **32** */rangizzz, **32** */JiriHera, **32** */AndrewBuckin, **32** Thinkstock/DannyChan, **32** */ArtemMerzlenko, **32** */Cobalt, **32** */fotomatrix, **32** */Rozaliya, **32** */adisa, **32** */KiraNova, **32** */ShariffChe'Lah, **32** */venusangel, **32** */Unclesam, **32** */srki66, **33** */adisa, **33** */adisa, **33** */lalouetto, **33** */PRILLMediendesign, **33** */AfricaStudio, **33** */adisa, **33** */AndreyBandurenko, **33** */Nadinelle, **33** */design56, **33** */SergeyRusakov, **33** */JiriHera, **33** */gemenacom, **33** */AndrePlath, **33** */AlexanderRaths, **33** */Liaurinko, **33** */thaikrit, **33** */humbak, **34** */wiedzma, **34** */kontur-vid, **34** */Tharakorn, **34** */picsfive, **34** */pattarastock, **34** */NilsZ, **34** */picsfive, **34** */picsfive, **34** */ksena32, **34** */cristi180884, **34** */bpstocks, **34** */nito, **34** */Tarzhanova, **34** */bpstocks, **34** */terex, **34** */ibphoto, **35** */GennadiyPoznyakov, **36** */stockone, **38** */JSB, **38** */stocker1970, **38** */photo5000, **38** */TiberiusGracchus, **38** */RalfGosch, **38** */visivasnc, **38** */LasseKristensen, **38** */Speedfighter, **38** */Bokicbo, **38** */typomaniac, **38** */O.M., **38** */designsstock, **38** */Tatty, **39** */Kurhan, **39** */selensergen, **39** */BrilliantEagle, **39** */IrianaShiyan, **39** */terex, **39** */Sashkin, **39** */bcdesign, **39** */pyzata, **39** */ThomasAumann, **39** */TiberiusGracchus, **39** */IgorKovalchuk, **39** */MaksymYemelyanov, **39** */pabijan, **40** */MagdaFischer, **41** */KasiaBialasiewicz, **41** */bennnn, **41** */BertFolsom, **41** */AleksandarJocic, **41** */yevgenromanenko, **41** */AleksandrUgorenkov, **42** */IrianaShiyan, **42** */luchshen, **42** */sokrub, **42** */sokrub, **42** */okinawakasawa, **43** */pics721, **43** */Delphimages, **43** */arteferretto, **43** */KitchBain, **43** */ChrisBrignell, **44** */stock_for_free, **44** */kornienko, **45** */mrgarry, **45** */mariocigic, **45** Thinkstock/Hemera, **45** */AlexanderMorozov, **45** */DenisGladkiy, **45** */SergiiMoscaliuk, **45** */sutsaiy, **45** */sutsaiy, **45** */okinawakasawa, **45** */AlexanderMorozov, **45** */venusangel, **45** */bergamont, **45** */AlexanderMorozov, **45** */sutsaiy, **45** */manipulateur, **45** */kmiragaya, **46** */fotyma, **46** */DenisaV, **46** */jonnysek, **46** */KitchBain, **46** */pholien, **46** */AlonaDudaieva, **46** */M.R.Swadzba, **46** Thinkstock/iStockphoto, **46** */bennyartist, **46** */NikolaBilic, **46** */cretolamna, **46** */IgorSyrbu, **46** */PiotrPawinski, **47** */cretolamna, **47** */HaraldBiebel, **47** */gavran333, **47** */M.R.Swadzba, **47** */IrisArt, **47** */DianaTaliun, **47** */cretolamna, **47** */MS, **47** */nito, **47** */BombaertPatrick, **47** */scol22, **47** */cretolamna, **47** */picsfive, **48** */SunshinePics, **48** */VRD, **48** */petrsalinger, **48** */cretolamna, **48** */gavran333, **48** */UweLandgraf, **48** */nito, **48** */Schwoab, **48** */cretolamna, **48** */StefanBalk, **48** */karandaev, **48** */LuckyDragon, **48** */PhotoSG, **49** */2mmedia, **50** */AndresRodriguez, **50** */simmittorok, **50** */LiliiaRudchenko, **50** */venusangel, **50** */LjupcoSmokovski, **50** */MaksimKostenko, **50** Thinkstock/Stockbyte, **50** */Xuejunli, **50** */LjupcoSmokovski, **50** */Coprid, **50** */Yingko, **51** */poligonchik, **52** */arsdigital, **53** */adpePhoto, **53** */AfricaStudio, **53** */Tiler84, **53** */NilsZ, **53** */AfricaStudio, **53** */Coprid, **54** */magraphics.eu, **54** */sommersby, **54** */ermess, **54** */AndG, **55** */ILYAAKINSHIN, **55** */Lusoimages, **55** */HamsterMan, **55** */jlcst, **55** */Foto-Ruhrgebiet, **55** */DmytroAkulov, **55** */picsfive, **55** */ibphoto, **55** */JonathanStutz, **55** */Jackin, **55** */ganko, **55** */artmim, **55** */KlausEppele, **56** */Sashkin, **56** */Creatix, **56** */AndrejaDonko, **56** */KatrinaBrown, **56** */LjupcoSmokovski, **57** */Okea, **58** */kmit, **58** */luckylight, **58** */tuja66, **58** */tuja66, **58** */corund, **58** */tuja66, **58** */RynioProductions, **58** */mick20, **58** */DenisDryashkin, **58** */tuja66, **58** */claudio, **58** */CEPhotography, **58** */tuja66, **58** */БурдюковАндрей, **58** */vav63, **59** */RynioProductions, **59** */RynioProductions, **59** */RynioProductions, **59** */PRILLMediendesign, **59** */fefufoto, **59** */antonsov85, **60** */andersphoto, **60** */scis65, **60** */venusangel, **60** */Coprid, **60** */f9photos, **60** */tuja66, **60** */KonovalovPavel, **60** */Freer, **60** */Nik, **60** */chungking, **60** */mariuszszczygieł, **61** */auremar, **61** */AfricaStudio, **61** */ankiro, **61** */IonescuBogdan, **61** */piai, **61** */DenysRudyi, **62** */Nomad_Soul, **62** */gradt, **62** */twister025, **62** */egorovvasily, **62** */womue, **62** Thinkstock/iStockphoto, **62** Thinkstock/iStockphoto, **62** */cherezoff, **62** */by-studio, **63** */coco, **63**

*/D.Ott, **63** */D.Ott, **63** */federicofoto, **63** */babsi_w, **63** */StibatStudio, **63** */Kara, **63** */JeanetteDietl, **63** */sonnefleckl, **63** */keller, **63** */miket, **63** */WoGi, **63** */M.Schuppich, **63** */MarcoBecker, **63** */kobra78, **63** */KalleKolodziej, **64** */mallivan, **64** */ZbyszekNowak, **64** */opasstudio, **64** */hsagencia, **64** */photka, **64** */photka, **64** */photka, **64** */photka, **64** */GeraldBernard, **64** */JaimieDuplass, **64** */steamroller, **64** */tompet80, **64** */schankz, **64** */keerati, **65** */hopfi23, **65** */AlexPetelin, **65** */Patryssia, **65** */D.Ott, **65** */Horticulture, **65** */KasiaBialasiewicz, **65** */mopsgrafik, **65** */B.Wylezich, **65** */fotoschab, **65** */Miredi, **65** */udra11, **65** */NinaMalyna, **65** */rupbilder, **66** */mates, **68** */unpict, **68** */Teamarbeit, **68** */ChristianJung, **68** Dreamstime/Christianjung, **68** */HLPhoto, **68** */ExQuisine, **68** */rdnzl, **68** */uckyo, **68** */ExQuisine, **68** */lefebvre_jonathan, **68** */Cornerman, **68** */MaraZemgaliete, **68** iStockphoto/Vasko, **68** */DianaTaliun, **68** Thinkstock/AlenaDvorakova, **68** Shutterstock/marcomayer, **69** */ExQuisine, **69** */ExQuisine, **69** */fotomaster, **69** */EricIsselée, **69** */boguslaw, **69** */EricIsselée, **69** */nito, **69** */IrinaKhomenko, **69** */Viktor, **69** */OranTantapakul, **69** */lightpoet, **70** */RémyMASSEGLIA, **70** */NataliaMerzlyakova, **70** Dreamstime/Witoldkr1, **70** */PicturePartners, **70** */antonioscarpi, **70** */GaetanSoupa, **70** */o.meerson, **70** */ExQuisine, **70** Dreamstime/Pipa100, **70** */lunamarina, **70** */HelleM, **70** */Dalmatin.o, **70** */WitoldKrasowski, **70** */AndreiNekrassov, **70** */Dionisvera, **70** */Dionisvera, **71** */angorius, **71** */DaniVincek, **71** */felinda, **71** */AndreyStarostin, **71** */pedrolieb, **71** */ExQuisine, **71** Dreamstime/Onepony, **71** */dulsita, **71** */GiuseppeLancia, **71** */margo555, **71** */BSANI, **71** */womue, **71** */JiriHera, **72** */ExQuisine, **72** Dreamstime/Sethislav, **72** */volff, **73** */dimakp, **73** Shutterstock/Multiart, **73** Shutterstock/KrzysztofSlusarczyk, **73** */DaddyCool, **73** */BradPict, **73** Dreamstime/Jack14, **73** */cynoclub, **73** */PicturePartners, **73** */Lsantilli, **73** */Coprid, **73** */Fotofermer, **73** */BradPict, **73** */MaraZemgaliete, **74** */DaniVincek, **74** */Natika, **74** */LuisCarlosJiménez, **74** */angorius, **74** */marrfa, **74** */Natika, **74** */fotogal, **74** */ShawnHempel, **74** */Jessmine, **74** */Daorson, **74** */JérômeRommé, **74** */gcpics, **74** */PicturePartners, **75** */valeriy555, **75** */valeriy555, **75** */BarbaraPheby, **75** */volga1971, **75** Dreamstime/Robynmac, **75** */AnnaKucherova, **76** */jeromesignoret, **76** */boguslaw, **76** */fotomatrix, **76** */Worldtravelimages, **76** */margo555, **76** */margo555, **76** */margo555, **76** */margo555, **76** */WolfgangJargstorff, **77** */valeriy555, **77** */silencefoto, **77** */valeriy555, **77** */valeriy555, **77** */silencefoto, **77** */valeriy555, **77** */photocrew, **77** */valeriy555, **77** */AnnaKucherova, **77** */valeriy555, **77** */MalyshchytsViktar, **77** */charlottelake, **77** */valeriy555, **78** */tycoon101, **78** */ZbyszekNowak, **78** */M.R.Swadzba, **78** */Schlierner, **78** */EkaterinaLin, **78** */AndreyStarostin, **79** */azureus70, **79** */azureus70, **79** */valeriy555, **79** */Dionisvera, **79** Thinkstock/anna1311, **79** */valeriy555, **79** */AndreaWilhelm, **79** */valeriy555, **79** */valeriy555, **79** */valeriy555, **79** */valeriy555, **79** */valeriy555, **79** */valeriy555, **79** */AnnaKucherova, **80** */MalyshchytsViktar, **80** */MalyshchytsViktar, **80** */MalyshchytsViktar, **80** */MalyshchytsViktar, **80** */MalyshchytsViktar, **80** */MalyshchytsViktar, **80** */MalyshchytsViktar, **80** */MalyshchytsViktar, **80** */MalyshchytsViktar, **80** */MalyshchytsViktar, **80** */Natika, **80** */MalyshchytsViktar, **80** */MalyshchytsViktar, f9photos, **80** */MalyshchytsViktar, **80** */OleksiyIlyashenko, **80** */TimUR, **80** */valeriy555, **80** */valeriy555, **80** */Natika, **80** */valeriy555, **81** Dreamstime/Skyper1975, **81** */WernerFellner, **81** */marilynbarbone, **81** */nblxer, **81** */goodween123, **82** */PopovaOlga, **82** */PopovaOlga, **82** */mates, **82** */PopovaOlga, **82** */PopovaOlga, **82** */PopovaOlga, **82** */PopovaOlga, **82** */PopovaOlga, **82** */pimponaco, **82** */Schlierner, **82** */svl861, **82** */svl861, **82** Dreamstime/Margouillat, **83** */Team5, **83** MDB/seli8, **83** */unpict, **83** */Tomboy2290, **83** */nbriam, **83** */VeraKuttelvaserova, **83** */VesnaCvorovic, **83** */Maceo, **83** */scis65, **84** Thinkstock/iStockphoto, **84** Thinkstock/iStockphoto, **84** Thinkstock/iStockphoto, **84** Thinkstock/iStockphoto, **84** Thinkstock/iStockphoto, **84** Thinkstock/iStockphoto, **84** Thinkstock/iStockphoto, **84** Thinkstock/iStockphoto, **84** */PopovaOlga, **84** Thinkstock/iStockphoto, **84** Thinkstock/iStockphoto, **84** Thinkstock/iStockphoto, **84** Thinkstock/iStockphoto, **84** Thinkstock/iStockphoto, **84** Thinkstock/iStockphoto, **84** Thinkstock/iStockphoto, **85** Dreamstime/Sergioz, **85** */AfricaStudio, **85** */OrlandoBellini, **85** */IngaNielsen, **85** */IngaNielsen, **85** */IngaNielsen, **85** */BorisRyzhkov, **86** */PopovaOlga, **86** */PopovaOlga, **86** */PopovaOlga, **86** */PopovaOlga, **86** */PopovaOlga, **86** */PopovaOlga, **86** */PopovaOlga, **86** */PopovaOlga, **86** */PopovaOlga, **86** */PopovaOlga, **86** */PopovaOlga, **86** */PopovaOlga, **86** */PopovaOlga, **86** */PopovaOlga, **86** */ElenaSchweitzer, **86** */Picturefoods.com, **87** Dreamstime/Jirkaejc, **87** Dreamstime/Glasscuter, **87** */AndrzejTokarski, **87** Dreamstime/Pryzmat, **87** */StefanoNeri, **87** */Roxana, **87** */enzo4, **87** */StefanoNeri, **87** */akulamatiau, **87** */zorandim75, **87** */marilynbarbone, **88** */pico, **88** */SergejsRahunoks, **88** Dreamstime/Givaga, **88** */Piovanello, **88** */Piovanello, **88** */the_pixel, **88** */Liaurinko, **88** */nemez210769, **88** */midosemsem, **88** */JiriHera, **88** */jurisemjonow, **88** */BradPict, **88** Dreamstime/Travelling-light, **88** Dreamstime/Synchronista, **88** */JulianWeber, **88** */IrisArt, **89** */BeTa-Artworks, **89** */SergiiMoscaliuk, **89** */DianaTaliun, **89** */DanielWiedemann, **89** Dreamstime/Nagme, **89** */lantapix, **89** */Olegich, **89** */scis65, **89** */Vidady, **89** */komar.maria, **90** */JiriHera, **90** */Nitr, **90** */Nitr, **90** */ExQuisine, **90** */Natika, **90** */IngaNielsen, **90** */Nitr, **90** */Nitr, **90** */Taffi, **90** */karandaev, **90** */unpict, **90** */baibaz, **90** */AfricaStudio, **91** */pabijan, **91** */amenic181, **91** */Viktor, **91** */blende40, **91** */Fotofermer, **91** */RobStark, **91** */gtranquillity, **91** */gtranquillity, **91** */gtranquillity, **91** */gtranquillity, **91** */gtranquillity, **91** */IngaNielsen, **92** Thinkstock/puchkovo48, **92** */neirfy, **92** */Nitr, **92** */Nitr, **92** */Nitr, **92** */Taffi, **92** */Taffi, **92** */Taffi, **92** */Taffi, **92** */karandaev, **92** */karandaev, **92** */karandaev, **93** */Hemeroskopion, **93** */Hemeroskopion, **93** */Hemeroskopion, **93** */Hemeroskopion, **93** */Hemeroskopion, **93** */Hemeroskopion, **93** */Hemeroskopion, **93** */Hemeroskopion, **93** */Hemeroskopion, **93** */Hemeroskopion, **93** */Hemeroskopion, **93** */Hemeroskopion, **93** */Hemeroskopion, **94** */kab-vision, **94** Shutterstock/Multiart-Shutterstock.com, **94** */VolodymyrShevchuk, **94** */SergejsRahunoks, **94** */sspice, **94** */CorinnaGisseman, **94** */azureus70, **94** */PopovaOlga, **94** */baibaz, **95** */WhiteboxMedia, **95** */angorius, **95** */AndreaWilhelm, **95** Dreamstime/Margouillat, **95** */Viktor, **95** */Kesu, **95** */Peredniankina, **95** */margo555, **95** */AleksandarJocic, **96** */JiriHera, **96** */victoriap., **96** */djama, **96** */vagabondo, **96** */JiriHera, **96** */scis65, **96** */blende40, **96** */MUNCH!, **96** */AfricaStudio, **96** */arinahabich, **96** */MariusGraf, **96** */MariusGraf, **96** */MariusGraf, **96** */Liaurinko, **96** */BradPict, **96** */juniart, **97** */DmytroSukharevskyy, **97** */DmytroSukharevskyy, **97** */DmytroSukharevskyy, **97** */SergejsRahunoks, **97** */canoncam, **97** */uckyo, **97** */torsakarin, **97** */ThibaultRenard, **97** */eyewave, **97** */OrlandoBellini, **97** */BlueWren, **97** */DmytroSukharevskyy, **97** */DmytroSukharevskyy, **98** */JacekChabraszewski, **98** */IngaNielsen, **98** */dusk, **98** */RoadKing, **98** */JackJelly, **98** Dreamstime/TomislavPinter, **98** */JacekChabraszewski, **98** */ExQuisine, **98** */aktifreklam, **98** */zhekos, **98** */JessYu, **98** */illustrez-vous, **98** */AndreaWilhelm, **99** */MinervaStudio, **99** */BorisRyzhkov, **99** */Nitr, **99** */unpict, **99** */JacekChabraszewski, **99** */photocrew, **99** */Viktor, **99** */eyewave, **99** Dreamstime/Lightzoom, **99** iStockphoto/GordanaSermek, **100** */AfricaStudio, **100** */VitalyKorovin, **100** */Coprid, **100** */Schlierner, **100** */Fotofermer, **101** */ashka2000, **101** */womue, **101** */EMArt, **101** */ExQuisine, **101** */photocrew, **101** */jeehyun, **101**

*/reineg, **101** */reineg, **101** */reineg, **101** */reineg, **101** */SubbotinaAnna, **101** */rangizzz, **101** */sjhuls, **102** */Fotofermer, **104** Thinkstock/KeithLevitPhotography, **104** Thinkstock/iStockphoto, **104** Thinkstock/iStockphoto, **104** Thinkstock/iStockphoto, **104** Thinkstock/iStockphoto, **104** Thinkstock/iStockphoto, **104** Thinkstock/iStockphoto, **104** Thinkstock/iStockphoto, **104** Thinkstock/Fuse, **105** Thinkstock/Fuse, **105** Thinkstock/iStockphoto, **105** Thinkstock/iStockphoto, **105** Thinkstock/iStockphoto, **105** Thinkstock/Comstock, **105** */AlexandraGl, **106** */leremy, **106** */leremy, **106** */leremy, **106** */leremy, **106** */leremy, **106** */leremy, **106** */mrtimmi, **106** */mrtimmi, **106** */mrtimmi, **106** */mrtimmi, **106** */mrtimmi, **106** */mrtimmi, **106** */Bobo, **106** */leremy, **106** */leremy, **106** */FelixCHH, **107** Thinkstock/iStockphoto, **107** */Eisenhans, **107** Thinkstock/iStockphoto, **107** Thinkstock/iStockphoto, **107** Thinkstock/Hemera, **107** Thinkstock/Hemera, **107** Thinkstock/Hemera, **107** */BombaertPatrick, **107** */algre, **107** Thinkstock/Hemera, **107** Thinkstock/iStockphoto, **107** Thinkstock/Hemera, **108** */VladimirKramin, **108** */algre, **109** */algre, **109** */apttone, **110** Thinkstock/iStockphoto, **110** */JennyThompson, **110** */AaronAmat, **110** */overthehill, **110** */eldadcarin, **110** */MichaelSeidel, **111** Thinkstock/iStockphoto, **111** */gradt, **111** */LasseKristensen, **111** */ŽeljkoRadojko, **111** */golandr, **112** Thinkstock/iStockphoto, **112** Thinkstock/Stockbyte, **113** Thinkstock/iStockphoto, **113** Thinkstock/Hemera, **113** Thinkstock/iStockphoto, **113** Thinkstock/iStockphoto, **113** Thinkstock/iStockphoto, **113** */Bikeworldtravel, **114** */Idelfoto, **114** Thinkstock/iStockphoto, **114** Thinkstock/Hemera, **114** Thinkstock/Hemera, **114** Thinkstock/Hemera, **115** Thinkstock/iStockphoto, **115** Thinkstock/iStockphoto, **115** Thinkstock/iStockphoto, **116** Thinkstock/iStockphoto, **117** Thinkstock/Hemera, **117** Thinkstock/iStockphoto, **117** Thinkstock/iStockphoto, **117** Thinkstock/iStockphoto, **117** Thinkstock/iStockphoto, **117** Thinkstock/iStockphoto, **117** Thinkstock/iStockphoto, **117** Thinkstock/iStockphoto, **117** Thinkstock/iStockphoto, **117** Thinkstock/iStockphoto, **117** Thinkstock/iStockphoto, **117** Thinkstock/iStockphoto, **117** Thinkstock/iStockphoto, **117** Thinkstock/iStockphoto, **117** Thinkstock/Hemera, **117** Thinkstock/iStockphoto, **118** Thinkstock/iStockphoto, **118** Thinkstock/Hemera, **118** Thinkstock/Photos.com, **118** Thinkstock/iStockphoto, **118** */photo5000, **118** Thinkstock/iStockphoto, **118** Thinkstock/iStockphoto, **118** Thinkstock/Hemera, **118** Thinkstock/Hemera, **119** */Eisenhans, **119** Thinkstock/iStockphoto, **119** Thinkstock/iStockphoto, **119** Thinkstock/Stockbyte, **119** Thinkstock/Hemera, **119** Thinkstock/iStockphoto, **119** Thinkstock/JuliodelaHigueraRodrigo, **119** */DeVIce, **119** */ArtemGorohov, **119** */LukasSembera, **119** Thinkstock/iStockphoto, **119** Thinkstock/iStockphoto, **119** */Eisenhans, **119** Thinkstock/iStockphoto, **119** Thinkstock/iStockphoto, **119** */auremar, **120** */laurenthuet, **120** */NikolaiSorokin, **120** */DmitryVereshchagin, **120** */Ettore, **120** */tr3gi, **120** */12ee12, **120** Thinkstock/VladimirArndt, **121** */Fotito, **121** */mschick, **121** */BlueSkyImages, **121** */contrastwerkstatt, **121** Thinkstock/iStockphoto, **121** Thinkstock/Hemera-Technologies, **122** */Okea, **122** */MarcusLindström-iStockphoto.com, **123** */CandyBoxImages, **123** */TMAX, **123** */michaeljung, **123** */Maygutyak, **123** */SteveMann, **123** */nui7711, **123** */JörgHackemann, **124** */Sashkin, **124** */virtabo, **124** Thinkstock/iStockphoto, **124** */BenChams, **124** */BenChams, **124** */BenChams, **124** */mindscanner, **124** */swx, **124** */michaeljung, **124** */alexmillos, **124** Thinkstock/iStockphoto, **124** */Bergringfoto, **124** Thinkstock/iStockphoto, **124** */chalabala, **124** */BenBurger, **125** */Tupungato, **125** */PinkBadger, **125** */HappyAlex, **125** */monticellllo, **125** */monticellllo, **125** */monticellllo, **126** */Masyanya, **126** */DmitryVereshchagin, **126** */DmitryVereshchagin, **126** */DmitryVereshchagin, **126** */Photobankkiev, **127** */vichie81, **127** */UschiHering, **127** */skampixelle, **127** */DOCRABEMedia, **127** */NadineKlabunde, **127** */AndreasJ., **128** */Farinoza, **130** */Marco2811, **130** */phant, **130** */Crobard, **130** */A.Karnholz, **130** */ermess, **131** */sborisov, **131** */XtravaganT, **131** */Mihai-BogdanLazar, **131** */jacek_kadaj, **131** */ArTo, **131** */hansenn, **131** */MarcelSchauer, **131** Thinkstock/iStockphoto, **131** */JörgLantelme, **131** */vaitekune, **131** */apops, **131** */motivation1965, **131** */steschum, **131** Thinkstock/iStockphoto, **131** Thinkstock/iStockphoto, **131** */HaywireMedia, **132** */Scanrail, **132** */anshar73, **132** */XtravaganT, **132** Thinkstock/iStockphoto, **132** Thinkstock/iStockphoto, **132** */A_Lein, **132** Thinkstock/iStockphoto, **132** */jovannig, **132** */PatrykKosmider, **132** */Max, **132** Thinkstock/GettyImages, **132** */miket, **132** */Ciaobucarest, **132** */PaulLiu, **132** Thinkstock/iStockphoto, **132** */Adrianv.Allenstein, **133** */Pabkov, **133** Thinkstock/iStockphoto, **133** Thinkstock/iStockphoto, **133** Thinkstock/photodisc, **133** */Anchels, **133** Thinkstock/IngramPublishing, **133** */Ichbins11, **133** */MIMOHE, **133** */blas, **133** */FranzPfluegl, **133** */PetraBeerhalter, **133** */davidundderriese, **134** */contrastwerkstatt, **134** */Berni, **134** */Berni, **134** */Berni, **134** */slava296, **134** */Berni, **134** */Berni, **134** */xy, **134** */lunamarina, **134** */Berni, **135** Thinkstock/Hemera, **135** */oranhall, **135** */Kzenon, **135** Thinkstock/iStockphoto, **135** */MargoHarrison, **135** Thinkstock/iStockphoto, **135** Thinkstock/iStockphoto, **135** */JackF, **135** */AfricaStudio, **135** */Hirurg, **135** */stockyimages, **136** */qech, **136** */contrastwerkstatt, **136** Thinkstock/iStockphoto, **136** Thinkstock/iStockphoto, **136** Thinkstock/photodisc, **136** */LVDESIGN, **136** */SantiagoCornejo, **137** */eyewave, **137** */jogyx, **137** */JoopHoek, **137** */T.Michel, **137** Thinkstock/iStockphoto, **137** */dextroza, **137** Thinkstock/iStockphoto, **137** */lowtech24, **137** Thinkstock/iStockphoto, **137** Thinkstock/iStockphoto, **137** Thinkstock/Comstock, **137** */Picture-Factory, **137** Thinkstock/iStockphoto, **138** Thinkstock/iStockphoto, **138** Thinkstock/iStockphoto, **138** */zhudifeng, **138** */GinaSanders, **138** */BauerAlex, **138** */AndresRodriguez, **138** */Kzenon, **138** */AlexTihonov, **138** */AlexTihonov, **138** */ChristopheFouquin, **138** */SvenWeber, **138** */mediagram, **138** */bradleyhebdon, **138** */AfricaStudio, **138** */paulprescott, **138** */TylerOlson, **139** */shotsstudio, **139** */luanateutzi, **139** */adisa, **139** */scaliger, **139** Thinkstock/Fuse, **139** Thinkstock/AndreyBurmakin, **139** Thinkstock/DigitalVision, **139** */Pumba, **139** */lightpoet, **139** Thinkstock/Fuse, **139** Thinkstock/iStockphoto, **139** */chamillew, **139** */gemenacom, **139** */mangostock, **139** */TylerOlson, **139** */Kzenon, **140** */MinervaStudio, **140** */eyetronic, **140** */paulprescott, **140** */corepics, **140** */AlienCat, **140** */ThomasFrancois, **140** */agvisuell, **140** */MinervaStudio, **140** */contrastwerkstatt, **141** */ArtAllianz, **141** */adisa, **141** */Pumba, **141** */adisa, **141** */VitalyMaksimchuk, **141** Thinkstock/iStockphoto, **141** */amlet, **141** Thinkstock/BrandXPictures, **141** */Joshhh, **141** */karandaev, **141** */808isgreat, **141** Thinkstock/iStockphoto, **141** */AndresRodriguez, **142** */ruigsantos, **142** */Pixel&Création, **142** Thinkstock/iStockphoto, **142** */robert, **142** Thinkstock/IngramPublishing, **142** */by-studio, **142** Thinkstock/DigitalVision, **142** */viperagp, **142** */OlegDoroshin, **142** */Pixelwolf2, **142** */VL@D, **142** */rekemp, **142** */NataliaMerzlyakova, **142** */spaxiax, **142** */SunshinePics, **142** */eyewave, **143** */nicknick_ko, **143** Thinkstock/iStockphoto, **143** Thinkstock/iStockphoto, **143** */Mingis, **143** */nyul, **143** Thinkstock/iStockphoto, **143** */AfricaStudio, **143** */MinervaStudio, **143** Thinkstock/iStockphoto, **143** */fottoo, **143** */AfricaStudio, **143** Thinkstock/iStockphoto, **143** */Digitalpress, **144** Thinkstock/Hemera, **144** Thinkstock/iStockphoto, **144** */cottonfioc, **144** */goodluz, **144** */AlenAjan, **144** */ArturBogacki, **144** */leungchopan, **144** */PaulVinten, **144** Thinkstock/Jupiterimages, **144** */amarok17wolf, **144** */ScottGriessel, **144** */fxegs, **144** */terex, **145** */kameraauge, **145** */LianeM, **145** */XtravaganT, **145** */vom, **145** */dbvirago, **145** */StuartMonk, **145** */legeartispics, **145** */phant, **145** */ArTo, **145** */Sorry, **145** */bbourdages, **145** */

Furan, **145** */bluclementine, **146** */NikaNovak, **148** */GennadiyPoznyakov, **148** */sdenness, **148** */contrastwerkstatt, **148** */MonkeyBusiness, **148** */RobertKneschke, **148** */shock, **148** */MonkeyBusiness, **148** Thinkstock/iStockphoto, **148** */Cozyta, **148** Thinkstock/Comstock, **148** */tiero, **148** */contrastwerkstatt, **148** */hues, **149** */GennadiyPoznyakov, **149** */kritchanut, **150** */luminastock, **150** */robert, **150** */yeyen, **150** */auremar, **150** */JavierCastro, **150** */peshkova, **150** */GennadiyPoznyakov, **150** */Kzenon, **150** */sunabesyou, **150** */gemenacom, **150** */shock, **150** */JürgenFälchle, **150** */Nosvos, **150** */luminastock, **150** */kartos, **150** */peshkova, **151** */OlgaGalushko, **151** */AVAVA, **151** */TylerOlson, **151** */SvenBähren, **151** */alco81, **151** */paylessimages, **151** */RobertKneschke, **151** */auremar, **151** */ayutaroupapa, **151** */Aiwendyl, **151** */kmiragaya, **151** */contrastwerkstatt, **151** */TomaszTrojanowski, **152** Thinkstock/iStockphoto, **152** */AfricaStudio, **152** */Zerbor, **152** */dkimages, **152** */babimu, **152** */phloxii, **152** */AfricaStudio, **152** */VladIvantcov, **152** */VladyslavDanilin, **153** */ThorstenSchmitt, **153** Thinkstock/PhotoObjects.net, **153** */lily, **154** Thinkstock/iStockphoto, **154** */leszekglasner, **154** */MatHayward, **154** */KonstantinL, **154** */josje71, **154** */xy, **154** */Creativa, **154** */MonkeyBusiness, **154** */MonkeyBusiness, **154** */aidaricci, **155** Thinkstock/iStockphoto, **155** */MariusGraf, **155** */muro, **155** */BEAUTYofLIFE, **155** */ia_64, **155** */lu-photo, **156** */JörgLantelme, **156** */Berni, **156** */JeanetteDietl, **156** Thinkstock/BrandXPictures, **156** */RandallReed, **156** */MinervaStudio, **156** */trotzolga, **156** */johannesspreter, **156** */AfricaStudio, **156** */AlexanderRaths, **156** */contrastwerkstatt, **156** */agenturfotografin, **156** */lightpoet, **157** Thinkstock/JamesWoodson, **157** */CandyBoxImages, **157** */IgorMojzes, **157** */WavebreakmediaMicro, **157** */AfricaStudio, **157** */AndresRodriguez, **157** */xy, **157** */apops, **157** */pearl, **157** */RobertKneschke, **157** */MarkusHaack, **157** */lightpoet, **158** */MinervaStudio, **158** */WavebreakmediaMicro, **158** */goodluz, **158** */lightpoet, **158** */goodluz, **158** */Kzenon, **158** */CandyBoxImages, **158** */Fuse, **158** */goodluz, **158** */pearl, **158** */mangostock, **158** Thinkstock/iStockphoto, **158** Thinkstock/DigitalVision, **159** */contrastwerkstatt, **159** */A_Bruno, **159** */WavebreakmediaMicro, **159** */GeoMartinez, **159** */GeoMartinez, **159** */endostock, **160** */MinervaStudio, **160** */apops, **160** */bevangoldswain, **160** */AdamGregor, **160** */Kzenon, **160** */Kzenon, **160** */michaeljung, **160** */ontrastwerkstatt, **160** */TylerOlson, **160** */ValentinaR., **160** */contrastwerkstatt, **160** */IuriiSokolov, **160** */Kzenon, **160** */Picture-Factory, **160** */Rido, **160** */nyul, **161** */goodluz, **161** */Kadmy, **161** */PeterAtkins, **161** */jörnbuchheim, **161** */Kadmy, **161** */Kurhan, **161** */krizz7, **161** */Kadmy, **161** */ikonoklast_hh, **161** */MarénWischnewski, **161** */apops, **161** */goodluz, **161** */CyrilComtat, **161** Thinkstock/AndriyFomenko, **161** */manu, **161** */petert2, **162** */MonikaWisniewska, **162** Thinkstock/iStockphoto, **162** */goodluz, **162** */MinervaStudio, **162** */Kzenon, **162** */Kzenon, **162** Thinkstock/Photodisc, **162** */Kzenon, **162** */ClaudiaNagel, **162** */MinervaStudio, **162** */Kzenon, **162** */contrastwerkstatt, **162** */CandyBoxImages, **162** */Kzenon, **162** */Kzenon, **162** */Kurhan, **163** */goodluz, **163** */contrastwerkstatt, **163** */IgorMojzes, **163** */mezzotint, **163** */claudiaveja, **163** */AndreyKiselev, **163** */WavebreakmediaMicro, **163** */Elnur, **163** */diegocervo, **163** */AfricaStudio, **163** */AfricaStudio, **163** */berc, **163** */Natali_ua, **163** Thinkstock/Fuse, **163** */lightpoet, **163** */contrastwerkstatt, **166** */terex, **166** Thinkstock/iStockphoto, **166** */nikkytok, **166** */marcoprati, **166** */eyewave, **166** */AfricaStudio, **167** */AfricaStudio, **167** */DianaTaliun, **167** */Rulan, **167** */interklicks, **167** Thinkstock/iStockphoto, **167** Thinkstock/iStockphoto, **167** */Corwin, **167** */rangizzz, **167** */monstersparrow, **168** */Picture-Factory, **168** */CarlosCaetano, **168** */vda_82, **168** */vetkit, **168** */JacekFulawka, **168** */masterzphotofo, **169** */ViorelSima, **169** */Mi.Ti., **169** */BrianJackson, **169** */juniart, **169** */OksanaKuzmina, **169** */MarcinSadlowski, **170** */Gelpi, **172** */TAlex, **172** */karandaev, **173** */MaksymYemelyanov, **173** */Vitas, **173** */romantiche, **173** */rawcaptured, **173** */AVD, **173** */SergeyDashkevich, **173** Thinkstock/iStockphoto, **173** */ArturSynenko, **173** */dimakp, **173** */heigri, **173** */Lusoimages, **173** */ApartFoto, **173** */sonnefleckl, **173** */ManuelaFiebig, **173** */KlausEppele, **173** */ArturSynenko, **174** */GinaSanders, **174** */snyfer, **174** */snyfer, **174** */IuriiTimashov, **174** */IuriiTimashov, **174** */IuriiTimashov, **174** */IuriiTimashov, **174** */IuriiTimashov, **174** */IuriiTimashov, **174** */WonderfulPixel, **174** */IuriiTimashov, **174** */IuriiTimashov, **174** */IuriiTimashov, **175** */WonderfulPixel, **175** */WonderfulPixel, **175** */WonderfulPixel, **175** */WonderfulPixel, **175** */WonderfulPixel, **175** */vasabii, **175** */grgroup, **175** */Skipio, **175** */vector_master, **175** */Scanrail, **175** */Vectorhouses, **175** */Vectorhouses, **175** */Vectorhouses, **176** */MetinTolun, **176** */inal09, **176** */electriceye, **176** */DoRa, **176** */DoRa, **176** */DoRa, **176** */DoRa, **176** */DoRa, **176** */DoRa, **176** */DoRa, **176** */Palsur, **176** */marog-pixcells, **176** */Palsur, **177** */mtkang, **177** */Taffi, **177** */pizuttipics, **177** */by-studio, **177** */Scanrail, **177** */RTimages, **177** */AleksandrBryliaev, **177** */JcJgPhotography, **177** */Coprid, **177** */tanatat, **177** */Palsur, **177** */AndrewBarker, **178** */ashumskiy, **178** */Gewoldi, **178** */Vitas, **178** */singkham, **179** */Sebalos, **179** */tomispin, **179** */manaemedia, **179** */Niceregionpics, **179** */thanomphong, **179** */Lusoimages, **180** Thinkstock/AlexanderPodshivalov, **180** */wellphoto, **180** */StefanKörber, **180** */PavelLosevsky, **181** */TrudiDesign, **181** */WavebreakmediaMicro, **181** */ArtHdesign, **181** */valdistorms, **181** */cirquedesprit, **181** */AlexandraGl, **181** */SergeyNivens, **181** */imkenneth, **181** */WavebreakMediaMicro, **182** */jfv, **182** */pressmaster, **182** */jminso679, **182** */Marco2811, **182** */JohannaMühlbauer, **182** */A_Bruno, **183** */pedrosala, **183** */fotomatrix, **183** */UweBumann, **183** */robert, **183** */MilanSurkala, **183** */the_builder, **183** */reich, **184** */Scanrail, **184** */Dron, **184** */drubig-photo, **184** */mirabella, **184** */gradt, **185** */gradt, **185** Thinkstock/iStockphoto, **185** */JiSIGN, **185** */JiSIGN, **185** */JiSIGN, **185** */Rido, **185** */auremar, **186** */Elenathewise, **188** */mirpic, **188** */KB3, **188** Thinkstock/Stockbyte, **189** */lesniewski, **189** */LarioTus, **189** */MelindaNagy, **189** */kostasaletras, **189** */contrastwerkstatt, **189** */beachboyx10, **190** Thinkstock/iStockphoto, **190** */ValThoermer, **191** Thinkstock/DorlingKindersleyRF, **191** */snaptitude, **192** */PavelLosevsky, **192** */.shock, **192** */NicholasPiccillo, **192** Thinkstock/Photodisc, **192** Thinkstock/Photodisc, **192** Thinkstock/Photoobjects.net, **192** */.shock, **192** */micromonkey, **193** */kromkrathog, **193** Thinkstock/Fuse, **193** */StianIversen, **194** */TanKianKhoon, **194** */modestil, **194** */IgorSokolov, **194** */piai, **194** */WillHughes, **194** */Actionpics, **194** */Kelpfish, **194** */AfricaStudio, **194** */Brocreative, **194** */karaboux, **194** */LanceBellers, **194** */SeanGladwell, **194** */by-studio, **195** */kanate, **195** */by-studio, **195** */MichaelPettigrew, **195** Thinkstock/IngramPublishing, **196** */KatyaConstantine, **196** */NicholasPiccillo, **197** */DmitryVereshchagin, **197** */PinkBlue, **197** */PinkBlue, **197** */PinkBlue, **198** */KrisStrach, **198** */Kzenon, **198** */Kzenon, **199** */Quasarphoto, **199** */sumnersgraphicsinc, **199** */sumnersgraphicsinc, **199** */VeniaminKraskov, **199** */ApartFoto, **199** */RTimages, **200** */marsyk, **200** */Sportlibrary, **200** */agentur2728.de, **200** Thinkstock/Hemera@GettyImages, **201** Thinkstock/iStockphoto, **201** Thinkstock/iStockphoto, **201** Thinkstock/Comstock, **202** */KseniyaAbramova, **203** */ThierryRYO, **203** */KseniyaAbramova, **203** */KseniyaAbramova, **203** Thinkstock/ThomasNorthcut@GettyImages, **203** */MargoHarrison, **203** */fifranck, **203** */hosphotos, **203** */HeikeundHardy, **203** Thinkstock/iStockphoto, **203** */PackShot, **203** */auremar, **204** */LjupcoSmokovski, **204** */SS1001, **204** */VadimBukharin, **204** */DmitryDG, **205** */ftlaudgirl, **205** */U.Woell, **205** */AntonGvozdikov, **205** */

project1photography, **205** */VolkerSkibbe, **205** */MarceloDufflocq, **205** Thinkstock/iStockphoto, **205** */roblan, **205** */andreshka, **205** */stoonn, **205** */daseaford, **205** */sablin, **205** */garry_images, **206** */dell, **206** */SilvanoRebai, **206** */dell, **206** */victorzastol'skiy, **206** */mradlgruber, **206** Thinkstock/iStockphoto, **206** */©Olympixel, **206** */ValThoermer, **206** */terranova_17, **207** Thinkstock/iStockphoto, **207** Thinkstock/moodboard, **207** */GalinaBarskaya, **207** Thinkstock/Hemera, **207** */Dreef, **207** */SteeveROCHE, **207** Thinkstock/iStockphoto, **207** Thinkstock/Photodisc, **207** */corepics, **207** */Lsantilli, **208** Thinkstock/iStockphoto, **208** */NetzerJohannes, **208** */StefanSchurr, **208** */inigocia, **208** */NetzerJohannes, **208** */JanKranendonk, **208** */monster85, **208** */Avantgarde, **208** */photomag, **208** */storm, **208** */Fotoimpressionen, **208** */Marco2811, **208** */yanlev, **208** */lassedesignen, **208** */StefanSchurr, **208** */Grigorenko, **209** */lilufoto, **209** */3dmentat, **209** */maxoidos, **209** */Bergringfoto, **209** */MarinConic, **209** */DimitarMarinov, **209** */just2shutter, **209** Thinkstock/iStockphoto, **209** */Shmel, **209** */olly, **209** Thinkstock/iStockphoto, **209** Thinkstock/CameronSpencer@GettyImages, **209** */ChantalS, **209** */FelixMizioznikov, **209** Thinkstock/DigitalVision, **209** */artjazz, **210** Thinkstock/iStockphoto, **210** */okinawakasawa, **210** */VIPDesign, **210** */okinawakasawa, **210** */starush, **210** */Hetizia, **211** Thinkstock/WavebreakMedia, **211** */Lerche&Johnson, **211** */Lerche&Johnson, **211** */Lerche&Johnson, **211** */Lerche&Johnson, **211** Thinkstock/iStockphoto, **211** Thinkstock/iStockphoto, **211** */Lerche&Johnson, **211** */Wisky, **211** */nito, **211** */Kzenon, **212** */AfricaStudio, **214** Thinkstock/iStockphoto, **214** Thinkstock/DigitalVision, **214** Thinkstock/iStockphoto, **214** Thinkstock/Purestock, **214** Thinkstock/iStockphoto, **214** */AndreyBurmakin, **214** */AndreyBurmakin, **214** */NejronPhoto, **214** Thinkstock/JupiterImages©GettyImages, **215** Thinkstock/DigitalVision, **215** Thinkstock/DigitalVision, **215** Thinkstock/DigitalVision, **216** Thinkstock/iStockphoto, **216** */AfricaStudio, **216** */Kalim, **216** Thinkstock/iStockphoto, **216** */ysbrandcosijn, **217** */KlausEppele, **217** */scalaphotography, **217** */cynoclub, **217** */BrianJackson, **217** */mekcar, **217** */by-studio, **217** */HenrySchmitt, **217** */HenrySchmitt, **217** */alephcomo1, **217** */HenrySchmitt, **217** */deusexlupus, **217** */apops, **217** */MUE, **217** */MUE, **217** */MUE, **217** Thinkstock/Hemera(CagriOner), **218** */ReMuS, **218** */soerenkuhrt, **218** */Maruba, **218** */cjansuebsri, **218** Thinkstock/iStockphoto, **218** */Constantinos, **218** */ILYAAKINSHIN, **218** */dvs71, **218** */JürgenFälchle, **218** */UrosPetrovic, **218** */Distrikt3, **218** */LuckyDragonUSA, **218** */DenisIvatin, **218** */photlook, **218** */KlausEppele, **218** */venusangel, **219** Thinkstock/iStockphoto, **219** */visivasnc, **219** */sumnersgraphicsinc, **219** */ArtFamily, **219** Thinkstock/iStockphoto, **219** */ysbrandcosijn, **219** */jehafo, **220** */starman963, **220** */KirillZdorov, **220** */tobago77, **220** */SteveMann, **220** */MichaelFlippo, **220** Thinkstock/iStockphoto, **220** */MartinaBerg, **220** */st-fotograf, **220** */imagika, **220** Thinkstock/iStockphoto, **220** */WavebreakMediaMicro, **220** */jillchen, **220** */AlexanderRaths, **221** */WarrenMillar, **221** Thinkstock/Stockbyte, **221** Thinkstock/iStockphoto, **221** Thinkstock/iStockphoto, **221** Thinkstock/iStockphoto, **221** Thinkstock/iStockphoto, **221** */ksena32, **221** Thinkstock/iStockphoto, **221** */AllebaziB, **221** */BarbaraPheby, **221** Thinkstock/Hemera, **221** */womue, **221** */LiliiaRudchenko, **221** Thinkstock/iStockphoto, **221** */jogyx, **221** */MariusGraf, **222** */ReginaJersova, **222** */bittedankeschön, **222** Thinkstock/iStockphoto, **222** */franzgustincich, **222** */openlens, **222** */bruniewska, **222** */Amid, **222** Thinkstock/iStockphoto, **222** */GinoSantaMaria, **222** Thinkstock/iStockphoto, **222** */krimzoya46, **222** */sandis94, **222** */tsaplia, **222** */tigger11th, **222** */neirfy, **222** */bahrialtay, **223** */akekoksom, **224** Thinkstock/iStockphoto, **224** Thinkstock/iStockphoto, **224** */Sergiogen, **224** Thinkstock/iStockphoto, **224** */babimu, **225** */uckyo, **225** */RTimages, **225** */AfricaStudio, **225** */AfricaStudio, **225** */luiscarceller, **225** */Neyro, **225** */kornienko, **225** Thinkstock/thinstockAblestock.com@GettyImages, **225** */Mushy, **225** */maestria_diz, **225** Thinkstock/iStockphoto, **225** */U.Hardberck, **225** */AndrejaDonko, **225** */koosen, **225** Thinkstock/iStockphoto, **225** Thinkstock/Hemera@GettyImages, **226** */Printemps, **226** */AfricaStudio, **226** Thinkstock/iStockphoto, **226** */shooarts, **226** */VyacheslavPlyasenko, **226** */Artranq, **226** Thinkstock/JupiterImages©GettyImages, **226** */FirmaV, **226** */ronstik, **226** */lunamarina, **226** */iampuay, **226** */Kuzmick, **226** */marysa03, **227** Thinkstock/Fuse, **227** Thinkstock/CreatasImages, **227** Thinkstock/Fuse, **227** */Kzenon, **227** */nyul, **227** */SergeyNivens, **227** */NejronPhoto, **228** */RobertNeumann, **228** */ratana_k, **228** */MariusGraf, **228** Thinkstock/iStockphoto, **228** */Unclesam, **228** */indigolotos, **228** */BirgitReitz-Hofmann, **228** */fotomanu21, **228** */Hamik, **229** */Lichtmaler, **229** */Cmon, **229** Thinkstock/iStockphoto, **229** */DoraZett, **229** */NoName, **229** */RTimages, **229** */avtor_ep, **229** Thinkstock/Comstock, **229** */DanRace, **229** Thinkstock/DigitalVision, **229** Thinkstock/IngramPublishing, **229** Thinkstock/iStockphoto, **229** */seen, **230** Thinkstock/Zoonar, **230** */donfiore, **230** Thinkstock/iStockphoto, **230** */eldadcarin, **230** */eldadcarin, **230** */AnjaRoesnick, **230** */AnjaRoesnick, **230** */AnjaRoesnick, **230** */AfricaStudio, **230** */Foto-Ruhrgebiet, **230** Thinkstock/Zoonar, **230** */eldadcarin, **230** */STUDIO12, **231** Thinkstock/iStockphoto, **231** */sergign, **231** */schoki_01, **231** */aleciccotelli, **231** */Fyle, **231** */frankpeters, **231** */ChristerTvedt, **232** */benjaminnolte, **232** Thinkstock/iStockphoto, **232** Thinkstock/DigitalVision, **232** */AleksandarTodorovic, **233** Thinkstock/iStockphoto, **233** */f9photos, **233** Thinkstock/iStockphoto, **233** */photocrew, **233** Thinkstock/iStockphoto, **233** */AleksandarTodorovic, **233** */mikesch112, **233** */rangizzz, **233** */chulja, **233** Thinkstock/iStockphoto, **233** */pressmaster, **233** Thinkstock/iStockphoto, **233** */arnau2098, **234** */B.Wylezich, **234** */philipus, **234** */Angus, **234** */od-pictureworks, **234** */bergamont, **234** */risto0, **234** */fullimage, **234** */Coprid, **234** */f9photos, **234** */sss78, **234** */federicofoto, **235** */AfricaStudio, **235** */LjupcoSmokovski, **235** */Danicek, **235** Thinkstock/iStockphoto, **235** */AlexeyPotapov, **235** */scphoto48, **235** */tolism, **236** */babimu, **238** */CLIPAREA.com, **238** */CLIPAREA.com, **239** */CLIPAREA.com, **239** */CLIPAREA.com, **240** Thinkstock/Zoonar, **240** Thinkstock/Hemera@GettyImages, **240** Thinkstock/iStockphoto, **241** */mrgarry, **241** */turhanerbas, **242** */adimas, **243** */adimas, **244** */pixelcaos, **245** */3drenderings, **245** */3drenderings, **245** */3drenderings, **245** */3drenderings, **245** */3drenderings, **245** */3drenderings, **245** */arsdigital, **245** */pixelcaos, **246** */pixelcaos, **247** */pixelcaos, **247** */DianaTaliun, **248** */vectorus, **248** */Lsantilli, **248** */SvenBähren, **248** */TylerOlson, **248** */GordonGrand, **248** */iStockphoto, **249** */reflektastudios, **249** Thinkstock/oksun70, **249** */RobertAngermayr, **249** */silverrobert, **249** */PopovaOlga, **249** */gradt, **250** */AlexanderRaths, **250** */fhmedien_de, **250** */Creativa, **250** */ISOK°-photography, **250** */Sashkin, **250** */AfricaStudio, **251** */MonkeyBusiness, **251** */dalaprod, **251** */drubig-photo, **251** */drubig-photo, **251** */vladimirfloyd, **252** */AfricaStudio, **252** */iko, **252** */DoraZett, **252** */Creativa, **252** */GinaSanders, **252** */SubbotinaAnna, **252** */drubig-photo, **252** */OcskayBence, **252** */detailblick, **252** */Kurhan, **253** */Creativa, **253** */underdogstudios, **253** */DmitryLobanov, **253** */rangizzz, **253** */DanRace, **253** */Eisenhans, **253** */smikeymikey1, **254** Thinkstock/iStockphoto, **254** */GuidoGrochowski, **254** */DmitryVereshchagin, **254** */HBK, **254** */treetstreet, **254** */PeterAtkins, **254** */Bandika, **254** */wckiw, **255** */ksena32, **255** */IgorMojzes, **255** */st-fotograf, **255** */Vidady, **255** */Maridav, **255** Thinkstock/iStockphoto, **255** Thinkstock/iStockphoto, **255**

*/Kondor83, **255** */Gelpi, **255** */VolkerWitt, **255** */apops, **255** */juefraphoto, **255** */Joss, **256** */CandyBoxImages, **256** */alswart, **256** */hitdelight, **256** */unclepodger, **257** */IgorZakowski, **257** */RadeLukovic, **257** */draw05, **257** */blende40, **257** */Kurhan, **257** */Jessmine, **257** */contrastwerkstatt, **257** */apops, **258** */AlexandrMitiuc, **258** Thinkstock/iStockphoto, **258** */TylerOlson, **258** */AfricaStudio, **259** */malajscy, **259** */GerhardBrée, **259** */epstock, **259** */ksl, **260** */GennadiyPoznyakov, **260** */Tobilander, **260** */malajscy, **260** */starman963, **260** */JimVallee, **261** */danutelu, **261** */spotmatikphoto, **261** */RobertKneschke, **261** */DmitryVereshchagin, **261** */itsmejust, **261** */RobertKneschke, **261** */WONGSZEFEI, **262** */AfricaStudio, **262** */AfricaStudio, **262** */contrastwerkstatt, **262** */khuntapol, **262** */Coprid, **262** */AnatolyRepin, **262** */adisa, **262** */BorysShevchuk, **262** */ManuelSchäfer, **262** */Nataraj, **263** */GordonSaunders, **263** */seen, **263** */only4denn, **263** Thinkstock/Hemera, **263** */Coprid, **263** */blondina93, **263** */by-studio, **263** */JiriHera, **263** */JohannaGoodyear, **263** */Nazzu, **263** */Tharakorn, **263** */Tarzhanova, **263** */terex, **264** */TatjanaBalzer, **264** */TylerOlson, **264** */Schlierner, **264** */Kzenon, **264** */modul_a, **264** */NikkiZalewski, **264** */Khorzhevska, **264** */bertys30, **264** */Tran-Photography, **264** */ZdenkaDarula, **264** */WONGSZEFEI, **264** */pearl, **264** */Taffi, **265** */GennadiyPoznyakov, **265** */ecobo, **265** */pukall-fotografie, **265** */goodluz, **265** Thinkstock/DorlingKindersleyRF, **265** Thinkstock/iStockphoto, **265** */ArtemMerzlenko, **266** */HanvanVonno, **268** */CandyBoxImages, **268** */RomanMilert, **268** */VolkerWitt, **268** */AK-DigiArt, **268** */DarioLoPresti, **268** */benjaminnolte, **269** */MichaelSchütze, **269** */brozova, **269** */Rodja, **269** Thinkstock/iStockphoto, **269** */cristi180884, **269** */LisaF.Young, **270** Thinkstock/iStockphoto, **270** Thinkstock/Photodisc, **270** */VRD, **270** */AndreBonn, **270** */shutswis, **271** */LukasSembera, **271** Thinkstock/liquidlibrary, **271** */marog-pixcells, **271** Thinkstock/iStockphoto, **271** */koszivu, **271** */Photographee.eu, **271** Thinkstock/iStockphoto, **271** */MonkeyBusiness, **271** */Photographee.eu, **271** */GerhardSeybert, **271** */ArtemFurman, **272** */PictureArt, **272** */PavelLosevsky, **272** */davis, **272** */Arcady, **272** */playstuff, **272** */beermedia, **272** */LuckyDragonUSA, **272** */IgorKovalchuk, **273** */ChristaEder, **273** */SvetlanaGryankina, **273** */creAtive, **273** */Berry, **273** */Maygutyak, **273** */WoGi, **273** */Tobboo, **273** */jogyx, **273** */rouakcz, **273** */SilvanoRebai, **274** */Fiedels, **274** */nupsik284, **274** */BirgitReitz-Hofmann, **274** */ClaudioDivizia, **274** */GP, **274** */S.Kobold, **274** */amorfati.art, **274** */CPJPhotography, **274** */ZacariasdaMata, **274** */HughMcKean, **274** */aquapix, **274** */EricGevaert, **275** */andrewburgess, **275** Thinkstock/iStockphoto, **275** */lassedesignen, **275** */HeinzWaldukat, **275** */SergeyKamshylin, **275** */Nazzalbe, **275** */KalleKolodziej, **275** */RoyPedersen, **275** */MacX, **275** */reeel, **275** */marqs, **275** */william87, **276** */IgorKovalchuk, **278** Thinkstock/iStockphoto, **278** */Artenauta, **279** */fergregory, **280** */JürgenFälchle, **280** */peresanz, **280** */magann, **280** */vencav, **280** */virtua73, **280** */KovalenkoInna, **280** */creatifixus, **280** */cbpix, **280** */FlorentDIE, **280** */pinghan, **280** */peresanz, **280** */kevron2001, **280** */peresanz, **281** */jeremyculpdesign, **283** */AridOcean, **284** */artalis, **285** */jokatoons, **285** */ThomasRöske, **285** */jokatoons, **285** */jokatoons, **285** */jokatoons, **285** */jokatoons, **285** */jokatoons, **285** */jokatoons, **285** */jokatoons, **285** */jokatoons, **285** */jokatoons, **285** */jokatoons, **285** */jokatoons, **285** */jokatoons, **285** */jokatoons, **285** */jokatoons, **286** */jokatoons, **286** */jokatoons, **286** */jokatoons, **286** */jokatoons, **286** */jokatoons, **286** */jokatoons, **286** */jokatoons, **286** */jokatoons, **286** */jokatoons, **286** */jokatoons, **286** */jokatoons, **286** */jokatoons, **286** */jokatoons, **286** */jokatoons, **286** */jokatoons, **287** */jokatoons, **287** */jokatoons, **287** */ThomasRöske, **287** */jokatoons, **287** */jokatoons, **287** */Pekchar, **287** */jokatoons, **287** */jokatoons, **287** */jokatoons, **287** */jokatoons, **287** */jokatoons, **287** */jokatoons, **287** */jokatoons, **288** Thinkstock/Hemera, **288** Thinkstock/Hemera, **288** Thinkstock/Hemera, **288** Thinkstock/Hemera, **288** Thinkstock/Hemera, **288** Thinkstock/Hemera, **288** Thinkstock/Hemera, **288** Thinkstock/Hemera, **288** Thinkstock/Hemera, **288** Thinkstock/Hemera, **288** Thinkstock/Hemera, **288** Thinkstock/Hemera, **288** Thinkstock/Hemera, **288** */Route66, **288** Thinkstock/Hemera, **288** Thinkstock/Hemera, **289** Thinkstock/Hemera, **289** Thinkstock/Hemera, **289** Thinkstock/Hemera, **289** Thinkstock/Hemera, **289** Thinkstock/Hemera, **289** Thinkstock/Hemera, **289** Thinkstock/Hemera, **289** Thinkstock/iStockphoto, **289** Thinkstock/iStockphoto, **289** Thinkstock/iStockphoto, **289** Thinkstock/iStockphoto, **289** Thinkstock/iStockphoto, **289** Thinkstock/iStockphoto, **289** Thinkstock/iStockphoto, **289** Thinkstock/iStockphoto, **290** Thinkstock/iStockphoto, **290** Thinkstock/iStockphoto, **290** Thinkstock/iStockphoto, **290** Thinkstock/iStockphoto, **290** */romantiche, **290** */romantiche, **290** */romantiche, **290** */romantiche, **290** */romantiche, **290** */romantiche, **290** */romantiche, **290** */romantiche, **290** */romantiche, **290** */romantiche, **290** */romantiche, **290** */romantiche, **291** */romantiche, **291** */romantiche, **291** */romantiche, **291** */romantiche, **291** */romantiche, **291** */romantiche, **291** */romantiche, **291** */romantiche, **291** */romantiche, **291** */romantiche, **291** */romantiche, **291** */romantiche, **291** */romantiche, **291** */romantiche, **291** */romantiche, **291** */romantiche, **292** */romantiche, **292** */romantiche, **292** */romantiche, **292** */romantiche, **292** */romantiche, **292** */romantiche, **292** */romantiche, **292** */romantiche, **292** */romantiche, **292** */romantiche, **292** */romantiche, **292** */romantiche, **292** */romantiche, **292** */romantiche, **292** */romantiche, **292** */romantiche, **292** */romantiche, **293** */romantiche, **293** */romantiche, **293** */romantiche, **293** */romantiche, **293** */romantiche, **293** */romantiche, **293** */romantiche, **293** */romantiche, **293** */romantiche, **293** */romantiche, **293** */petrab., **293** */petrab., **293** */petrab., **293** */petrab., **294** */petrab., **294** */petrab., **294** */petrab., **294** */petrab., **294** */petrab., **294** */petrab., **294** */petrab., **294** */petrab., **294** */petrab., **294** */petrab., **294** */petrab., **294** */petrab., **294** */petrab., **294** */petrab., **294** */petrab., **295** */petrab., **295** */petrab., **295** */petrab., **295** */petrab., **295** */petrab., **295** */petrab., **295** */petrab., **295** */Yotama, **295** */petrab., **295** */petrab., **295** */petrab., **295** */petrab., **295** */petrab., **295** */petrab., **295** */petrab., **295** */petrab., **296** */petrab., **296** */petrab., **296** */petrab., **296** */petrab., **296** */petrab., **296** */petrab., **296** */petrab., **296** */petrab., **296** */Pekchar, **296** */megastocker, **296** Thinkstock/iStockphoto, **296** */ThomasRöske, **296** Thinkstock/iStockphoto, **296** Thinkstock/iStockphoto, **296** Thinkstock/iStockphoto, **296** Thinkstock/iStockphoto, **297** Thinkstock/iStockphoto, **297** */ThomasRöske, **297** Thinkstock/iStockphoto, **297** Thinkstock/iStockphoto, **297** Thinkstock/iStockphoto, **297** Thinkstock/iStockphoto, **297** Thinkstock/iStockphoto, **297** */jokatoons, **297** */yannikLABBE, **297** */DreamCursor, **297** */sunt, **297** Thinkstock/iStockphoto, **297** */AndreasMeyer, **297** */DomLortha, **298** */ElenaPetrova, **298** */ChristianPedant, **298** */TomasSereda, **298** Thinkstock/Fuse, **298** */Masson, **298** */Alliance, **298** */marog-pixcells, **298** */byheaven, **298** */joda, **298** */Miredi, **298** */momanuma, **298** */pictureguy32, **298** */bugphai, **299** */NathanJaskowiak, **299** */VeraKuttelvaserova, **299** */rangizzz, **299** Thinkstock/ImageSource, **299** */LeonidTit, **299** */hjschneider, **299** */tiplyashina, **299** */SergZastavkin, **299** */VeraKuttelvaserova, **299** */VeraKuttelvaserova, **299** */RyszardStelmachowicz, **299** */Hamik, **299** */rangizzz, **300** */SunnyForest, **300** Thinkstock/iStockphoto, **300** */MinervaStudio, **300** Thinkstock/iStockphoto, **300** */steffendia, **300** */FrankBirds, **300**

*/SunshinePics, **300** */ChristopheFouquin, **300** Thinkstock/iStockphoto, **300** */lassedesignen, **300** Thinkstock/iStockphoto, **300** Thinkstock/iStockphoto, **300** */Maygutyak, **300** */mariobeauregard, **300** */victorzastol'skiy, **300** */macky_ch, **301** */scattomatto74, **301** */SabineKipus, **301** */Cmon, **301** */DarioBajurin, **301** */jacare35, **301** */kohy, **302** */nni94, **302** Thinkstock/IngramPublishing, **302** */ollirg, **302** */MartinM303, **302** */mrks_v, **302** */dorisoberfrank-list, **302** Thinkstock/iStockphoto, **302** */steffus, **302** */smereka, **302** */BenBurger, **302** */kentauros, **302** */BerndS., **302** */DarioBajurin, **302** */acceleratorhams, **302** */Fyle, **302** */AlenaStalmashonak, **303** */siimsepp, **303** */siimsepp, **303** */siimsepp, **303** */siimsepp, **303** */siimsepp, **303** */TylerBoyes, **303** */siimsepp, **303** */TylerBoyes, **303** */vvoe, **303** */wlad074, **303** */TylerBoyes, **303** */iraries, **303** */EkaterinaFribus, **303** */EkaterinaFribus, **303** */marcel, **303** */siimsepp, **304** */boykung, **304** */AlexanderHoffmann, **304** */AlexanderHoffmann, **304** */AtikettaSangasaeng, **304** */byjeng, **304** */AlexanderHoffmann, **304** */AlexanderHoffmann, **304** */apttone, **304** */AlexanderHoffmann, **304** */bigjo, **304** */Rozaliya, **304** */VL@D, **304** */AlexanderHoffmann, **304** */AlexShadrin, **304** */AlexanderHoffmann, **304** */AlexanderHoffmann, **304** */Digipic, **304** */volff, **304** */AlexanderHoffmann, **304** */AlexanderHoffmann, **305** */AlexanderPotapov, **305** */Tiler84, **305** */Tiler84, **305** */Tiler84, **305** */Tiler84, **305** */lamax, **306** */vladimirkim3722, **306** */k_kron, **306** Thinkstock/iStockphoto, **306** */iko, **306** */ürgenFälchle, **306** */ondrej83, **306** */HeinzWaldukat, **306** */termis1983, **306** */Tom, **306** */mubus, **306** */veneratio, **306** */RomanPyshchyk, **306** */Picture-Factory, **306** */Omika, **306** */funnycreature, **306** */Almgren, **307** */Nik, **307** */Tonanakan, **307** */motorlka, **307** */PavloVakhrushev, **307** */MiroslawaDrozdowski, **307** */pia-pictures, **308** */Gang, **308** */AfricaStudio, **308** */felinda, **308** */sergio37_120, **308** */eyetronic, **308** */sergio37_120, **308** */VICUSCHKA, **308** */tr3gi, **308** */TimUR, **308** */alfastudiofoto, **308** */sergio37_120, **308** */lenkusa, **308** */sergio37_120, **308** */Friedberg, **308** */AfricaStudio, **308** */Roxana, **309** */anankkml, **309** */DanielStrauch, **309** */StefanKörber, **309** */hansklein, **309** */juiceteam2013, **309** */audioscience, **309** */keller, **309** */flucas, **309** */ijacky, **309** */Tomashko, **309** */SergheiVelusceac, **309** */AndreaWilhelm, **309** */tab62, **309** */Ichbins11, **309** */StudioBarcelona, **309** */volkerr, **310** */Farinoza, **310** */EricIsselée, **310** */jagodka, **310** */AzaliyaElyaVatel, **310** */EricIsselée, **310** */UrosPetrovic, **310** */KatrinaBrown, **310** */eastmanphoto, **310** */nn-fotografie, **310** */cynoclub, **310** */biglama, **310** */EricIsselée, **310** */grafikplusfoto, **311** Thinkstock/iStockphoto, **311** */EricIsselée, **311** */JackF, **311** */EricIsselée, **311** */EricIsselée, **311** */AaronAmat, **311** */EricIsselée, **311** */EricIsselée, **311** */anekoho, **311** */ChristianMusat, **311** */EricIsselée, **311** */EricIsselée, **311** */ChristianMusat, **311** */ILYAAKINSHIN, **311** */EricIsselée, **311** */EricIsselée, **312** */EricIsselée, **312** */StarJumper, **312** */EricIsselée, **312** */Anatolii, **312** */VeraKuttelvaserova, **312** */EricIsselée, **312** */Coprid, **312** */EricIsselée, **312** */JackF, **312** */nexusseven, **312** */EwaStudio, **312** */cynoclub, **312** */anankkml, **312** */tiero, **312** */Taalvi, **312** */EricIsselée, **313** */AlexanderPotapov, **313** */EricIsselée, **313** */EricIsselée, **313** */EricIsselée, **313** Thinkstock/iStockphoto, **313** Thinkstock/iStockphoto, **313** */MikePrice, **313** */RomanSamokhin, **313** */EricIsselée, **313** */EricIsselée, **313** Thinkstock/iStockphoto, **313** */maz12, **313** */EricIsselée, **313** */Smileus, **313** */XK, **313** */anankkml, **314** */EricIsselée, **314** */SteveByland, **314** */EricIsselée, **314** */EricIsselée, **314** */EricIsselée, **314** */EricIsselée, **314** */EricIsselée, **314** */fotomaster, **314** */jakgree, **314** */Farinoza, **314** */Farinoza, **314** Thinkstock/iStockphoto, **314** */EricIsselée, **315** */UryadnikovSergey, **315** */phant, **315** */EricIsselée, **315** */EricIsselée, **315** */ILYAAKINSHIN, **315** */JanisSmits, **315** */AaronAmat, **315** */ILYAAKINSHIN, **315** */EricIsselée, **315** */fotomaster, **315** */RomanSamokhin, **315** */shishiga, **315** */NicoletteWollentin, **315** */sval7, **315** */EricIsselée, **315** */EricIsselée, **316** */eastmanphoto, **316** */eastmanphoto, **316** */Smileus, **316** */DanielNimmervoll, **316** */kurapy, **316** */EricIsselée, **316** */jagodka, **316** */RichardCarey, **316** */Anatolii, **316** */antpkr, **316** Thinkstock/iStockphoto, **316** */EricIsselée, **316** */eastmanphoto, **317** */Irochka, **317** */GiuseppePorzani, **317** */eyeblink, **317** */manuart, **317** */EricIsselée, **317** */lunamarina, **317** */pistol7, **317** */RichardCarey, **317** */WitoldKrasowski, **317** Thinkstock/Hemera, **317** Thinkstock/iStockphoto, **317** */Coprid, **317** */tongdang, **318** */OliverKlimek, **318** */ValeriyKirsanov, **318** */defun, **318** */Alekss, **318** */JPS, **318** */Gewoldi, **318** */HenrikLarsson, **318** */vnlit, **318** */KlausEppele, **318** */xiaoliangge, **318** */VRD, **318** */Alekss, **318** */MarcoUliana, **318** */morelia1983, **318** */ZbyszekNowak, **318** */npps48, **319** Thinkstock/iStockphoto, **319** */defun, **319** */CosminManci, **319** Thinkstock/Hemear, **319** */fancyfocus, **319** */gertrudda, **319** */xjbxjhxm, **319** Thinkstock/iStockphoto, **319** */defun, **319** */emer, **319** */chungking, **319** */Coprid, **319** Thinkstock/iStockphoto, **319** */eastmanphoto, **319** */CarolaSchubbel, **319** */natara, **320** */tescha555, **322** */DDRockstar, **322** */DenysPrykhodov, **322** */DenysPrykhodov, **322** */DenysPrykhodov, **322** */DenysPrykhodov, **322** */DenysPrykhodov, **322** */DenysPrykhodov, **322** */AfricaStudio, **322** */AfricaStudio, **322** */AfricaStudio, **322** */DB, **325** */robert, **326** */magann, **326** */magann, **326** */magann, **326** */magann, **326** */magann, **326** */magann, **326** */magann, **326** */magann, **326** */magann, **326** */magann, **326** */magann, **326** */magann, **326** */magann, **327** */magann, **327** */magann, **327** */magann, **327** */magann, **327** */magann, **327** */magann, **327** */magann, **327** */magann, **327** */magann, **327** */magann, **327** */magann, **327** */magann, **327** */vvoe, **327** */LuckyDragon, **328** */tomreichner, **328** */Marco2811, **328** */merydolla, **328** */in-foto-backgrounds, **328** */Reicher, **328** */ARochau, **328** */Yahyaldiz, **328** */motorradcbr, **328** */Beboy, **328** */DmytroSmaglov, **328** */AntonGvozdikov, **328** */sborisov, **328** */NetzerJohannes, **329** Stockphoto/Juffin, **330** */Juulijs, **330** */m.u.ozmen, **330** */lucato, **330** */www.strubhamburg.de, **330** */guynamedjames, **330** */JörgHackemann, **330** */MaxWo, **331** */Al, **331** */hayo, **331** */ufotopixl10, **331** */vectoricon, **331** */vectoricon, **331** */vectoricon, **331** */vectoriconEnglisch

BILDNACHWEIS

In Kroatien

334 Shutterstock/Ketstar, **334** Getty Images/Suljo, **334** Shutterstock/Cpifbg13, **334** Shutterstock/Sonia Alves-Polidori, **334** Shutterstock/ansharphoto, **334** Shutterstock/Miroslaw Skorka, **334** Shutterstock/Radoslaw Maciejewski, **335** Getty Images/Florin Raducu Ianas, **335** Shutterstock/Mariyana M, **335** Getty Images/maxsol7, **335** Getty Images/arina7, **335** Shutterstock/Fanfo, **335** Getty Images/Marina07, **335** Getty Images/Mubera Boskov, **335** Getty Images/arina7, **335** Shutterstock/Sonia Alves-Polidori, **335** Shutterstock/padu_foto, **336** Shutterstock/Sofoklo, **336** Shutterstock/Fanfo, **336** Shutterstock/serato, **336** Shutterstock/RHJPhtotoandilustration, **336** Shutterstock/mala_ja, **336** Shutterstock/marmi1, **336** Shutterstock/from my point of view, **336** Shutterstock/mazarekic, **336** Shutterstock/Maria Medvedeva, **336** Shutterstock/melei5, **336** Shutterstock/Anastasia Kamysheva, **337** Shutterstock/dean bertoncelj, **337** Getty Images/NejauPhoto, **337** Shutterstock/AnnaFinist, **337** Shutterstock/t.sableaux, **337** Getty Images/mkos83, **337** Shutterstock/mariocigic, **337** Shutterstock/Branko Jovanovic, **337** Shutterstock/RHJPhtotoandilustration, **337** Getty Images/KonArt, **337** Shutterstock/Taljat David, **337** Shutterstock/Raimunda-losantos, **337** Shutterstock/CATCHARIN, **338** Shutterstock/Lunghammer, **338** Shutterstock/lovric, **338** Shutterstock/Stepo Dinaricus, **338** Shutterstock/Joachim Bago, **338** Shutterstock/Mansi Patil, **338** Shutterstock/Ilija Ascic, **338** Shutterstock/concept w, **338** Shutterstock/Adriatio, **338** Shutterstock/Ahn Eun sil, **339** Shutterstock/Lewis Tse Pui Lung, **339** Shutterstock/Jana Janina, **339** Shutterstock/Ivan Smuk, **339** Shutterstock/TMP - An Instant of Time, **339** Shutterstock/footageclips, **339** Shutterstock/futuristman, **339** Shutterstock/xbrchx, **339** Shutterstock/Tamisclao, **339** Shutterstock/Mato Papic, **340** Shutterstock/Tamisclao, **340** Shutterstock/Filip Koric, **340** Shutterstock/urfin, **340** Shutterstock/Nancy Bauer, **340** Shutterstock/Renato Pejkovic, **340** Shutterstock/Sue Martin, **340** Shutterstock/NivCube, **340** Shutterstock/Jelena990, **340** Shutterstock/krsmanovic, **340** Shutterstock/Vitalis83, **340** Getty Images/Matthew Williams-Ellis, **340** Shutterstock/Zdravko T, **341** Shutterstock/Ekaterina Polischuk, **341** Shutterstock/Jeffrey B. Banke, **341** Shutterstock/Wirestock Creators, **341** Shutterstock/PICTOR PICTURE COMPANY, **341** Shutterstock/Izabela23, **341** Shutterstock/Blue Planet Studio, **341** Shutterstock/Julia May, **342** Shutterstock/Lucertolone, **342** Shutterstock/Simun Ascic, **342** Shutterstock/photoJS, **342** Shutterstock/DaLiu, **342** Shutterstock/Alexey Fedorenko, **342** Shutterstock/Bildagentur Zoonar GmbH, **342** Shutterstock/Stepo Dinaricus, **342** Shutterstock/Happy window, **342** Shutterstock/Miroslav Posavec, **342** Shutterstock/Dedo Luka, **343** Shutterstock/Marycpilas, **343** Shutterstock/Zvonimir Atletic, **343** Shutterstock/Mark Marcec, **343** Shutterstock/Josip-Markovic-Cro, **343** Shutterstock/Happy window, **343** Shutterstock/Abrada, **343** Shutterstock/Marcin Michalczyk, **343** Shutterstock/Zvonimir Atletic, **344** Shutterstock/goran_safarek, **344** Shutterstock/xbrchx, **344** Shutterstock/QQ7, **344** Shutterstock/OPIS Zagreb, **344** Shutterstock/Joachim Bago, **344** Shutterstock/Khromova Anna, **344** Shutterstock/milan noga, **344** Shutterstock/Kvitka Nastroyu, **344** Shutterstock/goran_safarek, **344** Shutterstock/Sofoklo, **344** Shutterstock/Damir Zurub, **345** Shutterstock/Vedrich, **345** Shutterstock/goran_safarek, **345** Shutterstock/Laszlo Czegledi, **345** Shutterstock/flocu, **345** Shutterstock/goran_safarek, **345** Shutterstock/Ilija Ascic, **345** Shutterstock/Stjepan Tafra, **345** Shutterstock/Nahhana, **345** Shutterstock/IvanaStevanoski, **345** Shutterstock/agatchen, **345** Getty Images/MATJAZ SLANIC, **345** Shutterstock/goran_safarek, **345** Shutterstock/Color Chaser, **345** Shutterstock/Rudmer Zwerver, **345** Shutterstock/Serova_Ekaterina)

PONS

Bildwörterbuch Kroatisch – Deutsch

Bearbeitet von: Martina Levačić

Entwickelt auf der Basis des PONS Bildwörterbuchs Kroatisch
ISBN 978-3-12-516160-3

Bearbeitet von: Martina Levačić, Anette Dralle

1. Auflage 2022 (1,02 - 2022)

www.pons.com
E-Mail: kundenservice@pons.de

Projektleitung: Christiane Mackenzie
Gestaltung: Petra Michel, Essen
Satz: Satzkasten, Stuttgart
Umschlagfoto: Shutterstock/DUSAN ZIDAR
Logoentwurf: Erwin Poell, Heidelberg
Logoüberarbeitung: Sabine Redlin, Ludwigsburg
Druck und Bindung: Publikum d.o.o.

ISBN: 978-3-12-516290-7